中国证券业监管
发展与改革研究

赵岗 朱忠明 王博林 著

中国发展出版社
CHINA DEVELOPMENT PRESS

图书在版编目（CIP）数据

中国证券业监管发展与改革研究/赵岗，朱忠明，王博林著.
北京：中国发展出版社，2015.1
ISBN 978-7-5177-0240-5

Ⅰ.①中… Ⅱ.①赵… ②朱… ③王… Ⅲ.①证券市场—监管制度—研究—中国 Ⅳ.①F832.51

中国版本图书馆 CIP 数据核字（2014）第 223281 号

书　　名：中国证券业监管发展与改革研究
著作责任者：赵　岗　朱忠明　王博林
出 版 发 行：中国发展出版社
（北京市西城区百万庄大街 16 号 8 层　100037）
标 准 书 号：ISBN 978-7-5177-0240-5
经　销　者：各地新华书店
印　刷　者：北京市密东印刷有限公司
开　　本：710mm×1000mm　1/16
印　　张：29.25
字　　数：487 千字
版　　次：2015 年 1 月第 1 版
印　　次：2015 年 1 月第 1 次印刷
定　　价：65.00 元

联 系 电 话：（010）68990642　68990692
购 书 热 线：（010）68990682　68990686
网 络 订 购：http://zgfzcbs.tmall.com//
网 购 电 话：（010）68990639　88333349
本 社 网 址：http://www.develpress.com.cn
电 子 邮 件：fazhanreader@163.com

前 言

在现代市场经济中，我国经济的改革发展已进入一个重要的转型机遇期，中国证券市场的发展也随之步入了一个新的阶段，因而对我国证券监管提出了更高的要求。本书在借鉴西方发达国家成熟证券市场监管经验的基础上，结合中国国情，深入探讨证券监管的现状及改革重点，提出并论证了九个创新点问题。

第一，采用多元化的经济学分析模型，采用量化分析手段，为证券监管奠定了理论基础。本书分别从新制度经济学、产业经济学中的规制经济学、行为经济学和法与金融学四个维度进行了定量分析。

第二，结合我国最新的监管理念，提炼出现阶段我国证券监管的四大目标和原则，并重点强调逆周期的监管方式。将“保护投资者，保证市场的公平、有效和透明，减少系统性风险，服务经济转型升级”确立为我国现阶段的证券监管理念。建立逆周期的监管方式，防范系统性风险。

第三，系统地构建中国证券监管的评价体系，并利用实证分析对指标体系的有效性进行检验。首先从理论上对证券监管的效率和监管能力进行定义，并结合我国证券市场的实际运行，从证券监管有效性、监管执法效率和投资者保护三方面进行评价。实证部分，主要结合我国证券市场的具体数据，使用统计方法进行分析：通过观测证券市场整体对监管当局举措的反应来验证证券监管是否有效；应用三维指标——事后处罚效率指标、查处有时性指标和执法威慑力指标对监管执法的效率进行度量；从股东权利、潜在侵占、信息披露、内幕交易与市场操纵和内部治理五个大类设计指标，计算投资者保护评价指数，对投资者保障进行评价。通过多角度、多层次的评价指标，找到了我国证券监管所处的整体水平和不足之处。

第四，投资者保护制度整体的完善与升级——建立统一的金融投资者保护局，赋予其更大的独立性与权威性；完善投资回报引导机制，建立差异化强制分红触发机制并与再融资和退市机制进行衔接；建立中国特色的证券市场集团诉讼机制；设立知情人举报奖励机制，由于目前我国证券市场上存在的市场操纵、虚假陈述、特别是内幕交易等违规案件，而且由于罪行隐蔽，调查取证难度大，通过正常司法渠道很难获取相关线索。鉴于此，本书提出构建知情人举报奖励机制，遵从罚没分成原则，设立专门基金，辅以反报复机制以及相应执行制度以保障实施。

第五，引入宏观审慎监管，优化内外部权力配置。结合证券监管部门“从审核审批向监管执法转型”的最新理念，优化证监会与其他自律监管机构的权力配置体系，准确把握市场监管权、宏观调控权、资产管理权的界限，将证监会的工作重心集中到对具有强外部性、普遍性的市场失灵领域的监管，下放政府监管成本较高的领域的监管权，如将发行审核权、上市公司信息披露规则制定权、日常风险监控和特殊情况紧急处理的权力交付证券交易所。此外，提升证券业自律协会等相关组织的地位，建立政府监管与自律规范相结合的体系。

第六，结合我国具体国情构建环境倒逼机制，通过完善证券监管环境体系建设提高证券监管效率。从社会环境体系的角度出发，将政治、经济、文化环境中的外部压力内源化，为对监管内部机制的改良提供体系路径。从目前我国证券市场制度来看，政府行政力量干预过度而市场作用发挥的空间被大量挤占。政府主导性的制度安排与证券市场发展内在规律之间的冲突和摩擦，行政监管的政策决议存在的时滞，使我国证券市场只能根据新出现的问题不断进行亡羊补牢式的政策制定，严重破坏了政策的系统性、稳定性和连续性。因此，多维度的环境倒逼机制是从市场需求出发，由下而上的促进监管政策变迁，提高监管效率的重要手段。

第七，建立证券监管者的激励制度和约束机制。中国证券会及其各地的分支机构，是我国证券市场的主要监管主体，而他们的监管行为是通过具体的执行人来实施的。通过建立激励和约束机制，将抽象的权力和职责具体到个人，可以大大提高监管效率。因此，建立多层次的激励约束机制，使其涵盖薪酬激励与非薪酬激励两个范畴，以及内部约束与外部约束两个层面区别开来。

第八，扩展监管范围，创新监管理念，加强宏观审慎监管，防范系统性风险。首先，增加有关证券公司破产方面的制度供给。其次，建立上市公司影子银行风险监管及防范机制。

第九，结合我国金融业改革开放以及金融支持经济结构调整和转型升级的战略部署，监管权利适度下放，增强市场自身活力。

本书由赵岗博士、朱忠明教授提出基本框架并拟定大纲，由徐晓帆、谢绎芸、黄井炫、钱瑛、李亚东、常荣强、任红霞分别撰写初稿，徐晓帆、谢绎芸对全书进行了初修。各章具体撰写分工是：谢绎芸撰写第二章、第十四章，和黄井炫合写第一章；徐晓帆撰写第六章、第十六章；钱瑛撰写第七章、第九章；黄井炫撰写第八章、第十三章；常荣强撰写第四章、第十章；李亚东撰写第五章、第十一章、第十二章；任红霞撰写第三章、第十五章；全书的数学模型与图表由王兆桐统一修改核定。

本书前后几易其稿，先由王博林、徐晓帆、谢绎芸在赵岗博士、朱忠明教授指导下进行修改，后由王博林（美国纽约银河国际投资公司投资总监）对全书进行总纂和修改，补充新的资料和数据，并对部分结构进行了调整并定稿。

在写作过程中，中国人民大学证券研究所的教授和博士研究生同仁对本书的写作提出了宝贵意见，在此表示感谢！

编 者

2014 年 12 月

目 录

第一章
中国证券监管

第一节 中国证券监管沿革

在剖析中国证券市场监管制度的变迁之前先回顾一下中国整个宏观经济发展过程是十分必要的，因为证券业从无到有，经历的各个不同的发展阶段都是与整个宏观经济大环境配合的。在本节中，先介绍中国宏观经济背景的变迁，再分四个阶段阐述证券市场监管发展；在描述相关法律、行政法规、部门规章制度变迁的同时，还描述特定主题发布的有关证券发行的一些规定以及相关的权责划分。

一、宏观经济背景变迁

我国在建国初期实行的是高度集中的计划经济体制，一切都是在政府的领导下进行有计划的生产，几乎没有相关的金融市场为实体经济进行融资。在1978年改革开放之后，农村进行了以家庭联产承包责任制为中心的改革，而城市的经济改革也逐步展开，逐渐从计划经济过渡到政府宏观经济调控下的市场经济体制，证券市场逐渐建立。但中国经济改革最终从思想上得到解放的是1992年邓小平同志“南方谈话”。在邓小平同志南方谈话的精神指导下，1992年10月，党的“十四大”明确提出要进一步扩大股份制试点，积极培育包括债券、股票等有价证券的金融市场。同年12月，政府发布《国务院关于加强证券市场宏观管理的通知》，允许各省、自治区、直辖市及计划单列市各选择一两家经批准的股份制企业公开发行股票。1993年3月，将建立社会主义市场经济体制写入了《中华人民共和国宪法》。1993 年 11 月，党的十四届三中全会提出，国企改革的方向是建立现代企业制度，进一步明确“股份制和股票市场是社会主义市场经济体制的重要内容”。根据以上背景，理论界人士认为，1994 年之前的中国证券市场可以看成是我国股份制改革的一块“试验田”。1997 年 9 月，中共“十五大”召开，充分肯定股份制和股票市场的重大意义，进而也为股票市场承担国企改革的主要任务提供了有力指导，开始建立集中监管体制。

自 1997 年之后，结合我国政治国情和经济发展情况，我国先后出台了《公司法》《证券法》，对金融企业与非金融企业的经营以法律的形式加以规范，成立证券监督委员会对证券行业进行集中监管。因时制宜、与时俱进，在 2003 年 3 月举行的十届全国人大一次和次年的二次会议上，数百名人大代表提出多项议案，建议尽快修改《公司法》。2004 年 7 月 5 日，国务院法制办完成公司法修改草案的起草工作，并将征求意见稿下发到有关部门征求意见，根据 2004 年 8 月 28 日第十届全国人民代表大会常务委员会第十一次会议《关于修改〈中华人民共和国公司法〉的决定》第二次修正。2004 年 12 月 15 日，国务院常务会议通过《中华人民共和国公司法（修订草案）》。2006 年，我国的经济走势与世界经济运行出现共振，在政策的积极配合下，股票市场走上了一轮空前的大牛市行情，并延续到了 2007 年。2008 年我国的证券市场在美国金融危机的影响下进入了调整之中，同时凸显出的是证券市场避险功能的缺失。2010 年股指期货的推出和融资融券的试点，表明了管理层完善市场功能、提升市场质量的勇气和决心。2011 年之后我国宏观经济有转暖的趋势，国家随之出台了一系列扶持高科技产业发展的措施，例如扩大新三板的试点、重启 IPO 等。

二、中国证券监管的四个阶段①

1. 1981～1985 年的无实体监管部门阶段

随着改革开放的步伐不断加快，城乡集体经济的发展和企业经营形式的出现，为了缓解资金紧缺，发展生产，一些小的集体企业自发的通过内部集资入股或者是公开招股的方式进行筹资，行为很不规范。在此阶段中，政府方面没有成立相应的监管部门对其进行监督，此阶段的发股多属于民间筹资的自发行

① 以下四阶段证券监管体系变迁由中国证监会公布文件及其他相关文件整理所得。

为，但也是我国企业通过证券市场直接融资的原始形态。

1980年，中国人民银行抚顺支行代理企业发行股票280万元，这是改革开放以来的第一次股票发行。同年，成都市工业展销信托股份公司成为改革开放以来的第一家股份公司。1983年，深圳市宝安县联合投资公司在深圳公开发行股份证。1984年，经济体制改革重心从农村转向城市，在北京诞生了第一家由全民所有制企业改造的股份制企业——北京天桥百货股份公司。

在此阶段中，比较引人注意的证券发行规章是1984年8月10日由上海市人民政府批准实施的《关于发行股票的暂行管理办法》。

地方性政策的出台对规范企业以及证券市场的运作起到了十分关键的作用，这时的监管多由地方政府的一些部门兼任，没有实体监管部门，整个证券业发展水平低，运行效率及规范性都比较差。

2. 1986～1992年监管体系雏形阶段

1986年10月，身处改革开放前沿的深圳市制定了《深圳经济特区国营企业股份制试点的暂行规定》，为深圳的股票发行提供了一个较为稳定的制度环境。很明显，这一阶段的股票发行基本上处在由地方政府主导的低水平监管阶段。随后，国务院下发了《关于加强股票、债券管理的通知》，对可以发行股票的主体进行了规范，规定只有少数经过审批的集体所有制企业才能发行股票进行筹资。

1990年12月和1991年7月，上海证券交易所和深圳证券交易所分别成立，这标志着我国证券市场进入了一个崭新的阶段。1991年5月15日，经中国人民银行批准，深圳市人民政府颁布了《深圳市股票发行与交易管理暂行办法》，并于同年6月15日施行。1991年11月22日，中国人民银行发布《上海市人民币特种股票管理办法》，并随后发布了《上海市人民币特种股票管理办法实施细则》。1992年1月10日，《上海市人民币特种股票（B股）管理办法》正式公布，标志着上海B股市场的建立，境外股票市场也逐步开放。在此阶段，监管体系初见雏形，逐渐形成中央及地方政府、证券交易所的多头证券监管体系，政府开始有意识地进行证券市场的建设并制定相关的法律法规。

3. 1992～1998年初级集中性监管体制阶段

与世界其他国家不同，中国证券市场是在地方政府的大力支持下成立的。最初上海和深圳两个交易所掌握着发行审批的权力，这种局面自1992年10月

26日中国证监会成立之后开始改变，中国证券的发行监管权也开始缓慢向上集中，在国务院下面设立的证券委和证监会，开始承担起推动市场制度化的任务。

1993～1995年，中国实行“额度管理”。其主要做法是，国务院证券管理部门先确定总额度，然后根据各个省级行政区域和行业的需要分配总额度，再由省级政府或行业主管部门来选择和确定可以发行股票的企业（主要是国企）。为了扩大上市公司的规模，提高上市公司的质量，1996年新股发行改为“总量控制、限报家数”的指标管理办法。在此阶段，证券发行主要是审批制，证券监管的权利主要放在证监会。

4. 1998年开始的集中性监管体制定型阶段

审批制明显阻碍了资本市场的规范发展。1998年11月25日，中国证监会下发《关于停止发行公司职工股的通知》，决定自当日起股份有限公司发行股票一律不得发行公司职工股。1998年12月29日，九届全国人大常委会审议通过《中华人民共和国证券法》，并于1999年7月1日正式施行。《证券法》关于证券审核制度的规定掀开了证券发行从审批制到核准制的序幕。1999年7月1日实施的《证券法》对发行监管制度进行了改革，其第15条明确规定：“国务院证券管理机构依照法定条件负责核准股票发行申请。”2000年3月17日，中国证监会颁布了《股票发行核准程序》和《股票发行上市辅导暂行办法》。前者取消了新股发行中的指标分配和行政推荐的办法，规定今后企业上市不需要发行指标，由地方和国务院有关部门推荐，只要符合法律法规的要求，经省级政府或国务院有关部门同意，主承销商就可以向中国证监会推荐并报送材料。

在这过程中可以分为“通道制”阶段和“保荐人制度”阶段。核准制最初的实现形式是通道制。2001年3月29日，为配合股票发行核准制的推行，提高申请发行股票企业及申请文件的质量，在证监会指导下，中国证券业协会发布了《关于证券公司推荐发行申请有关工作方案的通知》，提出证券公司推荐企业发行股票实行证券公司“自行排队、限报家数”的方案（即“通道制”），推荐企业每核准一家即可再报一家；证券公司一次推荐的企业数量依据其上一年度的承销家数决定。2001年4月1日中国证券业协会发布《信誉主承销商考评试行办法》及《信誉主承销商信誉积分规则》。两项通知的核心内容是：连续4次副主承销后，经证监会批准，获取主承销商资格；2000年作为主承销商8次以上的券商，最高可获得8条通道，以下依次递减为6条、4条、2条。根据上述规定，当时具备主承销商资格的券商合计拥有 300 多条通道，也就是说，在同一时间内全国所有券商只能向监管部门推荐 300 家企业发行股票。

为了在现有框架内最大限度地发挥核准制的作用，系统地提高中国上市公司质量，增强中介机构对于发行人的筛选把关和外部督导责任，促使中介机构能够把质量好、运作规范的公司推荐给证券市场，中国证监会引入了保荐代表人制度。2003 年 10 月 9 日中国证监会第 49 次主席办公会议审议通过了《证券发行上市保荐制度暂行办法》(2003 年 12 月 28 日公布)，要求自 2004 年 2 月 1 日起施行保荐人制度。根据保荐人制度，保荐机构负责证券发行的主承销工作，依法对公开发行募集文件进行核查，向中国证监会出具保荐意见。保荐人制度试图通过连带责任机制把发行人质量和保荐人的利益直接挂钩，使其收益和承担的风险相对应。保荐人对于行业和公司价值判断的专业水平及工作作风，将对其保荐绩效和业务收益形成直接影响，并最终决定其在行业中的竞争力。如果保荐人督导不力，在保荐责任期间出现大股东、董事或者经理层对上市公司的利益侵占等严重的违法违规现象，保荐人将承担连带责任。

2005 年 10 月通过并于 2006 年 1 月 1 日实施的《证券法》第 7 条规定："国务院证券监督管理机构依法对全国证券市场实行集中统一的监督管理。国务院证券监督管理机构根据需要可以设立派出机构，按照授权履行监督管理职责。" 2011 年 8 月 15 日，上证所发布《上市公司现金分红指引（征求意见稿)》，鼓励上市公司分红。随着证券业不断发展成熟，证券监管当局不断制定相关法律法规保证证券行业的规范运行，在此基础上更加注意投资者保护多元化证券市场机制的功能。

第二节　中国证券监管的现状

一、中国证券市场

1. 中国证券市场取得的成就

中国证券市场从无到有、不断发展，截至 2013 年底，中国上市公司总数 2488 家，市值 24.768 万亿元，证券市场容量居世界第二；中国证券市场的承载能力不断提升，对国民经济和社会发展的影响也日益加深。随着市场经济体制的逐步建立，中国资本市场得到了迅速的发展，市场规模不断扩大，制度不断完善，证券中介机构和投资者不断成熟，逐步成长为一个在法律制度、交易规则、监管体系等各方面与国际普遍公认原则基本相符的资本市场。目前，中国有2家证券交易所（上海证券交易所和深圳证券交易所）、3家商品期货交易所（大连商品交易所、上海期货交易所和郑州商品交易所）以及1家金融期货交易所（中国金融期货交易所）。中国致力于建立包括主板（含中小企业板）、创业板和证券公司代办股份转让系统在内的多层次证券市场交易系统。创业板市场已于2009年10月底正式推出。目前，主板市场、创业板市场、代办股份转让系统的市场交易机制不断完善。2013年，中国证券市场发生了一些重大的变化，注册制在国内进行试点。在注册制下，发行人的权利自然取得，无需管理层的特别授权；监管以信息披露为核心，审核机构只进行形式审查，不进行实质判断，强调事后控制。在此改革预期下，中国股市的格局会发生深刻变化。这也在一定程度上解决了核准制的保荐利益寻租、PE腐败等问题。

与此同时，中国证券市场的设计与运行逐渐与国际市场接轨，中国证券市场的表现与国际市场表现呈现一定的相关性，这是由于现今的世界是开放的世界，世界实体经济的联系也促使各国金融行业的联系不断紧密，牵一发而动全身。证券市场的联系使各国开始注意证券市场监管的国际化合作，中国也不例外。

随着《金融业发展和改革“十二五”规划》（以下简称《规划》）的发布，“十二五”期间我国证券业发展和改革的方向、重点工作等渐趋明朗，对资本市场改革提出了明确的要求。《规划》指出市场化改革的主要目的，就是要建立一种强有力的市场约束机制，这种市场约束机制要足以让发行人、证券中介、投资者在投融资决策、市场定价、交易行为、风险控制、风险管理等方面变得更加理性和稳健。

2. 中国证券市场存在的问题

中国证券市场在获得如此成绩的同时也存在不少问题。

第一，虽然中国证券市场不断发展，但与发达国家证券化率相比，中国2013年发行的证券市值24.768万亿元占2013年GDP总产出56.885万亿元的比重仅为43%，其发挥的为实体经济融资的作用不是很强。并且，中国证券市场存在着严重的圈钱现象。上市公司通过IPO和再融资获得资金，大股东也通过减持频频套现，使得中国股市成为上市公司的“提款机”。2011 年，A 股所有上市公司共计发生了 2117 宗高管减持事件，减持总股数达到了 7.9 亿股，涉及市值约 126 亿元。中国 A 股市场融资额居世界前列，但中国股市表现全球倒数第二。A 股一级市场的特点是炒新，新股呈现出高发行价、高市盈率、高超募金额的“三高”态势。2011 年 A 股上市发行 282 只新股，上市首日的平均涨幅为 21.08%。而与之形成鲜明对比的是，上证综指、深证成指一年间的跌幅分别达到了 21.7% 和 128.4%。据统计，股权分置改革新老划断后，2006 年 6 月至 2009 年 7 月，按新股首日上市的收盘价计算，中小板收盘价市盈率平均约为 70 倍，主板收盘价市盈率平均约为 57 倍。新股发行的“三高”违背了市场规律，股票下跌的同时上市公司仍能盈利、高管照样分红，股票价格和公司盈利状况严重脱节，使得中国的中小投资者不仅经济上蒙受损失，在投资理念上也困惑苦恼。同时，新股热现象给拟上市公司提供了粉饰业绩的动力，从而不在企业经营和发展上下工夫，而把注意力集中于粉饰报表，这是对证券市场功能的异化和扭曲。

第二，证券交易流动性不足。流动性是指市场中存在大量的流通性强的金融工具，同时又有大量参加流通的主体。检验市场流动性通常可从交易量和成交价的关系入手，二者的关系越密切，流动性就越差。美国股市中二者变化的关系指数为 0.01，而我国沪、深 A 股市场的关系指数分别为 0.52 和 0.40，说明我国股市整体流动性是比较差的。股市流动性差，一方面与资本市场中介机构投资者参与不足有关，另一方面与国家股不能进行交易、法人股在 STAQ 和 NETS 市场交易微弱有很大关系。流动不足使股票价格扭曲，资本流动失去了动力和方向，资源配置功能受到抑制。

第三，上市企业分红水平过低。1990 年初到 2013 年底，国内 A 股累计融资 4.3 万亿元，A 股累计完成现金分红总额约 1.8 万亿元，中国上市公司中普通投资者的持股比例不超过 30%，因此其分红不超过 0.54 万亿元，A 股市场给予普通投资者的现金分红总额占融资总额的比率不足 13%。来看另外一组数据，2005～2010 年，实施现金分红的上市公司占所有上市公司总数的比例分别为 45%、50.22%、51.85%、52.35%、48.52%、59.10%。2011 年度共有 1613 家上市公司提出现金分红方案，占全部上市公司数的 65.49%，虽然比上年提高 6.39 个百分点，但距离发达市场仍有差距。另外，2008～2010 年连续 3

年未进行现金分红的有 522 家，2006 ~ 2010 年连续 5 年未进行现金分红的有 422 家。以房地产市场为例，根据 2010 年年报披露，房地产上市公司全行业净利润 686.54 亿元，上市公司实施分红 14.44 亿元，其中更有 32 家房地产公司连续 10 年未有现金分红。同时，2001 ~ 2011 年中国上市公司现金分红占净利润的比例仅为 25.3%，而海外成熟市场的股利支付率的比例一般都在 40% ~ 50%，如美国上市公司的现金红利占公司净收入的比例在上个世纪 70 年代就达到了 30% ~ 40%，80 年代提高到 40% ~ 50%，至今已有很多美国上市公司税后利润的 50% ~ 70% 用于支付红利。可见，中国的股市无论从分红的上市公司占上市公司总数的比重还是上市公司分红占盈余的比重上都远远不够。

第四，中介机构及证券监管缺位，投资者保护力度不足。证券中介机构从广义上讲就是在证券市场上为参与各方提供服务的机构。我国目前的中介机构主要包括证券公司、信托投资公司、会计师事务所、律师事务所、资产评估机构、证券投资咨询公司等。虽然近年来中国的市场中介机构得到了发展但是和国外的同类型机构相比还是有很大的差距，也都还存在着很大的功能缺陷。证券市场制度是支撑证券市场高效、公平运转的基础，包括信息披露制度和利益保障与实现制度等。我国证券市场的信息披露制度无论从制度本身还是从执行上看都存在信息公开不足的问题，表现为一些重大信息的披露带有很大的随意性和主观性，极大挫伤了股民、债券投资者的信心。利益保障与实现制度是指证券投资者在获取有关信息后，被给予证券投资期收益以必要的保障和实现的制度。我国证券市场的利益保障与实现制度很不健全，使投资者面临的市场风险过大，严重挫伤了股民的投资积极性。

二、中国证券监管制度

中国证券业发展至今，已逐渐成熟起来，在国家给予了政策及资金支持之后，逐渐形成了由中国证券监督管理委员会、中国证券业协会、证券交易所和中国广大股民共同监管的多层次多维度的证券监管体系。

1. 中国证券监督管理委员会

中国证券监督管理委员会（以下简称中国证监会）为国务院直属正部级事业单位，依照法律、法规和国务院授权，统一监督管理全国证券期货市场，维护证券期货市场秩序，保障其合法运行。中国证监会也是我国证券监管的官方主体，依据有关法律法规，在对证券市场实施监督管理中履行下列职责。

（1）研究和拟定证券期货市场的方针政策、发展规划；起草证券期货市场的有关法律、法规；制定证券期货市场的有关规章、规则和办法。

（2）垂直领导全国证券监管机构，对证券期货市场实行集中统一监管。管理有关证券公司的领导班子，负责有关证券公司监事会的日常管理工作。

（3）监管股票、可转换债券、证券公司债券和国务院确定由证监会负责的债券和其他证券的发行、上市、交易、托管和结算；监管证券投资基金活动；批准企业债券的上市；监管上市国债和企业债券的交易活动。

（4）监管境内期货合约的上市、交易和清算；按规定监督境内机构从事境外期货业务。

（5）监管上市公司及其按法律法规必须履行有关义务的股东的证券市场行为。

（6）管理证券期货交易所；按规定管理证券期货交易所的高级管理人员；归口管理证券业协会和期货业协会。

（7）监管证券期货经营机构、证券投资基金管理公司、证券登记清算公司、期货清算机构、证券期货投资咨询机构、证券资信评级机构；与中国人民银行共同审批基金托管机构的资格并监管其基金托管业务；制定上述机构高级管理人员任职资格的管理办法并组织实施；指导中国证券业、期货业协会开展证券期货从业人员的资格管理。

（8）监管境内企业直接或间接到境外发行股票、上市；监管境内机构到境外设立证券机构；监管境外机构到境内设立证券机构、从事证券业务。

（9）监管证券期货信息传播活动，负责证券期货市场的统计与信息资源管理。

（10）会同有关部门审批会计师事务所、资产评估机构及其成员从事证券期货中介业务的资格并监管其相关的业务活动；监管律师事务所、律师从事证券期货相关业务的活动。

（11）依法对证券期货违法违规行为进行调查、处罚。

（12）归口管理证券期货行业的对外交往和国际合作事务。

（13）国务院交办的其他事项。

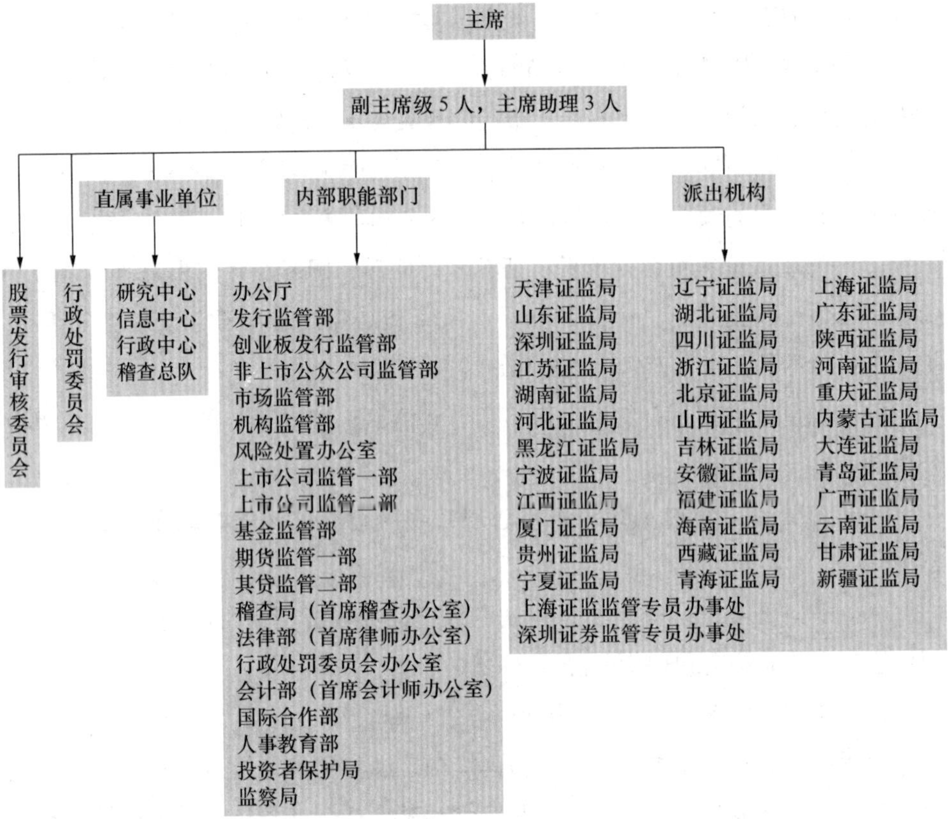

图1.1　证监会机构设置

2. 中国证券业协会

中国证券业协会是依据《中华人民共和国证券法》和《社会团体登记管理条例》的有关规定设立的证券业自律性组织，属于非营利性社会团体法人，接受中国证监会和国家民政部的业务指导和监督管理。

中国证券业协会的最高权力机构是由全体会员组成的会员大会，理事会为其执行机构。中国证券业协会实行会长负责制。截至2011年6月，协会共有会员239家，其中，证券公司107家，证券投资咨询公司86家，金融资产管理公司2家，资信评估机构5家，特别会员39家（其中地方证券业协会36家，证券交易所2家，证券登记结算公司1家）。

会员大会通过的章程明确了协会在以下三方面的主要职责。

（1）依据《证券法》的有关规定，行使下列职责：教育和组织会员遵守证券法律、行政法规；依法维护会员的合法权益，向中国证监会反映会员的建议和要求；收集整理证券信息，为会员提供服务；制定会员应遵守的规则，组织会员单位从业人员的业务培训，开展会员间的业务交流；对会员之间、会员与客户之间发生的证券业务纠纷进行调解；组织会员就证券业的发展、运作及有关内容进行剖析；监督、检查会员行为，对违反法律、行政法规或者协会章程的，按照规定给予纪律处分。

（2）依据行政法规、中国证监会规范性文件规定，行使下列职责：制定自律规则、执业标准和业务规范，对会员及其从业人员进行自律管理；负责证券业从业人员资格考试、认定和执业注册管理；负责组织证券公司高级管理人员资质测试和保荐代表人胜任能力考试，并对其进行持续教育和培训；负责做好证券信息技术的交流和培训工作，组织、协调会员做好信息安全保障工作，对证券公司重要信息系统进行信息安全风险评估，组织对交易系统事故的调查和鉴定；行政法规、中国证监会规范性文件规定的其他职责。

（3）依据行业规范发展的需要，行使其他涉及自律、服务、传导的自律管理职责：推动行业诚信建设，督促会员依法履行公告义务，对会员信息披露的诚信状况进行评估和检查；制定证券从业人员职业标准，组织证券从业人员水平考试和水平认证；组织开展证券业国际交流与合作，代表中国证券业加入相关国际组织，推动相关资质互认；其他自律、服务、传导职责。

3. 证券交易所

证券交易所是依据国家有关法律，经政府证券主管机关批准设立的集中进行证券交易的有形场所。在我国有四个：上海证券交易所、深圳证券交易所、香港交易所和台湾证券交易所。上海证券交易所与深圳证券交易所是会员制，香港证券交易所与台湾证券交易所是公司制，它们都履行如下职责。

（1）证券交易所应当为组织公平的集中交易提供保障，公布证券交易即时行情，并按交易日制作证券市场行情表，予以公布。未经证券交易所许可，任何单位和个人不得发布证券交易即时行情。

（2）证券交易所有权依照法律、行政法规，以及国务院证券监督管理机构的规定，办理股票、公司债券暂停上市、恢复上市或者终止上市的事务。

（3）因突发性事件而影响证券交易的正常进行时，证券交易所可以采取技术性停牌的措施；因不可抗力的突发性事件或者为维护证券交易的正常秩序，证券交易所可以决定临时停市。证券交易所采取技术性停牌或者决定临时停市，必须及时报告国务院证券监督管理机构。

（4）证券交易所对证券交易实行实时监控，并按照国务院证券监督管理机构的要求，对异常交易的情况提出报告。证券交易所应当对上市公司及相关信息披露义务人披露信息进行监督，督促其依法及时、准确地披露信息。证券交易所根据需要，可以对出现重大异常交易情况的证券账户限制交易，并报国务院证券监督管理机构备案。

（5）证券交易所应当从其收取的交易费用和会员费、席位费中提取一定比例的金额设立风险基金。风险基金由证券交易所理事会管理。证券交易所应当将收存的风险基金存入开户银行专门账户，不得擅自使用。

（6）证券交易所依照证券法律、行政法规制定上市规则、交易规则、会员管理规则和其他有关规则，并报国务院证券监督管理机构批准。

4. 媒体及社会群众监督

与政府当局和行业自律组织的监管不同，媒体及社会群众的监督更为直接有效，因为良好、有序的市场运营环境的最终受益者即为相对弱势的社会群众，给予社会新闻媒体及社会群众一定的话语权，有利于倒逼我国证券监管体制的改革，完善证券监管制度。

三、我国现阶段证券监管的目标

证监会国际组织（IOSCO）是国际证券市场监管机构最重要的组织。它的成员目前包括193个国家的证券监管机构，这些机构负责日常的证券监管以及证券法规的执行。它制定了国际通用的证券监管原则和目标，主要包括：第一，保护投资者利益；第二，保证市场公平、有效、透明；第三，减少系统性风险。由于我国证券业发展相对于国外还比较滞后，现行的证券监管体系逐步显露出不足，证券市场没有发挥其应有的作用，不少优质且具有发展前景的企业不能通过发行证券进行融资。与此同时，由于信息不对称等问题的存在，证券市场也没有为中小投资者提供一个较好的投资渠道，所以本书将证券监管的转型服务升级列为其中的一个目标原则①。

---

① 我国证券监管目标、原则由证监会国际组织发布的《国际证券监管的目标及原则》等相关文件整理。

1. 保护投资者

投资者是指投入现金购买某种资产以期望获取利益或利润的自然人和法人。广义的投资者包括公司股东、债权人和利益相关者。狭义的投资者指的就是股东。投资者应受到保护，免受因误导、操纵或欺诈（包括内幕交易、抢跑道和非正当挪用客户资产等）造成的损失。

要保护投资者，最重要的是需要上市公司完全披露影响投资者投资抉择的重要信息。这样，投资者才能更好地保护自己的利益。作为披露要求的重要组成部分，应具备会计和审计的标准，且应是高水平的、得到国际认可的标准。

只有正式获得执照或得到授权的人员才准许公开地提供投资服务，例如，市场中介机构或交易所运营者。对这些执照持有人和获得授权者，应要求他们起始和持续的资本达到其交易对手的需要，如必要的话，初步关张，而不给客户造成损失。

要通过为市场参与者设立最低标准来监督市场中介机构，以保护投资人。中介机构应根据商业准则规定的标准以公正和平等的方式对待投资者。这就需要一套全面的关于检查、监督及相关项目的制度。

证券投资者尤其容易受到中介机构及其他机构行为不当的影响，而个人投资者所能采取行动的能力可能有限。此外，由于证券交易和欺诈行为的复杂特性，需要坚决地执行证券法。当出现违反法律的行为时，要严格执法来保护投资者。

投资者应有权与中立机构（如法院或其他解决争议机构）取得联系或对其遭受不当行为的损害要求补救和赔偿。

2. 保证市场的公平、有效和透明

有关交易所、交易系统运营者和交易规则的建立应征得监管机构的同意，这有助于确保市场的公正。市场的公平与对投资者的保护，特别是防止不正当交易紧紧联系在一起。市场的机制不应过分地向一些市场使用者倾斜。监管应包括对市场操纵及其他不公平交易的发觉、阻止和惩罚。

监管应确保投资者拥有平等的机会使用市场设施和了解市场及价格信息。监管还应促进市场运作以确保对客户定单公平处理和可靠的定价程序。在一个有效的市场内，相关信息的传播应是及时的和广泛的，并可以反映在定价程序中。监管应提高市场的效率。

透明度可以被定义为有关交易的信息（包括交易前和交易后的信息）在实时的基础上公之于众的程度。交易前的信息包括确定的买价和卖价，以便于投资者较为确定地了解他们是否能按此价格交易以及在什么价格下可以交易。交易后的信息应是关于所有实际完成的交易额和交易量。监管应确保最高的透明度。

3. 减少系统性风险

尽管我们不能期待监管机构防止市场中介机构出现倒闭，但监管应旨在减少倒闭的风险（包括通过资金和内部控制要求）。尽管财务倒闭会出现，监管应减少该倒闭所造成的影响。因此，市场中介机构应有充足和持续的资金并满足其他审慎性的要求。必要的话，中介机构应逐渐停止业务，不让客户或交易对方有丝毫损失，或造成任何系统性破坏。

对一个积极的市场来说，存在投机套利是必要的。所以，监管应不必抑制合法投机套利的存在。反之，监管机构应促进和允许对风险的有效管理，确保有足够的资金和其他审慎要求以允许适度的投机套利，可以消化一些损失和防止过度投机。因此，有必要建立一套有效和精确的清算、结算程序，这套程序应得到正确的监督，并运用有效的风险管理工具。

对拖欠的处理必须有具有效力的和法律上安全的安排。这超出了证券法的范围而涉及了一个国家（地区）内无偿债能力处理的规定。在另一国家（地区）或跨几国（地区）区域内，可能会出现由于一些问题引起的不稳定性，所以监管机构对市场混乱的反应应是通过相互间的合作与信息分享寻求促进国内和国际市场的稳定。

4. 服务经济转型升级

回顾证券市场发展的历史进程，证券市场也是随着整个宏观经济的发展而发展起来的，是整个宏观经济不可缺少的一部分。十八届三中全会的召开，在会上提出了资本市场的顶层设计。在如何“稳增长、调结构、促转型”成为经济发展紧迫任务的当下，建设完善多层次资本市场，切实服务实体经济转型升级将成为资本市场的重要课题。

服务实体经济、服务小微型企业、服务广大投资者理应成为证券监管的目标和原则。用法律规范相关主体的权利和义务，建立相应责任体系，促进经济健康有序的发展，提高资本的使用效率，服务经济。

四、证券监管权力划分

各国政府证券监管机构拥有的权力内容不尽相同，如美国证券交易委员会SEC 拥有的证券监管权从世界范围来看都是最强大和广泛的，拥有的执法权包括民事强制执行权、提起诉讼的权力、发布禁令和民事处罚的权力等。英国的金融服务监管局根据 2000 年《金融服务法》规定拥有了处罚权、下达搜查命令、起诉权和要求对客户资产进行赔偿权等。对比美国和英国，发展中国家的政府证券监管机构拥有的权力范围比较窄。如泰国的证券交易委员会在 2002 年改革前对证券违法行为只能提起刑事和行政诉讼，不能提起民事诉讼；中国的证券监管委员会没有对证券违法行为提起诉讼的权力。但纵观各国证券监管机构，一般都拥有法规制定权、核准审批权、日常监督管理权、调查处罚权、采取强制措施的权力等。各国对这些权力的表述也不尽相同，如美国证券交易委员会对违法行为的处罚权，被称之为“裁决权”。但考虑到表述的普遍接受性，本文仍然使用调查处罚权。

1. 法规制定权

法规制定权是指政府证券监管主体依法制定法规、规章和规则的权力，也被称为行政立法权。法规制定权赖以产生的法律包括宪法和组织法，也包括单行法律和法规。由于法律的规定极为抽象和原则，而证券市场监管过程中的具体情况又很复杂，监管主体制定的法规、规章和规定成为监管过程中的主要依据。为了规范法规的制定工作，各国一般制定相应的法律或由政府证券监管机构制定相关的法规，明确规定法规的制定程序：包括立项、起草与审查、决定、公布和备案、解释、修改与废止等①。

2. 核准审批权

核准审批权，也称市场准入权，是“关于市场主体和交易对象（产品）进入市场的管制准则，是政府对市场管理的一种制度安排”。核准审批权是指政府证券监管机构对符合条件的证券发行和交易主体赋予其从事某种事项的权利或资格的权力，只有具备此种资格的主体才能进入证券市场。根据资本市场的交

---

① 中国证监会 2003 年制定了《证券期货规章制度程序规定（试行）》，美国 SEC 的规则制定程序受 1946 年《联邦行政程序法》、1995 年《文书精简法》、2003 年《监管弹性法》和《SEC 行为规范》的调整。

易关系，可以将市场准入权划分为产品准入权、机构准入权、从业人员准入权和业务准入权。产品准入权是对市场交易对象（主要包括股票、债券、期货和基金）进入市场的形式条件和实质条件进行约束的权力。不同层次的产品市场（一级或二级）有不同的交易对象，例如，对股票的首发和增发的准入标准和程序是不同的。产品准入与发行交易主体准入基本同步。机构准入权是对证券市场的相关主体（证券公司、基金管理公司、期货公司、会计师事务所和律师事务所等）的进入资格予以规范、限制，确保其良好的经营状况和证券业务、证券服务水平的权力。从业人员准入权是规定关于机构中的证券从业人员（包括高层管理人员和一般从业人员）的能力和条件并进行审核的权力。业务准入权是指在机构准入的基础上，对机构经营活动进行管理的权力。

3. 日常监督管理权

该权力可以分为对证券市场主体和证券交易的监管，前者包括对（发行）上市公司、证券公司、投资公司、律师事务所和会计师事务所等中介机构、证券交易所及其他自律机构及证券市场的其他参与者的行为、业务、人员进行的监管；后者对各级市场上的各种交易活动包括异常交易、大额交易和可能的违法交易等进行监管。行使日常监督管理权最重要的方式是对证券主体的日常经营活动进行检查，包括现场检查和非现场检查。检查的主要目的是为了及早发现证券机构存在的风险并及时防范，通常采取程式化的手段，一般不会采取强制措施，如果在检查中发现了违法违规的线索，将可能促使监管机构进一步行使调查处罚权。

4. 调查处罚权

当监管机构掌握、获悉了证券市场主体或者其他参与者违反证券市场监督管理法律、行政法规行为的线索后，调查权就可能开始运作。一般而言，为保证调查权的行使，政府证券监管机构拥有的措施包括：进入涉嫌违法行为发生场所调查取证；询问当事人和与被调查事件有关的单位和个人，查阅、复制相关资料，包括财产权登记、通讯记录、证券交易记录、登记过户记录、财务会计记录等；对证券市场相关主体或其他参与者的财产或重要证据采取非制裁性的强制措施。在调查的基础上，政府证券监管机构依照法定权限和法定程序，对于违反法律法规、尚未构成犯罪的人给予处罚。在处罚决定做出之前，一般要通过听证与和解等程序，依据法定的程序做出处罚与否的决定。处罚措施主要是针对责任主体的资格、能力和财产进行制裁，包括：警告、罚款、没收违法所得、责令改正、临时责令改正、谴责、限制个人或机构行为和业务、暂停资格、撤销注册资格、禁止担任上市公司高管和董事职务和市场禁入等。

5. 采取强制措施的权力

采取强制措施是指政府证券监管机构为了预防、控制或制止违法行为的发生和扩展或在紧急情况下，为了查明案件事实，依法对被监管对象的财产实施暂时性控制，或者对其业务活动实施暂时性限制，甚至对相关人员的人身进行暂时性限制的措施。强制性措施实际上是为了保证调查、审理或者执行的顺利进行，因此，往往发生在调查、处罚程序之中，必须严格根据调查处罚的法定程序进行。在我国，证监会有权冻结、查封涉案当事人的违法资金、证券等涉案财产或者重要证据；在调查操纵证券市场、内幕交易等重大证券违法行为时，可以限制被调查事件当事人的证券买卖。除此之外，还拥有对证券公司业务及相关人员采取强制措施的权力，这些措施包括限制业务活动，责令暂停部分业务，停止批准新业务；限制分配红利，限制向董事、监事、高级管理人员支付报酬、提供福利；限制转让财产或者在财产上设定其他权利；责令更换董事、监事、高级管理人员或者限制其权利；责令控股股东转让股权或者限制有关股东行使股东权利；通知出境管理机关依法阻止有关责任人员出境；申请司法机关禁止有关责任人员转移、转让或者以其他方式处分财产，或者在财产上设定其他权利。

五、证券监管目标和原则的周期性分析

正如上文所述，证券监管的各个目标在一定程度上是相辅相成的，但并不是完全一致，政治或是经济条件不同的监管当局会各有侧重并且呈现一定的周期性。下面将分别论述经济周期、金融危机和政治周期对证券监管目标和原则的影响。

1. 经济周期的变化分析

在剖析证券监管目标与宏观经济的周期性变化之前，先进行股票市场的周期性分析，这里选取的股票市场表现的数据是自上海证券交易所成立之日起的上证指数。随后运用计量经济学做 ADF 平稳性检验和 Granger 因果检验①，之后

---

① 该检验方法 2003 年由诺贝尔经济学奖得主克莱夫·格兰杰（Granger）所开创，用于分析经济变量之间的格兰杰因果关系。

结合证监会出台的相关文件和股市相关数据的表现来分析证券监管目标与原则与宏观经济表现之间的规律，看其是否存在相关性以及对相关性存在或者不存在的原因进行解释。

（1）经济周期划分依据及结果。

本书用“BB 转折点确认程序”来划分股市的周期性表现，确认程序需要三个基本步骤：对数据作适当平滑处理、测得一个极大值（极小值）集合和根据一定规则和约束条件确认转折点作为波峰（波谷）位置。确认程序需要满足若干基本约束条件。一是波谷和波峰必须间隔排列。二是波峰到波谷（波谷到波峰）的单向持续时间在 5 个月以上，小于 5 个月在经济实践中没有实质性意义，因为波动性是股市表现的一个重要特征。三是一个完整波动周期的持续时间至少持续 15 个月。四是若同时连续出现波谷或波峰，则取其中最小的波谷或最大的波峰。图 1. 2 是自上海证券交易所成立之日起上证综合指数的表现。

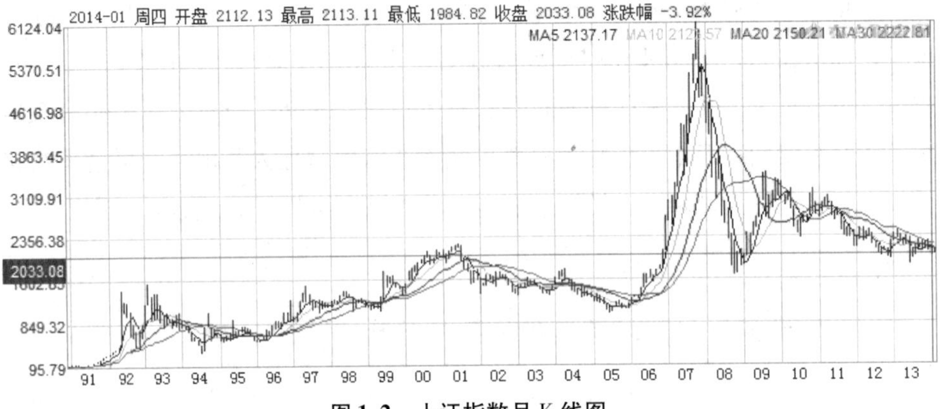

图 1. 2　上证指数月 K 线图

根据“BB 转折点确认程序”的规则，可以将股市分为如下两个比较完整的周期：第一个是 1996 ~ 2005 年 5 月这一个时间段，第二个则是 2005 年 6 月至今。1990 年 12 月至 1996 年的也有几波上升与下降趋势，但是其时间周期太短，我们将这种周期视为“伪周期”或“小周期”，在下文不再作为重点的剖析对象，而是用这两个完整周期的上证指数作为股市表现的具体指标来分析它与宏观经济周期变化的相关性。

（2）ADF 平稳性检验。

本书选取宏观经济变量兼顾商品市场、货币市场、国际市场变量，指数类与统计性变量，共计9个变量，分别是发电量、固定资产投资、财政支出、利率、广义货币供给量、进口、出口、CPI、PPI，并对各变量作对数处理。用以上宏观经济变量与上证指数进行ADF检验，得出结果如表1.1所示。

表1.1　　宏观经济变量与上证指数的ADF检验

变量	检验形式（ITJ）	ADF统计量	1%临界值	5%临界值	平稳性
FE	（IT0）	-10.7085***	-4.0669	-3.4622	平稳
D（FE）	（I09）	-6.6325***	-3.5178	-2.8996	平稳
PPI	（I01）	-3.8722***	-3.5083	-2.8955	平稳
D（PPI）	（001）	-3.6749***	-2.5924	-1.9446	平稳
（1999年4月至2008年6月）					
FI	（IT2）	-4.0432**	-4.0452	-3.4519	平稳
D（FI）	（I05）	-6.8035***	-3.4943	-2.8894	平稳
（2008年6月至2012年5月）					
FE	（IT0）	-7.6793***	-4.1657	-3.5085	平稳
D（FE）	（I09）	-4.3527***	-3.6210	-2.9434	平稳
FI	（IT0）	-9.6451***	-4.1657	-3.5085	平稳
D（FI）	（I02）	-7.6316***	-3.5885	-2.9297	平稳
PPI	（I01）	-3.6776***	-3.5811	-2.9266	平稳
D（PPI）	（001）	-2.6781***	-2.6173	-1.9483	平稳

（3）Granger因果检验。

对做完ADF检验的数据进行差分处理，使它成为平稳时间数列，再对其做Granger因果检验。鉴于Granger因果关系检验对于滞后期的敏感性，为提高结果可信度，本节给出了4个不同滞后阶数的检验结果。

表1.2　　1996~2005年宏观经济因素与上证指数相关关系

零假设	Chi-sq（K=2）	Chi-sq（K=3）	Chi-sq（K=4）	Chi-sq（K=6）
SZ不能Granger引起BOR	3.66071**	1.19115	0.21366	0.59177
BOR不能Granger引起SZ	0.18076	0.62610	0.79553	0.97041
SZ不能Granger引起CPI	0.13298	0.68775	0.53903	0.42694

续表

零假设	Chi-sq（K=2）	Chi-sq（K=3）	Chi-sq（K=4）	Chi-sq（K=6）
CPI 不能 Granger 引起 SZ	0. 69253	1. 90247	3. 58422**	2. 53048**
SZ 不能 Granger 引起 EL	0. 64748	0. 70130	0. 67866	1. 21220
EL 不能 Granger 引起 SZ	1. 52685	1. 60502	1. 99778	1. 18455
SZ 不能 Granger 引起 EV	0. 10984	0. 87646	0. 54516	1. 31672
EV 不能 Granger 引起 SZ	0. 10407	0. 76045	0. 68988	0. 54431
SZ 不能 Granger 引起 FE	0. 93925	1. 49937	1. 94532	0. 22086
FE 不能 Granger 引起 SZ	1. 22487	2. 12034	1. 55368	1. 18563
SZ 不能 Granger 引起 FI	0. 84954	1. 35750	1. 42870	1. 07493
FI 不能 Granger 引起 SZ	0. 74963	1. 21924	0. 88986	0. 60045
SZ 不能 Granger 引起 PPI	1. 08416	1. 41875	1. 28973	0. 84788
PPI 不能 Granger 引起 SZ	1. 30014	0. 71686	0. 94581	0. 83735
SZ 不能 Granger 引起 IV	0. 44497	0. 49006	0. 37305	0. 37759
IV 不能 Granger 引起 SZ	0. 44111	0. 46736	0. 91318	0. 68797

注：*、**、***分别代表在10%、5%、1%水平下检验结果显著，K为滞后除数。

根据表1.2检验结果可知，在1996年2月至2005年5月期间，在5%显著性水平下，上证综指在滞后2阶能够对利率具有显著的Granger因果关系，此后影响消失。CPI在滞后4和6阶对上证综指具有显著的Granger因果关系，其他变量均无关系。

表 1.3　　2005～2013 宏观经济因素与上证指数相关关系

零假设	Chi-sq（K=2）	Chi-sq（K=3）	Chi-sq（K=4）	Chi-sq（K=6）
SZ 不能 Granger 引起 BOR	4.60959**	3.43393**	2.95774**	2.30453**
BOR 不能 Granger 引起 SZ	1.23631	0.81693	2.08929	0.89202
SZ 不能 Granger 引起 CPI	3.32339**	2.26084	3.24261**	3.11305***
CPI 不能 Granger 引起 SZ	0.24177	0.43971	1.80442	1.17533
SZ 不能 Granger 引起 EL	8.37526***	6.37243***	4.80942***	3.10827***
EL 不能 Granger 引起 SZ	0.52628	0.75943	2.25945	2.38194
SZ 不能 Granger 引起 EV	1.44750	2.56281	2.31618	1.50355
EV 不能 Granger 引起 SZ	0.96100	1.96925	1.68477	2.11540
SZ 不能 Granger 引起 FE	0.47857	0.31829	0.34212	0.28226
FE 不能 Granger 引起 SZ	0.06294	0.02775	0.34649	0.31780
SZ 不能 Granger 引起 FI	1.09489	1.05448	0.88352	0.92845
FI 不能 Granger 引起 SZ	0.67951	0.56899	0.43974	0.51746
SZ 不能 Granger 引起 PPI	5.59958**	3.75587**	2.56365**	2.18899
PPI 不能 Granger 引起 SZ	2.87057	2.20629	2.94779**	1.92107
SZ 不能 Granger 引起 IV	3.20046**	4.96044***	3.83199***	2.30422**
IV 不能 Granger 引起 SZ	1.45552	1.02030	1.99327	1.70838

由以上实证结果可以看出在2005年2月至2012年5月期间，在5%显著性水平下，上证综指在滞后2~6阶对利率具有Granger因果关系，与之类似，CPI、发电量、进口、出口、PPI等在不同滞后阶数与上证综指有单向或双向Granger因果关系，在八个宏观经济变量中仅有固定资产投资、财政支出与上证综指没有显著Granger因果关系。宏观经济变量与股市的表现的相关性比较强。

由上述分析可以知道，在1996~2005年的周期中，宏观经济变量与股市的表现的相关性不强，这主要是由于我国的证券市场起步于90年代初，国家给予了大量的政策以及资金上的扶持，在此周期中虽然股市表现有起有落，但总体上还是保持一个向上的趋势，受宏观经济表现的影响较小。在这一区间内，证券监管在总体来说是“松的”。国家出台的若干证券监管的文件，主要围绕“扶持与帮助证券市场的发展，建立完善的证券市场运行体制”这样一个证券监管的目标与原则，证券监管的指导思想与目标原则没有较大的周期性变化。

在2005年5月至2014年2月的股市周期中股指与宏观经济背离程度缩小，并且具有明显的领先滞后关系。在股指的上行阶段也就是2005年5月到2007年10月份这段时间（经济周期的繁荣期），证监会出台的文件多半是鼓励发展证券机构与金融创新，在这一阶段，证券监管的目标是“促进金融市场的发展创新”。而在经济开始衰退的阶段，政府开始注意到证券市场快速发展所遇到的各种问题，在发展证券市场的前提下开始采取一定的措施防范系统性风险，监管目标开始转向“保证证券市场健康运行”。在经济发展的萧条及复苏时期，为了重拾人们对经济发展的信心，证券监管目标多会转向“保护投资者利益”以及“降低系统性风险”上。

2. 政治周期的变化性分析

古典经济学通常把政治作为独立于经济的变量而不予考虑，然而在证券市场监管目标与原则剖析的问题上，证券市场监管政策的制定是客观实际发展的产物，同时也与政策制定者个人的偏好有关，在政策制定者每一个任职周期内的表现也有一定的规律性。

中国证券监督管理委员会成立至今，共产生了6位证监会主席，分别是刘鸿儒（1992年10月至1995年2月）、周道炯（1995年3月至1997年6月）、周正庆（1997年5月至2000年2月）、周小川（2000年2月至2002年12月）、尚福林（2002年12月至2011年10月）、郭树清（2011年10月至2013年3

月）、肖钢（2013 年 3 月至今）。每一位主席在任职初期都在原有的体制上进行相对较大的改革，证券监管的目标和原则偏向于“证券市场服务经济转型升级”，而任职的中后期则会转向“保护中小投资者”和“降低市场系统性风险原则”上。

六、证券监管的主要模式

证券风险存在很强的外部性，这种外部性使完全自由放任的市场失灵，需要引入政府的力量，加强证券监管，使证券风险的社会成本内部化。但在证券监管过程中，由于“俘虏”①、寻租和时滞等诸多问题的存在，监管的效力大打折扣，这就需要在市场和监管之间寻求一个平衡，而对于二者的平衡点究竟在哪里这一问题存在着相当大的争议。在经济全球化背景下，金融制度的创新使混业经营成为大势所趋，银行、投资公司、共同基金、养老基金和保险公司之间的区别越来越淡化，金融创新层出不穷，花样繁多，证券风险加大，证券监管的难度也越来越大。在控制证券风险、防止其自我破坏的同时，如何充分利用市场的创新力量，是证券监管者面临的一大难题。

有效市场理论为如何监管证券市场提供了理论依据。该理论认为“若资本市场在证券价格形成中充分而准确地反映全部相关信息，则称其为有效率”。Fama（1970）认为有效市场得以成立的理论条件是：①一切信息都无偿地立即提供给所有投资者；②没有交易成本；③所有投资者对信息的解释基本一致，即所有投资者对于信息对目前价格及未来变化的影响有基本一致的看法。这三个条件，在现实中是不能完全达到的，但人们可以以这三个条件为目标，从法律监管与市场设计等方面进行努力，尽量使证券市场的现实状况向这三个条件靠近，从而提高证券市场的有效性。如尽快建立上市公司信息随时披露制度、政府宏观经济信息及时无偿披露制度，努力降低交易成本等。有效市场理论所需的条件也为证券监管工作提供了坚实的理论基础，证券监管部门的主要职能就是为达到以上三个条件而努力。在具体的实践过程中，由于国情不同，各国

---

① 俘虏理论的最大贡献者是施蒂格勒（Stigler）。他在 1971 年发表的《经济管制理论》一文中，运用经济学的基本范畴和标准分析方法来分析政府监管的产生和实践过程。他认为政府监管是为了满足产业对监管的需要而产生的（即立法者被产业所俘虏），监管机构最终会被产业所控制。因此，政府监管的立法机关或政府监管机构仅代表某一特殊利益集团，而非一般的公众。

在控制证券风险实践中，大体可分为集中型监管模式、自律型监管模式和中间型监管模式。

1. 集中型监管模式

集中型监管模式也被称为集中立法型模式，是指政府通过设立专门的全国性证券监管机构，制定和实施专门的证券市场管理法规来实现对全国证券市场的统一管理。在这种模式下，政府积极参与证券市场的管理，并在证券市场管理中居于主导地位，证券交易所和证券商协会等自律组织只起辅助作用。集中型监管模式有两个主要特点：一是强调立法管理，具有一整套相互配合的全国性的证券市场管理法规；二是设有全国性的监管机构负责监管证券市场，且这类机构一般具有足够的权威来维护证券市场正常运行。美国、巴西、墨西哥、加拿大、日本、韩国、中国、中国台湾等国家和地区采取了集中型监管模式，美国是这种模式的典型代表①。美国监管体制是根据《1933 年证券法》和《1934 年证券交易法》而确立的，证券交易委员会（简称 SEC）是一个独立的、非党派的、具有准司法权的权威性证券主管机构。由总统任命 SEC 主席，SEC 主席对国会负责。SEC 可以由国会授权制定法律，可以对违规行为进行管理和监督，可采取摘牌等措施，并作为联邦法庭的顾问对公司重组程序提供意见。

集中型监管模式的主要优点包括：①具有专门的证券市场管理法规，统一了监管口径，使市场行为有法可依，且监管力度高、权威性高；②能公平、公正、严格地发挥其监管作用，并能协调全国各证券市场，可突破跨地域的监管界限，防止市场无序竞争和出现混乱局面；③监管者地位超脱，能更公平、公正、客观、有效地发挥其监管职能，在实践中更注重对投资者利益的保护。

集中型监管模式的缺点主要有：①证券法规的制定者和监管者超脱于市场，离市场相对较远，掌握的信息相对有限，从而监管的成本相对高昂，且可能脱离实际，缺乏效率；②对市场上的突发事件反应相对较慢，可能会处理不及时；③在集中型监管体制下，自律组织与政府主管机构的配合往往难以协调，政府监管人员对证券市场的专业知识相对欠缺和普遍存在的官僚主义可能导致政府集中监管的优势不能充分发挥。

---

① 戴维·鲁德尔："美国证券交易委员会在证券法律发展中的作用"，载于《经济社会体制比较》2001 年第 3 期。

2. 自律型监管模式

与严格的集中型监管模式相比较，自律型监管模式更注重证券行业自律管理，政府除必要的国家立法外，较少干预证券市场，对证券市场的监管主要通过证券交易所和证券业协会等自律机构进行，一般不设专门的证券监管机构。自律组织通常拥有对违法违规行为的处置权。各个自律管理机构的各种规则实际上起到了对法律的增补或替代作用。英国、荷兰、新加坡、马来西亚、新西兰和肯尼亚等国家采用自律型监管模式，英国是这种模式的典型。

自律型监管模式的优点主要有：①允许证券商参与制定证券市场管理条例，使市场管理更切合实际，并且有利于促进证券商自觉遵守和维护这些条例；②市场管理规则由市场参与者制定和修改，因而比政府制定的证券法规具有更大的灵活性、针对性和创造性，市场监管更切合实际；③自律组织能对市场违规行为迅速做出反映，并及时采取有效措施，从而保证市场的有效运转。

当然，自律型监管模式的缺点也很明显，主要有：①自律组织通常把监管的出发点放在市场的有效运转和保护会员利益上，对投资者利益的保护往往得不到应有的重视；②监管者的非超脱地位，使证券市场的公正原则难以得到充分体现；③缺少强有力的立法作为后盾，监管手段软弱，导致市场违规行为时有发生；④没有专门的机构协调全国证券市场发展，区域市场之间很容易产生摩擦，容易导致无序竞争和不必要的混乱局面。

因此，自20世纪80年代以来，英国政府加强了对证券市场风险的管理，设立了证券与投资管理委员会（Securities and Investment Board），该机构是一个非政府监管组织，并于1986年出台了《金融服务法》取代以前的《防止欺诈法》和《公平交易法》。1998年6月1日，英国金融监管的组织架构发生了变化，成立了金融服务局（Financial Service Authority，FSA），组织形式上仍是独立于政府的机构，它从英格兰银行手中接管对商业银行监管的权力，从证券与投资管理委员会（SIB）手中接管对投资机构监管的权力，成为英国金融业的“超级监管者”。政府对证券市场的调控能力逐渐加强。

3. 中间型监管模式

中间型监管模式是介于集中型和自律型模式之间的一种管理模式，它既强调集中统一的立法监管，又强调自律管理，可以说是集中型和自律型两种模式相互协调、渗透的产物。中间型监管模式有时也被称为分级监管体制，主要包括二级监管和三级监管两种类型。二级监管是指中央政府和自律机构相结合的监管；三级监管是指中央、地方两级政府和自律机构相结合的监管。德国是中间型监管模式的典型代表。德国没有制定全国统一的证券法，涉及证券活动的法律法规相当分散。德国也没有专门的证券监管机构，由于德国是实行“全能银行”制度，银行和证券业混业经营，因此，证券业务也通过中央银行来管理，并通过银行监管局实施监督。在德国，以证券交易所为主体的自律监管是德国证券市场监管的基础和重要构成，证券上市、信息披露、二级市场交易等都由交易所负责监管。

第二章

证券监管的经济学分析

这里所说的证券监管是狭义上的证券监管，是指证券监管当局即政府或是其授权的机构，依据其行政强制力对证券市场的参与者与其行为进行监督和管理或进行的一系列制度安排的行为。由于证券市场运行有其自身的一些特点，比如说证券市场具有明显的外部性、证券市场存在垄断竞争和证券市场的信息不对称性等，这些都使得证券监管显得尤为重要。本章将运用经济学的分析工具，从新制度经济学、规制经济学、法与金融学和行为经济学的不同角度来分析证券监管的必要性。

第一节　新制度经济学角度的经济学分析

新制度经济学是以交易成本为主要的分析出发点，将合同作为最小的分析单元，对微观企业制度乃至整个宏观经济政治制度的分析提供了一个全新的角度。新旧制度学派都主张用一种动态的、历史的观念来看待制度。

新制度经济学派的代表人物诺斯、威廉姆森以交易成本理论为基础认为制度变迁的过程是效率最大化不断实现的过程，变迁的目标就是不断地降低交易成本。诺斯之后意识到若是只谈成本与收益比这样的解释并不全面，随后调整了他的分析框架，产权理论、国家理论和意识形态共同构成整个分析框架。本书将整个证券市场作为一个大的运行机器，将证券市场的交易和制度设计划分到合同这样一个小的单位，论证监管在证券市场上的作用以及必要性，强调微观层面的论述与解析。

一、制度设计优化原理

在利用新制度经济学的分析工具分析监管制度的必要性及有效性之前，首先得明确设计各种制度和完善制度的标准是什么，什么样的制度才是好的制度，下面主要论述两个衡量原则。

1. 最优性原则

制度要使得证券市场运行达到最优，这里包括目标最优和途径最优。证券市场监管制度设计的目标最优是指最大化整个证券市场运行所有参与者的得益函数的加总的值达到最大；途径最优是指在进行证券监管的时候选择的监管工具能以最低的成本最好地实现最终的目标。

2. 系统性原则

整个证券市场体制的架构是一个宏观的有机的整体，每一个分部的运行不是完全独立的，而是互相关联互相影响的，是整体性、目的性、稳定性的统一，往往会有牵一发而动全身的作用。

这里所说的整体性是指证券市场运行的系统是由若干要素组成的，这些要素是相互联系、相互依赖、相互协作的。每个要素既存在于自身所处的系统之中，又与其他系统，即外部环境发生各种形式的联系。从横向来看，证券市场的监管可以分为股票市场监管、债券市场监管、期货市场监管、外汇市场监管等多个方面；从纵向来看，证券监管制度从无到有再到不断的发展，每个监管部门监管机构以及监管制度的运行有历史延续性，都是一个动态发展的过程。目的性是指在设计证券监管体系时是以什么为目的，在调整市场各方利益时是为哪个利益群体服务的。稳定性是指证券市场运行是一个稳定运行的有机体，证券市场监管是为了使整个宏观经济运行更加的稳健。

二、模型设立的假设前提

假设一，证券市场上的行为主体的成本与收益可以量化，市场监督行为可以拆分为“合同”这样小的分析单位。外部监督与否的决策边缘在于比较一项监督行为在体制运行的内部解决和通过与外部签订合同来保证市场的稳态运行的成本孰高孰低。

假设二，关于合同人的假定。

（1）理性。理性应该包括如下几个层次，一个是强理性即预期收益最大化；二是弱理性即为有组织的理性；三是中等理性，介于以上两者之间。合同人在进行市场行为的时候多半是以自身预期收益最大化作为行为的最终目的。然而有一些市场行为具有很强的外部性，为使得整个制度运行的得益最大化，市场会签订一些合同来约束市场行为人的一些市场行为。

（2）追求私利。合同人的市场行为是不断追求私利的，追求私利也有程度深浅之分。程度最为强烈的、交易成本经济学中最为注意的是投机问题。这里的投机是指损人利己，更具体的是指证券市场上的行为人不充分揭示有关信息、或者是扭曲信息，特别是那些精心策划的误导、歪曲、颠倒或是其他种种混淆视听的行为。

三、模型的定性描述

证券监管制度是为了保证证券市场稳定、安全和保护证券投资者的一套制度安排。正如之前分析的那样，由于证券市场的参与者会最大化自身利益，而证券市场运行存在着严重的信息不对称。因此证券市场存在着很强的外部性，证券市场监管具有帕累托改进的性质，通过对市场经济参与者的行为进行约束，增加整个证券市场的福利。

但是，任何监督管制都是有成本的，在监管方式和监管力度的选择上，监管所需的成本和相应的收益就成为证券监管决策的核心问题。

1. 证券监管的收益与成本论述

（1）证券监管的收益。这里所论述的证券监管的收益是一个相对的概念，即在不存在证券监管时相对于存在证券监管时的福利损失，反过来说就是存在证券监管制度时的收益。理论上说，这些收益是可以度量的，这里用以下指标进行度量：第一，直接收益，主要包括证券监管方通过监督证券市场的参与者而没收的罚款或者其他利得；第二，间接收益，主要是指由于存在证券监管制度而使得市场参与者没办法进行违规行为而给市场带来的收益。

（2）证券监管的成本。任何一项市场行为都不可能是零成本的，证券监管也不例外。这里的成本也可分为直接成本与间接成本。直接成本是指监管制度的设立和运行需要耗费的人力、物力，包括立法成本、执法成本和守法成本。立法成本主要是指政府在出台一套严格的法规过程中的调研、拟定、讨论、修改、审议到通过直到最后公布所需耗费的人力、物力的总的价值。执法成本主要是指监管当局为监督被监管对象实施有关监管制度而必须耗费的各种资源和费用。守法成本是指市场参与者为了满足证券监管的要求而耗费的人力、物力，例如为满足证券监管要求组织内部财务编制报表、为满足上市监管要求聘请会计师事务所、法律事务所、证券公司等支出。间接成本是因为证券监管行为会打乱市场对资源自发的配置功能，限制了竞争并且在一定程度上抑制了金融的创新，造成整个证券市场的福利损失，具体来说包括限制市场创新与活力的效率损失、监管的寻租成本和机会成本问题。寻租是指证券监管机构利用公共资源获取私人利益的行为以致对整个证券市场带来的福利损失。机会成本主要是指耗费在监管方面的资源用于其他方面可能产生的收益。

（3）监管制度边界的确定。在确定什么时候监管、怎样监管和相关的监管力度的边界问题的时候，本书建立模型，首先分析如何剔出需要进行监管的领域，并用监管成本和监管收益的比较来确定监管的边界和工具。

四、证券监管制度必要性的制度经济学度量模型

1. 制度建构的理论

制度经济学中，有着两种不同的制度形成方式的方法论。第一种是认为制度的形成是内生的，一个制度最终的形态是人们根据自己的目的、行动以及社会认知条件的约束不断调整的结果。这里不做过多解释，其具体的过程如图2.1所示。

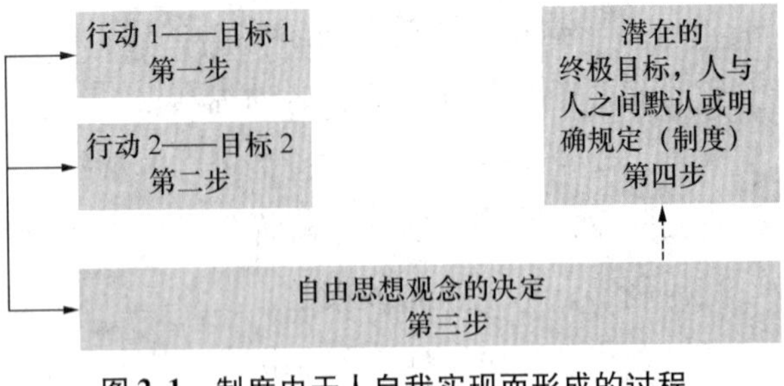

图2.1　制度由于人自我实现而形成的过程

第二种就是现在比较主流的制度形成理论，这种理论认为制度的产生是在外部竞争压力、资源、技术、知识等约束条件下，实现经济效率的节约和实现价值目标上的效果。这个模型将用来分析证券市场监管机制的确定，假定这种

监管制度的确定是社会精英和社会大众的博弈达到均衡时的结果，均衡的制度安排满足以下条件：第一，主流监管目标关于投资者保护和市场公平性目标的实现；第二，在设计制度安排作为追求以上目标实现，应符合人们认为的正当性原则；第三，在满足上述条件时，以及在环境、资源和知识的约束下，所产生的交易费用应该是最小化的。其具体的过程如图 2.2 所示。

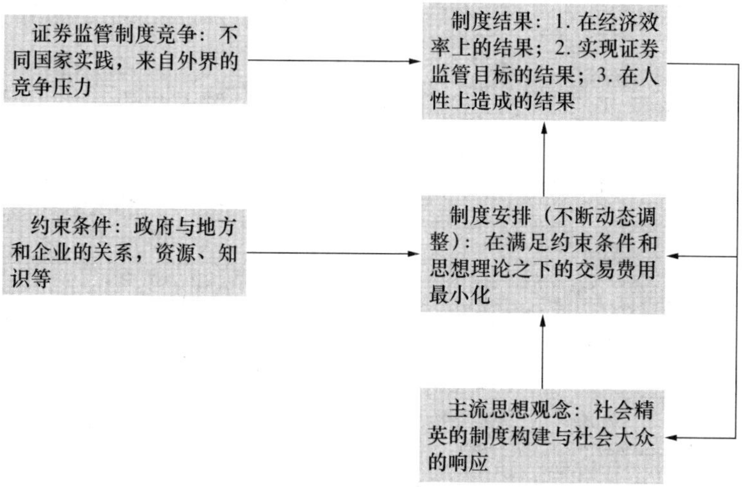

图 2.2 制度的形成与变迁过程

本书将这种分析思路细化到证券市场制度建立的过程中来，证券监管制度的建立一方面有着自发的进化因素，但是本书认为证券监管制度的形成更是人为选择的过程，是在各种资源约束下结合各个国家的社会历史文化因素，在不断试错，社会精英阶层和普通大众不断博弈下最后形成的。在这过程中，大的宏观背景也是证券制度形成的一个重要的决定基础，并且在这过程中隐藏着一个经济学的最终规律，这就是在决定是否监管及怎样设计监管制度方面怎样使得交易成本最小化。接下来就分析一下如何将需要监管的区域剔出，并且分析一下怎样来进行监管，它的决定因素是什么。

如图 2.3 所示，从 R 开始到 D-0 是证券监管者宏观控制的过程，S1 类似于公司上市需要的过程和制度设计，S2 类似于企业上市之后的信息披露等一系列的制度设计，S3 类似于上市企业退市的相关制度设计，D 字头的代表企业退市之后的辅导的一系列制度设计。实线和虚线代表私人权利的运行和公共监管权利运行的交互作用，三角形代表介入公共权力来进行制度设计及监管运行，若监管的成本小于监管的得益，那么就会将这样的制度纳入整个市场运行中，如这里的 C2-0 表示的公共监管制度，就会纳入证券市场运行当中，最终形成的制度边界如图 2. 3 框出来的部分。

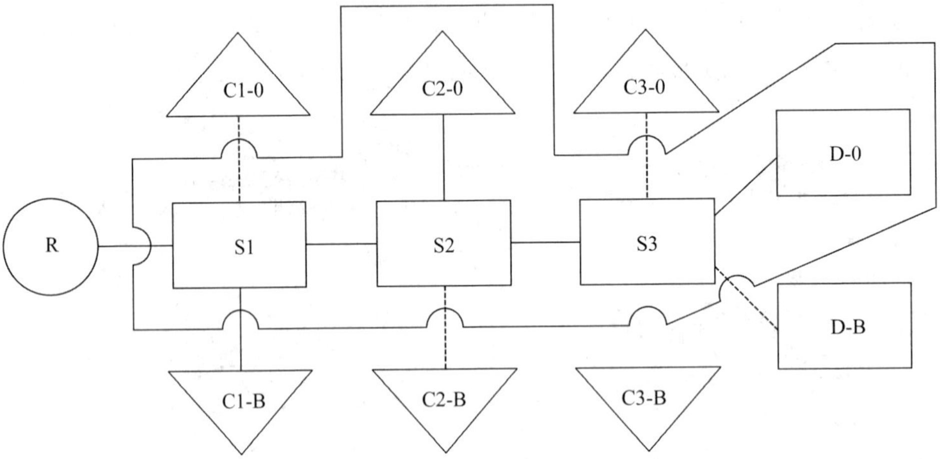

图 2. 3　制度的效率边界

2. 产权制度的多样性及其绩效差异

在用制度经济学来分析监管制度的设计和变迁过程前，先分析分析整个微观经济组织的变迁过程显得十分重要。经济组织可以从多角度来划分，迄今为止，人们对经济组织形态的划分多半从横向和纵向两个方面来进行：从横向结合方面，按新古典可划分为独占垄断、多头垄断和垄断竞争等形式，从交易活动角度看，其垄断地位从强到弱为托拉斯、控股公司、销售卡特尔和同业工会；从纵向来看，则可划分为一体化组织、中间性组织以及市场组织，他们主要与产业特性、资产专用化程度以及交易规模的大小等因素相联系。如果将交易各方的独立自主性、相对进行外部市场交易体制作为极端，以交易的完全内部化、交易方转化为内部行政关系为另一极端，中间部分即为以混合方式对交易进行组织的中间性组织。

随着经济组织内部的不断进化和完善，组织外部的规制结构与政府行为也需要不断地调整，纵观整个经济发展史规制结构，经历了从新古典契约关系到三方规制结构到双方规制结构到专门规制结构再到一体化组织。政府行为也经历了由放任自由到维护竞争到干预竞争到有效管理，以及最后的政府垄断的演进。因此我国的证券市场监管制度的进化是符合经济发展制度演进的客观规律的，本书这里着重分析一下同一环境条件下不同制度安排的绩效差异。

产权理论是制度经济学的一个重要理论基础。所谓产权是指经济所有制关系的法律表现形式，它包括财产的所有权、占有权、支配权、使用权、收益权和处置权。在市场经济条件下，产权的属性主要表现在三个方面：经济实体性、可分离性和流动独立性。产权的功能包括：激励功能、约束功能、资源配置功能、协调功能。以法权形式体现所有制关系的科学合理的产权制度，是用来巩固和规范商品经济中财产关系、约束人的经济行为、维护商品经济秩序、保证商品经济顺利运行的法权工具。一般情形下把产权分为私有产权、集体产权和公共产权，下面就其三者的结构、特征和绩效作行为分析。

产权制度结构比较：私有产权的关键是每个人拥有的权利都不重叠，个人对其所有权利的行使决策是私人做出的，即每个人拥有完全的自主决策权并承担相应的后果。集体产权是指在行使共有资源权利的时候，必须由集体根据一定的程序作出，而不能仅仅依据个人意愿采取行动，同时在集体内部是非排他的而对外则表现出很强的排他性。公共产权是指在行使共有权利的时候，由代理人或代理机构依据一定程序作出决策但是具有完全的非排他性。

不同产权下行为特征的比较：私有产权由于产权界定明晰，决策风险与活动后果由个人作出，因此激励程度最高。集体产权由于对外排他性，具有一定的激励效果，集体成员一起承担风险和后果，所以激励力度较弱。公共产权由于完全非排他性的特征，内部缺乏实际意义上的权责界定，存在严重的公共财产问题，隐含的激励约束机制最弱，从而个人机会主义倾向严重并由于缺乏有效抑制而出现资源耗竭现象。

从“解决外部性”和“交易成本非零”入手的新制度经济学，主要是从产权的基本功能和“成本、收益效率”标准去解释、衡量、比较差异化的产权福利安排以及产权形态的替代效率。“外部性”是指个人的效用函数或成本函数中包括了别人的行为，而产权出现的关键作用就是尽量使外部性内部化。新制度经济学产权理论就是从产权和外部性的关系上去衡量产权配置的效率，保证私人收益率等于社会收益率。如果最终形成的产权激励能使外部性内部化，那么这种产权配置就是有效率的。黄少安曾指出，不管是外部成本还是外部收益，内部化了之后，就社会总福利或资源配置效率而言，总是比处于外部状态好。产权实质上是产权主体间的利益关系，围绕产权产生的是利、权和成本的集合，无权、无利、无成本约束或者可有可无的情况都不能作为产权来研究。在权、利、成本的集合中，产权能够行使提供远期收益预期、减少不确定性、成本约束（反面激励）的“激励功能”。因此，新制度经济学者认为产权的激励功能越强，外部性内部化程度越高，则产权制度或配置越具有效率。

因此在证券市场监管制度设计的过程中，建立产权明晰的交易制度，在需要公共权力介入监管的时候，比较两者的成本与得益之后确定监管边界和监管的工具的使用显得十分有意义。

第二节　规制经济学角度的经济学分析

一、相关理论介绍

规制经济学也称管制经济学，是对政府规制活动所进行的系统解释，其理论基础是微观经济学和产业经济学，可以说是经济学与政治学交叉的一个边缘学科。与其他学科的发展类似，规制经济学也随着规制活动的发展不断演变，体系与内容不断扩展。一般认为规制经济学有以下几个理论：公共利益论、集团利益论和可竞争市场理论。

1. 公共利益论

在施蒂格勒 1971 年提出管制的目的是“为保护生产者利益”这一论点之前，经济学界普遍认同的传统观点是，政府管制是为了抑制市场的不完全性缺陷，以维护公众的利益，即在存在公共物品、外部性、自然垄断、不完全竞争、不确定性、信息不对称等市场失灵的行业中，为了纠正市场失灵的缺陷，保护社会公众利益，由政府对这些行业中的微观经济主体行为进行直接干预，从而达到保护社会公众利益的目的，这即是政府管制的“公共利益理论”。

2. 集团利益论

它是在规制领域“寻求规制政策的政治原因”的研究主题下发展起来的。其基本假设是政府的基础性资源是强制权，能使社会福利在不同的人之间转移；规制的供求方利益集团与政治家都是理性经济人，通过选择行为来谋求自身福利最大化；利益集团通过寻求规制来增进他们私人的利益，从而在公共政策形成过程中发挥重要作用。

3. 可竞争市场理论

1982 年，鲍莫尔与美国西北大学教授潘扎尔（Panzar）、普林斯顿大学教授威利格（Willig）一起出版了《可竞争市场与产业结构理论》一书，标志着系统化的可竞争性理论的形成。可竞争市场理论使人们认识到垄断并不必然导致福利损失。可竞争市场理论证明，在一定的假定条件下，可维持性与拉姆齐最优相一致。所以，在可竞争市场的垄断均衡中，厂商能在其财务可行性约束下，实现福利（生产者和消费者剩余之和）最大化。当产业成本最小化要求每种产品至少有两个厂商生产时，可维持性就要求任意均衡（不论是寡头还是完全竞争）都满足资源配置最优的必要条件。可竞争性理论指出，在近似的完全可竞争市场中，自由放任能够比通过行政手段或者反托拉斯手段主动管制更有效地保护公共利益。少数几个大厂商垂直兼并、横向兼并及其他形式的组合，传统观点认为有形成垄断势力之嫌，但在有可竞争性存在时，它们都变成无害的甚至可能是更有效率的了。

二、模型定性阐述

从证券市场的运行来看，管制力量主要来源于行业自律以及政府监管当局。

在政府的经济规制中，政府会对企业的进入、退出、上市价格、分红和信息披露出台一定的强制指令来进行规制，对整个市场的行为进行调节，增强整个市场运行的福利水平。这里主要分析监管当局对企业上市的进入和退出机制。进入规制是指监管当局对企业上市的一些强制要求，包括上市的最低注册资本、内控要求、信息披露等强制要求，当企业的监管指标不符合监管当局的要求时将会被强制退市。政府对企业的上市进入进行规制的主要目的在于提高上市企业的质量、规范运行、防止不法融资、防止过度竞争，提高整个证券市场的有效运行。从激励经济学的角度看，服务成本规制的主要问题是缺乏对企业降低成本、合法经营的激励，它是一个低能的激励合约。企业管理层由于引进新技术、提高经营管理水平和产品质量使得整个企业价值上升，而带来的好处有可能会被股份分红，自己得到的很少。这样要么企业经营者不提高企业运行效率，要么采用财务会计手段隐藏企业实际经营利润所得，导致的结果就是要么整个市场运行的效率损失，要么损害投资者的应有权利。因此，监管当局应该建立证券监管激励规制条款对市场行为进行一定的约束。

社会规制，主要讨论两点：一是基于外部性和信息不对称的监管规制的供给及其效果的分析，二是对于社会规制中的法律、法规以及承诺的经济学分析。所谓外部性，是指一件事情对于他人产生有利或是不利的影响，但不要他人对此进行支付报酬或是进行补偿的活动。在证券市场运行的过程中，当私人成本或收益不等于社会成本或是收益的时候就会产生外部性，社会规制的本质就是来划分私人成本收益和社会成本收益的边界，降低外部性带来的净福利损失。在社会规制中的法律、法规以及承诺的经济学分析中，主要通过规制法规承诺对规制者和被规制者的影响、规制法规承诺动态不一致两面进行分析。

三、定量分析建模

1. 证券市场监管的经济规制分析

（1）市场准入管制的经济学分析。

这一部分，利用微观经济学的分析工具，分析在证券监管当局设立准入门槛的时候相对于不设准入门槛时的福利状况以及效率的变化。在分析之前，为了简化现实中的情形，做如下假设：第一，每一个进入证券市场的企业都是同质的，也就是说企业之间不存在行业的差距。第二，企业决定是否进入证券市场融资的依据是进入的成本与收益之比。第三，整个证券市场是可竞争市场，也就是说证券市场上存在着几家占据垄断地位的企业，这也是符合现实假定的。现实中，证券市场上每个行业都存在着一两只权重股，这种企业在整个行业都具有举足轻重的话语权。第四，引入沉没成本。所谓沉没成本，是指在进入者而不是在已经入市的企业身上发生的成本，主要是指不可重新使用、市场特殊化的成本。

再决定规制的福利影响，这儿所说的福利不包括一些机会福利或是潜在福利，而是以微观经济学的生产的产品总价值来衡量整个市场的福利水平。正如微观经济学上分析的，在竞争性均衡的市场运行中，如果市场准入使得整个企业的定价扭曲，则会使市场的资源配置作用减弱。

如图 2.4 所示，证券市场进入的管制在短期来看，会在一定程度上提高企业的生产边际成本，并且企业不会在单个企业生产成本曲线——AC（Q）曲线的 C 点处进行生产。为了考察市场进入规制影响，假定单个企业的生产函数为 AC（Q），竞争均衡时需要 n 个企业，均衡价格为 P_2，均衡产量为 q，此处的价格为最小平均成本。加总单个企业的生产，得到的是整个市场的供给函数，图

中的 D_1、D_2 是整个市场的需求函数。

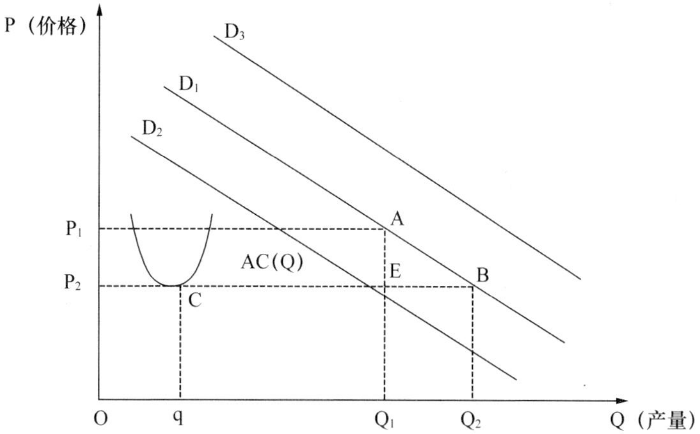

图 2.4　进入规制的效应

在整个证券市场处于自发均衡状态的时候会达到均衡点 B，整个社会的均衡产量为图中的 Q_2，对应的长方形 P_2BQ_2O 是这时证券市场运行创造的福利水平。而市场准入管制实行后，一方面由于管制企业的成本会有所上升，进而提高产品的价格，最后市场的均衡产业也会随之下降，在这种情形下整个市场创造的福利水平为长方形 P_1AQ_1O。两者面积大小的比较可以得出证券市场在有市场准入规制和没有市场准入规制的优劣状况。另外，政府在进行进入规制的过程中还会配合其他的管制措施，比如对于产品质量的规定或是刺激市场需求的规制，会使得市场需求函数移动。因此，市场准入的规制未必导致市场的福利损失，只要方式得当并且其他配套措施合适，市场准入的规制是可以提升证券市场的福利水平的。

（2）激励性规制的经济学分析。

证券监管机构和被规制企业的行为目标具有差异，规制部门主要关注企业的效率和社会福利的最大化，而被规制企业追求的是自身利益的最大化。还需要注意的是，由于企业经营者对成本降低和效率提高带来的收益的增量不拥有剩余索取权，所以，在一般的弱激励规制或是存在规制的情形下，政府部门、上市企业的经营者和上市企业的投资者（也就是股东），他们的目标很难同时有效的实现。传统的规制理论认为政府规制部门是万能的，没有考虑到信息不对称问题，没有制定出克服逆向选择和道德风险的问题。激励规制理论以信息不对称为假设前提，把规制问题视为委托代理问题，通过设计诱使企业说真话的合同，以提高规制效率。

这里引用“政府引导的标杆竞争”这样一个概念，它是指证券规制部门在证券市场运行中先分行业，在每个行业用补贴或是税费减免的方式扶持少数几家企业先行发展，然后带动行业内其他企业的发展。

下面先对这个模型做如下假定：第一，在 N 个行业内各有一个龙头企业，其经营环境差不多；第二，每家企业在市场上的需求函数为 $Q(P)$；第三，每家企业面临的市场可以完全分离；第四，企业投资 Z 用于降低成本；第五，政府规制部门为实现社会福利最大化按边际成本制定价格，并且给予龙头企业的政府补贴为 T。

根据以上假设，企业在一定时期获得的利润 π 为：

$$\pi = [P - C(Z)]Q(P) - Z + T \tag{2.1}$$

使得社会经济福利最大化的最佳选择是：

$$P^* = C(Z^*) - C'(Z^*)Q(P^*) = 1 \tag{2.2}$$

上式说明，当价格等于边际成本兼平均成本时的位置进行生产。在边际成本递减的规律下，若企业按边际成本价格进行生产，那么势必会造成亏损，因此，在满足社会福利最大化条件的同时还要满足企业盈亏平衡条件 $\pi=0$，并且据此来解得 $Z^*=T^*$。在证券市场上交易的价格为每个企业生产价格的均价。

在这种规制下，企业为了获得更多的利润，必须使它的成本低于其他企业的平均成本水平，为此，在投入的边际成本等于投入的边际收益的点以下时，企业付出的努力程度就要高于其他企业的平均努力程度，各个企业竞相追逐最终会使 Z 处于投入的边际成本与边际收益相等的位置，继而将企业追求利润的目标和社会福利最大化统一起来，形成强激励机制，通过间接竞争提高效率、降低成本。这也为“中国证券市场就是为了国有企业融资而存在”正名，在一定程度上说，首先扶持一批行业龙头企业（在我国大多是龙头企业）是符合经济学原理的，这种规制方式是有效的。

2. 证券监管的社会规制分析

（1）信息不对称的社会性规制分析。

信息不对称的问题在之后的博弈论模型中会着重分析，因此，在这里只做简要的论述。

有交易的地方就存在着信息不对称问题，这主要是由于以下四个方面的原因：第一，社会分工和劳动分工造成不同交易市场交易者所拥有的知识不对称；第二，信息搜集成本不同；第三，拥有信息优势的交易者会对信息垄断；第四，信息具有公共产品的特征。

证券监管部门缓解证券市场上的信息不对称性问题的思路是，在交易者之间加强信息沟通，强制企业对外披露企业信息，制定规则对企业披露的信息进行“信息传递”与“信息甄别”。

（2）规制法规承诺的经济学分析。

政府调节市场缺陷常用的方法主要包括三大类：第一类，通过立法手段制定成文法律；第二类，对经济主体进行直接的行政干预或间接的宏观调控，甚至是直接组织经济生产；第三类，依靠社会力量。通常把第二类界定为政府规制。规制法律承诺是指规制法规的制定者所做出的按照事先拟定的计划全面实施其政策的意思表示。通俗地说，这一块主要是解释政府在证券市场规制中是否会存在寻租行为以及这种行为带来的效率和福利分析。

在分析规制法规承诺的经济效率之前，先看看规制法规承诺对规制者和被规制者的影响。

首先，规制法规可能会导致公共权力的寻租。公共权力寻租的原因在于公共权力的代表者国家权力机关只是这种权力的概念化拥有者，在信息不对称和对公共权力的垄断条件下，可以比较容易的以对某些利益集团的管制放松为诱饵来得到贿赂的收益；而对于被规制者来说，可能会导致被规制者之间的寻租、俘获与合谋。

接着，用模型来解释规制法规承诺动态的不一致性效率分析。

在利用并调整马俊的“关于中央和地方财政分配关系”的动态博弈模型对证券监管当局的动态博弈分析中，假定有三个参与者：一个证券管制部门和两个上市企业，X_i 为上市企业需要给政府交纳的税率，Y_i 为其总利润。可以得出以下几个式子：

中央政府的收入所得： $$R = X_1Y_1 + X_2Y_2 \tag{2.3}$$

国有企业的利润额为： $$L_i = (1 - X_i)Y_i \tag{2.4}$$

假定监管机构的目标是保证企业投资的前提下，注意证券市场运行的公平性，使国有企业未分配利润差距最小化。监管当局的偏好以及最后的选择可以表示为：

$$\max Uc = \mathrm{Ln}(1 - X_1)Y_1 + \mathrm{Ln}(1 - X_2)Y_2 \tag{2.5}$$

企业的偏好及选择为：

$$\max U_i = (1 - X_i)Y_i - C_i(Y_i) \tag{2.6}$$

在得出以上几个式子之后，可以运用两种不同的斯坦克尔伯格模型①对政府信守承诺和违反承诺后的经济效率做比较分析。第一种情况是管制机构先行动并且遵守之前签订的承诺；第二种情况是企业先行动，管制机构不能信守合同的承诺。其中 $C_i = a_iY_i^2$，一般来说 $a_1 \neq a_2$，a_i 代表企业的生产成本参数。

第一种情况：求解两阶段博弈的纳什均衡，给定（X_1，X_2）与企业二的总利润 Y_2，则企业一的选择 $\max U_1 =$ （$1 - X_1$） $Y_1 - C_1$ （Y_1），解得其最优反应函数为 $Y_1 =$ （$1 - X_1$） $/2a_1$，同理可得 $Y_2 =$ （$1 - X_2$） $/2a_2$。

第二种情况：如果中央政府不能信守合同，博弈的行动顺序就会改变，事前的规制成为一纸空文，均衡就会定义为管制机构的选择是最优的并且给定中央政府的反应函数 x_i（y_1，y_2）和第 j 个国有企业的选择，第 i 个国有企业是最优的 Y_i。求解出纳什均衡解为 $Y_1^* = 1/4a_1$，$Y_2^* = 1/4a_2$。

通过比较可以发现：$Y_1^* < Y_1$，$Y_2^* < Y_2$

可见，由于监管机构不能信守合同，使国有企业的生产积极性降低了，这是由于当规制机构能够信守合同时，企业和企业之间没有外部效应。然而，当政府不遵从规制承诺时，则会使得两者之间出现负的外部效应，因此每个企业的利润都会下降。

由以上分析可以得出这样的结论，当规制机构制定了相关的规则政策的时候就需要认真贯彻执行，否则会使得整个市场的福利水平降低。

第三节　法与金融学角度的经济学分析

一、相关理论介绍

法与金融学兴起于 20 世纪 90 年代中后期的美国，它主要是应用金融经济

---

① 斯塔克尔伯格模型是一个产量领导模型，厂商之间存在行动次序的区别，文中分析管制机构先行动与企业先行动两种情形。

学和计量经济学的分析方法来探究法律与金融的关系，以及法律和法律制度对国家金融体系的形成、金融体系资源配置效率、公司金融以及经济增长的影响。1998 年，来自美国哈佛大学、芝加哥大学的四位学者 La Porta、Lopez-de-Silanes、Shleifer 和 Vishny（以下简称 LLSV）发表了“法与金融”这篇奠基性文献，标志着法与金融的产生。

法与金融学主要有两个方向，一个是从法律制度的角度来研究金融学问题，强调法律环境对经济运行的作用，比较金融组织在节约交易成本方面的功能性结构与其相适应的法律形态。另一个方向就是通过金融学的研究方法来研究法律问题，强调运用金融学的最后化、均衡、效率、风险、收益等概念来解释金融法律制度，评判金融法律制度和法院行为的效果。在这一研究领域中，取得的成就主要在两个领域：宏观法与金融、微观法与金融。

本书主要立足于宏观法与金融的视角来剖析法律制度的建立与完善对证券市场运行及证券市场监管的效用。在宏观法与金融研究上，哈特（Hart，1995）认为一国的合同法、公司法、证券法以及对这些法律的执行情况从根本上决定了证券持有人以及整个金融体系的运行状况。LLSV 发现法律执行力度的差异会影响人们购买证券和参与金融市场的信心。皮斯托等人（Pistor，Katharina Pistor，Martin Raiser，Stanislaw Gelfer，2000）在分析 24 个经济转型国家投资者保护水平与该国证券市场发展规模的关系后发现，执法效率是解释一国证券市场发展规模的一个重要变量，制约经济转型国家金融市场发展的一个重要因素是执法效率的低下。回归分析表明，执法效率比法律条文的质量对金融市场的发展水平有更强的解释力。该研究结果指出了经济转型国家从中央计划经济向市场经济转变的一个根本问题，即转型的成功需要国家的角色完成由经济活动的直接协调者向公正的公断者的转变。而投资者对执法效率缺乏信心表明，这种转变尚未完成。在这种环境下，要加强证券市场的投资者保护水平，改进和完善法律条文最多只是部分的解决方法。

小约翰·科菲（John C. Coffee，2005）从公司控制权利益入手，论述了社会规范对股东保护程度、公司行为等关系到资本市场发展因素的影响，并对哈佛大学经济系教授施莱弗等人的法系决定论提出了一些质疑。他还指出：一是公司遵守并非法律强制的规范能够显著影响该公司的市场价值；二是在法律机制上做出创新，并以此来发展一些指标体系以认定公司是否遵守规范行为，也许是公司法律师们为其客户所能提供的最重要的服务之一。

二、定性介绍与相关性指标的选取

LLSV 模型将 49 个国家分为普通法系、法国法系、德国法系和斯堪的纳维亚法系 4 组。

在比较研究中，LLSV（1998）利用了股东权益、债权人权益和执法质量三个指标。①对股东权益的评价集中表现在投票程序上，主要包括一股一权制、防董事指数和强制分红。一股一权制采纳与否，反映了现金流所有权与控制权是否对称；防董事指数是对股东的权利，尤其是对小股东权利保护状况的综合测量值，它是以下 6 项权利指数的得分（如果小股东受到保护得 1 分，否则得 0 分）加总而来的，包括以邮寄方式征集投票权、股东会前无需登记锁定、累计投票制或比例代表制、存在制约压迫小股东行为的法律机制、新股优先认购权和召集临时股东大会所需的股本比例是否等于或者低于 10%；强制分红则是一个补充指标。②债权人权益主要体现在重组和清算中，采用以下几个指标衡量（满足则得 1 分，否则得 0 分）：对重组的呈报予以限制；一旦重组获得批准，担保的债权人能够占有担保物；对于处理破产公司的资产所得收益，有担保债权人有优先受偿权；在重组悬而未决时，经理人是否仍掌握公司控制权。③关于法律的执法质量有以下几个指标衡量：司法系统的有效性、法治状况、腐败、征收风险、由于政府原因导致的违约以及一国所采纳的会计标准的质量。

LLSV 在 49 个国家指标得分的基础上，对各组平均分进行比较，结果发现法律、法规对投资者保护的成效在法律渊源之间呈现出规律性的变化。普通法系国家给予外部投资者最强有力的保护，法国法系国家对外部投资者的保护最弱，而德国法国家和斯堪的纳维亚法国家则介于两者之间。而在不存在法律强制约束力的情况下，模型的相关指标赋值会很低，投资者保护力度会比较低，整个证券市场的公平、公开、有效性等会降低，福利水平也会降低。因此，本书在分析的时候引用 LLSV 模型的各个法系下的赋值，还添加了在没有法律来保护市场上的投资者时的赋值水平。

三、定量建模和模型解释

1. 不同法律体系下的证券监管对于投资者保护的有效性分析

这里所论述的证券市场的投资者保护是指以盈利为目的，进行证券交易，行使证券权利，承担证券投资风险和收益的市场主体，即包括自然人以及法人机构。证券监管的法律有效性的度量根据 LLSV 模型将其分解为对股东的保护、对债权人的保护和执法的相关水平，如表 2. 1 所示。

表 2. 1　　不同法律制度下的法律有效性比较

变量		法律渊源					
		普通法	法国大陆法	德国大陆法	斯堪的纳维亚法	世界平均水平	无法律
对股东的保护	防董事权力指数	400	233	233	300	300	100
	邮寄投票权	39	5	0	25	18	2
	无阻碍出售权	100	57	17	100	71	15
	累计投票权	28	29	33	0	27	23
	受压制小股东机制	94	29	50	0	53	40
	对新证券的优先权	44	62	33	75	53	20
	召集特别股东大会股权比例	94	52	0	0	78	0
对债权人保护	债权人权利指数	311	158	233	200	230	96
	非自动扣押抵押品	72	26	67	25	49	10
	有抵押债权人优先受偿权	89	65	100	100	81	66
	对重组的约束	72	42	33	75	55	20
	管理者不进入重组	78	26	33	0	45	0
对执法的测量值	司法效率	815	656	854	1000	767	0
	腐败水平	706	584	803	1000	690	0
	会计准则	6992	5117	6267	7400	6093	4555

注：表中所示数值均为百分数

资料来源：La Porta，R.，Lopez-de-Silanes，F.，Shleifer，A.，Vishny，R. W. I Investor Protection：Origins，Consequences，Reform［OL］. http：//www. worldbank. org，1999.

由表 2. 1 可以知道，法律规定的证券市场运行制度，比如《公司法》《证券法》的相关规定，在不同的法系下对投资者保护具有不同的作用，我国的法律制度在大的方向上偏向于德国大陆法系，在投资者保护的有效性以及证券的法律制度运行上处于中游水平，所以还有借鉴国外相关制度、提升证券监管法律运行制度的空间。

之所以不同的法系会产生不同的监管效果，主要是由于以下两方面的原因。

（1）公司法条款实体性或程序性差异解释。公司法中的条款可以分为程序性保护条款（主要是对投资者权利的实施给予程序上的严格规定）和实体性保护条款（主要是一些禁止性规定，即对公司中容易发生滥用的行为，如对自我交易、现金收购等行为予以禁止）。有学者在对18个新兴工业国家的法律保护情况进行分析后，发现除了极端的南非和重新设计公司法的俄罗斯以外，其他16个国家中，普通法系国家和民法法系国家对投资者保护的差异可以部分归因于普通法系国家中法律更多的是采取程序性保护条款。因为实体性条款的制定不能保证毫无疏漏，一旦公司的管理者发现规避禁止性规定的途径时，实体性限制便会归于无效。而程序性规定则不依靠严密的法律规定，而是将大量的禁止性规定例如自我交易的禁止改为只要经过绝对多数股东或外部董事同意便可实施的程序性规定了。这样既保护了股东的利益，又赋予了公司管理者一定的灵活性。

（2）司法解释。关于普通法系和民法法系在投资者保护方面表现出很大差异的原因，可以从司法角度进行合理解释。在民法法系中，立法机关制定出法律后并没有赋予法官相应的权力利用公平观念作出超越法律规定的判决；而在普通法系中，在额外侵害信托责任或公平等普遍原则的激励下，法官通过判例可以“制定”法律法规，公众可以合理期待法律一般原则在法官裁决中的运用，即使某个具体行为在法律中没有相应的规定或禁止条款。因此在普通法系中，一旦出现“内部交易”剥夺了投资者权利，科菲的“气味试验”方法可以帮助法官查找出对外部投资者不公正的内部人行为，即使该行为从未出现过，即超出法律规制范围；同时，内部人的剥夺行为也会出于对普通法国家额外侵害信托责任法律判例的扩展的恐惧，受到相应的约束。相比较之下，民法国家的公司内部人一旦找到法律没有明确禁止的剥夺外部投资者权利的途径，则可以利用法律的漏洞继续行动，不必惧怕不利的司法裁决；同时，民法法系的法庭并不干预表面具有合理商业目的的内部交易。从上述分析可以看出，普通法系中灵活的信托责任原则与民法法系中明确的规则相比，更有利于保护投资者。

2. 证券监管的投资者保护、隧道效应和公司价值

用更为具体的法与金融的模型来分析证券监管必要性的理论，比较成熟完善的还不多见，大量的法与金融理论文献与实证都支持法律是重要的论断，法律制度和法治效率与金融的发展有着显著的正向效应，法律制度决定了金融系统发展的高低。为充分理解法律制度对于金融系统——证券市场运行的重要作用，本书将在前人基础上构造一个简单的关于法与金融理论的模型，来揭示这种内在关系。西方学者莱文（Levine，2005）利用这个模型对英美两国进行了分析，模型基本上具有较好的解释力。国内学者利用中国的样本数据对模型进行检验，结果显示，在西方发达国家普遍存在的法与金融的典型模型，在中国的实证效果却令人迷惑，这不得不使人对法与金融理论在中国的适用性产生怀疑。而事实上，如果加入我国特有的一些约束条件，情况可能会变得具有解释力。

因此，在参照 LLSV（2002）与 Shleife 和 Wolfenzon（2002）模型的基础上，又加入内部监督与剩余股权结构等因素，从一定程度上深化了法律制度、股权结构对于公司价值与公司金融的研究。为了简化分析，假设公司只存在一期，公司的控股股东拥有公司的控制权，可以决定公司的投资计划、红利分配方案以及任免公司经理。这儿不区分公司的控股股东与经理人，这是因为控股股东控制了董事会，企业的经理也是由控股股东任命或委派的，有些经理就是控股家族的成员之一，大股东能有效地控制经理的行为。此处更关心的是大股东的“隧道效应”，大股东同时也是公司的经理，控制了公司的管理与经营权，外部投资者只有现金流的收益权。

假定控股股东是风险中性的，最大化其期望收益。在期初，公司计划投资 I，在期末公司的现金流的收入 RI，I 为投资额，R 为总回报率。假定控股股东的现金流权重为 α。假定 α 是外生给定的，α 的大小是由公司的历史和生命周期决定的，往往不会发生太大变化。实证结果发现，即使控股股东的实际控制人发生了改变，控股股东的股份大体变化不大，因此这是个比较合理的假设。控股股东通过转移公司利润实现私人控制收益，设其转移的利润占公司现金流的比率为 S，但是控股股东的侵害行为并不是无成本的，设其是 s 的函数。另外，除去大股东股份后的公司的股权结构也会影响控股股东的侵害成本，剩余股权越分散，中小股东可能越会产生搭便车行为，不容易监督大股东，而如果剩余股权越集中，则少数的非控股股东存在激励，监督上市公司大股东与董事会和经理人的行为，使他们的侵害成本上升。

以一个例子来说明：A 公司大股东持有 70% 股份，B 公司是 50%，而 A 公司剩余股权被一个投资者持有，而 B 的剩余股权为 5 个投资者平均持有。显然对于 A 公司而言，剩余股权更集中，A 公司的小股东能更有效地监督控股股东的行为。虽然 A 控股股东的股份份额高，但是由于存在比 B 更有效的内在监督，A 公司大股东侵害的成本也高。因此，综合起来考虑，对于单位现金流，如果控股股东选择侵害比例 s（$0 \leq s < 1$），其内在成本是 c（s，h），h 表示剩余股权集中度，满足：$C_s > 0$，$C_h > 0$，$C_{ss} > 0$，$C_{sh} > 0$。

第一个不等式说明侵害的边际成本是正的；第二个表明更强的内部监督，会增加侵害的边际成本；第三个意味着侵害程度越大，其边际成本递增，最后一个表明内部监督越强，侵害的边际成本越高。除了来自内在的成本，控股股东侵害还面临外部法律与监管约束，存在被证券市场监管机构发现与处罚的风险，假定侵害行为被发现的概率是 p，被发现后的处罚为 f（s）。p 的大小依赖于法律对投资者保护的程度与监管的执行力度，f（s）则表明了监管方对侵害行为的重视程度。p 与 f（s）值越大，处罚越高，监管方能越有效阻吓控股股东的侵害行为。因此，用［p，f（s）］来表示法律制度对投资者保护的效率。

第四节　行为经济学角度的经济学分析

一、相关理论介绍

行为经济学的核心思想是，在利用经济学分析工具的时候更加注重心理学的基础并使之更符合现实。在行为经济学分析理论中，比较具有代表性的理论有：卡尼曼和特维斯基的预期理论和启发式认知偏向、理查德·泰勒的心理账户理论、马修·拉宾的自我约束理论。

卡尼曼和特维斯基的预期理论认为人们的预期收益函数是 S 型的，对收益而言是凹的，对损失来说是凸的，也就是说行为人在面对收益时是风险厌恶的、面对损失时是风险偏好的。另外，行为人的决策由于信息不完全，他们在决策的时候受之前事件、事件信息出现的先后顺序和基期事件估值大小的确认的影响较大（见图 2.5），这一理论对证券市场上龙头股的出现，以及追涨杀跌现象的出现有很好的解释力。

理查德泰勒的心理账户理论的创新在于否定了传统经济学中认为的钱是

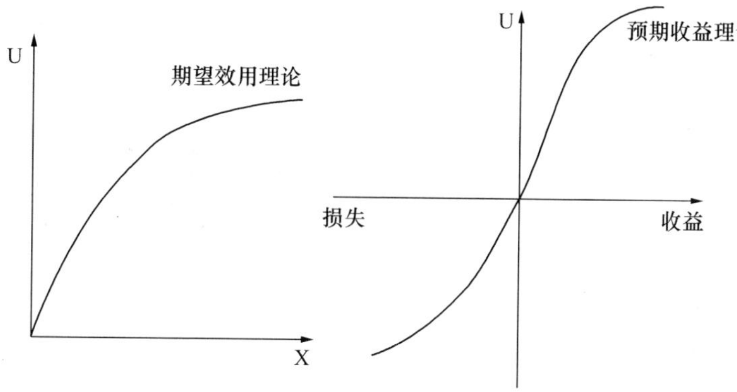

图 2.5　期望效用理论与预期收益理论的对比

可替代的，即不管 100 元钱是如何得到的，它的价值是相等的，人们就这 100 元的消费行为也应该是相同的。但许多行为学的研究表明，钱并不具备传统经济学所认为的可替代性。例如，你可能会因为节约 20 元钱而自己做家务，而不会为 20 元钱去帮别人做家务。泰勒教授根据钱的不完全可替代性提出了“心理账户”的概念，他根据收入的来源、去向和交易频率将收益福利划分到不同的心理账户进行决策。这一理论对证券监管的业务控制和防火墙制度有着比较好的解释力。

马修·拉宾的自我约束理论将人们的心理行为因素引入经济学的分析模型，分析人们在行为或是决策过程中的不稳定性。他将人们的自我约束划分为三种类型：第一，成熟型，即他们能充分意识到“自我约束问题”的存在，并倾向于准确地预测将来的行为；第二，幼稚型，即他们根本没有意识到自身存在的“自我约束问题”，往往错误地预测自己将来的行为；第三，偏幼稚型，这类人能意识到“自我约束问题”，但低估了其造成的影响。

二、研究视角和假设

在利用行为经济学的理论进行经济学分析的时候，首先做如下假定。

（1）行为人也就是博弈参与方采取的是混合策略，并且参与人的反应曲线是一个良性对应，满足三个条件：第一，每个策略集合是凸的和紧的；第二，每个博弈方的得益函数是连续的；第三，当其他博弈方的策略不改变时，每个得益方的得益函数是凹的。用图 2.6 表示。

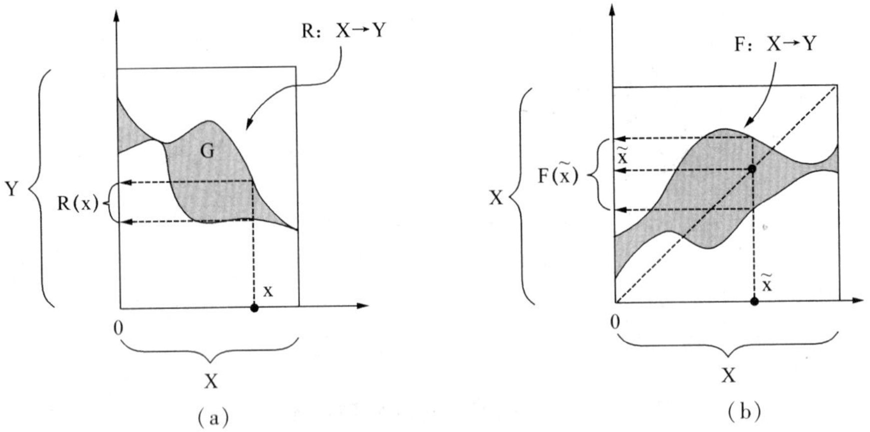

图 2.6　单个博弈方反应函数的良性对应

（2）市场上参与博弈的行为人均为市场投资者，也就是说不包括政府在内，所以在用博弈论或是行为经济学分析工具时，不考虑政府寻租行为等对整个市场总得益的福利损失。

（3）投资者是“惯性投资者”，而非古典经济学认为的理性投资者，这也就是说他们的预期函数是 S 型的。第一类投资者，他们是追涨杀跌的，即他们总是根据过去市场的表现来判断将来“其内在的心理机制就是根据局部来推知整体，根据少数个别来推知一般”，于是当市场连续出现较好的表现的时候，他们就预期市场在未来也会很好。相反，如果市场连续出现了不好的表现，他们就预期市场在“未来也会不好”。这种认知机制是代表性启发偏误的一种，也可以称之为归纳谬误，从市场层面而言，这类投资者就是行为经济学中所讲的惯性投资者（见图 2.7）。

三、模型构建及其分析过程

1. 证券市场监管纳什均衡存在性

在证券市场上的每个市场参与者，这里先假设市场参与者包括上市企业、个人投资者和其他的市场参与者都有自己的得益函数，因此也会由得益函数引出反应函数的概念。这里先不引进行为经济学心理账户等概念，只是单纯地分析不合作博弈下的纳什均衡问题。所谓纳什均衡，是指一种策略组合，使得每个参与人的策略是对其他参与人策略的最优反应。假设有 n 个局中人参与博弈，如果某情况下无一参与者可以独自行动而增加收益（即为了自身利益的最大化，

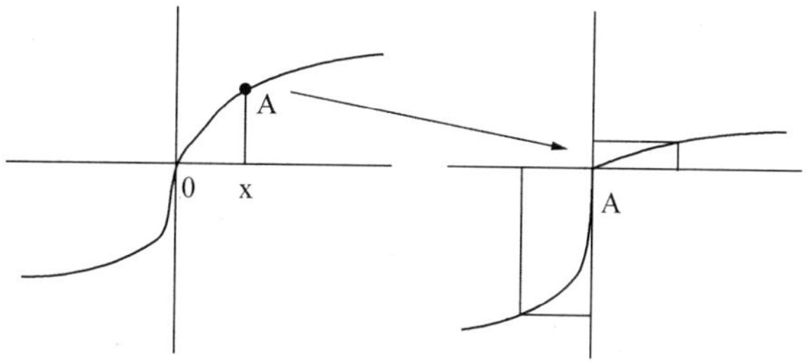

（a）盈利状态下

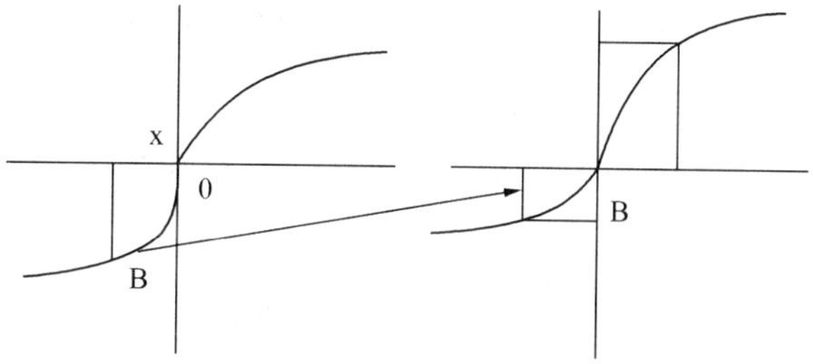

（b）亏损状态下

图 2.7　惯性投资者的得益

没有任何单独的一方愿意改变其策略），则此策略组合被称为纳什均衡。

根据分析得知，证券市场参与者根据自身所处的情形和其他参与者所得的信息集，并且结合自身的得益集，会得到不同信息环境下混合策略的反应曲线 Fn（X），并且这一集合是一个凸集，通俗地说这一反应曲线是一个连续的曲面。在证券市场上有若干博弈参与者，因此在整个反应函数的三维平面内会出现多个曲面，只要这些曲面不是完全平行的，则必然会交于一个点。根据角谷不动点定理：设 A 为 R^n 中的一紧致凸集，对于任何 $x \in A$，若 f（x）为 A 的一非空凸集，且 f（x）在 A 上为上半连续，则必存在 $x \in A$，使 $x \in f$（x）。

正如上文的分析，在混合策略证券市场参与者的博弈中，最终整个市场的均衡会达到纳什均衡的状态，但是这并不意味着证券市场的运行是高效率的，纳什均衡的策略组合解不一定是整个市场运行收益最大化的解，很典型的一个例子就是囚徒困境：两个犯案的罪犯甲、乙，若互相检举（术语称之为背叛），则两人同时服刑 10 年；若两人同时选择沉默，则两人同时服刑 1 年；若一方沉默一方背叛，则沉默的一方需服刑 3 年，背叛的一方则可以免刑，支付矩阵如表 2.2。对于博弈者甲和乙，其纳什均衡的结果是两者都选择背叛，但实际上，双方收益都是最大也就是矩阵支付最小的应该是双方都选择沉默。由此可见，由于博弈方的信息不对称，最后的纳什均衡解很可能不是收益最大的最优解。

表 2.2　　　　　　　　　　　　　　　囚徒困境支付矩阵

	甲背叛	甲沉默
乙背叛	(8，8)	(10，0)
乙沉默	(0，10)	(1，1)

证券市场上市场参与者的博弈也一样，如让其参与者自发博弈，由之前的分析得知，纳什均衡肯定是存在的，但是由于存在证券信息的不对称性等问题，使得市场自发形成的纳什均衡状态的策略均衡解可能不是所谓的“帕累托最优”的均衡解，这时需要市场引入外力来对市场行为进行调节，如强制、威胁或是劝阻等。

2. 引入行为经济学行为假定的市场参与者博弈

在假设博弈参与者理性的前提之下，由于信息不完全，很多信息没有成为共同知识，由此使得最后得到的博弈均衡状态——纳什均衡状态不是整个市场的得益最大化状态。然而，现实生活中由于心理或是社会历史的影响，会增加博弈结论的不确定性，如果再引入行为经济学心理账户和“惯性投资者的收益函数”等概念，分析博弈者的均衡，这种均衡状态更会具有一定的周期性和不确定性，这样就更需要外部的强制力来进行约束。

（1）与预期理论相关的一些行为偏差使得博弈者的利己心理更加明显，之前在讨论纳什均衡存在性问题时的得益函数的整体赋值有所下降，随之整个证券市场的得益水平下降，纳什均衡解所处的福利水平低于之前论述的水平。下面主要从两个方面论述其中的传导机制。

第一，机会成本和原赋效果。行为经济学认为机会成本是相对实际支付的费用，个人对机会成本常常会有低估的情况，他利用前景理论来解释这种现象。由前景理论可知，价值函数的斜率在损失的部分比利得的部分大。所以，若将实际支付的费用视为损失，将机会成本定义为应赚而未赚的利得，则价值函数的斜率隐含前者会有较大的权数。

另外，个人有无原赋对决策行为也会有上述的效果。例如，一种情况是个人有原赋，然后从原赋中拿掉某一数量的财货，另一个情况是个人原来没有原赋，但加入某一数量的相对财货（和前一种情况拿掉的数量相同），则前者有原赋的财货会有较大的评价，这是因为前者被视为损失，而后者被视为利得。泰勒（1980，1985）将这种情况视为原赋效果（endowment effet），也就是个人一旦拥有某项物品，则对该项物品的评价比未拥有前大幅提升。在证券市场上，上市企业多半是所有权和经营权相分离的，并且投资者所得信息是依靠企业经营者披露的，若企业经营得好，企业利润可观，企业经营者或是大股东会将其视为自己的智力或是劳动的成果。为了不将其分给其他股票持有者，经营者和大股东可能不披露企业实际的经营所得或者是运用会计游戏，将企业的经营利润隐藏。因此，引入市场监管，强制上市企业信息披露，制定一系列相关的政策法规使证券市场规范运行显得十分必要。

第二，心理账户。决策者有心理账户和经济账户两个账户。心理账户会使人们在决策时违背一些简单的经济运算法则，从而做出许多非理性的决策行为。这些行为集中表现为非替代性效应和交易效用效应。这些效应在一定程度上揭示了心理账户对个体决策行为的影响机制，任何个体会把辛苦赚来的钱和意外获得的钱放入不同的账户内。例如，正常人不会拿自己辛苦赚取的 10 万元去赌场，而如果是赌来的 10 万元，去赌场的可能性就高许多。在证券市场上，监管者利用相关的法律强制分红或是建立证券市场运行保障基金，则是利用市场外的强制力，将一部分得益从市场参与者也就是博弈者的心理账户转移到经济账户的过程。

用三方博弈的反应函数的纳什均衡可以看出，最后的纳什均衡解在点 A 处，但是引入了行为经济学的预期理论之后，纳什均衡解会向下移动至点 B 处，整个市场的福利水平是下降的（见图 2.8）。所以，引入外在的市场监管显得尤为重要。

（2）证券市场参与者的异质性，使得证券市场参与方博弈解的不稳定性增强、证券市场运行周期性增强，这不利于证券市场健康、有序和稳健的运行。

首先，假定市场上仅有投资者，投资者又分为两类：套利投资者和惯性投资者，分别用 T 和 M 来表示。对于套利投资者 T 来说，纯粹的价格上涨并不一定会带来处置效应，因为这类投资者心目中还有一个参照点——基准价格。这个基准价格就是他所认为的市场的一个合理的价值，如果市场的价格没有超过这个参照点，他认为价格上升是正常的，实际上也几乎没有风险可言，所以他不会考虑抛出手中持有的证券，见公式（2.7）。对于惯性投资者 M 而言，他的

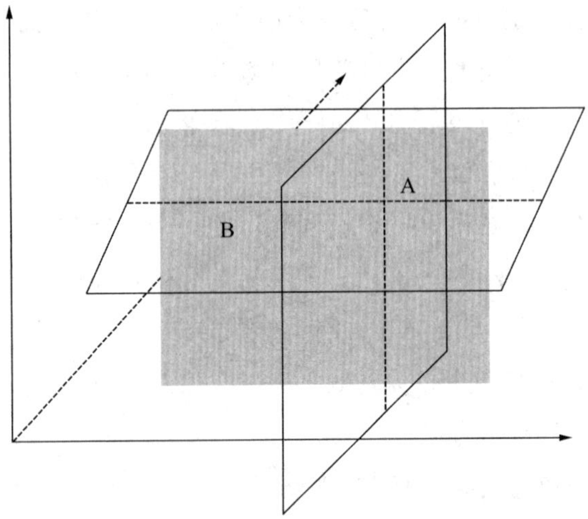

图 2.8　简化多方博弈反应函数纳什均衡解

需求变化取决于以前诸期的价格变化，至少出现两期价格的连续上升或下降，惯性投资者才能形成。假定这个投资者只有两期的记忆，就是说，他的需求变化量取决于本期和前一期价格变化，以及前一期和更前一期的价格变化，用公式（2.8）表示。

$$D_I^t = -\alpha(P_t - P_0) \qquad \alpha > 0 \tag{2.7}$$

$$D_M^t = \beta_1(P_t - P_{t-1}) + \beta_2(P_{t-1} - P_{t-2}) \qquad \beta_1 > \beta_2 > 0 \tag{2.8}$$

其中，D_I^t 为套利者的需求函数；D_M^t 为惯性投资者的需求函数；α 为套利者的价格敏感度；β_1、β_2 为惯性投资者第 1、第 2 期的价格敏感度；P_0 为基期价格；P_t 为 t 期价格；P_{t-1}为 $t-1$ 期的价格；P_{t-2}为 $t-2$ 期的价格。

再次，假定市场上没有政府等部门的干预、没有新的行为人进入市场，则两种投资者的超额需求为零，即：

$$D_I^t + D_M^t = 0 \tag{2.9}$$

联立式（1）（2）（3），并且对其做差分运算，得：

$$P_t - \frac{(\beta_1 - \beta_2)}{\beta_1 - \alpha}P_{t-1} - \frac{\beta_2}{\beta_1 - \alpha}P_{t-2} = \frac{-\alpha P_0}{\beta_1 - \alpha} \tag{2.10}$$

变换之后，求得：

$$P_t = \frac{\beta_1 - \beta_2}{\beta_1 - \alpha} \times P_t - 1 + \frac{\beta_2}{\beta_1 - \alpha} \times P_t - 2 - \frac{\alpha}{\beta_1 - \alpha} \times P_0 \tag{2.11}$$

可以看出，t 期价格的决定是依靠两类投资者的价格敏感性程度决定的，并且与之前证券市场的价格变化具有十分密切的联系。由此，可以看出证券市场价格的决定具有较大的不确定性，若公式（2.10）表示的函数是发散的，则现有价格的变换很有可能会具有周期性。由于复根的存在，使趋势呈现出一种阶梯形上下波动：当发散的时候，子集就呈现阶梯型发散；当收敛的时候，子集就呈现阶梯型收敛，但都具有序时周期性。

四、模型质量检验

任何一个模型的构建，都是建立在几个抽象假定的基础上，模型的结果与这个假定有着内在的联系。如果模型假定活动的主体是理性的，由于理性本身就意味着最优化，意味着对偶发偏误的纠正，所以这个模型也就内在的包含着某种上升或下降趋势的转折。但是，如果模型假定活动的主体是非理性的，情况就不同了。首先，非理性个体并不一定会严格追求理性意义上的收益最大化或某个活动的最优化，也不一定会按照理性规定的方式去搜集信息、加工信息和作出判断，个体的行为存在持续的和系统性的偏误的可能性；其次，当非理性的个体组成一个群体的时候，这个群体的行为就更容易出现持续的和系统性的偏误，表现为群体性的狂热、悲观和异常。在这种情况下，某种趋势会一致延续下去而得不到纠正。当然，如果时间足够长，任何偏差和异常都会被纠正，但是如果时间长到一定程度，这种纠正本身已经没有任何意义。

因此，这儿得出的主要结论就是：需要引入市场监管，来对整个市场的参与者的行为进行监督和管理。

第三章

证券监管评价指标

对一国证券市场的监管效果进行评价具有多方面的意义。首先，作为对监管成效的一个直接评价，能够对监管当局产生反馈和激励作用。监管当局依据监管目标，制定细则并执行监管后，有必要看到自己的监管成效，以便优化监管流程，提升监管效率，强化劣势环节，最终为投资者创造更好的市场环境。其次，能够向市场的各个参与者传递出积极的宣示效应。让市场参与者看到监管当局的监管决心和监管成效，从而自觉规范自己的行为，减少自身的违规行为。最后，有利于将监管当局置于大众的监督之下，增进证券监管的公众参与度，从而提升公众对证券市场的信心。

如何对监管效果进行评价？传统的评价方法要么由于仅考察了一个维度而存在片面性，要么仅从定性角度进行分析而存在主观性。本章从监管能力的内涵和外延出发，结合我国证券市场的实际情况，拆解为证券监管的政策有效性、证券市场执法效率、监管下公司上市和并购效率以及投资者保护指数这四方面，对其进行全方位的评价。此外，本着客观性的原则，本章还选取了一系列定量指标，结合我国证券市场的数据，在这四方面进行实证研究，力图对我国的证券监管现状做出一个切实而具体的评价。

第一节　国外典型评价体系

应该如何对证券市场进行监管，以达到最优投资环境？国外典型的评价标准为 Templeton 新兴市场基金的 Mark Mobius 先生提出的 FEIT 标准，即 Fair、

Efficient、Liquid 和 Transparent。Fair 是指市场是公平的，证券市场对每一个参与者，无论是大的机构投资者还是中小投资者，均能一视同仁，使其拥有同等权利和义务；Efficient 是指市场本身需要高效率，此处的效率不仅包括交易撮合速度和清算便捷程度，而且还包括信息的快速、充分传递，券商和投资者都能迅速全面吸收市场上的信息；Liquid 是指一个市场要有足够的流通量，以股市为例，市场中充足的流通股数量是市场流动性的前提保障；Transparent 是指市场的透明度，资本市场是一个信息市场，信息是投资者作出决策的重要依据，因此市场的透明度显得十分重要。

除了理论分析，国外研究者还从市场微观层面对证券市场监管效果进行过实证研究。Smith 等人（1984）对美国证券交易委员会（SEC）依据《美国反海外贪污法案》实行监管的市场效应进行研究，得出上市公司违规行为的公布会引起小范围的市场消极反应。Feroz 等人（1991）发现 SEC 更偏好重点对提前确认收入和高估流动性资产的行为采取违规处理，并且发现市场对 SEC 采取的监管行为的反应同利润被夸大的程度成反比。Nourayi（1994）检验了美国 SEC 对于信息披露违规、未按照规定保留记录及错误运用 GAAP 准则的行为进行监管的有效性，发现在证券价格上显现出的反应与处罚的严厉程度直接相关。Howe 和 Schlarbaum（1986）则发现股票停牌后期价格将在很长一段时间内显现出负的超常收益。Kryzanomski 使用加拿大证券市场上的股票数据也得出了相同的结论。

证券市场监管的最大服务对象是投资者，因而投资者保护问题在证券监管评价中也占有重要位置。国外证券市场开始较早，以美国为例，《1933 年证券法》的制定意味着美国证券市场结束自由放任阶段，美国政府开始从法律上对证券市场进行监督和管理。随着 1934 年美国成立证券交易管理委员会，直接负责对股票市场的监管，其他有关国家的证券法制建设也不断加强，证券市场逐渐开始走向规范化。从开始，国外学者开始致力于从多角度、多层次对证券市场的投资者保护问题进行探讨和研究。

证券市场投资者保护问题的系统研究为 LLSV 的法与金融学观点。20 世纪 90 年代中后期，La Porta、Lopez-de-Silanes、Andrei Shleifer 与 Robert W. Vishny 四位学者（下文简称 LLSV）通过整理多国的政治、法律、宗教、文化和经济等方面的量化数据，首次将法律因素引入到对金融和经济的具体研究。他们指出，法律在投资者保护方面至关重要，并开创性地提出了投资者保护评价指数，指出投资者的法律保护有助于解释各国资本市场发展、股权和治理结构问题。他们按照不同的法律渊源将49个国家分为不同的组别，确立了横向比较的对象。数据回归得出的结论是，正是各国的法律渊源不同，决定了各国对投资者产权保护程度的差异，从而最终导致了各国金融发展水平的差异，即好的“法律渊源、金融有关制度安排”决定了一国金融发展的水平。

Pistor在LLSV评价方法的基础上进行了补充，设计了衡量书面法律保护的股东权利指数，更为关注转轨经济中法律制度的有效性，还构建了一系列对执行中的法律进行评价的指标，比如外部专家评价形成的法制状况指数，欧洲复兴与开发银行构建的转轨经济中《公司法》与《破产法》有效性的指数等。另外的学者Gompers、Ishii和Metrick（2003）专注于从公司治理角度衡量投资者保护问题，通过构建公司治理的“G指数”来衡量股东权利。

第二节　中国证券监管的评价体系

一、评价的理论基础

1. 证券监管评价标准

我国证券市场的发展历史是中国改革开放历史的缩影。证券市场的出现和发展，是中国经济逐渐从计划体制向市场体制转型过程中最为重要的成就之一。1990年底上海证券交易所和深圳证券交易所相继成立；1992年设立国务院证券管理委员会和中国证监会，标志着中国证券市场开始逐步纳入全国统一监管框架，全国性市场由此开始发展；1999年7月《中华人民共和国证券法》（以下简称《证券法》）实施，以法律形式确认了证券市场的地位。

《证券法》第1条指明了制定该法的目的，“规范证券发行和交易行为，保护投资者的合法权益，维护社会经济秩序和社会公共利益，促进社会主义市场经济的发展”，从中能总结出我国证券监管需达到三方面的目标：规范市场行为、保护投资者和增加社会福利。基于可操作性和可控性角度对其进行细化，能够得出我国证券监管的判断标准。

（1）及时性。证券市场是信息市场，在信息市场中，时间具有重要意义，因而证券监管具有及时性的要求。及时性指的是证券监管部门能够及时发现已经出现的问题，或者感知潜在威胁，并在问题进一步恶化之前采取措施。如果及时性要求不能得到满足，证券市场上的违法违规行为得不到及时的查处，不仅影响投资者的短期收益，长期来看，还会动摇投资者对证券市场的信心，对盈利预期产生负面影响。

及时性还包含了适时监管的内涵。监管当局在选择出台政策或者措施的时候应当考察外界的宏观环境和市场的具体情况，选择恰当时机推出，从而收到预期的效果。

（2）针对性。证券监管部门在制定监管政策时，必须充分考虑政策的针对性，清楚对要解决的问题进行界定，并清晰、准确地对政策进行描述。具体来说，需要抓住核心，解决突出问题，考虑政策性质和监管范围是否清楚，并且在内容的表述上做到内在严密，没有逻辑问题，才不会在执行阶段产生新的问题。

（3）一致性。此处的一致性具有两层含义，既指在设计监管制度时，保证监管当局与市场主体的目标函数一致，即二者的利益要求一致，又指监管政策的制定应当有连续性和稳定性，符合市场预期。只有监管当局与市场主体的目标函数一致，才能有效避免委托代理问题中存在的信息不对称带来的利益冲突，从而实现“帕累托最优”，增加总体福利。

（4）权威性。这意味着监管机构制定的政策和制度内容上具有说服力和合理性，符合大众认知，能够被广泛接受，同时监管机构本身需要有强制性，对待违法违规行为要有明确的态度和足够的魄力。

（5）平衡性。证券市场中参与主体众多，有企业、中介机构、机构投资者、中小投资者，交易的每一个环节都至少会涉及两方，因而各个市场主体联系紧密，不可分割。这致使监管政策的作用对象也具有多方性，从而对监管当局提出了平衡性的要求。一个政策必须协调各方参与者，综合考虑对各方的影响，既达到监管目的，又不影响市场活力，进行适度监管。

（6）前瞻性。政策制定机构都应考虑前瞻性问题，证券监管也不例外。前瞻性意味着监管当局在制定政策时要考虑长期目标和影响，这要求监管当局具有很高的搜集信息和进行预测的能力。具体来说，监管当局可以设立一套先行指标体系，捕捉市场的未来变动，从而预计到市场对该项政策做出的反应，并将其限定在可控范围内。

2. 证券监管能力和监管效率

证券市场监管是一国宏观经济监督体系中不可缺少的组成部分，对证券市场的健康发展意义重大。中国证券业协会从四个方面对监管意义进行总结：加强证券市场监管是发展和完善证券市场体系的需要，是维护市场良好秩序的需要，是提高证券市场效率的需要，是保障广大投资者合法权益的需要。这四方面的实现程度即监管效果，因而能够作为评判我国证券监管能力和监管效率的四个方面。

（1）发展和完善证券市场体系——证券监管的政策有效性研究。

证券市场是信息市场，面对高频的数据和信息，知识有助于做出决策，而资本是执行决策的基础。在这样一个知识和资本密集型的行业里，很容易造成垄断。垄断会造成消费者福利的损失，政府的介入，无论是对于证券产品定价，还是金融业利润水平的监管，都会提升社会福利。

此外，证券市场上所有证券产品的信息集合最终体现为股票价格指数，它是一种公共物品，具有强烈的外部性，会对每一个参与其中的投资者的收益产生影响，因而从这个角度来说，对其进行政府监管也是符合经济学原理的。

最后，证券市场表现为高收益、高风险和高投机共存的市场特征，在这个市场上，极其容易出现价值和价格偏离较大的情况，在这种情况下，如果放任“看不见的手”进行自发调节，则很可能出现竞争不足或者竞争过度的情形，导致价格的进一步扭曲和波动，从而与价值偏离更远，使得市场失灵。市场失灵下整体经济会变得无效率，社会福利水平也会下降。此时政府通过加强监管，才能调节扭曲的市场，使之回归均衡状态。

政府在证券市场上最直观的介入为法律、法规、规章以及规则的制定，即政策的制定。因而能够通过研究证券监管中政策的有效性，对监管能力和监管效率进行评价。

（2）维护市场秩序——证券市场执法效率研究。

证券产品是一种信息决定产品，证券发行方相对于投资者，存在着天然的信息优势，同样，机构投资者相比与中小投资者，也有一定的信息优势，因而该市场上存在着严重的信息不对称问题，市场的有效程度依赖于监管机构对信息披露透明度的监管。进一步，不只是信息披露，证券市场上的欺诈行为、内幕交易与操纵市场等违法违规行为均会引起市场的混乱，从而影响投资者购买证券的积极性，挫伤他们对证券市场的信心。

为此，监管机构在制定相关政策后，必须强化“执法”这一手段，对非法证券交易活动进行严厉查处，以保护正当交易，维护证券市场的正常秩序。

根据张育军（2003）的观点，我国现阶段证券监管的最大问题不是在政策制定环节，而正好是在执法环节。稽查权限不够，稽查手段不足以及监管技术落后等客观因素都严重制约着我国证券市场的监管能力和效率，因而本章从证券执法效率层面进行分析和实证，有其必要性。

（3）提高证券市场效率——公司上市和并购效率研究。

在证券市场上，证券监管机构除了对上市公司披露的信息质量进行把关，保证交易的顺利有序进行，与无监管状况相比，其监管行为是否会对证券市场效率产生影响呢？传统的西方经济学强调自由竞争，通过“看不见的手”对市场进行自发调节，往往不提倡第三方的介入。因而此处我们试图探讨：我国证券市场上的监管行为是否以损失证券市场效率作为代价。

然而如何衡量我国证券市场在监管前后的效率情况？证券监管实务中，监管机构除了对上市公司的常规信息披露进行监管，公司的上市和并购重组这两类事件属于重要监管事件，受到证券监管机构的特殊关注。

在我国，公司一般通过首次公开发行（IPO）实现上市，IPO是证券市场交易的源头，是证券后续流通环节的基础和保证，从理论上分析，证券监管机构对其进行重点监管有其合理性。同样，并购重组涉及两个或多个企业内部信息和资源的交接和重新整理，投资者作为局外人，不能直接获取内部信息，其投资收益却会被动受到并购重组的影响，因而监管机构的介入也看似合理。然后，监管行为是否实现了“合理”与效率的“双赢”？本章将使用公司内部利润情况对证券市场中公司上市和并购重组前后效率进行研究。

（4）保障投资者合法权益——投资者保护指数比较研究。

保障投资者合法权益是证券市场监管的最终目的。投资者是证券市场的支撑者，没有他们的参与，证券市场不可能存在和发展。从微观层面来说，投资者涉足证券市场以获取权益和收益为前提，而从证券市场整体的宏观角度分析，投资者合法权益，必须坚持“公开、公平、公正”的原则，从政策制定、监管执行等各环节予以保障。

如何对我国证券市场投资者保护情况进行评价？本章使用比较研究法，从横向角度，使用经典的 LLSV 指标体系的研究方法，将我国投资者指数进行国际比较；从纵向角度，通过选取特定指标，构建投资者保护指数，选取建筑业样本作为研究对象，对我国证券市场上近 10 年基于微观企业视角的投资者保护指数进行计算和分析。并最终综合两个维度的评价结果，给出我国证券市场投资者保护情况的客观评价。

二、实证分析

1. 证券监管的政策有效性

（1）研究对象。

自 2012 年 11 月 2 日浙江世宝上市后，新股发行即处于暂停状态。一年多后，经过深入调研、广泛听取意见，2013 年 11 月 30 日，中国证监会制定并发布《关于进一步推进新股发行体制改革的意见》（以下简称《意见》）。

《意见》的制定和正式发布响应了党的十八届三中全会决定中关于“推进股票发行注册制改革”的要求，是逐步推进股票发行从核准制向注册制过渡的重要步骤。其市场化、法制化取向，以信息披露为中心的监管理念，有助于厘清和理顺新股发行过程中政府与市场的关系，加快实现监管转型，政府在 IPO 过程中负责对信息披露质量进行监督，充分发挥 IPO 过程中市场的力量，促进市场参与各方归位尽责，让市场自我约束、自主决定，发行价格将更加真实的反映供求关系，为实行股票发行注册制奠定良好基础。《意见》以保护中小投资者合法权益为宗旨，着力保护中小投资者的知情权、参与权、监督权、求偿权。长期以来，A 股市场备受诟病的“圈钱”问题，使得中小投资者处于绝对弱势地位。此次监管层通过发行制度改革，调整新股配售机制，更加尊重中小投资者申购意愿，约束发行人定高价，抑制投资者报高价，遏制股票上市后“炒新”行为，逐渐向注册制过渡，旨在打造更为公平公正的市场环境，进一步保护中小投资者的利益。

总的来说，改革坚持市场化、法制化原则，进一步理顺发行、定价、配售等环节的运行机制，发挥市场决定性作用，加强市场监管，维护市场公平，切实保护投资者特别是中小投资者的合法权益。IPO 暂停时间已经达到一年多，重启 IPO，尽快恢复被暂停的 A 股市场融资功能，让成长性企业获得急需发展的资金，从而做大做强实体经济，为中国经济转型升级贡献力量，因而《意见》出台前就一直受到社会的广泛关注，消息出台后，在短期内也一直是证券市场的讨论热点。证券市场对于《意见》的出台到底有什么程度的反应，该政策是否达到了监管主体预期中的积极效应，我们通过实证的方式进行研究。

（2）理论建模。

对于类似问题，一个比较好的研究方法是事件研究法。事件研究法（Event Study）是一种统计方法，由 Ball & Brown（1968）、Famaetal（1969）开创，其原理是根据研究目的选择某一特定事件，研究事件发生前后样本股票收益率的变化，进而解释和分析该事件的发生是否会对股价产生影响。该方法以有效市场假设为基础，即股票价格反映所有已知的公共信息，投资者理性意味着投资者能对新信息做出理性的反应，因而样本股票实际收益可以分割为该事件没有发生所能得到的正常收益和由于该事件发生而产生的额外收益，额外收益的大小能够反映该事件的作用方向和作用程度。

和任何统计方法一样，第一步为设定原假设，在事件研究法中称为设定研究假说，此处的研究假说为《意见》出台后对证券市场股票的收益率产生波动和影响，使其超额收益率异于0，最后使用统计量检定其是否显著。

事件研究法的第二步为确定事件日。所谓“事件日”，即市场“接受”到该事件的时间点，而不一定是该事件实际发生的时间点，此时点通常以“宣告日”为准。

对于超额收益率的计算，一般有三种模型可供选择——市场调整模型、市场模型和均值调整模型，此处以均值调整模型为基础，并对其加以变换进行使用。初始模型表示为：

$$AR_{it} = R_{it} - \overline{R}_i$$

其中，R_{it}为股票 i 在第 t 日的实际收益率，$\overline{R}_i$ 为股票 i 在研究期间内的实际收益率的均值。同理可以对 n 只股票的第 t 日的平均超额收益率 AAR_t 和一个时间段中 n 支股票的平均累计超额收益率 CAR_{SE}进行定义（S 和 E 分别是时间窗口的起止点）：

$$AAR_t = \frac{1}{n}\sum_{i=1}^{n} AR_{it}, CAR_{SE} = \sum_{t=S}^{E} AAR_t$$

如果事件的发生对股价无影响，那么按照之前的研究假说，AAR_t 和 CAR_{SE}

均服从均值为 0 的正态分布，可以通过检定 AAR_t 和 CAR_{SE} 是否显著异于 0 来判断时间的发生对股价是否产生影响。此处使用 t 统计量进行检验：

$$T_{AR_{\bar{t}}} = \frac{AAR_t}{S(AAR_t)/\sqrt{n}}, T_{CAR_{SE}} = \frac{CAR_{SE}}{S(CAR_{SE})/\sqrt{n}}$$

其中，$S^2(AAR_t) = \frac{1}{n-1}\sum_{i=1}^{n}(AR_{it} - AAR_t)^2, S^2(CAR_{SE}) = \frac{1}{n-1}\sum_{i=1}^{n}(CAR_{it} - CAR_{SE})^2$

《意见》的发布会对整个证券市场产生影响。由于本章而本书研究的正是整个市场而并非其中某几只股票对该政策措施的反应，所以应该对均值调整模型进行变换，选取大盘价格而非个股的价格数据，以上证综指收盘价为研究对象，因此只需计算大盘的日平均超额收益率 AAR_t 和累计超额收益率 CAR_{SE}。

（3）实证分析。

以中国证监会《意见》的发布日 2013 年 11 月 30 日作为事件日，即 0 时刻，按照事件研究法的研究惯例，往前选择 30 个交易日，往后选择 60 个交易日，即以［-30，+60］作为事件窗宽。由于 2013 年 11 月 30 日为星期六不是交易日，因而总共有 90 个研究数据。上证综指收盘价和收益率 R_t。数据来源为国泰安 CSMAR 金融经济数据库，超额收益率 AAR_t 和累计超额收益率 CAR_{SE} 的计算方法如前所述，可以算出具体数据。依据计算所得的数据，分别使用条形图得出超额收益率图形，使用折线图画出累计超额收益率如图 3.1 和图 3.2。

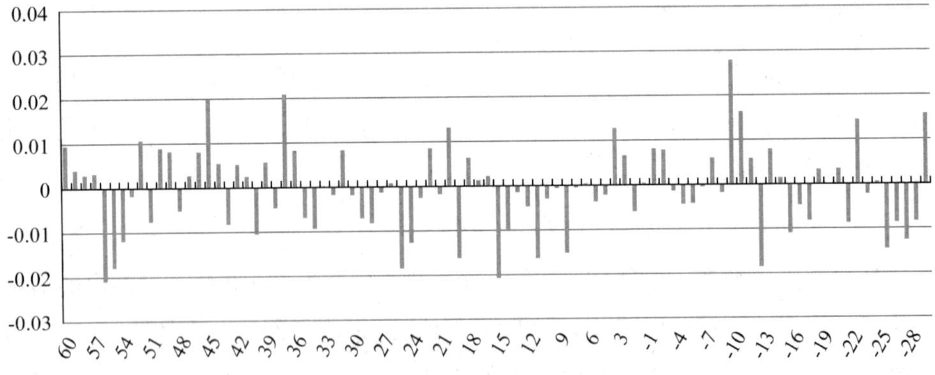

图 3.1　超额收益率条形图

通过对图 3.1 的观察，发现在事件日之前出现的主要为正的超额收益率，少量的负的超额收益率也和 0 差异较小，几乎均出现在 0.01 的水平线内，这说明在《意见》出台前市场对于政策出台的积极预期使得市场收益出现积极的正

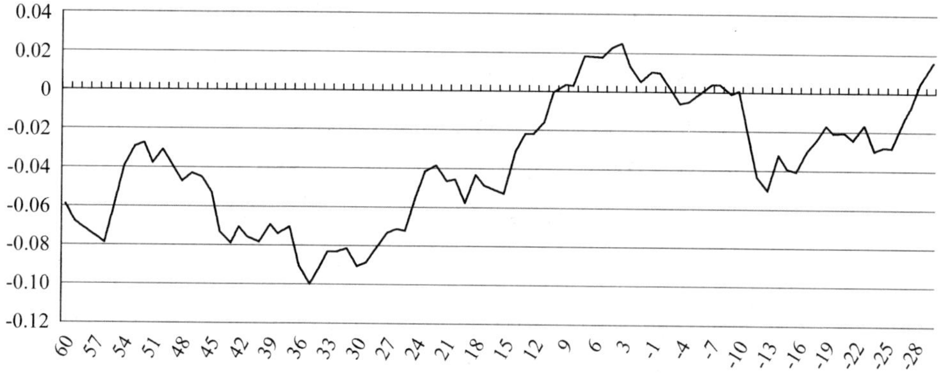

图 3.2　累计超额收益率折线图

向反应。尤其是在临近政策出台前的 2 周内，即［-12，0］时段内，超额收益率几乎全为正向的，而且远远偏离 0 值。-14 时点对应 2013 年 11 月 12 日，正好是党的十八届三中全会闭幕日，十八届三中全会提出了关于“推进股票发行注册制改革”的客观要求，加之 IPO 已经暂停 1 年多，两项因素相结合，社会各方加强了证监会 IPO 重启政策出台的预期，这种加强的预期反映在股票市场上，滞后两天后，在 -12 时点，该项政策对超额收益率产生了明显的积极作用。

而《意见》出台后，仅出现短暂的积极响应，在 1 周内，伴随着证监会对《意见》中的关键问题的解释以及出台配套的后续安排，市场对该政策消息进行进一步的吸收，这一阶段以小幅的正向超额收益为主。而随后的［8，30］区间内，这近一个月的时间里，伴随着公司申报、证监会审核直至新股上市过程，市场的超额收益率以负向为主，这充分说明由于《意见》是改革性政策，在执行过程中难免出现阵痛，与之前对政策出台的高期望相比，投资者对其执行过程中的期望值有所下降，市场出现反应不足。证监会对改革过程中出现的各类问题进行及时处理，严格信息审核，积极表明维护投资者利益的态度，使得市场信心有所增强，这体现在［31，50］区段的超额收益率图上，市场超额收益率开始重新转为正值。但随后的几个交易日中，市场再次出现负正相交的交替波动，行情并不明晰，市场还处于各方博弈之中，改革政策还将继续循环吸收、调整和再次反应的过程。

相应的，图 3.2 在事件日前 12 天开始出现大幅增加的现象。《意见》公布后，在接下来的一周之内累计超额收益率增速减缓，在事件日后约第五天达到最大值，随后呈现较大幅度下降的情况，在事件日后约第10天，累计超额收益率减至0值，从此掉头转下，其间经过小幅的波动，在事件日后第31天前主要呈现下降的趋势，之后随着超额收益率的增加，累计超额收益率有所回升，逐渐向0值靠近，并最终在52时点时再次出现震荡，偏离0值。

实证结果表明，《意见》的出台前对于政策的预期使得市场反应过度，而当政策出台后，特别是在执行过程中市场对其期望值降低，出现反应不足，成效不明显，市场波动较大的情况，不过在政策执行过程中当市场反映出现偏差后，证监会及时采取相应的措施，如暂停受理和审核问题公司的股票发行、对发行人的询价和路演过程进行抽查、对网下报价投资者的报价过程进行抽查等，经过证监会的及时调整，证券市场行情有所上扬，超额收益率和累计超额收益率出现正向反应。

改革难免带来阵痛，然而这仅能对《意见》的出台市场反映低于预期作出部分解释，我们可以从证券监管评价的6个标准来对这项政策进行客观的评价。毋庸置疑，这项政策具有一致性和针对性，在出台前，市场已经对其拥有充分甚至过度的预期，各方都明确政策的目的，而且出台政策后对各条款作了详尽清晰的解释，有助于市场对改革政策的吸收和理解。然而，该政策在执行过程中仍然出现了各种问题，从新股发行过程中已经公布定价的公司来看，新股高发行价、高市盈率的问题并未得到根本性扭转，估值水平普遍高于30倍，为打击“三高”，推出的老股转让机制又出现了大股东提前套现的新问题……在政策实施过程中出现的种种问题一方面说明政策的前瞻性不足，另一方面也导致市场对政策的信心有所下降，致使政策的权威性不足。证监会已经尽力在及时性上努力，争取在第一时间对出现的各类问题作出处理和解释，但是市场更期待的是“事前监管”而不是“亡羊补牢”式的补救，改革无疑对证监会的政策制定环节提出了更高的要求。

推进股票发行注册制改革是党的十八届三中全会决定提出的明确要求，也是推进资本市场监管转型的重要突破口。中国证监会主席肖钢在2014年3月6日出席全国“两会”期间表示，关于推进新股发行注册制改革的工作，证监会2014年的任务是结合十八届三中全会政府工作报告要求，研究新股发行注册制改革的方案，预计新股发行注册制改革方案年内有望出台。资本市场新旧交接过程中总会出现新的情况和问题，改革应该在发展中循序渐进地解决这些问题，既要治标，也要治本，兼顾近期重点和远期目标，标本兼治，循序渐进。

2. 证券市场执法效率

对证券市场上的违法违规行为进行处理，是证券监管机构行使权力、履行义务最直接的表现。为全面、多层级、多视角对我国证券市场的执法效率进行研究，我们建立四维指标进行度量：处罚规模指标、事后处罚有效性指标、查处及时性指标和处罚威慑力指标。

（1）处罚规模指标①。

1992 年设立国务院证券管理委员会和中国证监会，标志着中国证券市场开始逐步纳入全国统一监管框架，全国性市场由此开始发展。从 1992 ~ 2013 年，我国上市公司因涉及违规被证券监管机构处理 2941 次，其历年受处罚数量的分布情况如图 3. 3 所示。

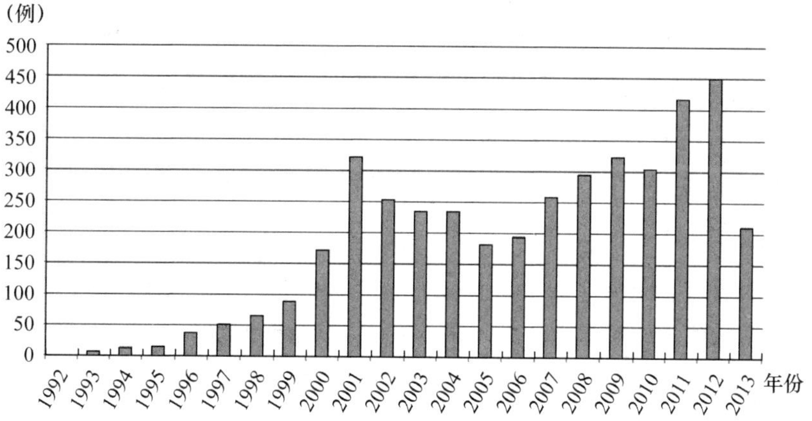

图 3. 3　处罚数量的年度分布图

注：①数据由国泰安 CSMAR 中国上市公司违规处理研究数据库中的整理所得；②整理数据时，若一个违规事件的违规年度有多个时，记做违规多次，因而按照这种处理方法所得的违规总量大于 2941。

由图 3. 3 可以看出，2000 年以前每年的违规处理数量很少，1997 年之前均未超过 50 例，1999 年也没有超过 100 例，主要是因为 2000 年之前我国证券市场从萌芽到发展，成长迅速，但相应的监管体系尚未完善，制度安排也十分不

① 此处使用处罚规模指标对我国证券市场的监管历史进行描述性总结。所用样本为我国证券市场建立以来所有记录在案的上市公司违规处理事件。

成熟，没能对证券市场起到有效的监管，于是证券市场便出现制度漏洞较多，违规查处数量少的现象。其间证券市场上也出现了一系列重大危机和重大风险情况，如1995年2月23日上海证券交易所发生的震惊中外的“327”国债期货风波事件。

1999年7月1日，《证券法》开始正式实施，标志着我国在法律层面开始系统而有针对性地对证券市场进行规范和监管。与此同时，中国证券市场的监管体系也进行了调整，稽查执法工作同步得到加强。1999年以后，证监会建立了垂直管理的监管体制，设立了证管办、直属办和特派办等36个派出机构，并相应设置了稽查处，在编制不增加的情况下，重点加强了稽查工作。一方面在九大区（天津、沈阳、上海、济南、武汉、广州、深圳、成都、西安）设立了稽查局，另一方面向社会公开招聘了一大批专业人员充实稽查队伍，同时证监会党委决定派出机构必须有1/3的人员从事稽查工作。法律和执法队伍的双向保证，使得从2000年开始，证券监管处罚数量大有提高，至2008年，保持在年均250例的水平。其中，2001年的处罚数量达到局部高峰，这正与我国证监会宣布2001年为市场监管年的言论一致。2008年以后，受全球金融危机的影响，监管当局更加重视证券市场上的信息披露和投资者保护问题，年均处罚数量达到约350次。

从处罚机构分布情况来说，一方面，中国证监会及其派出机构和两交易所无疑是实施监管处罚的主要力量。由图3.4可以看出，1992~2013年中国上市公司所有违规处理事件中，证监会及派出机构处罚量占到46%，上海证券交易所和深圳证券交易所的处罚量更是总共占到了51%，而财政部及法院、各地环保局和税务部门等其他政府部门在证券市场的监管中只是起到辅助作用，对于总处罚量仅贡献了约3%，如非违反特定领域的法律法规，他们一般不会介入进行监管。另一方面，随着中国证监会行政处罚权的逐步下放，其派出机构在行政处罚中具有越来越大的自主性，参与的处罚数量将越来越多。

根据国泰安CSMAR中国上市公司违规处理研究数据库，上市公司的违规类型被分为15小类，编码为p2501至p2515。为方便分析，对这15小类进行整理和总结，可将其分为6个大类：虚假陈述、重大遗漏、披露不及时、筹资违规、运营违规和内幕操纵。表3.1显示了分类前后的对照情况。

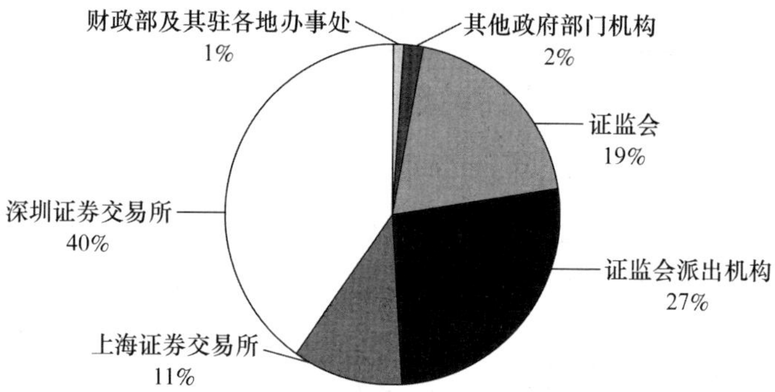

图 3.4　处罚情况的机构分布图

注：①数据根据国泰安 CSMAR 中国上市公司违规处理研究数据库整理所得；②整理数据时，若一个违规事件由多个监管机构处理，则记做各个监管机构分别处理一次，这种粗略处理会影响违规事件总量，但对研究处罚情况的机构分布影响不大。

表 3.1　违规类型分类整理表

违规类型编码	违规名称	整理后大类名称
p2501	虚构利润	虚假陈述
p2502	虚列资产	
p2503	虚假记载（误导性陈述）	
p2506	披露不实（其他）	
p2505	重大遗漏	重大遗漏
p2504	推迟披露	披露不及时
p2507	欺诈上市	筹资违规
p2508	出资违规	
p2509	擅自改变资金用途	运营违规
p2510	占用公司资产	
p2514	违规担保	
p2515	一般会计处理不当	
p2511	内幕交易	内幕操纵
p2512	违规买卖股票	
p2513	操纵股市	

将四类主要的监管机构和这六种违规类型相结合，整理得出 1992～2013 年我国上市公司违规情况，见表 3.2。

对表 3.2 进行分析可知，纵向来看，6 种违规类型中，出现最多的是披露不及时，占到总处罚数量的 36.58%，而处罚最少的是违规类型是违规筹资，

表 3.2　　上市公司违规情况表

违规类型	证监会		证监会派出机构		上交所		深交所		总计	
	次数	比重(%)	次数	比重(%)	次数	比重(%)	次数	比重(%)	次数	比重(%)
虚假陈述	176	26.99	205	20.22	47	13.66	162	13.66	590	18.46
重大遗漏	171	26.23	248	24.46	62	18.02	204	17.2	685	21.43
披露不及时	148	22.7	304	29.98	164	47.67	553	46.63	1169	36.58
筹资违规	11	1.69	0	0	2	0.58	0	0	13	0.41
运营违规	52	7.98	237	23.37	57	16.57	138	11.64	484	15.14
内幕操纵	94	14.42	20	1.97	12	3.49	129	10.88	255	7.98
总计	652	100	1014	100	344	100	1186	100	3196	100

注：①表中数据根据国泰安 CSMAR 中国上市公司违规处理研究数据库整理而得，其中违规类型没有涵盖原数据中“其他”项，监管机构只列出了四类，所以“总计”项和原始数据存在差异。②整理数据时，如遇一个违规事件违反的规定有多类时，分别记做各违反相应规定一次，这会影响真实违规次数，但不影响此处的比例研究。

仅占到0.41%，这充分说明对于上市公司筹资方面的监管力量还十分薄弱，欺诈上市和出资违规问题在证券市场上没有得到有效的监管，比如我国股市长期以来存在的备受诟病的“圈钱”问题，就充分暴露了中小投资者对证券市场融资规范的不满。此外，对内幕操纵的监管也仅占到7.98%，远小于对其他类型的监管。这主要是由于对于内幕交易、违规买卖股票和操纵市场存在较大的监管难度，监管实施过程更需要技巧，对监管体系的考验更大。构建横向来看，四类监管机构存在不同的监管侧重点。上交所和深交所的监管重点在信息披露的及时性上，该类违规处罚分别占到了两交易所处罚总量的47.67%和46.63%，而证监会主要监管虚假陈述和重大遗漏情况，对信息的真实性和完整性负责，其派出机构则兼顾各种违规类型，执行证监会下放的各种权利，兼顾披露信息的真实性、完整性和及时性。

监管机构的处罚方式主要有批评、警告、谴责、罚款、没收非法所得、责令关闭和市场禁入，而在国泰安 CSMAR 中国上市公司违规处理研究数据库中关于责令关闭和市场禁入的处罚案例数为0，其余处罚方式的分布情况见图3.5。处罚方式仍以非实质性的批评为主，警告和谴责也占到一定比例，而以罚款、没收非法所得等增加上市公司违规成本的处罚方式使用较少，其中没收非法所得仅12例，责令关闭和市场禁入手段甚至没有使用过，这说明处罚力度还不够，未能对证券市场上的违法违规行为起到应有的震慑作用。

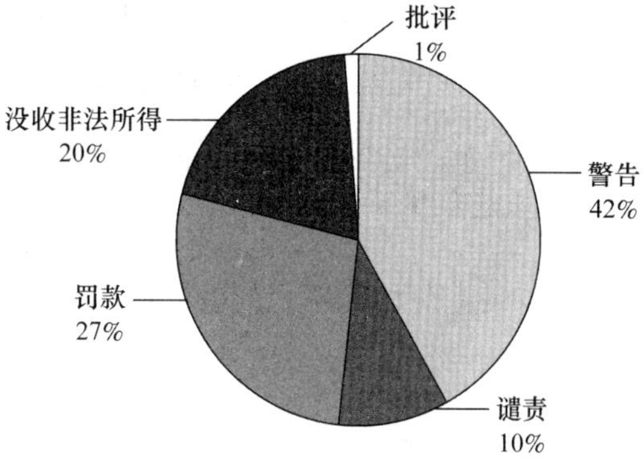

图3.5 处罚类型分布图

注：①数据根据国泰安CSMAR中国上市公司违规处理研究数据库整理所得；②整理数据时，若一个违规事件使用了多种处罚方式，则在各种处罚方式上分别记一次，这种粗略处理会影响违规事件总量，但对研究处罚类型的分布影响不大。

（2）事后处罚有效性指标。

从处罚规模指标的分析中知道，证券监管机构的违规行为主要采用四种处罚方式：批评、警告、谴责和罚款，此处我们将从实证的角度探究市场对这四种处罚方式的反应，进而对各种处罚方式的有效性进行评价。

此处仍可以使用事件研究法，对各类违规处理方式是否有效进行粗略度量。此处的研究假说为各上市公司被处理会对其收益率产生波动和影响，使其超常收益率异于0，最后使用统计量检定其是否显著。事件日定为处罚公告的公布日，采用处罚宣告日前后短窗口［-1，+1］和［-2，+2］来测度违规事件的累计公告效应。借鉴Beneish（1999）、Nourayi（1994）和Wu（1998）的研究方法，使用如下市场调节超常收益率作为市场反映的衡量尺度。

市场调节累计超常收益率：

$$MAAR = \left\{ \prod_{t}^{T}(1 + R_{it}) - 1 - \left[\prod_{t}^{T}(1 + R_{mt}) - 1 \right] \right\}$$

其中，R_{it}是公司i在第t天的收益率，即个股日收益率；R_{mt}是市场在第t日的市场收益率，可用股指的日收益率替代。

$MAAR$是将$MAAR_{it}$在一个时间区段的累计值，代表公司i的股票在一个时间区间的累计超常收益率CAR_{SE}，其中S和E分别为时间区间的开始和结束时点，

如 $CAR(-1, +1)$ 即表示在违规事件公布日的前后一天范围内被处理的公司股票的累计超常收益率。

接下来，我们将结合实际数据，衡量证券监管部门常用的四种违规处理方式：批评、警告、谴责和罚款，对违规公司股票的累计超常收益率的影响。从国泰安 CSMAR 中国上市公司违规处理研究数据库中随机选取了深市 A 股中的 24 个违规样本作为分析样本，它们的基本信息如表 3.3 所示。

表 3.3　违规样本基本信息

证券代码	公告日期	处理单位	处罚方式
000150	2006 年 3 月 3 日	深圳证券交易所	谴责
000035	2005 年 12 月 15 日	中国证监会	罚款
000037	2004 年 7 月 12 日	中国证监会	罚款
000038	2006 年 5 月 30 日	中国证监会	罚款
000509	2005 年 6 月 8 日	中国证监会	罚款
000409	2006 年 2 月 28 日	中国证监会	罚款
000421	2010 年 3 月 19 日	中国证监会	罚款
000430	2001 年 8 月 3 日	中国证监会	警告
000653	2001 年 10 月 26 日	中国证监会	警告
000669	2000 年 3 月 15 日	中国证监会	警告
000688	2007 年 1 月 15 日	中国证监会	警告
000730	2002 年 4 月 10 日	深圳证券交易所	批评
000730	2002 年 6 月 18 日	深圳证券交易所	批评
000730	2002 年 4 月 25 日	深圳证券交易所	批评
000730	2001 年 12 月 13 日	深圳证券交易所	谴责
000730	2002 年 7 月 13 日	深圳证券交易所	谴责
000730	2003 年 7 月 22 日	深圳证券交易所	谴责
000819	2012 年 11 月 22 日	中国证监会	警告
000921	2006 年 11 月 27 日	中国证监会	警告
000931	2003 年 7 月 7 日	深圳证券交易所	批评
000931	2002 年 7 月 24 日	深圳证券交易所	批评
000931	2011 年 9 月 21 日	深圳证券交易所	批评
000931	2003 年 12 月 16 日	深圳证券交易所	谴责
000156	2002 年 4 月 17 日	深圳证券交易所	谴责

其中，公告日是该股票的违规行为被公之于众的时间，可以当作违规处理信息被公众知晓的时间，我们将其记作 0 时点，按照之前 *MAAR* 的计算公式，分别计算 CAR(−1, +1) 和 CAR(−2, +2)。在计算过程中，由于选用的样本均来自深证 A 股，所以 R_{mt} 为深证 A 股综合指数的日收益率（见表 3.4）。

表 3.4　违规样本的累计超常收益率信息

代码	CAR(−2, +2)	CAR(−1, +1)	处罚方式	处理单位
000150	−0.041326	−0.021953	谴责	深圳证券交易所
000035	−0.019826	−0.046719	罚款	中国证监会
000037	0.012212	0.011683	罚款	中国证监会
000038	0.022234	0.002307	罚款	中国证监会
000509	0.010471	−0.037343	罚款	中国证监会
000409	0.015183	0.027800	罚款	中国证监会
000421	0.020076	0.015832	罚款	中国证监会
000430	0.046010	0.027528	警告	中国证监会
000653	0.113522	0.053297	警告	中国证监会
000669	−0.055464	−0.004211	警告	中国证监会
000688	−0.022090	−0.105571	警告	中国证监会
000730	0.050781	0.035484	批评	深圳证券交易所
000730	0.042841	0.021652	批评	深圳证券交易所
000730	0.028467	0.011235	批评	深圳证券交易所
000730	−0.088826	−0.101983	谴责	深圳证券交易所
000730	−0.046941	−0.044198	谴责	深圳证券交易所
000730	−0.067154	−0.028297	谴责	深圳证券交易所
000819	0.023327	0.006058	警告	中国证监会
000921	0.007048	0.028751	警告	中国证监会
000931	−0.013849	−0.015633	批评	深圳证券交易所
000931	0.031215	−0.019841	批评	深圳证券交易所
000931	0.022984	0.018774	批评	深圳证券交易所
000931	−0.033710	−0.055186	谴责	深圳证券交易所
000156	−0.009265	−0.022444	谴责	深圳证券交易所

从理论上分析，当一个公司的股票因违规受到证券监管机构的处罚，并公

诸于众之后，会对近期内该股票在市场上的收益情况产生负面影响，使得其累计回报低于同期市场的累计回报值。根据之前 MAAR 的计算公式，即累计超常收益率应当为负数。而从上表得到的样本累计超常收益率信息看出，经过证券监管机构处罚后，处罚宣告日前后的短窗口内公司的累计超常报酬率并不显著低于0。在24个随机抽取的违规样本中，只有12个样本的CAR(−1，+1)小于0，相应的，只有10个样本的CAR(−2，+2)小于0，资本市场对违规后的监管处罚没有产生显著的反应，和声誉理论的预测是不一致的。具体来说，这表明投资者并没有因为股票违规被处理而降低对该股票的投资热情，并没有将证券监管机构的处罚决定作为投资选择时的重要依据，实证结果充分暴露了我国证券监管的事后处罚无效性。

根据之前在监管规模部分得出的结论，在监管实践中，证监会（包括其派出机构）和交易所是证券监管的两大核心力量。其中证监会采用的处罚方式有整改通知、警告、罚款和市场禁入等。这四种处罚方式适用的违规行为严重程度按照整改通知、警告和罚款、市场禁入的顺序依次上升。整改通知主要针对违规行为不严重的公司和个人做出，要求违规公司或个人限期对违规行为进行整改。整改通知并非一种严格意义上的行政处罚手段，也不能据此对上市公司提起诉讼。对于更为严重的违规行为，证监会可能对公司和个人采取警告或罚款这两种正式的行政处罚手段。一般说来，针对某一违规行为，警告和罚款会同时使用，但在某些情况下，也可能仅使用警告或罚款中的一种。就上市公司虚假陈述案件而言，公司层面的处罚金额一般在10万~60万元之间，个人层面的处罚金额一般在3万~30万元之间。对于犯有严重违规行为的个人，证监会还可能使用市场禁入这一最为严重的处罚手段，禁止违规人员在未来一段时期内担任公司高管或董事，市场禁入的期限一般在3年以上，违规程度严重的个人可能被处以终生禁入。

不同于国外大部分由会员自我管理的交易所，中国的沪深交易所自1997年成为隶属于证监会控制的准政府机构。2005年修订的《证券法》规定交易所总经理由证监会任免，同时赋予交易所对证券交易和上市公司信息披露进行监督的权力。由于交易所位于证券市场第一线，在证券监管方面具有信息优势，因此，在证券监管实践中，尽管交易所本身缺乏对违规公司和个人的正式调查权和处罚权，但证监会可能潜在地将部分行政处罚权力授予交易所执行。具体来说，交易所通常采取通报批评和公开谴责两种处罚手段，相比于通报批评，公开谴责的处罚程度更为严重。但是，无论是通报批评还是公开谴责，针对的公司或个人的违规行为都相对较轻，投资者也不能据此对违规主体提起诉讼。

根据表3.4，进一步分析发现，在累计超常收益率为负数的样本中，无论是以CAR(-1, +1)还是CAR(-2, +2)的数值作为判断标准，6个以“谴责”作为处罚方式的违规样本均显示累计超常收益率为负，而“罚款”“批评”和“警告”这三种处罚方式均仅有约1/3的样本实现了负的累计超常收益率。由于在监管实践中，“谴责”和“批评”的处罚手段主要由交易所采用，且“谴责”的处罚程度相较于“批评”更为严重，实证表明，“谴责”比“批评”的处罚方式更有效，更能够影响投资者的投资决策，更适合用作交易所的处罚手段。而“罚款”和“警告”这两种处罚手段均由证监会采用，在事后处罚效果上没有显著差异，以CAR(-1, +1)的数值作为判断标准，在6个样本中分别均只有2例样本CAR(-1, +1)值为负，达到了应有的处罚效果。结合我们之前在处罚规模指标部分的分析，这表明证监会可能需要对违规行为采取更为严厉的处罚方式，如没收非法所得、市场禁入等，以期对违规行为实现应有的震慑作用。

（3）查处及时性指标。

案件的查处速度也是衡量执法效率的重要方面，如果案件的执法时间过长，不仅不能及时制止违规行为，规范市场环境，同时也会助长违规者的嚣张气焰，影响投资者的信心。

此处使用违规行为开始实施到被查处的时间差对单个案件的查处速度进行定义，则按照此定义，证券监管机构查处及时性指标可以进行如下定义：

$$T = \sum_{i} (t_{i2} - t_{i1})/n$$

其中，t_{i1} 和 t_{i2} 分别为案件被查处的时间和开始实施违法行为的时间，而n为监管机构所处罚的违规事件总数。显然，T 值越小，说明证券监管机构的执法效率越高。根据张宗新（2007）的研究，依据1994～2006年的数据，在选取的454个有效样本中，454个执法事件的时间差平均约为729.1天，最小值为3天，最大值为4094天，即证券监管机构查处及时性指标数值为729.1天，这意味着一个违规行为平均要经过729.1天才能被证券监管机构惩罚。可见，我国证券市场的惩戒时效性很差，存在显著的时滞效应。

（4）处罚威慑力指标。

证券监管的效用不仅显现于监管当期，长远看来，如果监管机构执法效率较高，还会形成一种处罚的威慑力，对未来可能发生的违规行为产生“阻吓”效应。具体而言，从单个上市公司来看，某个上市公司因其股票受到处罚后，如果处罚是有效的，形成了震慑作用，则该上市公司为了避免被再次处罚，势必会对其在证券市场上的运作进行自我规范，显示在数据上，其重复违规情况不会出现，或者重复违规次数较少，且违规间隔时间较长。而从整个证券市场来看，因违规被处罚的上市公司的股票占在两所上市的股票总数中的比例的历年走势情况也能够反映出监管机构的处罚威慑力。

根据国泰安 CSMAR 中国上市公司违规处理研究数据库中的样本，1994～2012 年，我国证券市场上股票被处罚次数占上市股票总数的变化如图 3.6 所示。

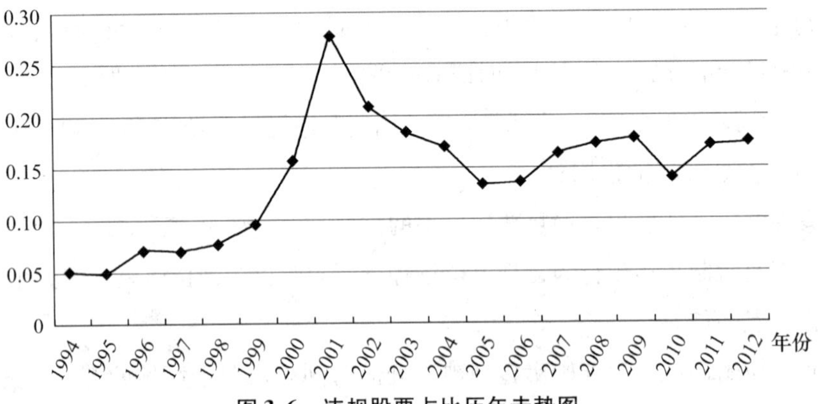

图 3.6　违规股票占比历年走势图

资料来源：国泰安 CSMAR 中国上市公司违规处理研究数据库整理所得；上海证券交易所、深圳证券交易所网站数据整理所得。

由图 3.6 可以看出，从 1994～2012 年，我国证券市场上违规股票占比从 5% 开始逐步上升，从 1999 年开始呈现加速的局面，至 2001 年迅速到达 27.8% 的峰值，在 3 年内有所回落，2004 年以来均稳定在约 15% 的水平上。数据表明，总体来说，我国的证券监管机构的执法能力具有一定的威慑力，在两所上市股票数越来越多，监管对象的范围历年扩大的情况下，能够较为有效的控制违规比例。

在我国证券市场发展过程中，上证 A 股包括的股票范围较广，股本规模大，而且历史悠久，使用上证 A 股的股票作为样本，研究我国证券市场上股票的重复违规情况，具有较好的代表意义。本书选用上证 A 股的 992 只作为研究样本，经过数据整理，得到在 1992 ~ 2014 年 4 月 6 日的 713 次违规事例中，重复受到处罚的股票数量情况，见表 3.5。

表 3.5　　重复受到处罚的股票数统计

处罚次数	1 次	2 次	3 次	4 次	合计
股票数（只）	253	73	39	18	383
比例（%）	66.06	19.06	10.18	4.70	100
平均违规时间间隔（天）	/	1197.75	600.98	487.10	/

注：违规 5 次、6 次、7 次、8 次、9 次、10 次的股票数量分别为 11、5、2、2、0、1 只，在 404 只违规股票中占比仅约为 5%，属于小概率事件，认为其不具有代表意义，故此处不将其纳入分析范围，最终以 383 只违规股票作为分析样本。

结果显示，在分析样本的 383 只股票中，共有 150 只股票受到过不止一次的处罚，所占比重为 33.94%，且以极小概率（约为 5%）发生 4 次以上重复违规行为。从平均违规的时间间隔来看，我国上市公司的违规间隔时间均在一年以上，占比次高（19.06%），被处罚两次的上市公司的违规间隔时间甚至达到 1198 天，约为 3 年。可以认为大多数上市公司在被处罚后提高了规范自身的意识和行为，整体上来说，证券监管机构的违规执法对证券市场中的上市公司行为起到了威慑作用。

3. 监管下公司上市和并购效率

（1）监管下公司上市的效率。

在我国，公司主要通过新股公开发行（IPO）的方式进行上市。我国从 2001 年 3 月开始对新股公开发行实行核准制，此后的近 14 年我国始终实行核准制。2013 年 11 月 30 日证监会发布《关于进一步推行新股发行体制改革的意见》，重启暂停 1 年多的新股发行，标志着股票发行逐步向注册制过渡。郭升选（2010）对核准制下我国证券发行效率进行了研究。通过选取 2002 年 A 股上市公司 66 家作为样本，对其上市前 3 年到上市后 3 年区间范围内的利润指标——每股收益与净资产收益率的变化进行考察，衡量其上市效率。进一步，将样本区分为违规公司和未违规公司两类，研究其业绩变化，通过验证其是否存在明显相似性，考察对上市公司的监管是否有效。然而通过实证，得到了负面的结论：上市后样本公司的每股收益、净资产收益率呈现下降趋势，且违规公司与未违规公司相对比，利润指标变动趋势类似，差异不显著，从而证明核准制下，公司上市的监管会以损失效率为代价，且我国对上市公司的监管效应不明显，对于违规公司与非违规公司均造成效率损失。

实证结果显示，核准制下，公司上市会造成利润指标上的效率损失，这可以一定程度上从核准制的特性进行解释。核准制实行实质管理原则，以欧洲各国的公司法为代表。依照核准制的要求，证券的发行不仅要以真实状况的充分公开为条件，而且必须符合证券管理机构制定的若干适于发行的实质条件，符合条件的发行公司，经证券管理机关批准后方可取得发行资格，在证券市场上发行证券。这一制度让监管机构作为第三方，严格把关，本意在于禁止质量差的证券公开发行，然而在实施过程中，实质性条件的设立具有一定的盲目性，人为进行审核也容易滋生腐败问题，从而难以避免硬性门槛的不合理问题和主观性问题。因而我国的实际情况是，核准制下，公司上市会造成效率下降。

与核准制相比，注册制更有利于发挥市场功能。其最重要的特征是：在注册制下证券发行审核机构只对注册文件进行形式审查，不进行实质判断。如果公开方式适当，证券管理机构不得以发行证券价格或其他条件非公平，或发行者提出的公司前景不尽合理等理由而拒绝注册，主张事后控制。因而注册制能够更好的发挥资本市场价格发现、融资、资源配置等三大基础功能。与核准制相比，发行人成本更低、上市效率更高、对社会资源更少，资本市场可以快速实现资源配置功能。

我们可以借鉴郭文所采取的方法，选择IPO重启后首批48家公司作为研究样本，考察其上市前后3年即［-3，3］共计7个年份的利润指标——每股收益与净资产收益率的变化趋势，以此作为依据，对其上市效率作出判断。长期来看，仍然可以将这48个公司分为违规与未违规两类，使用统计上均值检验的方法判断注册制下的事后监管对上市公司来说是否有效。

由于此处采用的利润指标含有每股收益与净资产收益率两个维度，且样本被分为违规和未违规两类，在大样本前提下，可以认为样本服从正态分布，因而此处适合使用两个正态总体的均值向量检验。

此处两个总体的协方差矩阵未知，可以按照其协方差矩阵是否相同，不同的统计量对均值是否相等进行检定，以此判断两类总体是否存在差异。

对假设 $H_0: \mu_1 = \mu_2$，$H_1: \mu_1 \neq \mu_2$ 进行检验。

若两总体的协方差矩阵相同，假设 H_0 成立时，所构造的检验统计量为：

$$F = \frac{(n+m-2)-p+1}{(n+m-2)p} T^2 \sim F(p, n+m-p-1)$$

其中，

$$T^2 = (n+m-2)\left[\sqrt{\frac{nm}{n+m}}(\bar{X}-\bar{Y})\right]' S^{-1}\left[\sqrt{\frac{nm}{n+m}}(\bar{X}-\bar{Y})\right]$$

$$S = S_x + S_y$$

$$S_x = \sum_{a=1}^{n}(X_{(a)}-\bar{X})(X_{(a)}-\bar{X})', \bar{X} = (\bar{X}_1, \bar{X}_2, \cdots \bar{X}_p)'$$

$$S_y = \sum_{a=1}^{n}(Y_{(a)}-\bar{Y})(Y_{(a)}-\bar{Y})', \bar{Y} = (\bar{Y}_1, \bar{Y}_2, \cdots \bar{Y}_p)'$$

若两总体的协方差矩阵不相同，一般情况下，两总体的样本容量 n 和 m 并不相等，不妨设定 n < m 下，令：

$$Z_{(i)} = X_{(i)} - \sqrt{\frac{n}{m}}Y_{(i)} + \frac{1}{\sqrt{nm}}\sum_{j=1}^{n}Y_{(j)} - \frac{1}{m}\sum_{j=1}^{m}Y_{(j)}, i = 1, 2, \cdots, n$$

$$\bar{Z} = \frac{n}{m}\sum_{j=1}^{n}Z_{(i)} = \bar{X}-\bar{Y}$$

$$S = \sum_{i=1}^{n}(Z_{(i)}-\bar{Z}_{(i)}-\bar{Z})(Z_{(i)}-\bar{Z})'$$

$$= \sum_{i=1}^{n}\left[(X_{(i)}-\bar{X})-\sqrt{\frac{n}{m}}\left(Y_{(i)}-\frac{1}{n}\sum_{j=1}^{n}Y_{(j)}\right)\right]\left[(X_{(i)}-\bar{X})-\sqrt{\frac{n}{m}}\left(Y_{(i)}-\frac{1}{n}\sum_{j=1}^{n}Y_{(j)}\right)\right]$$

H_0 成立时的检验统计量为：

$$F = \frac{(n-p)n}{p}\bar{Z}'S^{-1}\bar{Z} \sim F(p, n-p)$$

给定检验水平 α，查 F 分布表，使 $P\{F > F_a\}$，可确定出临界值，再用样本计算出 F_α，若 $F > F_\alpha$，则拒绝 H_0，否则不能拒绝 H_0。

由于新的股票发行制正处在初始阶段，没有完整的区间数据，所以此处只进行模型的理论构建。

（2）监管下公司并购的效率。

企业并购包括兼并和收购两层含义、两种方式，是企业法人在平等自愿、等价有偿基础上，以一定的经济方式取得其他法人产权的行为，是企业进行资本运作和经营的一种主要形式。企业在发展过程中，由于规模经济、交易成本、价值低估以及代理理论等多方面的原因，并购理论和实践的发展非常迅速，成为西方经济学最活跃的领域之一。

针对企业对规模经济的追求，西方经济学主要从古典经济学和产业组织理论这两个不同的角度给予解释。古典经济学主要从成本出发，论证企业对规模经济的追求决定于多大的规模能使企业总成本最小。而产业组织理论主要从市场结构效应的理论方面论证行业规模经济，通过考虑同一行业内的众多生产者的竞争费用和效用，企业并购可以获得企业所需要的产权及资产，实行一体化经营，获得规模效益。

交易成本理论认为，在适当的交易条件下，企业的组织成本有可能低于在市场上进行同样交易的成本，市场为企业所替代，当然，企业规模扩大，组织费用将增加，考虑并购规模的边界条件是企业边际组织费用增加额等于企业边际交易费用的减少额。在资产专用性情况下，需要某种中间产品投入的企业倾向于对生产中间产品的企业实施并购，使作为交易对象的企业可以转入企业内部。在决策与职能分离下，多部门组织管理不相关经济活动，其管理成本低于这些不相关经济活动通过市场交易的成本，因此，把多部门的组织者看作一个内部化的资本市场，在管理协调取代市场协调后，资本市场得以内在化，通过统一的战略决策，使得不同来源的资本能够集中起来投向高盈利部门，从而大大提高资源利用效率。

而一般来说，进行企业并购主要是因为目标公司的价值被低估，有低估才会发生并购。低估的主要原因有三个方面：经济管理能力并未发挥应有的潜力；并购方有外部市场所没有的有关目标公司真实价值的内部信息，认为并购会得到收益；由通货膨胀等原因造成目标企业资产的市场价值与重置成本之间存在的差异，如果当时目标企业的股票市场价格小于该企业全部重置成本，并购的可能性大。价值低估理论预言，在技术变化快，市场销售条件及经济不稳定的情况下，企业的并购活动频繁。

代理成本理论则由詹森和梅克林根据企业所有权结构提出，包括所有者与代理人订立契约成本，对代理人监督与控制成本等。并购可降低代理成本，通过公平收购或代理权争夺，公司现任管理者将会被代替，兼并机制下的接管威胁将降低代理成本。

随着我国经济发展和产业结构的调整，并购实践在证券市场上出现得越来越频繁。在中央保增长的宏观政策号召下，政府相关部门已经着手制定政策对并购重组予以支持，实现上市公司的外生增长力量。2008 年是证监会大力支持上市公司并购重组的一年。2 月 20 日，证监会上市公司并购重组审核委员会宣告成立，成立当日聘任的委员共 25 名。并购重组委员会依据证券法有关规定组建，履行证券法赋予发行审核委员会的部分职能，承担规范上市公司并购重组活动的重要职责，是上市公司进行并购重组的“把关人”。证监会还进行了并购重组委工作制度的改革，全年 171 家公司通过并购重组向上市公司注入优良资产 3272 亿元。同年 12 月，中国银监会发布《商业银行并购风险管理指引》，允许符合条件的商业银行开办并购贷款业务，国资委主任李荣融也指出 2009 年中央企业要抓住当前境内外资本市场调整机遇，加快控股上市公司资源整合，已实现部分资产上市的企业，要加快把优良主业资产注入上市公司，实现主业板块或集团整体上市。2009 年 1 月全国证券期货监管工作会议上，证监会把“积极推动上市公司并购重组，促进产业结构调整升级”作为 2009 年重点工作。2012 年 3 月 12 日，全国人大代表、中国证监会上市部副主任欧阳泽华在证监会系统代表委员新闻发布会上表示，证监会下一步将大力发展并购基金，使用并购基金解决融资缺口。2014 年 1 月 23 日证监会表示正在抓紧制定非上市公众公司并购重组监管规则，成熟后将尽快推出。

在《公司法》《证券法》的基础上，证监会制定了《上市公司重大资产重组管理办法》《关于规范上市公司信息披露和相关各方行为的通知》《关于在发行审核委员会中设立上市公司并购重组审核委员会的决定》《上市公司并购重组审核委员会工作规程》《上市公司非公开发行股票实施细则》和《公开发行证券的公司信息披露内容与格式准则第 25 号——上市公司非公开发行股票预案和发行情况报告书》等法规及规范性意见，并主要经由中国证监会上市公司并购重组审核委员会按照《中国证券监督管理委员会上市公司并购重组审核委员会工作规程》对上市公司的并购重组进行审核和规范。进一步，非上市公司的并购重组监管规则也将制定推出，这意味着我国证券市场上的并购重组离不开证监会的监管。

国内外学术界对于如何测度企业并购绩效已经进行大量研究，从研究方法上，主要形成了事件研究法、财务研究法和数据包络分析方法（DEA）这三种企业并购绩效的测度方法。国内普遍认同的观点是，国外学者常常采用的以股价变动来衡量企业并购绩效的事件研究法并不适合我国的现实情况。相比而言，使用财务指标进行研究的方法更为常用，但对于什么样的财务指标可以反映企业的并购绩效，并没有形成一个一致的看法，所以财务研究法在具体的应用中无法避免主观性的弊端，实证结论的形成很大程度上依赖于作者在选取财务指标上的专业能力。而近年来，学术界大量借助数据包络分析方法测度企业并购绩效，DEA 方法相比于事件研究法、财务研究法具有较高的客观性和准确性，提高了相关实证研究的可信性。

然而，多年来在学界和业界，关于并购能否提高公司绩效的问题分歧很大，没有形成一个统一的定论。由于我国企业并购活动呈现出多样性和复杂性，实证结论的形成受样本选择的影响极大，此外，还应按收购企业和目标企业进行细分，并分不同的并购类型进行研究和分析。

冯根福、吴林江（2001）采用财务研究法来衡量并购前后的业绩变动，并以此分析和检验了 1994 ~ 1998 年间我国上市公司并购绩效。他们得到的实证结果显示上市公司并购绩效从整体上有一个先升后降的过程，且不同并购类型在并购后不同时期内业绩不相一致。刘志强（2007）认为之前的学者主要选用 2000 年之前的并购样本进行分析，而从 2002 年以来，我国上市公司并购行为逐步规范化、市场化，表现出与以往阶段大不相同的特征，以此为背景，他以 2003 年、2004 年发生的沪、深两市上市公司并购案例作为原始样本，选择半年作为期间单位，以并购实施完成所在半年度作为 t 期，分别考查了并购企业 $t-3$、$t-2$、$t-1$、t、$t+1$、$t+2$ 和 $t+3$ 前后共 7 期的并购绩效变化情况，并将收购公司和目标公司分别进行了考察，得出如下结论：公司并购总体绩效在短期会得到改善，但长期来看，公司并购并没有带来效率的提高；收购公司、上市公司并购当年绩效有较大提高，随后绩效下降甚至抵消了之前的绩效提高，并购没有实质性提高并购公司的经营绩效；目标公司并购当期会使公司绩效下降，并购后公司绩效上升，公司并购使得效率提高。余燕妮（2012）利用 Bootstrap-DEA 方法，选择 2004 年发生并购行为的 146 家上市企业作为研究对象，评价和分析了不同行业、不同股权结构、不同并购方式的企业并购绩效的演变趋势和差异。发现上市公司并购总体绩效均值有一个由小变大的过程，并购前 6 年（1998 ~ 2003 年）并购上市公司总体绩效均值较低，并购当年（2004 年）绩效变化不是很明显，并购后第三年（2007 年）并购上市公司总体绩效均值达到最大值，随后在 2007 年，并购上市公司绩效有小幅下降，但仍高于并购前的均值水平，得出并购活动在总体上还是一定程度地提升了上市企业的绩效的结论。徐小龙（2013）对我国不同成长类型的上市公司的并购绩效进行了实证研究，发现衰退型公司在并购当年能够给公司带来绩效的上升，但是在并购后几年却呈现出了逐渐下降的趋势，这说明并购并未给公司带来实质性的发展；对于成熟型的公司来说，并购当年公司的绩效有一个明显的下降，但是并购后两三年绩效又逐步的上升；而成长型的公司并购的当年绩效有明显上升，第二年逐步下降，但是到了后面公司的整体绩效又呈现出一个上升的态势，这是由于成长型公司对于公司并购的整合得到了完善之后，公司的整体效应得到了发挥。

总的来说，根据国内学者的研究成果，我们发现大多数并购案例能够带来企业绩效的提高，尤其是对目标公司、成熟型公司和成长型公司。因而，证券监管机构有必要对并购重组活动进行监管，并逐步规范和加强监管行为，努力提高审核质量，使优质资源、诚信股东进入资本市场，坚决将不诚信、不守诺的并购重组方拒之于资本市场大门之外。

4. 投资者保护指数比较

（1）投资者保护的国际比较。

国际上对于证券市场投资者保护问题的经典的研究理论为 LLSV 的法与金融学观点。该理论首次将法律因素引入到对金融和经济的具体研究。他们指出法律在投资者保护方面至关重要，开创性地提出了投资者保护评价指数，并指出投资者的法律保护有助于解释各国资本市场发展、股权和治理结构问题。由他们构建的一套指标被称为股东权利指数和执法效率指数，即 LLSV 指标，指标构成见表 3. 6。对于表中涉及的投资者保护指标 Shareholdersuits，主要是通过比较各国法律条文，对其中投资者的保护性条款进行打分考察。

郭升选（2007）采用世界银行的数据，根据上表中构建的指标，选取 47 个国家（地区）的主要证券市场作为样本，筛选了公司治理、信息披露、政府效率、内幕交易程度、投资者保护、司法效率、监管、法治以及股东诉讼等几个重要指标的样本进行了描述性统计分析，对中国与中国香港、印度、新加坡、中国台湾、英国、美国主要市场经济国家的证券监管进行了国际比较，比较结果见表 3. 7。

表 3.6　**LLSV 指标构建所选指标**

变量名称	变量解释
Voice	公众声音指标，衡量公众参与政府事务的程度与责任
PoliStab	政治稳定性
GovEffect	政府效率
RuleLaw	法制程度指标
Corruption（Control of Corruption）	廉洁指标，衡量廉洁程度，数值越大表示越廉洁
Costdebt	债务成本
CorporateEthicsIndex	公司道德
CorpCorruption	公司廉洁指标，该数值越大说明越廉洁
LegaCorruption	合法的公司腐败
PublicEthics	公众道德指标
Judicialeffect	执法效率指标，该指标表示执法行为的可预见性和公正性
CorpGov	公司治理指标
Disindex	公司披露指标
Director	董事责任
Shareholdersuits	股东诉讼指标
LnvrProt	投资者保护指标，法律条文对投资者的保护性规定，取值越大，投资者的保护法律体系越完善
Legalrights	融资法律权利
Creditinfor	公司信用信息
Insider	衡量内幕交易程度，数值越小表示内幕交易越猖獗

资料来源：世界银行与 LLSV（1998）。

从表 3.7 可以看出，总体来说，中国只有信息披露指标值在全部样本平均值之上，其余主要指标均落后于样本平均水平。对于我们关心的投资者保护指标，得分为 4.3，低于全部样本的整体水平 6.01，在表中给出的几个国家和地区中，更是处于最低水平，和印度水平相当，与英美成熟市场，以及中国香港和台湾这样的新兴市场相比都有着较大的差距。这充分说明从法律角度来说，我国的投资者保护水平还处于较低阶段，亟待从立法、执法权限等多方面进行完善，让证券市场中的投资者保护问题有法可依，有据可循，增进投资者保护的举措，提升投资者保护水平，为投资者营造更好的法律环境。

表 3.7　　　　主要国家（地区）部分指标比较

	全部样本	中国	中国香港	印度	新加坡	中国台湾	英国	美国
公司治理	62.64	35.3	69.20	55.40	80.9	72.1	87.9	89.8
信息披露	0.62	0.75	0.92	0.92	1	0.75	0.83	1
政府效率	0.84	0.11	1.49	-0.04	2.25	1.15	1.85	1.8
内幕交易	4.50	3.5	4.40	3.5	5.5	4.2	6.2	5.5
投资者保护	6.01	4.3	8.70	6	9.3	5.3	8	8.3
司法效率	60.74	42	82.30	59.9	89.9	65.1	92.1	83.7
监管质量	0.69	-0.45	1.89	-0.59	1.87	1.29	1.62	1.22
法治程度	0.70	-0.47	1.42	-0.09	1.82	0.83	1.71	1.58
股东诉讼	6.38	2	8	7	9	4	7	9

资料来源：郭升选，“我国证券监管的效率改进研究”，西北大学博士学位论文，2010 年。

（2）证券市场监管的主要内容。

证券市场监管的内容主要分为四个方面：信息披露、操纵市场、欺诈行为和内幕交易。

对信息披露进行监管，其意义在于帮助投资者进行价值判断，同时对上市公司的经营管理起到监督作用，防止公司间的不正当竞业，提高证券市场效率。信息披露的基本要求可概括为：信息的全面性、资料的真实性、时间的时效性、空间的易得性、内容的易解性与形式的合法性。特殊的，针对证券发行，其披露信息更需要进行严加审查，要求发行人对：基本情况、组织结构、业务和生产设施状况；主要固定资产，证券及其市场信息；财务状况；管理阶层对公司财务状况和经营业绩的讨论和分析；高级管理人员的经验、报酬及利益冲突等信息进行披露。具体来说，包括财务资料、有关管理人员及大股东的资料、公司财务状况和业绩的讨论与分析、股票发行的有关资料。力图通过充分和公正的公开制度来保护公众投资者，使其免受欺诈和不法操纵行为的损害。

操纵市场是指某一组织或个人以获取不正当利益或转嫁风险为目的，利用其资金、信息等优势或滥用职权操纵市场，影响证券市场价格，制造证券市场假象，诱导或致使投资者在不了解事实真相的情况下作出证券投资决定，扰乱证券市场秩序。具体而言，证券市场上的操纵市场行为包括：①通过单独或者合谋，集中资金优势、持股优势或者利用信息优势联合或者连续买卖，操纵证券市场价格；②与他人串通，以事先约定的时间、价格和方式相互进行证券交易或者相互买卖并不持有的证券，影响证券交易价格或者证券交易量；③以自己为交易对象，进行不转移所有权的自买自卖，影响证券交易价格或者证券交易量；④以其他方式操纵证券交易价格。我国对操纵市场行为主要有两种监管方式：事前监管和事后救济。事前监管是指加强对证券市场日常交易的监管，保证交易的公平、公开、公正性，规范交易主体行为，从源头上避免操纵市场行为的出现；事后救济则是在操纵市场行为出现后，证券管理机构及时依据相关法律法规处罚操纵市场行为者，同时让违规方在经济上对受损当事人进行损害赔偿。对于操纵市场行为者，我国《证券法》规定，操纵证券交易价格，或者制造证券交易的虚假价格或者证券交易量，获取不正当利益或者转嫁风险的，没收违法所得，并处以违法所得一倍以上五倍以下的罚款；构成犯罪的，依法追究刑事责任。证券经营机构的操纵行为被查实后，证券管理机构可以暂停或取消其注册资格，取消其交易所会员资格，或对其交易数量加以限制，或令其停止部分或全部交易。而在操纵市场行为中的受害者可以通过民事诉讼获得损害赔偿。

对于证券市场上的欺诈行为，其监管对象则主要是证券经营机构。主要是指违反证券管理法规，在证券发行、交易及相关活动中以获取非法利益为目的的从事欺诈客户、虚假陈述等行为。我国《证券法》规定，禁止证券公司及其从业人员从事下列损害客户利益的欺诈行为：①违背客户的委托为其买卖证券；②不在规定时间内向客户提供交易的书面确认文件；③挪用客户所委托买卖的证券或者客户账户上的资金；④私自买卖客户账户上的证券，或者假借客户的名义买卖证券；⑤为牟取佣金收入，诱使客户进行不必要的证券买卖；⑥其他违背客户真实意思表示、损害客户利益的行为。当研究对象为证券市场上的企业，则可以将其理解为由于公司与内部人进行关联交易所可能造成的潜在侵占行为。我国《公司法》《证券法》明确规定内部人（包括控股股东、董事或管理层）的职责或义务中的重要一项就是限制内部人通过关联交易来牟取私人利益。公司内部人获取大量的私有利益或者侵占中小股东利益直接和方便的方式就是通过买卖商品、劳务、资产等关联交易。

内幕交易是指某一组织或个人以获取利益或减少损失为目的，利用内幕信息进行证券发行、交易活动。其中，内幕信息指有关发行人、证券经营机构、有收购意图的法人、证券监督管理机构、证券业自律性管理组织以及与其有密切联系的人员所知悉的，尚未公开的和可能影响证券市场价格的重大信息。内幕交易的行为主体主要包括公司内部人员、准内部人员、第一手直接获取信息者及公务人员。具体而言，内幕交易行为包括：①内幕人员利用内幕信息买卖证券或者根据内幕信息建议他人买卖证券；②内幕人员向他人泄露内幕信息，使他人利用该信息进行内幕交易；③非内幕人员非法获取内幕信息，并根据该信息买卖证券或者建议他人买卖证券；④其他内幕交易行为。

除了信息披露、操纵市场、欺诈行为和内幕交易这四方面的内容，针对投资者保护问题，我国《证券法》《公司法》以及证券投资方面的法律法规，还对公司的投资者保护工作提出了其他方面的规定和要求，如从投票权、提案权、分红、选举董事权等方面对股东权利进行保护。此外，我国证券监督管理委员会及其派出机构也会对公司的内部治理情况进行监管，当上市公司的内部治理综合评价较低时，监管机构会提出相应整改意见。如 2013 年 10 月 21 ~ 22 日中国证监会河南监管局对好想你枣业股份有限公司进行了现场检查后，该公司于 2013 年 11 月 1 日收到豫证监发［2013］331 号《好想你枣业股份有限公司公司治理情况的综合评价及整改意见》，认为该公司能够按照相关法律法规、内部制度的要求进行日常规范运作，但是还存在一些问题需要整改提高，并从股东大会的规范性、公司内部制度建设和执行、公司内幕信息知情人登记情况的规范化操作、财务管理工作的规范性这四方面对该公司的公司治理情况提出了整改意见。因而，公司的内部治理情况也是证券监管的一个方面，公司的独立董事制度、股东大会制度等都能间接的反映出证券监管下的投资者保护情况。

综合考虑证券监管机构在投资者保护问题上的各方面监管内容，我们设计出了包含 5 个指标变量的投资者保护指数体系：股东权利、信息披露、内幕交易与市场操纵、潜在侵占和公司内部治理。指标的具体构建方法和打分标准如表 3.8 所示。

按照上述方法设计的投资者保护评价指数相对简单，并且对数据的要求不高，具有较强的适用性。

（3）我国建筑业近年来投资者保护指数情况。

证监会将我国证券市场上存在的企业进行了分类，大致分为 13 个行业，如采掘业、制造业、建筑业、信息技术业、批发和零售贸易、房地产业，等等。

表 3.8　　　　投资者保护指数指标构建

变量大类	变量名称	计算公式	打分标准
股东权利	股东大会出席率	（股东大会出席股份比例－第一大股东持股比例）/第一大股东持股比例	每 0.1 为 1 分，最多为 10 分
	股息支付率	当年股息/净利润比例	每 0.1 为 1 分，最多为 10 分
信息披露	信息披露违规	依据证监会公布的信息披露违规处理公告，p2501 至 p2506 项	没违规为 20 分，每违规一项减 2.5 分，最低为 0 分
内幕交易与市场操纵	内幕操纵行为	依据证监会公布的信息披露违规处理公告，p2511 至 p2513 项	没违规为 10 分，每违规一项减 2.5 分，最低为 0 分
潜在侵占	关联资金占用	净借出/总资产	数值为负数及 0 为 10 分，每增加 0.1 减 1 分，最低为 0 分
	关联交易	（关联购买＋关联出售）/（2×主营业务收入）	数值 0 代表 10 分，每增加 0.1 减 1 分，最低为 0 分
内部治理	独立董事比例	独立董事个数/董事会总人数	每 0.1 为 2 分，最多为 10 分
	独立董事与上市公司工作地点一致性统计	虚拟变量 0 代表不一致，1 代表一致，2 代表不确定	数值 0 得 0 分，1 得 10 分，2 得 5 分
	总经理是否兼任董事长	虚拟变量 0 代表兼任，1 代表不兼任	数值 0 得 0 分，1 得 10 分

注：①在信息披露类和内幕交易与市场操纵类中出现的违规编号与表 3.1 中出现的编号一致；②潜在侵占类中的净借出定义为：应收账款＋其他应收款＋预付账款－应付账款－其他应付款－预收账款。

资料来源：表中数据来源于国泰安公司研究系列数据库。

其中建筑业是我国的传统行业，是国民经济发展的支柱产业，我国建国以后，一直将建筑业与工业、农业、交通运输业、商业合称为五大物质生产部门。党的十四大上，江泽民总书记提出要将机械电子、石油化工、汽车制造和建筑业作为振兴国民经济的四大支柱产业，这充分说明了建筑业在国民经济中所占地位的重要性。因而建筑业中的投资者保护问题对于研究我国证券市场整体投资者保护情况具有很强的代表性。从数据的可得性和完整性上来说，建筑业进入证券市场的历史较长，行业组成较为稳定，也具有天然的优势。因而此处选取建筑业的公司作为研究对象，结合实际数据，通过计算、分析我国建筑业的投资者保护指数近年来的变化情况，对我国证券市场监管下的投资者保护情况进行评价。

表 3.9　　　　证券会分类标准下建筑业构成

证券代码	证券代码	证券代码	证券简称
000065	北方国际	300355	蒙草抗旱
000090	深天健	600039	四川路桥
000498	山东路桥	600068	葛洲坝
000628	高新发展	600133	东湖高新
000730	*ST 环保	600170	上海建工
000931	中关村	600209	罗顿发展
000961	中南建设	600248	延长化建
002051	中工国际	600263	路桥建设
002060	粤水电	600284	浦东建设
002062	宏润建设	600326	西藏天路
002081	金螳螂	600463	空港股份
002135	东南网架	600477	杭萧钢构
002140	东华科技	600491	龙元建设
002163	中航三鑫	600496	精工钢构
002307	北新路桥	600502	安徽水利
002310	东方园林	600512	腾达建设
002314	雅致股份	600528	中铁二局
002325	洪涛股份	600545	新疆城建
002375	亚厦股份	600681	万鸿集团
002431	棕榈园林	600820	隧道股份
002482	广田股份	600846	同济科技
002524	光正集团	600852	*ST 中川
002542	中化岩土	600853	龙建股份
002586	围海股份	600986	科达股份

续表

证券代码	证券代码	证券代码	证券简称
002620	瑞和股份	601117	中国化学
002628	成都路桥	601186	中国铁建
002659	中泰桥梁	601390	中国中铁
002663	普邦园林	601618	中国中冶
002713	东易日盛	601668	中国建筑
002717	岭南园林	601669	中国电建
300055	万邦达	601789	宁波建工
300117	嘉寓股份	601800	中国交建
300197	铁汉生态	601886	江河创建
300262	巴安水务	900939	汇丽 B

注：1. 资料来源为国泰安数据研究中心，选取时点为 2014 年 3 月 9 日。

2. 实证分析过程中，样本范围可能会随着选取年份有所变化，实际选取的样本可能小于此处列出的数量，以国泰安数据研究中心提供的样本信息为准，不再一一列出。

依据国泰安数据研究中心提供的数据，从 2003 年开始，建筑业的数据较为完整，因而我们的研究时间范围为 2003～2013 年共 11 年。

通过整理各年的样本数据，并按照表 3.10 的指标公式进行计算、打分后，可以得到各个样本从 2003 年开始的投资者保护指数，为了反映整个建筑业的投资者保护情况，采用简单平均的方法，最终得到我国建筑业投资者保护指数和各指标得分情况如表 3.10。

从表 3.10 看出，从 2003～2013 年，我国建筑业在证券市场上的投资者保护指数都保持在 68～78 的范围内，在百分制的打分标准中以中等水平为主，从未出现过良好及以上评分，这也从另一个角度印证了我国证券市场上投资者保护水平还处于较低层次，亟须对投资者保护问题引起重视，加强相关举措。

从各个分量上来说，五大变量中，股东权利得分是最弱的环节，评价得分只有 5.26 分，在该大类总分 20 的情况下属于严重不及格水平，而且其走势总体上呈现下降趋势，在 2011 年“昙花一现”一个相对较高值 7.46 分后，迅速低落至 4.44 分甚至更低水平。这充分说明我国证券市场上投资者，特别是中小投资者的利益没有得到有效的保障。

表 3.10　　我国建筑业投资者保护指数

年度	总分（100）	股东权利得分（20）	信息披露得分（20）	内幕交易与市场操纵得分（10）	潜在侵害得分（20）	内部治理得分（30）
2003	70.49	6.20	19.26	10.00	16.40	18.62
2004	68.84	6.00	19.33	10.00	14.45	19.05
2005	71.39	5.63	19.74	10.00	16.24	19.78
2006	75.72	6.41	19.09	10.00	17.10	23.11
2007	72.86	3.63	19.08	9.87	16.51	23.78
2008	71.26	4.86	19.34	9.87	16.10	21.09
2009	69.30	3.45	19.39	9.89	15.92	20.65
2010	72.09	5.74	19.95	9.95	16.98	19.47
2011	77.68	7.46	19.92	9.96	17.86	22.49
2012	72.45	4.44	19.60	9.92	17.34	21.14
2013	71.91	4.04	19.76	9.76	16.63	21.72

进一步，可以分别从两个小类指标：股东大会出席率和股息支付率进行具体分析。从图 3.7 来看，股东大会出席率整体也是呈现下降趋势，均值仅为 3.31 分，这说明中小投资者在股东大会上的参与度不高，参与投票的积极性也不高，其投票权没有得到应有的保证。这有可能是由于中小投资者无法便利地参与股东大会，以及其在股东大会上所占投票份额太低，很容易被大股东“剥夺”投票权，因而他们主观上对行使自己的投票权也不够重视。从股息支付情况得分走势图来看，中小投资者利益受损害的情况更为明显，11 年的平均得分仅为 1.95 分，且每年波动较小，除了 2011 年出现相对较高值 3.78 分外，其余年份几乎稳定在 2 分左右，这充分暴露了我国股市备受诟病的“圈钱”问题。上市公司将投资者的资金融入公司后，投入内部经营运作，尽管当年的净利润值较高，但是在股息分配上却没有做到位，没能让中小投资者看到实实在在的回报。针对这一问题，证券监管机构可以制定出一套合理的分红监管机制，对上市公司的分红施以强制性。

此外，信息披露得分 11 年来都处于较高水平，而且近年来呈现稳中有升的

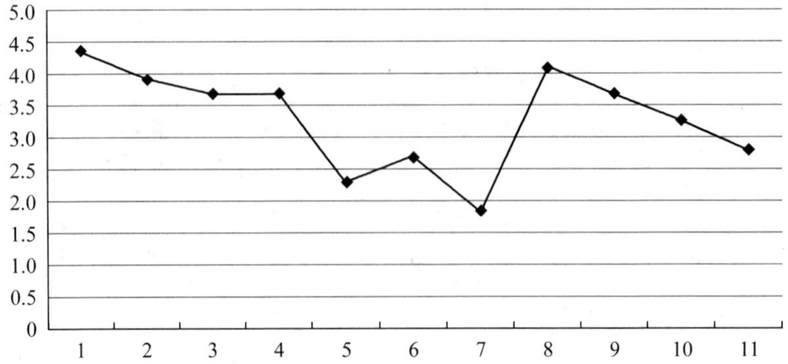

图 3.7　股东大会出席情况得分走势图

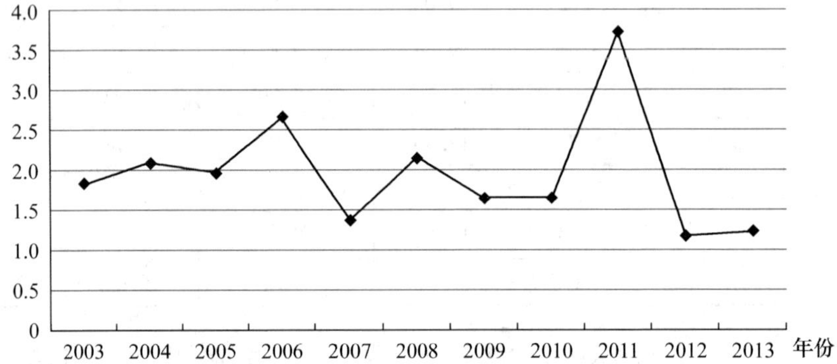

图 3.8　股息支付情况得分走势图

趋势，这一点也与深圳证券交易所对中国上市公司信息透明度的评价——上市公司信息披露呈逐年好转的趋势，信息披露优良的公司比例逐年增加——相吻合，从中可以反映出我国证券监管机构始终重视对信息披露的监管。而根据本章之前的实证结论可知，对信息披露的监管主要由证券交易所进行，由此说明证券交易所的自律监管的绩效在提高。

表 3.11　　上市公司信息透明度评价表

年度	不及格		及格		良好		优秀		总计
	家数	占比	家数	占比	家数	占比	家数	占比	
2001	35	6.77%	251	48.55%	201	38.88%	30	5.80%	517
2002	33	6.48%	197	38.70%	239	46.95%	40	7.86%	509
2003	25	4.93%	173	34.12%	268	52.86%	41	8.09%	507
2004	22	4.38%	147	29.28%	303	60.36%	30	5.98%	502

续表

年度	不及格		及格		良好		优秀		总计
	家数	占比	家数	占比	家数	占比	家数	占比	
2005	35	7.04%	139	27.97%	283	56.94%	40	8.05%	497
2006	31	6.33%	170	34.69%	248	50.61%	41	8.37%	490
2007	22	4.51%	192	39.34%	232	47.54%	42	8.61%	488
2008	17	3.50%	165	33.95%	258	53.09%	46	9.47%	486
2009	12	2.47%	103	21.24%	319	65.77%	51	10.52%	485
2010	13	2.69%	93	19.21%	324	66.94%	54	11.16%	484
2011	16	3.31%	88	18.18%	324	66.94%	56	11.57%	484
2012	13	2.70%	83	17.26%	329	68.40%	56	11.64%	481
总计	274	4.62%	1801	30.37%	3328	56.12%	527	8.89%	5930

资料来源：深圳证券交易所。

潜在侵害和内部治理的得分情况总体上也呈现平稳中略带上升的趋势。潜在侵害指标的平均得分为16.50，在总分20的情况属于良好水平，这说明对于我国证券市场上的上市公司，其内部人通过关联交易获取私有利益，侵占中小投资者权益的情况较少，反映出我国证券市场上关联交易受到了较好的监管。关联交易是影响上市公司运作透明度的重要因素，属上市公司治理的规范对象，一直受到证券市场各方及监管部门的高度关注。特别是在2010年，中国证监会党组更是将“解决同业竞争、减少关联交易”确立为2010年的重点工作之一。从年初开始，“解决同业竞争、减少关联交易”专项活动渐次展开，并取得初步成效。截至2010年底，136家重点公司中的58家已基本解决相关问题，其余78家公司基本明确了工作方案，相关工作正在积极推进之中。从我们计算的指标得分来看，2010年潜在侵害得分升至16.98分，之后2011~2013年也处于较高值，与证券监管机构的实际情况相符。

内部治理指标的平均得分为21分，在总分为30的情况下刚好达到中等水平线，分小类指标来看，尽管独立董事比例呈现上升趋势，近年来逐渐接近并超过8分的良好线，且总经理是否兼任董事长得分也处于8.33的平均值，但由于独立董事工作地和上市公司工作地一致性指标得分一直处于不及格水平，因而总体指标得分并不理想。独立董事是独立于公司股东且不在公司中内部任职，并与公司或公司经营管理者没有重要的业务联系或专业联系，并对公司事务做出独立判断的董事。由于独立董事不在公司任职，不参与具体事务，没有公司股票，因此常常认为独立董事的意见具有客观性。独立董事及拟担任独立董事的人士应当按照中国证监会的要求，参加中国证监会及其授权机构所组织的培训，中国证监会将对独立董事的任职资格和独立性进行审核并有最终决定权。在证监会的规范下，独立董事比例有所上升，但是独立董事机制还是有待完善，比如独立董事工作地和上市公司地点一致时，有利于提高独立董事对上市公司的了解，便于参与经营决策和监督管理。

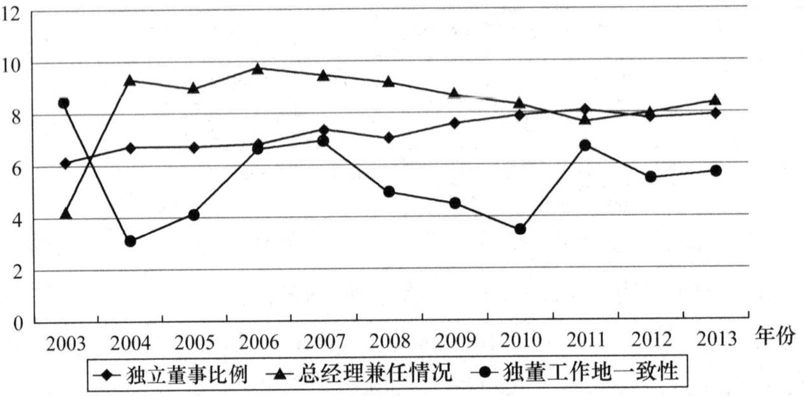

图 3.9　内部治理指标得分走势图

总体来说，我国证券市场上的投资者保护情况还有很大的提升空间，尤其是对于股东权利，特别是中小股东权利的保护工作，还需要投入较多的精力，通过设计合理的监管规制体系，提升实际的投资者保护水平。此外，公司治理方面的投资者保护情况也亟须改善和提升，如完善独立董事制度、中小投资者在公司治理结构中基本处于弱势地位，掌握的信息和资源有限，很难真正行使自己的权利，对公司治理问题“有所作为”，因而需要证券监管机构作为第三方参与监管。另外，尽管证券监管机构在信息披露和内幕操纵指标上得分较高，但是依据之前对于违规类型的分析，证券监管机构的执法效率还是有待提升。特别是对于内幕交易和操纵市场行为，由于其存在较大的监管难度，且危害极高，很可能出现投资者受到侵害，但是违规事实并未被监管机构发觉的情况。我国未来证券市场的监管之路，仍然任重道远。

第四章

我国证券监管现状的评价

截至2014年4月底，我国证券交易所总计为5116家企业融资5825.63亿元，极大地促进了企业的发展，也为国内金融体系的完善起到了关键作用。随着证券市场的发展，相关法律规章制度逐渐完善，中小投资者权益也日益受到监管者的重视，证券市场风险对冲机制也初步形成。但与国际市场相比较，我国证券市场仍存在大量的问题，如缺乏有效的中小股东权益保护机制、健全统一的退市制度、灵活的风险对冲机制以及便捷的中小企业融资机制。所以本章拟从我国证券市场诞生30年来取得的成就和亟须解决的问题两个方面，对我国证券监管现状进行综述。

第一节　我国证券监管取得的成就

一、投资者保护取得阶段性进展

1. 中小股东决策参与度逐步提升

股东大会中，中小股东参与度不高、话语权有限等问题是近年来屡遭市场诟病的问题，也是证券市场监管者所关心的问题。证监会主席肖钢曾经强调①："在'资本多数决策'原则下，'一股独大'现象普遍存在，为侵占中小投资者权益提供了条件和机会，因此，真正捍卫市场公平和平等的原则，就必须旗帜

① 2013年10月16日发表于《人民日报》。

鲜明地保护中小投资者。”

我国证监会早在2002年修订的《上市公司治理准则》第31条中就已经规定：“在董事的选举过程中，应充分反映中小股东的意见。股东大会在董事选举中应积极推行累积投票制度。控股股东控股比例在30%以上的上市公司，应当采用累积投票制。采用累积投票制度的上市公司，应在公司章程里规定该制度的实施细则。”

累积投票制指股东大会选举两名以上的董事时，股东所持的每一股份拥有与待选董事总人数相等的投票权，股东既可用所有的投票权集中投票选举一人，也可分散投票选举数人，按得票多少依次决定董事入选的表决权制度。该制度设计的目的是为防止大股东利用表决权优势操纵董事选举，提高中小投资者在公司治理中的话语权。累积投票制度通过投票数的累积计算，扩大了股东的表决权数量，投票时股东可以将表决权集中投给一个或几个董事候选人，通过这种局部集中的投票方法，能够便利中小股东选出真正代表自身利益的董事，避免大股东垄断全部董事的选任，从而提升自己在董事会的话语权，在一定程度上防止代表大股东的董事做出对小股东不利的决定①。

我国证券投资者保护基金有限责任公司选取在沪、深证券交易所挂牌交易的所有A股上市公司作为评价对象，以客观评价和主观调查等方式对投资者保护的情况和对投资者保护的满意程度进行研究。客观上，主要选取治理制度制定情况、股东大会中小股东权利行使保障情况、董事会职能建设和执行情况、监事会职能建设和执行情况、经理层监督激励机制建设和执行情况以及内部控制建设和执行情况等六个方面对投资者决策参与权的保护状况进行评价，并得出结论：总体来看，投资者决策参与权保护状况在2003～2011年间逐年改善。主观评价结果同样显示，2011年度，投资者对上市公司在投资者决策参与权方面的满意度提高较多，逾六成投资者认为知情权保护状况有所改善②。

2. 上市公司信息披露制度逐步完善

我国从建立上交所和深交所以来，上市公司信息披露制度的规范性文件逐

① 党海娟：“论公司法上累积投票制在我国的适用”，载于《陕西教育（高教版）》2012年第10期。

② 中国证券投资者保护基金有限责任公司：“中国上市公司投资者保护状况评价报告：研究背景、评价方法及结果分析”2011年，http：//www.sipf.com.cn/images/NewCH/qybh/2012/11/26/2CF88BE2B98C56D0D5F4A119F4432058.pdf。

渐增多，法律制度逐步完善。1993 国务院颁布的《股票发行与交易管理暂行条例》和《公开发行股票公司信息披露实施细则（试行）》相互补充，奠定了交易市场信息披露制度的基础。此条例和细则规定：股份有限公司要将其股票在证券交易所交易，必须公开披露包括定期报告（指年度报告和中期报告）、临时报告（包括重大事件公告和收购与合并公告）等信息，并规定了年度报告和中期报告的提交时间及主要内容。

1994 年 1 月 10 日，证监会颁布的《公开发行股票公司信息披露的内容与格式准则第二号〈年度报告的内容与格式（试行）〉》（以下简称《年度报告的内容与格式》）[①] 开始实施，对年报应当披露的内容进行扩充，并对其格式提出了规范性要求。1995 年 12 月 21 号，《年度报告的内容与格式》的 95 修订版开始实施，在年度报告中要求披露监事会报告和股东会简介的信息，同时还规定了摘要和财报附注的格式与内容。1997 年 10 月 1 号，《年度报告的内容和格式》的修订版开始实施，首次确定了股东权益的计算方法，同时要求披露“调整后的每股净资产”等指标。2003 年 1 月 6 日和 2003 年 12 月 22 日，证监会对《年度报告的内容与格式》又进行了两次修订，首次被要求年度报告摘要以表格的形式进行披露，强调对“未来经营成果的重大事项和不确定因素”的披露，同时还要求披露前十大流通股股东信息，使年报更为标准化。之后该报告又进行了多次修订，当前实施的是 2012 年修订版。

1994 年 6 月 23 日，我国证监会发布了《公开发行股票公司信息披露的内容与格式准则第三号〈中期报告的内容与格式（试行）〉》（以下简称《中期报告的内容与格式》），规定了中期报告应当包含的内容，而且规定财务报表所包含的科目应当与年报保持一致。《中期报告的内容和格式》后经多次修订，逐渐形成了相对完善的内容架构，最新修订版在 2013 年 4 月 15 日颁布。

1998 年 1 月 1 日，沪、深两地交易所的《股票上市规则》同时开始实施，这两个规则阐述了股票交易市场信息披露的基本原则，并规定交易所“仅接受和确认上市公司董事会秘书或董事会授权代表办理的股权管理与信息披露事务”，在我国证监会相关法规的基础上，对定期报告和临时报告做进一步细化要

① 《公开发行股票公司信息披露的内容与格式准则第二号〈年度报告的内容与格式〉》在 1994 年发布试行版本，1995 年发布正式版本，并分别在 1997 年、1998 年、1999 年、2001 年、2003 年（两次）、2007 年、2012 年八次修订。

求。这两个《股票上市规则》分别在2000年、2001年进行了修订。

2001年4月6日，我国证监会《公开发行证券的公司信息披露编报规则第13号—季度报告内容与格式特别规定》，要求从2002年第一季度起，所有上市公司必须编制并披露季度报告。这一文件的发布将定期报告的披露范围扩展，也意味着我国股票市场的信息披露将更加及时、完整。后经多次修订，最新版在2013年颁布。

2002年3月11日，深交所和上交所分别出台了《上市公司临时公告格式指引》，对关联交易、对外投资、担保等14项事件的临时公告格式进行规范，并在2007年、2008年、2009年、2010年及2012年进行五次修订，完善了临时报告的内容与格式，使投资者可获得的临时报告信息更为完整和规范。

2006年1月1日开始实施的《证券法》修订版，为二级市场信息披露新增了以下两个重要制度：一是定期报告确认制度。它要求上市公司董事、高管对公司的定期报告签署书面确认意见，监事会也必须对定期报告做审核并提出相关审核意见。二是相关信息披露义务人制度。上市公司的控股股东、实际控制人等相关信息披露义务人，也被纳入了证交所信息披露的监管范围。

2007年1月30日，《上市公司信息披露管理办法》颁布实施，强制要求上市公司建立信息披露内部管理制度，落实信息披露义务人的保密义务，并明确了对不同的违规行为采取相应监管措施以及应当承担的法律责任。这对防范内幕交易具有重要的制度意义。同时，该办法还规定了临时报告应披露对证券交易价格可能产生影响的重大事件，以列举的方式规定了重大事件的类别以及触发披露义务的标准。这部法规是证监会在股权分置改革后，为适应信息披露的新环境，进一步提高上市公司运营的透明度而制定的。

发展至今，我国证监会已经颁布了25部关于公开发行证券的公司信息披露内容与格式的规则和15部关于公开发行证券的公司信息披露编制规则，制定了一套相对完整的信息披露制度，对投资者判断公司经营情况，审时度势地做出投资决策起到了很好的作用。

3. 出台“强制分红”政策

股票作为一种高风险的金融资产，其价值是未来预期现金流量的折现值。投资者在承受高风险的同时理应得到上市公司相应的补偿，但我国很多上市公司缺乏应有的责任感，筹资多、分红少的情况普遍存在。

腾讯证券网2009年对我国上市公司历年分红情况的调查显示，共有496家上市公司截至2009年连续三年以上未分红，其中两家连续14年未分红（分别是ST中纺和金杯汽车），其他未分红公司数和未分红年限具体数据见表4.1。据复旦大学证券研究所的统计显示，2010年，在2175家上市公司中，亏损的公司仅为117家，但既不分红也不送股的公司却高达798家。从此可以看出我国上市公司分红比例不高，这体现出我国投资者回报引导机制仍不完善，上市公司缺乏正确的价值融资理念，而投资者则缺乏正确的长期投资理念。

表4.1　　不分红情况统计表

连续不分红时间（年）	14	13	12	11	10	9	8	7	6	5	4	3
公司数量	2	12	20	28	23	22	17	86	84	61	63	78

资料来源：http：//www. china. com. cn/economic/txt/2009 -06/09/content_ 17913575. htm。

从法律层面来讲，上市公司是否分红，以及分红多少，应该由公司董事会或股东大会根据公司的发展规划决定。从理论上来说，分红应该属于公司治理问题，与证券监管部门无关。但在实际中中小股东利润分配的诉求难以实际传达到决策层，更无法有效影响大股东的决策。此外，在我国的股票市场上，大股东与上市公司之间，以及上市公司与子公司之间通过关联交易进行非法利益输送，将上市公司利润转移，而不对投资者分红的现象相当普遍，这也直接导致我国股票市场投资者偏好于通过股票买卖差价获得投资收益，并形成了各种炒作股价的行为模式①。上市公司低分红现象已经直接危害到中小股东的利益，而且影响了我国证券市场的健康发展。为了维护投资者利益，维持股票市场合理、正常、稳定地发展，从2001年开始，我国证监会颁布了一系列规范性文件，提出上市公司强制分红政策，并逐步加强执行力度（相关内容详见第七章）。

强制分红政策实施以后，上市公司的利润分配方针变得透明并可预期，投资者能够通过了解上市公司往期的分红水平，做出是否长期投资的决定，这可以有效引导市场参与者由投机者向投资者转变，促进价值投资、长期投资理念的形成，推动我国资本市场的健康发展。

---

① 尹中立：“我国上市公司的半强制分红制度”，载于《中国金融》2012年第6期。

但目前我国实行的分红与再融资行为挂钩的做法仍然存在问题，导致一些公司把分红当作获取再融资的必要手段。这不仅影响了我国强制分红政策的有效推广，也制约着强制分红政策的实施效果。在政策的发展完善中，仍需引入更加合理和灵活地手段与措施。

4. 投资者保护局的成立

作为推进投资者保护的重要一环，我国证监会投资者保护局（以下简称“投保局”）于2011年底正式成立。作为证监会内设机构，投保局的主要职责包括以下六个方面[①]：负责投资者保护工作的统筹规划、组织指导、监督检查、考核评估；推动建立健全投资者保护相关法规政策体系；统筹协调各方力量，推动完善投资者保护的体制机制建设；督导促进派出机构、交易所、协会以及市场各经营主体在风险揭示、教育服务、咨询建议、投诉举报等方面，提高服务投资者的水平；推动投资者受侵害权益的依法救济；组织和参与监管机构间投资者保护的国内国际交流与合作。投保局作为保护投资者利益的专业性政府机关，一直致力于维护投资者的权利，辅助证监会引导市场健康的发展。

在投保局的努力下，2013年9月6号，“12386”证监会热线正式开通。“12386”热线是为方便投资者反馈问题、了解相关政策而设立的专业服务热线，此热线同时承接了中国证监会网站“我要留言”“给主席写信”栏目以及投资者保护基金公司网站“投资者呼叫”栏目的投资者咨询、建议和投诉事项。其主要职责包括：①接受投资者在购买产品、接受服务或投资活动中，与证券期货市场经营主体及其从业人员发生争议的投诉；②回应对证券期货监管工作或者政策提出的建议和意见；③解答对证券期货相关法律制度或者监管工作政策等提出的咨询。

与此同时，我国成立了七家投资者互动平台，旨在解答投资者的疑问，为投资者维权提供了有力的保障。这七家投资者互动平台分别为：上海证券交易所投资者互动平台、深圳证券交易所投资者互动平台、中国金融期货交易所投资者互动平台、中国证券登记结算有限责任公司投资者互动平台、中国证券投

① 引用于证监会网站：http：//www.csrc.gov.cn/pub/newsite/tzzbh1/tbznjs/201310/t20131018_236575.htm。

资者基金有限责任公司投资者保护平台、中国证券业协会投资者互动平台、中国期货业协会投资者互动平台。

二、完善证券市场建设

1. 股权分置改革

A 股市场的上市公司股票按能否在证券交易所上市交易，分为非流通股和流通股，由此形成了我国股票市场独特的股权二元结构。我国早年上市的公司绝大多数都具有这种股权二元结构。数据显示，截至我国股权分置改革实行前夕（即 2003 年底），我国境内上市公司共 1287 家，上市公司总股本 6039. 32 亿股，总市值 42472. 11 亿元，其中流通股仅为 1897. 72 亿股，市值为 13204. 31 亿元，非流通股达 4140. 96 亿股，占总股本的 68. 57%。股权分置问题作为历史遗留问题已经成为我国股票市场健康发展的最大阻力，在诸多方面制约着我国资本市场的规范发展和国有资产管理体制的根本性变革。

中国人民大学金融与证券研究所所长吴晓求教授指出："几乎可以肯定地认为，中国资本市场存在的种种问题，80% 源自于股权分裂所决定的制度缺陷。解决了股权分裂的问题，中国资本市场 80% 的问题都可能得到解决。"宋清华也指出："股权分置是我国资本市场最根本的制度缺陷，是我国资本市场低效率的制度根源，严重制约了资本市场功能的发挥，是我国股市长期低迷的重要原因。"

具体来看，股权分置的主要缺陷体现在以下三个方面①。

（1）违背了股票"三同"的基本原则。同股同权同利是股票市场的一项基本原则，也是股份制企业建设的内在要求。然而由于流通股与非流通股的持股成本不同，且国有股不能流通，造成我国股票市场同股不同权、同股不同利和同股不同价的事实。同股不同权是指流通股可以在交易所自由流通，而非流通股不能在交易所进行挂牌交易。同股不同利是指流通股股东承担的风险要大大超过其收益，而非流通股股东获得的收益则要大大超过其所承担的风险，出现两类股东的收益与风险处在严重的不匹配状态。同股不同价主要指非流通股的

① 宋清华："股权分置：我国资本市场的制度缺陷"，载于《中国农业银行武汉培训学院学报》2005 年第 5 期。

协议转让价格远低于同一公司流通股的 A 股市场价格。

（2）一股独大。非流通股凭借“一股独大”的特殊地位全面控制着股东大会、董事会、监事会与经营管理机构，事实上存在“一股独霸”和内部人控制现象，弱化了股份制经济本身所应具有的财产约束功能和利益激励作用，严重影响了证券市场的资源优化配置功能。

（3）股价所反映的信息失真，股市失去“晴雨表”功能。由于只有占总股份较小比例的流通股才能进入二级市场交易，流通股的价格不能真实地反映上市公司的经营业绩和市场的合理预期，这就在客观上造成了市场供求的失衡。同时也滋生了内幕交易，加重了股市的投机性色彩。这些都直接破坏了市场公平原则，严重损害了其他股东特别是中小股东的权益。

为了维护流通股股东利益，维护股票市场的健康、稳定发展，2004 年 1 月 31 日国务院下达《关于推进资本市场改革开放和稳定发展的若干意见》，要求规范上市公司非流通股份的转让行为，防止国有资产流失。证监会响应国务院要求，提出“试点先行，协调推进，分步解决”的操作思路，发布一系列的规范性文件，推进股权分置改革（见表 4.2）。

表 4.2　股权分置改革的相关政策文件

颁布时间	文件名	主要内容
2004 年 1 月 31 日	《关于推进资本市场改革开放和稳定发展的若干意见》	规范上市公司非流通股份的转让行为，防止国有资产流失。稳步解决目前上市公司股份中尚不能上市流通股份的流通问题。在解决这一问题时要尊重市场规律，有利于市场的稳定和发展，切实保护投资者特别是公众投资者的合法权益
2005 年 4 月 29 日	《关于上市公司股权分置改革试点有关问题的通知》	要求股权分置改革按照市场稳定发展、规则公平统一、方案协商选择、流通股东表决、实施分步有序的操作原则进行，并符合本规定的程序和要求
2005 年 5 月 31 日	《关于做好股权分置改革试点工作的意见》	对股权分置改革试点工作提出规范性要求
2005 年 6 月 16 日	《关于上市公司控股股东在股权分置改革后增持社会公众股份有关问题的通知》	实施股权分置改革的上市公司控股股东增持该公司社会公众股份所涉及的有关问题进行规范要求

续表

颁布时间	文件名	主要内容
2005 年 8 月 23 日	《关于上市公司股权分置改革的指导意见》	就下一步上市公司股权分置改革提出如下指导意见：（一）正确认识股权分置改革；（二）股权分置改革的指导思想；三股权分置改革的总体要求；（四）严格规范股权分置改革秩序；（五）调动多种积极因素，促进资本市场稳定发展
2005 年 9 月 4 日	《上市公司股权分置改革管理办法》	包括总则、操作程序、改革方案、改革后公司原非流通股股份的出售、信息披露、中介机构、监管措施与法律责任和附则八章内容，具体见此文件
2005 年 9 月 8 日	《关于上市公司股权分置改革中国有股股权管理有关问题的通知》	就“股权分置改革中涉及的国有股股权管理有关问题”做了规范性规定
2005 年 10 月 26 日	《关于上市公司股权分置改革涉及外资管理有关问题的通知》	根据外商投资法律法规及外商投资股份公司的有关规定，就股权分置改革涉及的与外资管理有关的问题进行规范
2006 年 8 月 2 日	《关于已完成股权分置改革的上市公司原非流通股股份转让有关问题的通知》	就已完成股权分置改革的上市公司原非流通股股份转让有关问题进行规范要求

2004～2006 年间，我国的股权分置问题得到了迅速的解决，从图 4. 1 可以明显看出，非流通股占总股本比例从 2004 年的 67. 54% 急速减少至 2006 年为 39. 33%，到 2008 年时已经不足 10%。截止到 2013 年，我国经过九年的股权分置改革，约有 1300 家上市公司①先后实行了股权分置改革，完成了非流通股向流通股的转化，化解了股权分置的难题。截至 2013 年 6 月 8 日，尚有八家②企业未完成股改。总体来看，我国股票市场遗留的股权分置问题已经基本解决。

2. 多层次资本市场框架初步形成

“十二五”期间是我国全面建设小康社会、深化改革开放、加快转变经济发展方式的关键时期，也是证券市场发展、完善多层次资本市场的重要战略机

① 陈晓彬：“仍有八家‘钉子户’未完成股改”，载于《上海青年报》2013 年 6 月 16 日。

② 分别是：S 上石化、S 仪化、SST 华新、S 佳通、S 中纺机、SST 华塑、S 舜元和 S 前锋。

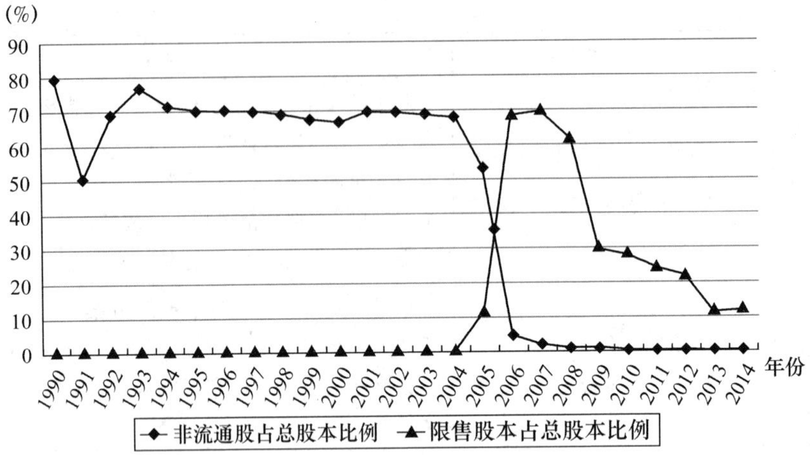

图 4.1　非流通股、限售股本占总股本比例

遇期。加快建设多层次资本市场体系是我国完善资本市场基本功能的内在需要，也是推动区域经济协调发展和中小企业成长的必要条件，不仅有利于推动监管体制与法律体制的创新以及金融体制的改革，也有利于实现国内资本市场与国际的对接，对我国建设创新型国家，推动经济健康稳定和可持续发展意义重大。

2004 年 2 月 1 日，国务院颁布的《关于推进资本市场改革开放和稳定发展的若干意见》（即“国九条”）中明确提出，为了金融市场稳定健康发展，我国欲着手建设多层次资本市场。目前，我国资本市场由主板、中小企业板、创业板、三板等有机联系的多层次体系已从规划变为现实，其主要分为三个层次：第一层次是主板市场，第二层次是中小企业板和创业板市场，第三层次是代办股份转让市场和地方产权交易市场，即三板市场。这三个层次功能互补，相辅相成。

主板市场包括上海主板和深圳主板，主要服务于国有企业或者规模大、业绩好的大企业。主板市场历史较长，发展比较成熟，发展方向重点在两个方面：一方面是进行产品创新，另一方面是吸引国际企业挂牌交易（即将推出的国际板市场）。主板市场一方面通过淘汰不良公司维护企业整体质量，另一方面通过接收二板、三板市场输送的优质公司（转板企业可先在中小企业板进行孵化，待达到一定规模后再转为大盘股），完善现有结构，扩大主板市场的覆盖面，将其逐步打造为我国的蓝筹股市场。截止 2014 年 4 月，我国主板市场总计上市公司 2537 家，上市证券 5408 只，上市股票 2621 只，其中 A 股 2516 只，B 股 105 只，上市股票总市值达 236275.35 亿元（见图 4.2、图 4.3）。

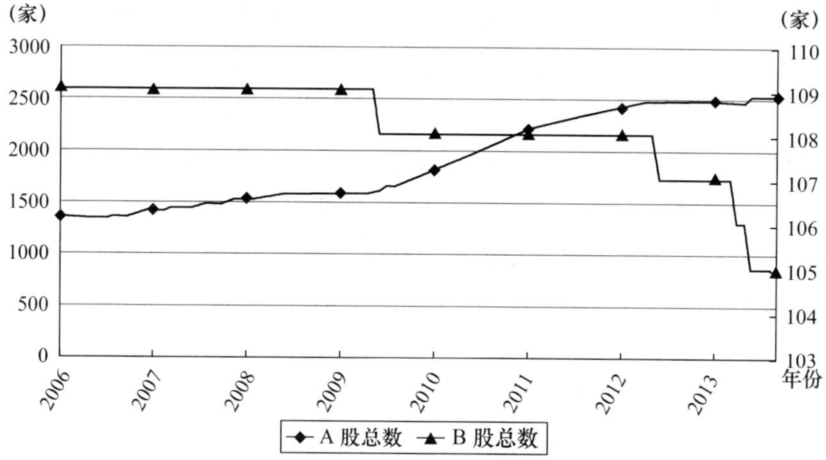

图 4.2　主板市场上市股票总数

图 4.3　主板市场上市公司总市值

中小企业板市场是在深交所设立的专为主业突出、具有较好成长性和较成熟的中小企业提供资金融通的市场。在设立之前，我国的中小企业与资本市场长期无缘，缺乏现代化、科学性的企业制度。中小企业板的推出能够充分发挥示范和引导作用，带动更多的中小企业向规范化方向快速发展。

中小板块的推出也为中小企业从资本市场融资提供了重要途径，成长性高、创新能力强、盈利水平高的中小企业可通过中小企业板上市融资。资本市场的财富示范效应会促使中小企业为争取上市资格进行转型或兼并重组并客观上促进我国产业结构的升级。

改革开放以来，中小企业已经成为我国经济发展中一支不可忽视的力量，但融资不畅一直是困扰其发展的重要“瓶颈”。虽然中小企业板的推出为中小企业提供了一条直接融资的途径，解决了部分企业的融资问题，但其发展速度远远赶不上国家经济发展的步伐，无法满足中小企业旺盛的融资需求（见图4.4）。2008年3月21日，我国证监会正式发布《创业板上市管理办法（征求意见稿)》，2009年10月30日，随着28家创业板公司股票上市交易，我国创业板正式成立。这为中小企业从资本市场融资打开了“另一扇窗”，拓宽了中小企业的融资渠道，同时也为投资者提供了更多的投资机会。

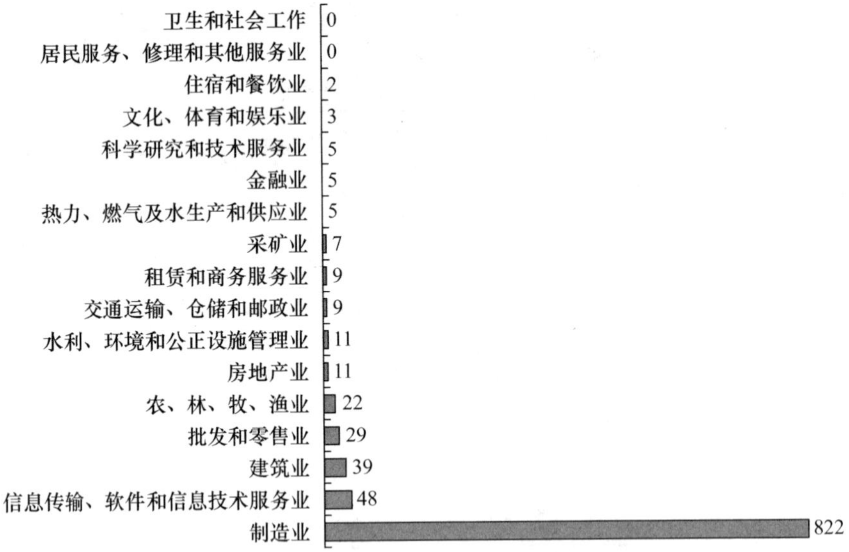

图4.4　中小企业板上市公司发行股票数量（家次）

创业板的推出是完善我国资本市场层次与结构、拓展资本市场深度与广度的重要举措，通过鼓励创新型资源和资本市场有效的结合和良性互动，带动全国乃至国际资本资源投入创新型企业，通过风险共担利益共享的机制，推动建立以企业为核心、以市场为导向、以资本为纽带、产学研相结合的创新体系。同时，拓宽创新型中小企业的直接融资渠道和风险投资的退出渠道，发挥拉动民间投资、推动产业结构升级、以创业促就业的重要作用。创业板的成立对我国经济发展的意义就在于对经济增长结构、产业变迁的促进作用，有利于更好地发挥资本市场在资源配置中的基础性功能，强化资本市场对国民经济发展的支持，进而推动创新型国家项目的建设。截止2014年4月，我国创业板共计发行417家次，共募集资金2552.13亿元，其中首发379家，募集资金2371.92亿元（见图 4.5）。

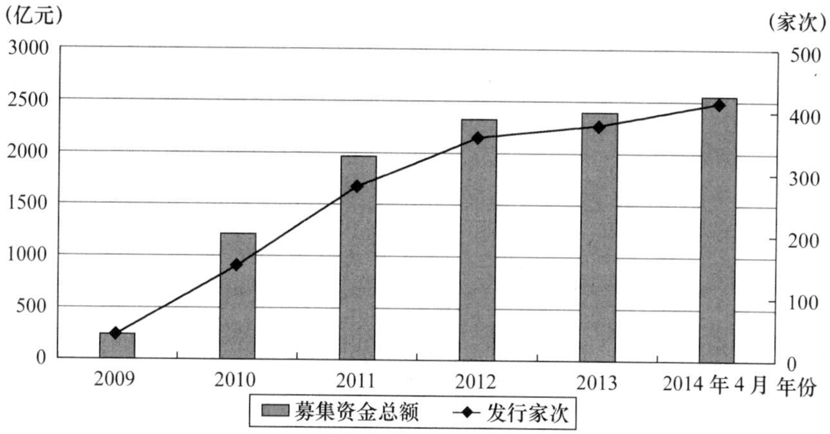

图 4.5　创业板股票发行家次及募集资金总额

代办股份转让系统是在我国证券业协会的监督管理下，由证券公司发起并以其自有或租用的业务设施为非上市公司提供股份转让服务的业务。20 世纪 90 年代，为了解决股份制企业法人股的流通转让等问题，在国务院体改委领导下，由中国证券市场研究设计中心（联办）和中国人民银行牵头，先后成立 STAQ 和 NET 两个法人股流通市场。但由于监管力度不足等原因，STAQ 和 NET 系统都日益萎缩，直至 1999 年 9 月 9 日在国家治理整顿场外交易的背景下被停止交易，大量资金被套。为了承接原 STAQ、NET 市场的挂牌企业和主板退市企业，我国顺势于 2001 年成立了代办股份转让市场。2006 年中关村园区非上市股份有限公司也纳入代办股份转让系统进行试点，自此新三板市场（即场外交易市场）正式形成。

随着我国资本市场的内外部发展环境的变化，单一层次的资本市场结构已逐渐不适应资本市场日益增强的，对提高效率、完善功能和加强监管等方面的要求，股份代办转让系统可以有效促进资本市场分类监管功能的提升及其组织结构的创新，从整体上提高资本市场的运作效率。

产权交易市场作为我国经济体制改革的特殊产物，是在沪、深交易所无法满足众多企业从资本市场融资的需求，以及资金配置方式由财政分配转向市场化融资的历史背景下，与股份制经济体制几乎同时诞生的。但多年来，我国的产权交易市场并没有发挥出真正的市场功能，机构分散，市场流动性差，也没有形成集约效应，缺乏竞争力和生命力。而由地方政府正式或非正式批准成立的产权交易市场，也容易受到地方行政力量的控制和切割，给金融监管增加了难度。

表 4.3　　　　OTC 市场企业分布情况

园区		挂牌企业（家）	1000万元以下（含）		1000万～1亿元（含）		1亿～2亿元（含）		2亿元以上	
			挂牌企业（家）	占比（%）	挂牌企业（家）	占比（%）	挂牌企业（家）	占比（%）	挂牌企业（家）	占比（%）
挂牌公司	北京中关村	191	16	8.38	115	60.21	43	22.51	17	8.9
	上海张江	71	2	2.82	50	70.42	12	16.9	7	9.86
	武汉东湖	34	1	2.94	22	64.71	6	17.65	5	14.71
	天津滨海	23	0	0	14	60.87	4	17.39	5	21.74
	合　计	319	19	5.96	201	63.01	65	20.38	34	10.66
两网及退市公司		9	1	11.12	4	44.44	4	44.44	0	0

表 4.4　　　　产权交易市场交易所对比统计

交易所	挂牌宗数		挂牌总金额		涉及资产总额	
	数量	占比（%）	数量（亿元）	占比（%）	数量（万元）	占比（%）
北京产权交易所	1463	31.52	200.50	33.02	1590.07	9.72
上海联合产权交易所	1863	40.13	170.31	37.38	839.57	83.7
重庆联合产权交易所	270	5.82	102.63	6.67	273.59	2.34
天津产权交易所	404	8.7	58.49	5.66	315.20	1.23
广州产权交易所	108	2.33	163.43	3.41	427.85	0.4
无锡产权交易所	112	2.41	54.07	1.94	299.31	0.46
南京产权交易中心	101	2.18	63.75	5.43	330.60	0.63
西南联合产权交易所	104	2.24	56.59	1.8	262.50	0.44
深圳联合产权交易所	109	2.35	20.44	2.12	135.96	0.49
南方联合产权交易中心	87	1.87	0.00	1.88	0.00	0.39
珠海市产权交易中心	21	0.45	0.00	0.68	0.00	0.2

注：北京、上海、重庆、天津产权交易所数据自 2011 年 11 月份开始，广州、无锡、南京、西南、深圳产权交易所数据自 2012 年 1 月份开始，南方、珠海产权交易所数据自 2013 年 1 月份开始，基于公开信息整理获得，仅供参考。

发展至今，我国由主板市场、中小企业板市场、创业板市场、代办股份转让系统和产权交易系统组成的多层次资本市场体系已经初步形成。在这一体系中，各层次资本市场均以现有条件为基础，按照各自市场定位以最优化路径发展和演进，不同层次的市场之间有机地结合在一起，在总体上发挥推动企业规模化、推进高新技术产业化、支持经济健康高效增长的制度功能。

3. 深入新股发行制度改革

我国证券市场建立至今，新股发行制度也随着市场前进的步伐逐步发展和完善。新股发行的监管制度经过几次变迁和飞跃，逐步从政府多头管理向集中统一管理、从“政府主导型”向“市场主导型”过度。股票发售方式也逐渐演变为网上发行、网下配售和向战略投资者配售三种方式并存的股票销售模式。

1993 年《公司法》的颁布，明确指出了国企股份改造的方向，国务院证券委员会根据国家经济发展总体布局和产业政策，确定发行总规模后，依据各省市在国民经济发展中的地位和需要进行量化分配，再由各省市各部委进一步选择分配到上市企业。此时的监管制度属于政府主导型。1996 年，在我国证监会颁布的《关于做好 1997 年股票发行工作的通知》中，提出将“额度控制”改为“总量控制，限报家数”的指针，指标制从此正式施行。2003 年 3 月始，由具有承销商资格的券商，根据综合实力、规模大小等指标可获取 2 至 9 个通道，券商出于利益最大化及为来年获取更多通道打基础，将推荐质量较高的企业发行股票。这彻底取消了股票发行的额度制和指标制，标志着核准制下的“通道制”正式实施。2004 年 2 月 1 日开始实施的《证券发行上市保荐制度暂行办法》，进一步推进了我国证券发行方式的转变，也标志着保荐制度的推出。保荐制度不仅赋予保荐人权利，也赋予其责任，权利的分配走向了科学化，有利于保护投资者的利益和提升股票发行效率。

我国证券发售方式也经历了多次的改进。最初以限量发售认购证的方式进行股票的发售，由于认购证的供给数量有限，需求过度，供需不平衡导致认购证的黑市盛行，从而被迫发展为无限量发售认购证的方式。虽然这种方式给了所有认购者机会，然后抽签确定中签者也体现了公平，却造成了极大的申请表浪费和组织填写申请表等很多重复劳动，增加了发行的成本。《1993 年股票发售与认购办法》规定采用“无限量发售申请表，与储蓄存款挂钩”的方式，这种方法虽然节约了发行成本，降低了认购成本，但由于当时银行没有实现全国通存通兑，资金流通不便造成了巨大的风险隐患，也增加了监管难度。1995 年证监会发布了《关于股票发行认购办法的意见》，其中提出在采用“无限量发售申请表，与储蓄存款挂钩”的同时，按比例配售的发售方式，这避免银行系统内大量资金流转的不安全性，减短了新股申购时间，提高了发行效率。与此同时实行的上网竞价发行方式却因发行价格易受机构投资者控制，使市场化被扭曲，中小投资者利益受损等原因，在使用四次后便被取消。《关于股票发行认购办法的意见》还规定可以继续采用与储蓄存款挂钩方式，推荐上网定价。该发行方式效率高、成本低，但也造成新股发行一级市场收益长期偏高，而二级市场收益偏低的情况存在，这导致大量资金囤积于一级市场，使得一、二级市场资金不均衡。1998 年 8 月《证券投资基金配售新股有关问题的通知》规定证券投资基金可以申请配售新股。1999 年 7 月证监会规定公司总股本在 4 亿元以上的公司，可采用对一般投资者上网发行和对法人配售相结合的方式发行新股。2000 年以后，总股本在 4 亿元以下的公司也可以向法人配售新股。这一系列文件进一步促进了我国股票发售制度的发展。2000 年 2 月 13 日颁布的《关于向二级市场投资者配售新股有关问题的通知》规定，在发行新股时，试行向二级市场投资者配售新股的办法。至此，我国的股票发售制度形成了以网上发行、网下配售和向战略投资者配售并存的发行制度。

我国新股发行定价制度也是伴随着证券市场的不断发展而逐渐成熟。从 90 年代前后的按面值发售制度，转向 90 年代后期的行政定价制度，发展至 21 世纪初累计投标定价、控制市盈率定价等定价方式，到现今的累积投标询价定价方式。现行询价定价方式分为两个阶段：初步询价及累计投标询价，其中初步询价确定发行价格区间，累计询价确定最终发行价格。

三、证券市场做空机制初步形成

我国资本市场的发展在近几年明显加快了步伐，特别是在过去进展迟缓的市场建设方面，连续出现重大举措。2010 年 1 月 8 日证监会宣布《关于开设证券公司融资融券业务试点和推出股指期货品种提议》已通过国务院批准，同年 3 月 30 号上交所和深交所同时宣布正式启动融资融券交易试点，4 月 8 号证监会又宣布正式推出股指期货。融资融券业务的推出和股指期货品种的发行，为我国资本市场引入了做空机制。

过去在我国股票市场的发展过程中，由于缺乏做空机制，市场单边运行使得交易手段单一，投资者只能通过高抛低吸、追涨杀跌来盈利，市场缺失对冲平衡机制，波段操作盛行，投资策略同质化、长期资金短期化、机构操作散户化的倾向明显，导致股市换手率高、估值不稳定、超涨超跌等。股指期货和融资融券业务的推出，可以通过价格发现功能引导股票价格，为股市带来市场化的纠错机制和对冲风险的平衡力量。在股市非理性上涨时，投资者的看空预期可以在期货市场上实现，起到平抑股价的作用。在股市非理性下跌时，又能通过期货市场做多给予市场支撑。这种内在制衡机制有利于增强投资者持股信心，提高市场弹性，使市场能够在日常波动中释放和化解风险，实现大盘均衡稳定①。

从全球股市发展历程来看，股指期货为证券投资风险管理提供了一种最基础、最有效的规避方法，使得股市风险可计量、可分割、可转移。避险机制的健全，避险工具的丰富，还有助于改变目前市场上盛行的过度投机氛围，营造避险文化、培育避险理念，让投资者对股市涨跌保持平常心态。

同时融资融券通过杠杆效应，让操作者能够加大做多或做空的力度，从而放大可能的收益。在成熟的资本市场中，融资融券和股指期货作为最基本的业务之一，对促使股市长期、健康发展有着深远的意义。

但做空机制也是一把“双刃剑”，它在发挥积极作用的同时，也增加了风险，关于这点，在后文有进一步论述。总体而言，为保证证券市场的有效、高速发展，我国应借鉴国际上证券业发达国家和地区对做空机制监管的经验，结合我国的实际情况，建立有中国特色的做空机制监管体系。

四、股票市场促使经济增长

1. 股票市场优化了资源配置

股票市场是现代金融的高级状态，也是一种有效的市场经济制度。从某种意义上来讲，股票市场是市场经济的旗帜和标志，其通过广泛而深入地传播市场经济的基础知识和价值观念，加速了经济向市场经济体制的转变进程及相应

---

① 张梅、蔡雪雄：“证券做空机制与风险监管”，载于《南京社会科学》2011 年第 1 期。

的非正式制度安排的发育过程[①]。

我国的股票市场的建立，改变了原来的资源配置格局，资源配置主体从国家计划行政部门转向金融市场。股票市场建立以前，国内只有单一的间接融资渠道，企业需要的资金除财政拨款外，绝大部依赖于银行贷款，这不仅导致企业的资产负债率过高，而且加大了整个社会的金融风险。股票市场的建立则开辟了我国金融市场的直接融资渠道，改变了过去单一的融资体制格局，促进了企业融资方式的多元化，为国有企业降低自身的资产负债率提供了有效途径。

从股票市场的微观机制看，股票市场的定价机制会自发地引导资金向优秀企业和朝阳产业集结，从而发挥出优化资源配置的功能。投资者通过各种股票在股票市场上表现出来的收益率差别以及发行者所公布的财务信息，可以了解资金使用者的经济效率、技术水平和管理经验，从而选择和改变投资对象，抛弃收益率低、缺乏增长潜力的股票，购买收益率高和具有增长性的股票，把资金投到经济效率较好的地方去。投资者这种趋利行为使效益好、又有发展前景的企业能够获得充裕的发展资金，而业绩差、前景黯淡的企业难以为继，逐渐衰落、消亡或被前者兼并收购。这样，在投资者“用脚投票”机制下，市场上的资金自发地从夕阳产业涌向朝阳产业，推动产业结构调整，形成经济发展新的增长点。

我国加入世界贸易组织之后，股票市场逐步对外开放，境外机构投资者（QFII，合格的境外机构投资者）也被准许进入国内市场。由于境外投资者对国际市场的情况及国内企业的比较优势都较为清楚，他们的进入在带来国际投资理念的同时也将带来国外市场上的供求信息。境外投资者的参与将使国内股票市场的价格变化不仅反映本国产品、行业的远期供求关系，也会反映国际市场上的远期供求关系，进一步引导资源在开放条件下的优化配置。

2. 改善企业治理结构

长期以来，我国经济以国有企业为主体，而国有企业存在着行政权、所有权和经营权“三权合一”等结构性问题，产权结构单一、主体不明确严重影响了国有企业的发展。同时在企业治理中，国有企业还缺乏有效的激励机制和约

① 韩立岩、蔡红艳：“我国资本配置效率及其金融市场关系评价研究”，载于《管理世界》2002年第1期。

束机制。国有企业通过改组上市，可以实现产权主体多元化、所有权和经营权分离，为所有者和经营者提供了一种激励相容的机制，改善了企业的治理结构，而为企业的长期发展打下了良好的基础。

与非上市公司相比，企业通过上市可获得如下优势：第一，形成“产权明晰，责权明确，政企分开，管理科学”的公司治理结构；第二，在企业运行、财务状况等方面建立规范、透明、及时的信息披露制度；第三，健全企业的经营管理和激励机制，促进形成现代独立的企业家阶层；第四，在产权分散，社会监督效应下形成良好的风险控制机制；第五，建立合理的财务结构，形成适应能力较强的投融资机制①。

3. 证券市场对实体经济发展的促进作用

通过对我国证券市场过去30年的发展数据进行研究，有学者发现其发展规模已经与经济增长之间存在一个长期的稳定关系，这意味着股票市场规模对宏观经济已经具备了稳定的内在影响机制，股票市场规模对经济增长有着微弱的正向影响。但从Granger因果检验的结果来看，股票市场规模在5%的显著性水平下不是经济增长的Granger原因②，这也体现出了我国股票市场规模对经济增长的解释力不足的一面。

也有学者认为在我国股票市场发展近20年的历程中，我国经济的持续增长一定程度上促进了股票市场规模的扩大，但是股票市场的规模却对我国经济的增长所起的促进作用十分有限；股票市场的流动性对经济增长的作用也是相当有限的，股票市场流动性游离于我国经济发展的进程之外还有可能不利于我国经济发展③。

还有学者认为股票市场的规模与我国经济发展存在长期的负向均衡关系，也就是说，长期来看，股市规模的扩张会导致我国经济发展步伐减慢。而长期来看，股票市场流动性与我国经济增长没有显著的相关关系，即股票市场流动性对我国经济没有明显的影响④。

总的来说，实证研究由于研究方法的不同对同一问题同一数据可能得到完

① 周骏、张中华、刘惠好：《资本市场与实体经济》，中国金融出版社2003年版。
② 刘佳：《我国股票市场对经济增长影响的实证研究》，中南大学硕士学位论文，2008。
③ 章华：《我国股票市场与经济增长关系的实证研究》，安徽农业大学硕士学位论文，2008。
④ 王慧霞：《我国股票市场与经济增长关系的实证研究》，西北大学出版社硕士学位论文，2008。

全不同的结论。但我们可以肯定地认为，证券市场的发展给企业，尤其是国有企业筹集了大量珍贵的资金，促进了我国企业法人的治理结构的建立和完善以及企业经营机制的有效转变。证券市场也逐渐成为资源配置的重要桥梁，引导社会资源进入优势领域以及优势企业之中。

第二节　我国证券监管存在的问题

一、投资者保护制度体系有待完善

1. 股东大会虽开通网络投票但尚未有效执行

传统方式下，股东行使表决权必须亲临股东大会参加投票或者将投票权委托给参加股东大会的他人代为行使。但为了降低股东投票的成本，许多国家允许股东采用通信方式进行表决。这不仅降低了股东行使投票权的经济成本，提高了小股东行使投票权的积极性，在一定程度上有利于制衡大股东、提高公司效率，为公司法律事务管理的便捷化、迅速化提供了更加广阔的空间。

2004 年 11 月 29 日，我国证监会发布了《上市公司股东大会网络投票工作指引（试行)》，对网络投票制度的具体安排作了详细规定。之后 12 月 7 日证监会发布《关于加强社会公众股股东权益保护的若干规定》，明确规定“上市公司应积极采取措施，提高社会公众股股东参加股东大会的比例。鼓励上市公司在召开股东大会时，除现场会议外，向股东提供网络形式的投票平台并且对于公司重大资产重组等对社会公众股股东利益有重大影响的事项，强制性要求上市公司向股东提供网络形式的投票平台。这无疑将极大地提高中小投资者参加股东大会的积极性，对促进类别表决机制顺利实施和维护流通股股东的权益起到十分积极的作用。

有数据显示[①]，我国自从实行网络投票制度以来，截至 2009 年底，主板和中小板共计实施网络投票 1573 次，召开股东大会 8991 次，平均占比 17. 50%。在实施网络投票的股东大会上，通过交易系统或互联网参与投票的投资者合计

---

① 黎文靖、孔东民、刘莎莎、邢精平：“中小股东仅能‘搭便车’么——来自深交所社会公众股东网络投票的经验证据”，载于《金融研究》2012 年第 3 期。

143.52 万人，平均每个会议参与人数为 920 人，参与率 1.94%。而对未实施网络投票的股东大会进行抽样统计显示，每个会议平均参与人数为 8 人，参与率仅达 0.033%。由此可见，通过实施网络投票，小股东的参与率确实有所提高。但与国外相比，我国网络投票的使用率依然很低，英国在 2004 年 7 月份通过网络进行投票的股份总数已经占到了总投票数的 31.85%①，远高于我国。这其中部分原因是由于我国网络技术欠缺，但更多是由于对网络投票制度的宣传不够，很多股民并不明确自己拥有的这一行使权利的途径②，同时制度的执行力不强，对没有按要求执行的企业没有有效惩罚。为了完善我国网络投票制度，必须加强执法力度，增加宣传教育，确保有关规则的有效实施。

2. 上市公司的分红政策规范化仍有较大提高余地

我国上市公司的股利分配有两种基本形式，现金股利（派现或称分红）与股票股利（送红股或称送股）。2000 年之前我国发放股利的公司比例起伏较大，1995 年以前分红比例较高，占所有上市公司的 50% 左右，而 1995 年之后发放股利的公司比例大幅下降，仅为 30% 左右。2000 年之后这一比例比较稳定，维持在 50% ~60% 之间。

虽然近几年我国现金分红的上市公司数量逐年增加，但是从总体股利水平来看，仍然不容乐观。从近年来上市公司分红的股息率来考察，大部分公司现金分红的股息率甚至不及银行的定期年利率，这在很大程度上降低了价值投资者对上市公司股票长期持有的热情，转向二级市场依靠买卖差价投机赚取利润，进一步恶化了市场的投资功能。即使在新兴市场国家中，我国上市公司现金分红的连续性与稳定性也处于中下游水平。虽然我国自 2001 年就出台一系列政策以强化上市公司分红情况，但总体而言还未形成一个具有连续稳定分红能力的证券市场。

为了促使上市企业增加分红，规范企业的分红政策，证监会将再融资资格与股利分配水平相挂钩，然而这一规定作为一种半强制分红政策也引起了诸多争议。一方面，半强制分红政策为推动上市公司分红提供了重要的制度支撑，对于保护股东的股利分配权、培育投资者的长期投资理念以及增强资本市场的

---

① 欧阳晨："从股东大会投票制度的演进论上市公司网络投票制度的推行"，载于《邵阳学院学报（社会科学版）》2007 年第 1 期。

② 郭威："股东大会网络投票制度探析"，载于《煤炭经济研究》2010 年第 2 期。

吸引力和活力具有重要意义。但另一方面，半强制分红政策干预了企业决策，有“越俎代庖”之嫌，可能使那些确有再融资需求或潜在的再融资需求的上市公司陷入困境。

分红不仅是公司内部的事情，是否分红不仅仅取决于公司的发展战略和经营状况，还涉及中小股东、债权人等其他利益相关者，涉及社会财富的分配，在公司时代来临之际甚至关系到社会的和谐稳定。上市公司的分红问题已是一个社会问题，其远远超出了公司内务的范畴。单个公司的分红状况是公司能力和价值的重要体现，总体上市公司的分红状况是社会资本市场发展水平和质量的重要体现。出于对投资者利益的保护、对上市公司长期发展的考虑和资本市场发展的关心，面对我国目前上市公司分红状况不佳、贫富差距日渐增大等现实问题，我国的当务之急是要积极倡导上市公司分红，进一步加大鼓励上市公司分红的力度，努力改变上市公司不分红、少分红的状况。其解决方案详见第七章。

3. 信息不对称侵害投资者利益

信息不对称与投资者利益保护紧密相关，证券市场中，证券发行者和投资者构成了其最基本的要素。为了满足发行人对资金的需求，投资者向证券市场源源不断地注入资金，支撑着证券市场的发展与繁荣。但投资者投入资金与取得回报在时间上的不一致性决定了投资者未来收益的不确定性，而后者的价值完全取决于投资者获得的信息。因此，在信息不对称的情形下，投资者利益很可能会遭到损害。目前来看，因信息不对称而侵害投资者利益的现象纷繁复杂，归纳起来可以分为两类。

一是发行企业利用信息不对称弱化投资者对其行为的约束，甚至解脱履行证券权益义务。发行企业作为证券的出售方与市场信息源，对自身的经营财务状况、信用能力、实际盈利水平等影响证券质量的信息有着最真实的了解，在一级市场上的交易中拥有几乎完全的信息。而投资者作为证券的购买方拥有的信息主要来源于对外公开的各种资料和报告。在证券市场上，这些信息在其真实性、完整性、准确性、及时性等方面均不足以使投资者对上市证券的价值做出正确的判断。更为严重的是，有些上市公司信息作假，且在信息披露上极为混乱，投资者特别是中小投资者仅仅通过上市公告及其他信息披露很难真正了解发行者的真实情况。发行者与投资者之间信息不对称，会导致证券市场出现逆向选择和道德风险。

二是机构投资者利用信息不对称进行内幕交易甚至操纵股价，损害个人投资者的利益。在证券市场上，无论是机构投资者还是个人投资者都不能确切地知道企业未来的完全信息，都面临着信息的约束。但相对于个人投资者，机构投资者的信息搜集及解读能力较强。一方面，机构投资者与上市公司主动进行信息沟通的频率更高，能对公司信息进行调研；另一方面，机构投资者资本雄厚，与上市公司的联系较为密切，对上市公司的经营决策影响较大，上市公司出于维护公司形象、笼络机构投资者等因素，会利用与机构投资者沟通的机会有意无意地将一些“适意”的信息传输给机构投资者。另外，机构投资者信息处理能力更强，在信息、处理的软件与硬件方面都较个人投资者有优势，进一步导致机构投资者与个人投资者之间的信息不对称。投资者可能利用其对个人投资者的信息优势，与发行者串谋进行内幕交易，甚至直接操纵股票价格，这会直接使个人投资者的利益受到伤害。

二、证券监管有效性不足

1. 退市制度不健全

我国颁布的《公司法》中明确规定了上市公司股票暂停上市和终止上市的情形，《证券法》中也规定“上市公司丧失《公司法》规定的上市条件的，其股票依法暂停上市或者终止上市”。之后随着各版《公司法》和《证券法》的修订，我国证券市场的退市制度逐渐建立。但至今，退市制度在退市事由、程序和涉及主体等方面仍存在着问题。

首先，我国主动退市制度没有得到有效贯彻执行，法律不健全。在我国证券市场上，由于“壳”资源的匮乏，因而上市公司往往拥壳自重，不会主动退出证券交易市场。当公司出现可以主动退市的情形时，这些企业采取的措施往往并不是申请退市，而是千方百计的弄虚作假，造成我国主动退市制度的设计成了一纸空文。我国法律并没有规定自动退市制度，这使得上市公司的“壳”资源不仅使上市公司拥有广告效益和资本放大效益，还有虚拟性和再生性。当上市公司面临退市的威胁时，上市公司就会以自身的上市地位为筹码寻求买家。而对于急于上市的公司来说，收购面临退市的上市公司不但可以达到最终上市的目的，而且还能绕过耗时繁琐的上司审批程序，可谓省时省力。这也是为什么当一些上市公司丧失了在证券市场上进一步筹集资金的能力时，仍有一些公司愿意对这种毫无业绩可言的公司进行重组的原因。不否认一些公司介入重组会给面临退市的上市公司带来一些生机，但还会出现另外一种情况即一些劣质公司趁机在证券市场上“圈钱”的现象，损害了广大投资者的利益。

退市程序也存在不足。在我国证券市场上设立 ST、＊ST 的原因是证券监管者为了保护投资者的利益，通过设置投资风险警示向公众投资者提示上市公司存在的可知风险。但在实际操作中，这些被冠上 ST、＊ST 的股票却变得很受欢迎，通过资产重组给许多原本亏损的公司冠上了光环，一个个扭亏的神话让中小投资者以为获得了套利的良机，盲目的投资反而又给其自身带来更多的损失。再者，我国目前的证券交易所属于会员制，其具有明显的公益性，立法者立法时更注重从保护投资者、规范证券市场交易行为的角度着手来制定退市制度。为此而设立的无限期“退市风险预警－暂停上市－扭亏－恢复上市－再次亏损进而又重新特别处理”制度，只会导致绩差公司一直在这个循环中留在股市中，而不能真正实现退出市场。只有进入而无退出的市场是不健康的，也给了那些企图利用上市公司这个“壳”获取高额利润的投机者以机会，而最终受损失的还是处于弱势地位的中小投资者。最后，我国在证券交易所上市的公司是被严厉监管的对象，公司没有权利选择作出某项对自身有利的行为，如公司没有权利在出现财务危机时自行申请停牌。公司的言行受到限制，导致公司为了保留上市公司的地位而故意弄虚作假，最终导致无辜的投资者遭受伤害。

其次，退市涉及的监管主体不明确。目前退市的决定权从表面上看归属于证交所，但实际上证监会有权要求证交所纠正或撤销其决定，从本质上而言就是证监会可以采用行政手段对证交所的管理行为进行干涉。证券监督部门变通执法的行为违背了证券市场的基本规律，扭曲了我国上市公司退市制度，使退市法律制度失去其应有的法律效力，也动摇了法律在证券市场的权威地位①。因此应将证监会对上市公司退市监管的权力下放给证交所。而且我国目前的上市制度虽然已经废除了额度制和审批制②，然而地方政府对上市公司的行政干预并没有彻底废除，一个上市公司往往是这个地方的经济支柱，出于多方面原

① 王炳：“试论我国上市公司退市缓冲机制的完善”，载于《现代管理科学》2003 年第 4 期。

② 符启林主编：《证券法》，法律出版社 2007 年版。

因的考虑，地方政府会千方百计的干预上市公司的退市，因而需要地方政府的权力越位问题进行归位。

最后，公司退市后，中小投资者得不到有效的司法救济。我国设立股票代办系统的初衷就是为了保护中小投资者的利益，将从主板市场退市的股票转入特设的股票代办系统进行交易。然而在现实中，由于我国上市公司股票发行市盈率非常高，加上市场的过度投机行为，致使我国投资者在证券市场上购买的股票价格往往较高，一旦上市公司退市，主板市场上市价几元、十几元甚至几十元的股票，进入股票代办系统后可能贬至二角、三角，缩水数十倍。中小投资者成了不公平市场制度设计的受害者，成为遭受损失最惨重的人群。虽然说投资风险由投资者来承担固然正确，但人为因素造成的不合理投资损失完全由投资者承担则显失公平。在此情况下，虽然我国《民事诉讼法》规定投资者可以采用代表人诉讼制度，通过民事侵权赔偿来追究公司和其他退市责任人的侵权责任，但是在司法实践中由于重重障碍，受损投资者根本无法通过代表人诉讼制度来追究退市公司和其他责任人的侵权责任，获得经济赔偿，因而其权利也得不到有效的救济和维护。

2. 上市公司违法违规行为得不到有效制裁

我国证券市场上，由于违法违规成本低致使上市公司违法违规现象普遍存在，主要表现在以下三个方面：一是上市公司公布的资料虚假，存在违法违规操作；二是信息披露违规，比如信息披露不及时、信息披露不真实、业绩预测不准确等；三是利用担保、关联交易、资产重组、并购等合法方式，侵害中小投资者的利益。

上市公司的这些违法违规行为，给投资者带来严重的经济损失，并且严重威胁着国家的经济秩序。目前我国监管机构（证监会，上交所和深交所）依据上市公司违规行为的程度及造成的后果采用的处罚方式主要有五种，分别是：公开处罚、公开批评、立案调查、公开谴责、内部通报批评。近年来，提出批评是我国证券监管机构采用最多的单一方法，2001 ~ 2013 年间提出批评一共 50 件，占总数的 21.1%；取消营业许可的次数最少，2001 ~ 2013 年间共计 1 件，占总数的 0.42%（见表 4.5）。从处罚类型看，我国监管机构批评偏多，司法、刑事、民事处罚偏少，可见在对一些违法行为的处罚上，手段过于单一，主要是批评、罚款、谴责形式为主，比较严厉的处罚如取消营业许可等较少，这就使得处罚对违法行为的威慑作用十分有限。由于上市公司违法违规行为的收益远远大于所受到的处罚，所以违法违规行为屡禁不止。

表 4.5　　监管机构对上式公司违规行为处罚统计

年份	批评	警告	遣责	罚款	没收非法所得	取消营业许可	其他	总计
2001	0	1	0	1	0	0	0	2
2006	1	0	4	0	0	0	0	5
2007	4	0	3	0	0	0	0	7
2008	7	1	5	3	0	0	6	22
2009	5	1	4	2	1	0	12	25
2010	12	3	7	6	2	0	4	34
2011	9	6	2	5	4	0	4	30
2012	2	5	4	11	3	0	16	41
2013	9	5	3	18	4	1	31	71
总计	50	22	32	46	14	1	73	237

三、证券市场风险对冲机制亟待完善

虽然我国融资融券交易和股指期货的推出开辟了国内证券市场投资做空机制的先河，为国内证券市场投资创造了新的条件，也使得国内证券投资者进行套期保值成为可能。但融资融券市场规模太小，对我国股市的影响作用不明显，在为股市带来市场化的纠错机制和对冲风险的平衡力量方面，尚无法起到有效作用。

我国融资融券市场经过四年的发展，业务稳定，但从图 4.6 可以看出，相对于 2010 年，虽然融资余额、融券余额占市场所有股票总价值的比例有很明显的上升，但融资融券市场的规模相对较小，融资余额占总市值之比不足 2%，融券余额占总市值比例还不足 0.03%。与台湾地区融资融券市场相比，大陆的成交量相形见绌，台湾地区融资融券交易的规模占其总交易量的比例达到了 30% 以上。而且融资业务与融券业务发展不平衡，融券余额显著偏小，2014 年 3 月份，其融券余额仅占融资余额的 0.71%，而在日本和台湾地区证券市场中，融券交易一般会占融资和融券交易总额的 20% 左右。由此可见，融资融券市场虽已形成，但规模太小、发展不平衡等问题显著，在市场中的影响力有限。当个股价格偏离合理区间时，融资融券市场还没有能力抑制个股价格，使之趋向于合理区间，对于维护金融市场稳定，对冲金融市场风险更是力量微小。

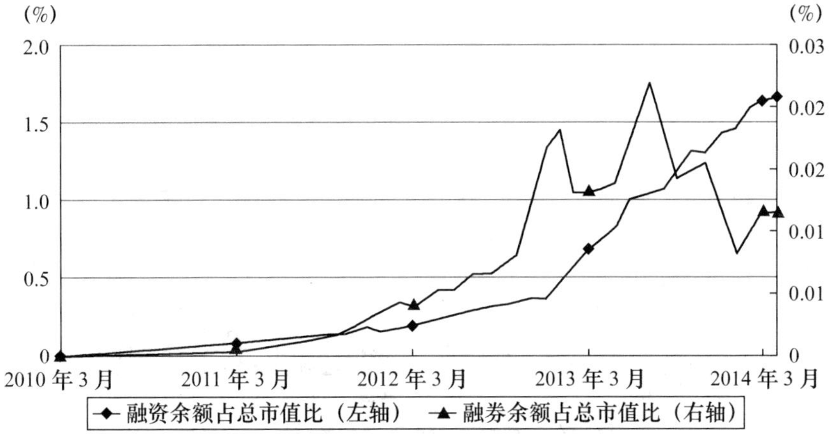

图 4.6　融资融券余额占市场总市值百分比

推出股指期货，其重要目的就是通过股指期货的价格发现功能，引导我国股票价格在合理的区间内正常波动，但顾京的研究发现，“在 2010 年 6 月 3 日之前[①]，沪深 300 股指期货的走势与指数现货的走势联系并不紧密，两者并不具有稳定的协整关系，在股指期货运行之初并不具有价格发现功能。随着期货市场的不断完善，股指期货与现货价格开始具有稳定的协整关系，即开始具有价格发现功能，且价格发现功能不断增强。但从截止到 2012 年 9 月 17 日的高频数据来看，沪深 300 股指期货在价格发现中的贡献度一直低于现货市场，这表明在价格发现过程中起主导作用的并非期货市场，而是现货市场”[②]。这说明在我国的股指期货市场中，股指期货并没有表现出显著的价格发现功能，对于引导我国股市价格趋于合理等理论功能，暂时仍无法得到数据支持。

对于投资者而言，投资股指期货的目的主要是套期保值，但是由于我国只存在以沪深 300 为标的的股指期货，当投资者投资个股时，通过股指期货对冲个股风险往往达不到预料的效果，因为多只股票与沪深 300 的相关性并不显著。

① 为了扩充样本数据，此处使用的是股指期货模拟交易数据——编者注。

② 顾京：《中国股指期货市场功能实证研究与优化对策》，华东师范大学博士学位论文，2013。

笔者考察了2013年1月4日至2014年4月1日之间的个股股价数据与沪深300指数数据之间的相关性，研究发现，这300只股票中，41.3%的个股价格与沪深300指数的相关性低于0.7。

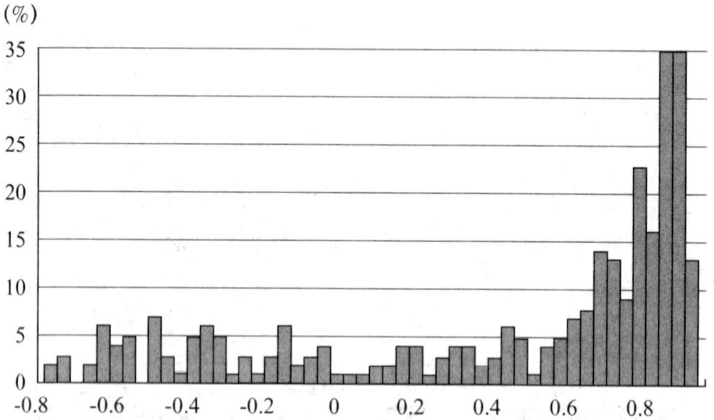

图4.7　个股与沪深300指数相关性系数直方图

总体而言，融资融券市场规模尚小，无法有效影响我国股票市场价格，股指期货价格发现功能不明显、套期保值功能欠缺，因此目前我国证券市场风险尚缺乏有效的对冲机制，需要通过各种途径，进一步完善我国证券市场风险对冲机制。首先，应该增加融资融券的标的券数量，目前我国仅有698只债券和12只ETF作为融资融券标的券，种类稀少，市值偏低，应该通过增加标的券数量以提升融资融券市场对我国证券市场的影响力。其次，应该增加个股期货、个股期权等新的衍生品类别，为个股的风险管理增添新的血液。

四、对实体经济发展有效支持不足

1. 新股发行“三高”问题严重

我国新股发行中，高发行价、高市盈率和高超募资金的“三高”问题已经越演越烈。1995年首发市盈率为4.14倍，1996～2008年，首发市盈率均在33倍以下，其中仅在2000年、2001年、2007年超过30倍，2006年、2008年在24倍左右，其他年份均在20倍以下。但在2009年迅速上升至46.41倍，2010年进一步攀升至58.53倍，2011年则高达62.55倍①。新股超募资金在几亿至

① 张玉梅、王子柱：“新股发行‘三高’现象成因及破解对策”，载于《新金融》2011年第6期。

几十亿之间，2011 年是超募现象最为严重的一年，有 23 家企业超募资金超过十亿，最高达 44 亿元有余。

新股发行出现的高市盈率、高超募资金等现象与新股的高发行价是分不开的，因为市盈率等于新股市场价格除以每股收益，在每股收益不变的情况下，发行价越高，发行市盈率越高。在发行量固定不变的情况下，发行价越高，超募资金越高。

上市公司粉饰业绩，承销机构过度包装，询价机构为中标哄抬报价使得市场定价功能严重扭曲，是新股发行“三高”现象的主要原因。“三高”现象也导致了严重的问题，高首发市盈率，加上二级市场的炒作，必然会加剧新股上市后的风险，因为高估的股价在上市后必然要回归合理区间。而且，由于破发的存在，使得大量的投资者被套牢。根据数据统计，2011 年，新股上市首日破发公司数量激增至 84 家，比 2010 年的 33 家大幅增加，2011 年的首日破发率达 30. 32%，比 2010 年明显增加。2012 年首日破发 49 家，破发率比 2011 年更高，达 32. 67%（见图 4. 8）。2013 年仅有两家公司上市，其中一家也呈现破发姿态。另外，新股上市首日破发超过一成的公司在 2011 年有 19 家，在 2012 年有 7 家。截至年度最后一个交易日，新上市公司中仍有多家处于“破发”状态，大量投资者被套牢。

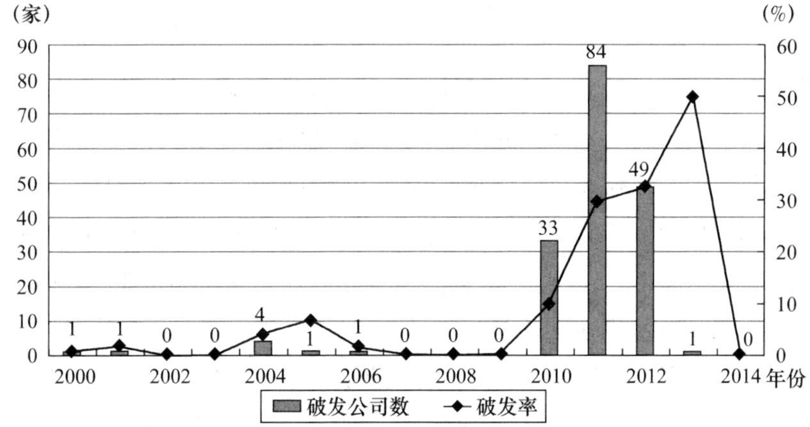

图 4. 8　破发公司数及破发率

不但如此，超募资金现象的存在也严重影响了我国资源的分配，增加了监管的难度。目前，困扰我国中小企业发展的最重要的问题之一就是融资难，政府出于扶持中小规模、高成长企业的发展，推出了创业板。但是在创业板上市的公司仅为少数，而这些少数公司却获取了巨额的超募资金，使得社会急缺的资金集聚在一小部分中小企业手中。在没有相关计划和项目安排时，创业板公司面对如此多的超额资金要么闲置，要么滥用。另一边则是大批濒临破产、急需救命资金的中小企业。这种情形下，资源无法得到有效的利用，造成了一种对社会资源的极大浪费。这种资本市场的严重失衡，导致市场的资源配置功能无法发挥正常功效。虽然深交所针对超募现象严重的创业板制定了详细、严格的《创业板信息披露业务备忘录第1号》，对募集资金的使用进行专项监管，但是创业板上市公司超募资金使用的监管工作难度仍然在加大，尤其是对超募资金用于补充流动资金部分的监管。因为资金一旦从募集资金专项存储账户划出，监管部门将很难测算到最终的收益水平，并监察到资金的最终用途，从而使市场潜伏着重大的风险。

2. 中小企业融资问题突出

中小企业是推动国民经济发展、保持社会稳定的基础力量，随着经济发展，中小企业在我国国民经济中的地位和贡献度不断提升，已经成为不可忽视的群体。据统计，目前我国中小企业已经超过4200多万户，占全国企业总数的99.18%。中小企业创造的最终产品和服务价值相当于国内生产总值的60%左右，上缴税收约为国家税收总额的53%，并提供了全社会71%以上的就业机会。

然而在融资领域，中小企业的贷款与其贡献不相称，发展资金匮乏始终困扰着中小企业。近年来原材料价格不断上涨和强大的竞争压力等问题，迫使中小企业不断扩大生产规模和增加库存材料，然而大量的资金缺口使其无法做大做强。受原材料价格波动、人民币升值、出口退税率缩减、经济结构调整等外部因素影响，中小企业总体抗风险能力大幅削弱，不少中小企业陷入困境。

目前，无论是发达国家还是发展中国家，都越来越关注中小企业的发展，很多国家还构建了专门为中小企业服务的特殊金融机构，比如日本建立了中小企业金融金库，泰国成立小企业金融局，韩国也有中小企业银行等，这些由政府部门设立的特殊金融机构一般都会得到政府资金的支持，专门用来引导中小企业的发展。而我国政府喜欢支持大型企业的发展，一直为大企业制定各种各样的优惠政策。在国外，比如美国专门成立有“小企业管理局”来支持中小企业的发展，给中小企业提供金融信贷服务。

虽然我国创业板和中小企业板已经上市多年，在解决中小企业融资问题中起到了重要的作用，但面对我国数以千万计的中小企业，创业板和中小企业板远远难以解决所有企业的融资问题，而且创业板和中小企业板上市对公司本身资产要求也比较高，对那些刚刚起步、未来发展前景良好但目前资金欠缺的公司而言，从创业板或中小板融资几乎是不可能事件。我国有必要借鉴外国经验，开设专门的中小企业服务机构，以支持中小企业的发展。

第五章

证券公司破产法律制度的完善

证券公司是证券市场的主体，发挥着保证证券市场顺利运作的核心作用。自20世纪80年代，伴随着改革开放的发展，我国证券市场逐渐培育发展起来。作为证券市场最重要的中介机构，自从1987年我国第一家证券公司——深圳经济特区证券公司建立以来，证券公司在探索中成长，对证券市场的培育和发展发挥了十分重要的作用，但也积累了许多问题。由于证券市场的长期低迷，这些问题逐渐暴露出来，致使相当一批证券公司出现流动性风险，不得不退出市场。因此，证券公司退出机制的健全和完善是解决我国证券市场正常运行和持续发展问题的重要的制度性安排。

而破产程序正是证券公司退市的最后通道。经过各种挽救手段都不能恢复正常经营，又不能并购重组的证券公司，最终都要走向破产。在现代社会，破产法已成为衡量一个国家和社会信用、法制现状的标志。“宪法和破产法是市场经济法治的两个基本前提。没有保护私产、私权的宪法与公平、公正的破产法，市场经济就会成为无源之水、无本之木。最终其他法律只会成为纸上的法律，而法治则像地平线远处的光环一样遥不可及”[①]。从公司经营的角度看，证券公司的破产和其他公司并没有实质性的区别，在破产财产的分配上依据破产法相关规定即可。但是，从投资者的角度看，证券公司破产对个人投资者造成的损害可能是毁灭性的，如果处置不当，可能造成投资者普遍丧失信心，诱发系统性风险。因此，对证券公司破产法律制度进行较为深入的研究成为我国立法、

① 李曙光：《转型法律学：市场经济的法律解释》，中国政法大学出版社2004年版。

司法以及行政监管部门当务之急。这既是我国证券公司发展现状的要求，也是促进证券公司发展、完善证券市场的法治体系、维护资本市场稳定的需要。有鉴于此，建立证券公司破产法律制度有利于完善证券公司市场退出机制，在我国不仅具有重大的理论意义，而且具有重大的实践意义。

第一节 证券公司破产之基本理论

一、证券公司市场退出机制概述

市场主体退出市场都是有原因的，或者因出现了阻碍其继续经营的某一事项而主动中断经营，或者是依法被强制中止经营。证券公司作为市场主体的一种，其退出也应该遵循市场退出机制的规范要求。目前，我国证券公司退出市场的方式是多元化的，有主动的以分立、合并、解散等方式退出，也有强制方式如责令关闭、停业整顿、撤销、托管等。而《破产法》的颁布实施为证券公司退出市场提供了破产退出机制。

1. 非破产退出机制

（1）责令关闭。根据《证券法》第 193 条、199 条和 201 条的规定，对证券公司处分客户证券或挪用客户资金、超出业务许可范围经营证券业务、骗取证券业务许可以及在证券交易中的其他严重违法行为，证监会有权作出责令关闭的处罚决定。虽然证券公司多是因为出现挪用客户证券或资金等违法行为而最终导致退出市场的，但是证券公司由于经营不善或资金状况恶化而无法继续经营的情况下并不一定存在违法行为，所以责令关闭所适用的范围还是十分有限的。

（2）停业整顿。作为一种强制措施，停业整顿在我国《证券法》中并没有明确的规定，在实际操作中其法律依据是由证监会发布的《证券公司管理办法》第 35 条的规定。证券公司停业整顿后可能有三种结果：一是通过整顿经营状况好转的，恢复正常经营；二是整顿期间又出现严重违法行为的，责令关闭；三是整顿期间发现资不抵债的，转入破产清算程序①。

（3）吊销证券经营资格。证券公司进行经营的前提就是依法取得证券业务

① 廖凡：《证券客户资产风险法律问题研究》，北京大学出版社 2005 年版。

经营许可证或相关业务经营许可证，这是证券公司管理制度的重要内容。根据《证券法》第221条的规定，证券监督管理机构在监管过程中，如果发现证券公司的经营违反法律规定或达不到证券业务经营标准时，可以做出吊销其业务经营许可证的决定。吊销证券经营资格与责令关闭所针对的情形基本一致，所以其适用也受到了限制。

（4）托管。对问题证券公司进行托管经营是目前证券公司风险处置中运用最多的手段之一。该词源于证监会2004年9月2日发布的《关于委托中国信达资产管理公司托管经营汉唐证券有限责任公司的决定》，其内涵是由受托公司组织成立的托管经营组行使公司经营管理权，证券交易等业务正常进行；除客户证券交易结算资金外所有债务停止支付，由受托公司负责登记、确认。但是托管没有明确的法律依据，其适用情况完全由证监会自主裁量。与此相类似的还有行政托管方式，是由政府部门对问题证券公司进行接管，并成立接管小组负责业务经营和资产清理。因为这两种方式都没有明确的法律依据，所以在操作中有很多的问题不能够解决甚至会引发不必要的麻烦，所以其只在个案中适用而难以得到推广。

除以上几种方式以外，实际操作中还有并购、解散等多种方式的适用。但由于这些措施都普遍缺乏法律依据，而且在实际操作中也存在很多的问题，所以都不能使证券公司的退出制度系统化。

2. 破产机制

破产一直被认为是市场主体退出市场的最终途径，证券公司在经过各种整顿措施之后仍不能恢复正常经营的，最终还是走向破产。在《破产法》实行之前，我国证券公司的破产是没有法律依据的。虽然也有证券公司宣告破产，但是这些证券公司的破产并非依据我国《破产法》规定的破产清算程序进行的，而是采取由监管机构主导、以责令关闭、债权收购和业务托管相结合的行政性退出方式。我国之所以采用这样的方式，主要是由于我国的证券市场还不够成熟、防范风险的能力差，政府从压缩系统风险、防止危机扩散的角度出发对证券市场进行干预。但是行政破产只能够暂时缓解风险，并没有从根本上解决问题。从长远来看，这样只能够使证券市场的风险不断积累、转移，最后甚至引发整个金融系统的崩溃，所以我国亟须建立完善的证券公司破产制度以从根本上解决证券公司退出市场的问题。

证券公司破产制度的建立，有利于完善证券公司的市场退出机制、有利于对债权人的保护、有利于金融资产的优化配置①。证券公司破产制度与普通企业破产制度从企业经营角度讲没有实质性的差别，但是由于证券公司所经营业务的特殊性、所涉及主体的广泛性、所居行业的重要性对于证券公司的破产制度设计有着特殊要求。其中最重要的就是对证券投资者的保护，由于在证券交易中证券投资者与证券公司之间存在着千丝万缕的联系，而投资者与证券公司相比较又处于弱势地位，所以为了证券市场的稳定、为了证券投资者的信心维护，必须对证券投资者债权的清偿给予特殊保护。

二、证券公司破产程序的界定

破产清算和证券公司其他几种退出方式不同的地方在于，它通过特有的破产清算程序，能够最大限度地公平清偿债权人，更有利于对债权人的保护及对金融资产的优化配置②。而且，一般认为即使是以托管等方式关闭或清理证券公司的，如果通过整顿措施仍旧不能恢复经营，最终还是要通过破产清算方式退出市场。

“破产”这个词在法律意义上，通常有两种不同的含义：“一种是指一定的客观状态，即债务人无力清偿到期债务的客观状态；另一种是指由法律确定的破产程序，即当债务人不能清偿到期债务，并且资产不足以清偿全部债务或者明显缺乏清偿能力时，通过法院依照一定的法律程序将债务人的所有财产公平清偿给全体债权人的执行程序”③前一种是基本不带有法律后果的描述，正是这种无法清偿到期债务的客观状态，导致出现破产制度。后一种就是特指法律程序，当债务人处于这种状态时，在法院的主持下，通过债权人会议制定清偿方案，将债务人的所有财产公平分给所有债权人，以消灭债权债务关系，使债务人能够获得重新开始的机会，同时在破产程序中尽量平衡二者的关系。

布莱克法律词典（Black's Law Dictionary）对破产有更加具体细致的五种定义：“一、破产是一种法定程序，通常由于不能支付到期债务而启动，为了债权人的利益而开始的在法院监管之下的重整或清算程序；二、破产是指不能支

①② 杨宏芹：《证券公司退出机制的法律研究》，华东政法大学博士学位论文，2007。

③ 钱晓晨：《论我国证券公司破产的法律规制》，对外经济贸易大学博士学位论文，2006。

付债务的经济状况；三、破产是指在破产法中当事人被宣告破产的一种状况；四、破产是指依据破产法已被宣告破产的事实；五、破产是指规范破产中的债权人和债务人权利的法律内容。”① 从中看出，破产程序除了破产清算还包括重整等程序，从各国破产的立法体例来看也是这样，破产制度一般都包括破产和解、重整和清算三种程序。重整程序是指不对破产企业立即清算，而是通过重整计划，使企业摆脱资不抵债的困境重新获得经营能力。如果企业通过重整计划恢复经营，就避免了破产清算的命运。和解程序是指具备破产原因的债务人，与债权人会议达成和解协议，通过让步企图与债权人协商消灭债权债务关系。和解方案经法院认可后生效，从而企业也避免了进入破产清算。这三种程序是破产程序的主要组成部分。

三、证券公司破产程序的特殊性

证券公司破产和普通企业破产同属破产体系范畴，从本质上看，二者具有相同的价值目标，都是为了能够使所有债权人获得公平清偿。《破产法》的一般规定可以使用于证券公司，但是证券公司的债权人最主要的是为数众多的中小投资者，证券公司的破产将对其造成重大损害，如果处理不当，将会致使投资者对金融市场丧失信心，并引发系统风险。在处理证券公司破产时，各国都在普通破产清算程序基础上，制定了一些特别的程序和制度，用以防范各种风险的发生。证券公司与一般企业在运作方式、法规监管等诸多方面存在差异，因此，仅依靠《破产法》的针对普通企业破产时的一般规定，不足以应对证券公司破产时产生的各种特殊问题。

1. 破产目标追求的特殊性

一般破产运动的发展使重整制度成为再建主义下的新潮流，但是对于符合破产条件的破产清算，更是符合市场价值取向的做法，也是符合伦理的重视企业生存权的安排。它是以公平的偿债机制来实现对债权人的保护，同时也给债务人从头再来的机会，追求的是一种公平的机制。然而，现代证券公司破产法作为一项破产法律制度，更加强调证券公司破产预防，而不仅仅是实施破产清算。对于证券业来说，破产不仅仅是概括执行、优胜劣汰和破产免责的工具，

① Bryan A. Garner, Black's Law Dictionary (Second Pocket Edition), West Group, 2001.

而且还成为化解财务危机、帮助证券公司重建、拯救证券公司命运的法律手段。它总是千方百计以积极的方式来从根本上保护债权人的利益。目标在于防范系统性风险，维护金融秩序的稳定。

2. 证券公司投资者身份的特殊性

证券投资者具有双重法律身份，一为《证券法》上相对于证券公司的证券公司客户身份，另一个就是《公司法》上相对于上市公司的股东即证券投资者。普通企业破产程序的债权人指的是与企业业务往来过程中所形成的具有债权债务关系的利益相对方，而在证券公司破产程序中，债权人除具有一般企业破产意义上的债权人外，更为重要的则是证券公司的投资者。此种意义上的投资者指的是证券法上证券公司客户身份的投资者，而非公司法意义上的公司股东。

3. 破产申请条件的特殊性

破产条件，又称破产程序开始的实质要件，其包括破产能力、破产原因和无破产障碍三个要件。对于一般企业，只需要满足这三个要件便可申请破产，法院就可以受理破产案件。《破产法》第 2 条规定：企业法人不能清偿到期债务，并且资产不足以清偿全部债务或者明显缺乏清偿能力的，依照本法规定清理债务。证券公司破产除需满足普通企业破产的一般条件外，也必须符合最高人民法院的“两个同意”（破产申请经证监会同意，破产受理经最高法院同意）和“五个完”（个人债权债务清偿完、资产和账册清理移交完、证券类业务处置完、保证金缺口补完、员工安置完）。这几项规定是我国最高人民法院对申请证券公司破产清算做出的政策性规定。这就意味着即便证券公司存在破产的事实，只要不符合这项规定，就不能启动破产程序。另外，该规定要求了要把员工安置完，这点与一般企业破产也存在差别。一般企业破产程序中，员工的工资作为债权参与破产财产分配，而证券公司破产程序的启动则是以员工的妥善安置为条件的。

4. 经纪业务剥离的特殊性

对于证券经纪业务，一直以来存在许多不清晰的认识，为了更好地界定其含义，《证券法》第 125 条、第 140 条、第 141 条和第 143 条对其做出了规定。从上述规定可以得出，立法者对经纪业务的定义是经国务院证券监督管理机构批准，证券公司在客户授权委托的范围内，为客户的利益买卖证券，并不得接受客户的全权委托而决定证券买卖、选择证券种类、决定买卖数量或者买卖价格。经纪业务要求证券公司客户的资产独立于证券公司自身资产，在证券公司进入破产程序中，为保证金融市场的稳定、保护投资者权益，证券经纪业务的客户的交易不能停止下来，此时为了客户的利益就必须完成交易，将这部分业务托管给有资格从事证券经纪业务的公司。而在普通破产程序中，一旦进入破产程序，则必须停止与清算无关的一切经营活动。

另外证券公司在破产申请主体，破产受理期限等诸多方面都有其自身的特殊性。《破产法》的一般性的规定可以适用于证券公司破产程序，但是对于证券公司自身的独特性，还必须有针对性地制定相关的法律法规以及可行的制度，以便于更大程度地保护投资者的合法权益，确保金融市场的健康快速发展。

第二节　我国证券公司破产之现状

一、建立证券公司破产法律制度的必要性

长期以来，我国一般采取行政方式来解决金融机构引发的风险，然而这一做法不仅没有制度的支撑，也会导致投资者保护不够、金融机构社会责任感缺失等问题。随着市场和法制的进一步发展，制定完善的证券公司破产法律制度，从而让出现严重经营危机的证券公司退出市场，是十分必要的。

1. 有利于完善证券公司市场退出机制

证券公司退出机制的完整体系，应当包含多种方式，而破产退出方式是证券公司市场退出机制的重要组成部分。我国的传统观念认为破产对于金融行业是一种过于严厉的手段，认为破产就是彻底退出市场，容易引发系统性风险。这就导致在实际操作中，破产总是作为一种迫不得已才实施的手段。实践中我国证券公司也有采取破产方式退出市场的，但主要方式仍然是行政性关闭等行政手段，而不是市场化的破产方式，总体而言是行政主导型的模式。但是这一做法有很大弊端。一方面，行政关闭后仍未解决的问题，人们往往寻求行政手段，寄希望于政府施以援手。政府若资助，则有滥用职权，挪用纳税人之税金的可能，从而助长道德风险。另一方面，行政关闭随意性很强，法律法规没有详尽规定，行政手段与司法发生争议时是否有效也很难判定。因此，必须尽快

发挥证券公司破产在证券公司退出机制中的应有功能，改变以行政性关闭为主的处理方式，转向市场化的证券公司破产法律制度。

2. 有利于债权人保护之强化

市场经济是信用经济，债权本身就表明了一种信用，不履行债务就是不讲信用。当前，我国经济生活中不讲信用而逃避债务的行为比较普遍，这对于我国市场经济的健康发展极为不利。因此，必须通过建立健全破产责任制度、对欺诈破产和虚假破产的惩戒机制等，以强化对债权人的保护，遏制各种逃避债务行为的发生，建立和维护良好的社会信用。美国经济学家 La Porta、Lopez Silanes、Shleifer and Vishny（简称 LLSV）对保护股东和债权人的一系列重要法律法规进行了讨论，并阐述了这些规则在 49 个国家中的流行情况。LLSV 认为对债权人进行保护的法律主要涉及破产和重组程序，并且包括使债权人重新获得抵押品，保护债权人优先权，使公司在重组中寻求法律保护难度加大①。破产法的目的是“为债权人的集体利益去实现债务人资产利用的最大化”，它既可能使债务人的总资产价值增加，又可能提高债务人资产处置的效益，还可以降低用于防范他人“损人利己”行为而必须付出的代价，它在使所有债权人的集体行为统一于破产程序的前提下，使每个债权人的获偿状态更好而无任何人比原来的状态更坏。

3. 有利于金融资产之优化配置

证券公司作为市场经济中的一员，其理应遵循市场经济的游戏规则。经营失败时通过破产机制退出市场，这是市场经济优胜劣汰规律的必然选择。证券公司破产法律规定明确了证券公司的市场退出机制，改变了证券公司经营亏损由国家承担的做法。一方面，对那些已经符合破产条件的证券公司来说，不对其进行破产宣告，允许其继续借银行的钱或把投资者的钱用于各项支出，实际上就是容忍其继续浪费社会资源。另一方面，破产法律制度的内容并不限于证券公司破产清算，相反，还有重整、和解等程序，通过这些程序可以使陷于经营困境的证券公司暂时免受债权人的追讨，获得复苏的机会，从而最终避免社会资源的浪费。所以，建立证券公司破产法律制度对于整合社会资源，提高资产的利用效率具有重要意义；破产法的贯彻执行将使证券公司存在较大的竞争

---

① LLSV：“投资者保护与公司治理”，载于《经济社会体制比较》2001 年第 6 期。

压力，迫使他们不断提升自己的竞争力，能够更有效地配置社会资源。

4. 有利于我国证券业的对外开放

一方面，制定证券公司破产法是应对外资证券公司竞争的需要。加入世贸组织之后，我国证券业逐步开放，国内证券公司将在国门内外同时参与国际竞争，必然增大了我国所面临的国际金融风险。为应对国外证券公司的挑战，更好地参与国际金融市场竞争，必须着力于提高国内证券公司的整体素质。而只有按照国际监管标准处理和解决证券公司破产等市场退出问题，建立并完善证券公司破产法律保障机制，才能有效保护经营良好的证券公司，淘汰低效、劣质的证券公司进而提高证券业的整体素质，更好地迎接来自国外的挑战，防范国际金融风险。另一方面，制定证券公司破产法也是规范我国金融竞争秩序的需要。我国在参加 WTO 的谈判中承诺中要开放包括证券业在内的金融市场，但如果在证券公司的市场退出、特别是破产方面没有相应的法律规定，造成我国证券法律体系中只有准入制度，没有退出制度，就会使我国证券市场的开放与监管均不完善，难以保障其正常的竞争秩序。①

二、当前证券公司破产程序的主要问题

1. 破产程序启动中存在的问题

（1）破产申请的主体。

破产申请的主体就是破产申请人，破产申请人一般包括债权人、债务人、清算责任人，还包括证券监督管理机构。我国《破产法》第 134 条为证券公司等金融机构破产留下了立法空间，同时规定了证券监督管理部门的破产申请权。在证券公司破产时，破产申请主体的问题在实质上是权利配置的问题。《破产法》规定了三类破产申请的主体。

第一，债权人申请破产。债权人破产是行使权利救济的一种手段，当证券公司不能清偿到期债务时，证券公司的债权人有权申请证券公司破产以实现自己的债权。换言之，债权人申请债务人破产的权利，是法律督促债权人积极关注自己权利实现的制度。当债权人注意到债务人有无法偿还债务的可能时，通

① 杨宏芹、胡茂刚、桑志刚："中美证券公司破产法律制度比较研究"，载于《国际商务研究》2007 年第 5 期。

过申请债务人破产，既有利于积极实现自己的权利，又有利于保证经济平稳发展。但是是否只要出现证券公司不能偿还到期债务的情况，债权人就可以向法院申请证券公司破产呢？这一点显然有待商榷。首先，证券公司的业务有高负债的特点，受到证券市场波动影响比较大，一时无法清偿，可能经过一段时间的经营或者等到证券市场行情渐长时就能够清偿。所以是否资不抵债的判断标准和普通企业有所不同。其次，证券公司的业务具有高度专业性的特点，由法院判断证券公司是否达到破产条件对司法机构来说要求似乎相对较高。再次，证券公司的债权人往往是中小投资者，他们人数多、分布广，而且对于证券公司复杂的业务可能并不十分了解，经常仅依靠对自己无法履行到期债务的现象就判断达到破产条件，但这往往不能反映证券公司经营的整体状况。因此，应该对申请人所代表的债权数额进行必要限制来预防债权人滥用申请权的行为。而且证券行业非常看重市场信心，如果滥用申请权往往会影响到市场对证券公司信任度，从而影响证券公司的经营。

第二，债务人申请破产。证券公司作为债务人比较清楚自己的财产和经营状况，债权人可以利用破产保护机制来保护自己的利益，这是证券公司申请破产的原动力。证券公司可以合理利用破产程序来使自己摆脱债务危机，这其实是一种激励机制。同时，赋予债务人破产申请权也是对债权人高度负责的表现。当公司的经营陷入困境无法转圜的时候，及时进入破产程序不仅是保护自己，也是积极减少损失、对债权人负责的表现。但从实践中可以看出，当证券公司濒临破产时，治理层结构往往已经混乱不堪，存在一系列违法违规行为，很难有动力促使公司走向司法程序，这时将提出破产申请的权利赋予行政监督管理部门是一个很好的选择。

第三，行政清理组和证监会申请证券公司破产。证监会作为证券公司的监督管理机构，在证券公司的经营过程中对其进行监管，比较了解证券公司的经营水平和资产状况。在证券公司出现破产原因时，通过申请证券公司破产，能够化解证券公司累积的金融风险，是其行使职权的表现。而且证监会有足够的专业知识能够准确判断证券公司是否达到了破产条件，能够及时申请证券公司破产。由行政清理组申请破产是证券公司行政处置的延续，行政清理组对证券公司的状况应该最为了解，经过行政处置仍旧不能恢复经营则必须进入破产程序，此时由行政清理组提出申请是比较合理的。而且行政清理组也能行使证监会部分职权，申请证券公司破产是证监会申请权的延伸。

（2）破产申请的条件。

《破产法》规定的债务人申请破产的条件是缺乏偿债能力，也就是所谓的资不抵债。这是企业申请破产需要满足的申请条件。然而证券公司破产和一般企业破产存在许多方面的不同，前面已经详细分析过，因此，在申请条件上也会比一般企业破产更为严格。

首先，必须经过证券监督管理机构的批准。因为证券公司破产具有巨大的传导性，而且业务比较复杂，仅仅依靠法院来判断对法官的能力要求过高，因此比较合理的做法是需要经过证监会的批准。一方面，证监会负有对证券公司监督管理的职责，证券公司的设立也需要经过审批，自然退出也需要经过审批。另一方面，证监会掌握着证券公司详细的经营和财务信息，对其风险程度比较了解，而且证监会行政管理者的身份使它能够在国家金融安全、社会稳定的角度上，客观科学地对证券公司是否已经达到破产界限进行判断。另外，经过证监会的审批还有一个优势，就是灵活性。在我国司法实践中，有证券公司刚开始进入行政处置程序的时候确实是资不抵债。但到最后，由于证券市场走势良好，证券公司拥有的大量证券，资产也随之升值，实际上是可以避免破产的。因此，在证监会的角度，综合分析证券公司的资产状况和未来的经营前景，能够比较灵活地处理证券公司是否进入破产程序。《处置条例》和《破产法》都规定，上述破产申请主体，除证监会本身外，都需要经过证券监督管理部门的批准才能申请破产。换言之，如果没有得到证监会的批准，法院是不予受理的。

其次，证券类资产处置完毕。这是针对经过行政处置而提出破产申请的情况。证券类资产处置是行政处置期间必须完成的工作，其实质就是经纪类业务的转移安排，是为了保护投资者利益的制度安排。在行政处置过程中，一般都会撤销证券公司的业务许可，但经纪业务直接关系到投资者的具体利益，特别是在市场行情好的时候，如果没有及时转移账户，肯定会影响投资者的操作。为了不影响投资者的正常证券交易，法律规定必须对经纪类业务进行转移。法院审查该项条件是否满足的重点就是证券类资产和经纪业务客户是否已经转移完毕。

再次，债权是否收购完毕。债权收购是行政处置阶段的主要工作，我国现在的收购标准主要是根据《个人债权及客户证券交易结算资金收购意见》（以下简称《收购意见》）以及之后颁布的一系列补充规定，收购工作的实质是对投资者的赔偿。在证券公司破产中，投资者的利益往往会受到不合理侵害，赔偿投资者的损失是各国在证券公司破产中普遍采用的做法。行政处置过程中，行政清理组应该重点对投资者的正常经纪类账户和非正常经纪类账户进行甄别，对符合收购条件的账户进行收购。我国收购工作主要是由中国人民银行和中国证券投资者保护基金有限责任公司进行，按照《收购意见》对个人投资者的证券交易结算资金和个人债权进行收购。债权被收购后，投资者将其所持有的债权让渡给收购方，由收购方参与证券公司的破产清算。同时，投资者可以选择接受收购，也可以选择参加被处置证券公司的最后清算，同时签署参与清算确认书，如果最终清算受偿金额低于收购额，不予补偿。法院审查的重点就是收购工作是否按照法定程序完成。

（3）破产申请的审查。

破产申请的审查是法院就申请人提出的破产申请进行审查，以便做出是否受理的决定。《破产法》第十条规定由法院审查债务人是否达到破产条件，这一规定对于证券公司破产同样适用，法院审理的内容应该包括上面提及的申请条件是否满足。这里涉及法院是进行形式审查还是实质审查的问题。

从一般企业破产申请的审查来看，法院审查形式要件的同时必须进行实质审查，以查明被申请人是否达到了破产界限。但在证券公司破产申请程序中，必须经过证券监督管理机构的批准才能申请破产，即是证券监督管理机构通过审查已经同意证券公司破产。这说明证监会已经认可了前期的行政处置工作。法院再次审查行政处置工作是否完成是对这一行为的重复审查。而且，证券监督管理机构的审批一般要经过专业会计师审计，同时还要结合自身专业知识和信息优势对证券公司是否已经达到了破产原因做出判断，过程比较专业也比较严谨。很显然，法院并没有比证券监督管理机构更专业的知识和信息来源，那么即使进行实质审查最终还是流于形式。

综上所述，笔者认为，法院在审查申请条件时，对于行政处置之外的条件应该进行实质审查，而对于证券监督管理机构批准的行政处置工作应当予以认可，只进行形式审查。但是如果法院在审查过程中发现行政处置程序出现重大违法违规现象或者明显的不合理转让行为，可以向证券监督管理部门提出，并要求其进行改正。

2. 破产程序进行中存在的问题

（1）破产管理人的指定。

破产管理人在破产清算工作中起着重要作用，破产程序的进行虽然由人民法院受理申请而启动，但是破产债权的确认，破产人对外债权的追收，破产财产的管理、变价及对破产债权人的分配清偿等重要工作，都是在破产管理人组织下进行的。所以，破产管理人在破产清算程序中处于中心地位，破产管理人的组成人员及其在破产管理中的活动直接关系到破产程序能否公正、公平和高效率地进行。对于证券公司破产案件，管理人的素质要求更高，其既要掌握破产法的规定，又要精通金融证券业务，更要熟悉国家关于证券公司拟综合治理的有关政策、法规，了解破产的证券公司行政处置程序的基本情况。

《破产法》将指定管理人的权利交给人民法院，同时赋予债权人会议更换的权利。法院的独立性决定了由其指定管理人能够充分保障管理人中立、独立和公正的特性；赋予债权人会议对管理人资格的异议权也保障了债权人对管理人的监督。这是比较科学合理的指定方式。但是对于证券公司的破产案件，仅由法院指定管理人还不足以保证管理人的水平能够胜任证券公司的破产管理工作。考虑到证券业务的专业性，人民法院指定管理人时最好包括证券行业的专业人员。证券监督管理机构可以按照有关法律和行政法规的规定向法院推荐参加清算组的专业人士作为候选人，法院可以决定是否采用。比如深圳市中级人民法院审理的南方证券公司破产清算案件，破产管理人就包括了深圳市人民政府推荐的原为行政清算组成员的政府官员。而汉唐证券破产案件，因为法院认为证监会推荐的人选存在不宜担任管理人的情形，最终法院并没有采纳证监会的推荐，转而通过公开招标的方式选定社会中介机构担任管理人。

（2）撤销权的行使。

证券公司破产适用一般企业破产法的规定，在撤销权的行使上存在一些不合理的地方。清算管理人行使撤销权的目的是为了能够最大限度保护破产财产，而保护破产财产相当于维护了投资者利益。一般情况下，企业清偿债权债务是正常的交易行为，并不违法或违规，但是《破产法》具有自己特殊的立法目的，就是对企业的所有债权人公平清偿。因此《破产法》不仅仅考虑一个债权债务关系的清偿，它关心的是能否使更大多数的债权人的利益得到满足。因此，企业在资不抵债的情况下如果仍旧对个别债权人转让财产或者清偿债务，往往就是对其他债权人利益的侵害。因此法律规定，在破产程序开始后不得对个别债务人清偿。而撤销权更是将这个制度扩张，甚至连破产申请之前的六个月的债务清偿都能被撤销。《破产法》规定的撤销权能够追及的个别清偿行为是从破产受理前六个月开始。

证券公司破产程序中也可以行使撤销权，行使效果和一般企业破产是一致的。但由于证券公司破产在进入司法程序前要经过行政处置程序，《处置条例》对行政程序的处理期限明显要排除在撤销权的期间计算之外，每一种行政处置方式一般最长可以达到24个月，行政清理时间也是24个月，从行政处置开始到进入破产程序，期间可能有三四年的时间，甚至可能更长。六个月的期限明显不能满足证券公司破产程序中行使撤销权追及的财产所需要花费的时间。

（3）破产债权的清偿。

破产程序一般由法院主持，管理人负责破产财产的保管、清理、估价、处理和分配等破产清算事务。对于破产财产的分配，根据《破产法》的规定，破产财产优先清偿破产费用和共益债务，接着是职工工资、医疗保险，拖欠的税款，最后才是普通破产债权的清偿。

实践中，大连证券破产案件在破产财产分配时，对于中国人民银行的再贷款是优先偿还的，甚至优先于职工工资的清偿顺位。然而这一做法在法律上是有疑问的。中央银行原则上不能对非银行金融机构提供贷款，但是也有例外。为了防范金融风险，央行经过国务院批准再贷款给金融机构弥补投资者损失是符合法律规定的。但是再贷款的性质从本质上来说就是央行对证券公司的债权，而从它所补偿的对象看来，被挪用的证券交易结算资金和个人债权都不具有清偿上的优先权，也就是说，在破产分配时要和其他普通债权处于同一顺位。另外，因为赔偿投资者损失是基于保护投资者的目的，在行政处置程序中设置的特殊赔付程序，而赔付过后取得的代位求偿权再参与的司法程序，就应该遵守破产法的规定，不应该再享有优先权。在大连证券破产中，行政清算组优先偿还央行再贷款的做法，导致最后仅剩下3000万元供破产分配，几乎处于无产可破的情况，这对其他普通债权人造成了很大的不公平。

因此，在金融机构破产程序中，应理顺各种债权的清偿顺位。不论是央行再贷款还是投资者保护基金有限公司收购投资者损失，都不应该享有优先权。通过代位求偿权取得的债权不应优于原来债权，它的性质仍然是普通债权，只能与其他普通债权处于同一顺位。而对投资者的保护应该从其他方面入手，如此方能更好平衡保护投资者和其他债权人的利益。

3. 行政处置和破产程序衔接中存在的问题

证券公司破产要经过行政程序才能进入破产程序。如果由债务人或者债权人提出破产申请，应当报经证券监督管理机构批准。对不需要动用证券投资者保护基金的，证监会可以在撤销其业务并安置客户后批准其破产；需要动用投资者保护基金的，证监会不能批准申请，而应该依法进行行政清理。

行政清算程序和破产清算程序都涉及证券公司对外法律关系的清理和财产的管理，具体工作内容存在一定程度重叠。因此，为了保障证券公司破产程序顺利高效开展，保护投资者利益，要处理好行政清算程序和破产清算程序具体工作的衔接。衔接的内容包括债权重新申报，账户清理，债权的收购及受偿，审计、评估报告的使用，公安查封、冻结财产的移交等[①]，这里主要讨论与投资者保护相关的几个问题。

（1）债权的重新申报。

在行政处置过程中，行政清算组成立后即发布债权登记公告，要求债权人申报的债权包括个人债权和机构债权。行政前置程序的目的主要是弥补个人投资者的损失，因此机构债权没有得到平等的清偿。在进入破产程序之后，人民法院必须依法发布破产受理公告，并要求债权人向管理人申报债权。由于个人债权在行政处置阶段已经被依法收购，在进入破产清算程序后，已经被收购的个人债权不需要再次向管理人申报。这部分债权被人民银行或者证券投资者保护基金公司收购，他们因此获得代位求偿权，作为债权人可以申报债权。因此，从这个角度看，证券公司破产清算程序处理的债权主要是机构债权，还包括在行政清理中由于各种原因仍然没有被收购的个人债权，这些个人债权可能不符合收购标准，仍旧可以在破产程序中申请。

在风险处置过程中出现许多账户定性方面的争议，同样一个投资者账户，清算组认为是委托理财账户，投资者却认为是正常经纪账户的情况常常发生。对于性质有争议的客户交易结算资金，最后如何定性，按照什么标准定性，收购政策并没有明确的规定。因此，法律规定的不合理导致了投资者赔偿不公平，

---

① 邓基联：《证券公司破产清算案件审理实务》，人民法院出版社 2008 年版。

有很多投资者的资产只得到了部分赔偿，有些根本没有得到赔偿，这些资产形成的债权无法得到赔偿都应该列入破产债权。

然而，对于这部分未被收购的债权在破产清算程序中是否需要重新申报的问题，存在两种不同观点。一种观点认为行政处置程序与破产清算程序中的个人债权的申报能够互相替代，因为债权人的债权在数额和性质方面没有变化，再次申报是一种重复行为，是对司法资源的浪费。另一种观点认为二者不能互相替代，因为前后两种程序的性质完全不同，而且对于债权审查的标准也不尽相同。笔者认为，行政处置程序和破产清算程序是两种完全不同性质的程序，处理个人债权的法律依据也有所不同。收购政策对客户交易结算资金合法本息全额收购，个人债权分段打折收购，而机构债权不予以收购。可见，行政清理阶段投资者账户的性质关系到能否得到赔偿。而在破产清算程序中，债权申报主要关注于是否有真实的债权债务关系及是否存在担保。因此，行政清理的债权申报和破产清算中的债权申报不能相互取代。

但在实践中，确实存在申报资料重复的问题，为了节省资源，同时又尽可能维护投资者利益，可以采取变通的做法，即由破产管理人向债权人发出申报通知，债权人可以选择重新申报债权或者不申报债权。如果投资者不选择再次申报，则直接以行政清理阶段申报的债权为准。管理人在材料不齐时，仍旧可以通知债权人补齐材料。

（2）账户清理。

行政处置过程中重要的任务之一便是对证券公司的账户进行清理，行政清算组对投资者账户性质进行细致甄别确认，以保证符合收购政策的投资者得到赔偿。同时，行政处置程序的另一项重要工作便是证券类资产的转让，在证券类资产转让的同时完成客户转移[①]。但这仅限于正常经纪类账户，非正常经纪类账户则不属于转移范围，而是集中到被处置证券公司的特别席位上，统一管理，分类处置。这些账户在证券公司进入破产程序后，仍需由管理人处理。证券公司进入破产程序后，委托理财等非正常经纪类账户内的资产如果还存在，投资者可以根据《破产法》第 38 条规定向管理人申请取回其账户内的资产。在此情形下，管理人必须对申请人的取回权进行审核确认。

---

① 许灵等：“化解金融风险：证券公司破产程序的规范”，载于《中国律师》2007 年第 7 期。

可见，取回权的确认是以账户清理为基础的，与行政处置阶段的账户清理工作密切相关，也涉及工作衔接的问题。这就要求行政清算组向管理人全面移交账户清理资料，特别是对非正常经纪类账户资产的真实状况予以明确。“从审判实践看，账户清理与取回权在衔接方面仍存在如下问题：一是非正常经纪类客户账户内被挪用部分的资产在柜台数据上并未显示为零，即柜台数据无法反映账户资产的真实情况，影响管理人对取回权标的存在状况的认定；二是由于证券登记结算机构与行政清算组信息不对称，行政清算组在向管理人移交时，无法准确提供证券公司债券回购透支及债券被转移占有、处置等情况，影响管理人对证券被挪用的正常经纪类机构客户取回权的认定。”①

（3）债权受偿。

与一般企业破产相比，证券公司破产债权主要包括以下几类：国家再贷款类债权，即国家再贷款收购个人债权形成的债权；投资者在行政处置阶段未被收购的债权，主要是机构债权和少数个人债权；还有各种贷款、运营费用形成的债权。

投资者未被收购的债权包括以下两种情形：第一种情形是个人债权人在证券公司行政处置期间未作申报要求，在证券公司破产后，破产清算组可受理其破产债权的申报，同时，通知个人债权人向行政清算组申报要求被作为个人债权收购。如果该笔债权最终被收购，则应当由债权人撤回破产债权申报；如该笔债权最终未能被收购，则破产清算组应当对该申报进行审核，确认其是否属于破产债权。第二种情形是个人债权人在行政清理期间已经申报了债权，但经甄别确认不属于收购范围，则个人债权人可凭不予收购的甄别确认结论申报破产债权。

在破产清算中申报的债权体现出与行政处置政策密切相关的特点，不仅人民银行和投资者保护基金就再贷款申报的破产债权，是直接来源于国家对客户交易结算资金和个人债权的收购政策，而且收购时，依照债权主体对债权进行的划分，如个人债权、机构债权、机构名义个人债权等的分类，虽然不是法律、法规层面的规定，但鉴于证券公司破产清算的特殊现实，这种划分也是在对证券公司破产债权申报登记和审核确认过程中，管理人必须借鉴、参考和注意的问题，甚至要依此来设计、完善破产债权申报登记和审核确认程序。

① 邓基联：《证券公司破产清算案件审理实务》，人民法院出版社2008年版。

第三节　我国证券公司破产制度之完善

一、破产法律制度体系的完善

证券公司由于其自身的特殊性其破产不同于一般的企业，其涉及的主体比较多、影响比较广泛，所以对于证券公司的破产需要多方面的规范。一是证券公司破产风险的防范上，证券监督管理机构必须对证券公司的业务操作及资金管理进行严格监管，以防止证券公司突发性破产；二是在证券公司破产中对证券投资者的保护予以重视，这主要是为了稳定投资者信心、保护证券市场的长期发展；三是对证券公司破产程序作出特殊性规定，以使证券公司顺利退出市场。我国目前除了《破产法》外，在这一方面的法规只有《证券公司风险处置条例》，制度供给严重不足，有待出台更多相关法律法规加以规范。

1. 应尽快制定《证券公司破产实施办法》

《破产法》颁布实施后，给证券公司的破产提供了直接的法律依据，但是其并未对金融机构的破产程序作出专门的规定。而普通破产程序的规定在证券公司破产的适用存在很大缺陷，与《破产法》相适应的《证券公司破产实施办法》亟须制定，以使证券公司等金融机构的破产步入正轨。《破产法》第134条已经授权证监会等金融监管机构制定相关配套法规，但是以怎样的模式进行立法没有限定。学术界有两种观点：综合立法模式与分别立法模式。前者是指证监会等金融监管机构依据《破产法》《证券法》《商业银行法》《保险法》等法律制定一个统一的实施办法，对证券公司、商业银行、保险公司都可以适用，这种立法模式主要针对金融机构的特殊性进行相应的制度设计；后者是指由证监会、银监会、保监会等监管部门分别针对证券公司、商业银行、保险公司的不同特性，依据各自的实体法律制度进行相应的立法，分别适用于不同的金融机构，这种立法模式专业性更强。美国在这方面采用的是综合立法模式，美国《破产法》第七章第三节专门针对金融机构的破产作出规定。但结合我国的实际情况，采用分别立法模式目前来说更为适宜，并且在制定办法的过程中应当结合证券投资者保护基金。

2. 启动制定《证券投资者保护法》

对于投资者保护的立法，美国的相关制度比较完善，其有专门的《证券投资者保护法》（SIPA）及证券投资者保护机构（SIPC），甚至美国《破产法》中对证券公司的破产的规定很多都是源于SIPA。SIPA的目的就是为了保护广大的投资者，其所代表的就是投资者的利益。证券投资者保护机构的介入是美国证券公司破产制度中的一大亮点，也是最值得我们学习借鉴的。我国目前不可能建立一个专门的投资者保护机构，但是可以将证券监督管理机构与投资者保护基金公司结合共同保护投资者。借鉴美国SIPA中对SIPC的法律地位、权利义务等的规定，在《投资者保护法》中赋予投资者保护基金公司相应的法律地位。在证券公司破产程序的启动中赋予其相应的破产申请权等，使其可以代表投资者的利益。这样，一方面对于证券公司的风险防范起到了监督作用，另一方面对证券投资者的利益损失可以予以补偿。

二、破产清算程序中特殊制度安排

1. 客户保护令制度

在美国，客户保护令的申请是SIPC介入证券公司破产清算中的第一步。当SIPC认定任何会员证券公司对客户违约或者存在违约风险，并且该会员公司存在破产的风险时，SIPC可以向有管辖权的法院申请客户保护令。客户保护令具有优先地位，即使之前存在任何有关的程序其仍可以被法院接受；客户保护令一经发出此前所有的破产程序自动终止。我国实践中有与之类似的“三中止”制度，但其只能够由证监会提起且程序繁琐不利于快速反应、防止风险蔓延。在新的证券公司破产立法中，我们可以借鉴美国的客户保护令制度，风险处置后由监管机构、客户保护机构等向法院提起申请，法院立即发出冻结令。并赋予投资者提出异议的权利，使其在快速反应防范风险的同时，切实保护投资者的最终利益。

2. 债权申报制度

普通破产程序中，对于债权申报的主体和期限都有详细的规定。证券公司的债权申报也是不可或缺的环节之一，对于哪些主体可以申报债权、债权申报应该限定在什么时间范围内、应该采取怎样的方式申报都是立法实践应该予以考虑的。证券投资者作为证券公司的债权人之一，应该享有债权申报的权利，这毋庸置疑。美国把债权申报的时间、方式做了严格的限定，但在实践中却引发了不少的争议，这主要是因为证券投资者的数量多、分布广泛。所以我国在进行立法时应该对此进行灵活的处置，对于申报方式可以多样化，如现场申报、邮寄申报等；对于申报时间在严格规定的同时结合证券公司规模的大小、投资者的多少予以灵活的变更。

3. 债权清偿顺序安排

债权清偿是破产的最后程序也是破产的最终目的所在，债权的清偿结果如何直接决定了破产程序是否能够实现其价值目标。从证券投资者利益的角度出发，其债权清偿顺序的优劣直接关系到最终利益的实现。美国将投资者的财产分为客户名义证券、客户财产、普通财产，在此基础上予以不同顺序的清偿。首先返还客户名义证券，其次对客户财产的清偿优于其他债权人，只有投资者的普通财产参与普通债权清偿程序与普通债权人一起按照债权比例获得清偿。我国在立法中也应该对证券投资者的不同形式的债权予以不同形式的偿还。

4. 商业保险制度

在对证券投资者的保护方面，美国除了有专门的《证券投资者保护法》及证券投资者保护机构外还有商业保险制度的设计。证券公司为投资者购买商业保险，对 SIPC 保护限额以外的客户财产实施保险。该制度在很大程度上对证券投资者提供了双保险，但是其对保险公司的要求也很高，目前我国没有开展这一保险业务的公司。

三、证券投资者法律地位的确认

1. 证券公司破产清算中投资者的权利

（1）证券投资者的破产申请权。

破产清算程序的启动需要有申请主体的申请，各国的立法通例中有四种主体可以申请破产：债权人、债务人、准债务人、特定国家机关。《破产法》的立法目的就是为了保护债权人的利益，使债权得到公平的清偿。但也并非所有的债权人都有申请破产的权利，还需要看其债权的具体情况，即债权是否到期、债权有无担保、债权人人数及债权数额的比例等。证券投资者作为证券公司的债权人，具有数量多、分布广、数额大小不一等特点。这对投资者的破产申请权必然会产生影响。

对于证券投资者破产申请人资格的问题，有关国家的立法体例设有最低债权额的限制，即债权人所享有的无担保债权额必须达到法定最低限额，否则不能提出破产申请。在英国，此项标准为750英镑。以英国法为蓝本，美国、加拿大、澳大利亚、新西兰、印度等国的立法，也实行了最低债权额标准，比如美国为5000美元。而德国则直接剥夺了债权人和债务人的破产申请权，商业银行的破产申请必须由联邦金融监管局提出。而日本、英国等国的监管当局被赋予破产申请人资格[①]。根据《破产法》的规定，证券公司的债权人应该享有破产申请权。《证券公司管理办法》规定“证券公司债权人依法向法院申请证券公司破产的，证券公司必须在得知该事实之日起一个工作日内报告中国证监会”。这说明证券公司的债权人都具有自主的破产申请权，不需要监管机构的批准。但由于证券公司对应众多的自然人债权人，如债权人均提出破产申请会不利于证券市场的稳定。在证监会制定相应法规之时，应根据证券业的特殊性，参照国外立法，对普通债权人提出破产申请从债权数额大小上给予必要的限制。

（2）证券投资者的取回权。

证券投资者在证券公司中享有自己的资金账户和证券账户，当证券公司进入破产程序时，这些财产仍属于证券投资者自己，因此证券投资者享有一般破产法中的取回权。

第一，客户交易结算资金的取回权。客户交易结算资金，包括客户为保证足额交收而存入的资金，出售有价证券所得到的所有款项（除去佣金和其他正当费用），持有证券所获得的股息、现金股利、债券利息，上述资金获得的利息，以及证监会认定的其他资金[②]。客户交付的客户交易结算资金全额存放于客户交易结算资金专用存款账户和清算备付金账户。我国《证券法》第139条规定：“证券公司不得将客户的交易结算资金和证券归入其自有财产。禁止任何单位或者个人以任何形式挪用客户的交易结算资金和证券。证券公司破产或者清算时，客户的交易结算资金和证券不属于其破产财产或者清算财产。”这表明，根据我国现行的法律体系，实际上是确认了客户对客户交易结算资金的所有权，因此，在证券公司破产或清算时，客户交易结算资金不属于破产财产，

① 杨宏芹、胡茂刚、桑志刚：“中美证券公司破产法律制度比较研究”，载于《国际商务研究》2007年第5期。

② 李明良：《证券市场热点法律问题研究》，商务印书馆2004年版。

而是由客户对客户交易结算资金享有取回权。这不同于投资者对证券公司所享有的债权，对于客户交易结算资金的取回权属于物上请求权，而非债权。但是由于客户交易结算资金实际存放于证券公司名义下的一个统一账户中，因此投资者只能按照其对资金账户中的资金比例行使取回权。

第二，证券资产的取回权。所谓证券资产，就是证券账户中的证券利益，包括证券账户中待售的证券及购入的证券。投资者对于自己账户中的证券享有所有权，和客户的交易结算资金一样投资者享有取回权。但在证券投资交易的实际操作中大部分证券直接登记在实际持有人的名下，而有少部分却登记在名义持有人名下。对于前者其产权关系很好界定，但对于后者却存在着分歧，这成为取回权行使的障碍。对此我们应该借鉴美国的做法，确认名义持有人的所有权，这样投资者就可以通过名义持有人取回属于自己的证券资产。另外，证券投资者与证券公司的关系也关系到取回权的行使①。在证券投资交易中，投资者与证券公司之间通过指定交易或选定券商交易而形成托管关系。虽然这两种制度的具体操作程序不同，但最终都在证券投资者与证券公司间建立托管关系。要求证券公司作为托管人，根据客户的指令对托管在其处的证券进行买卖。因此，在证券公司破产的情况下，应将托管的证券归还给证券的所有权人。在此，客户行使的是一般取回权。

（3）对管理人的监督权。

《破产法》规定了破产管理人制度，在证券公司破产清算中也应该予以适用。破产管理人是破产程序中最重要的一个组织，是在进入破产程序以后根据法院的指定而负责债务人财产的管理，处分、业务经营以及破产方案的拟订和执行的专门机构②。在不同的法律下，管理人有不同的称谓，包括管理人、受托人、清算人、监督人、接管人、临时监护人、官方或司法管理人员或专员。破产管理人具体管理破产中的各项事务，破产程序进行中的其他机关或组织仅起监督或辅助作用。破产程序能否在公正、公平和高效率的基础上顺利进行和终结，与破产管理人的活动密切相关。可见，破产管理人对破产财产的管理直接关系到债权人的利益。破产管理人有义务在对破产财产进行清算整理过程中

---

① 朱伟一：《美国证券法判例解析》，中国法制出版社 2002 年版。

② 许海峰主编：《企业破产清算》，人民法院出版社 2005 年版。

尽到善良管理人的义务，最大限度的保护债权人的利益。《破产法》规定破产管理人由人民法院指定、管理人依法执行职务，向人民法院报告工作，并接受债权人会议及债权人委员会的监督、债权人会议认为管理人不能依法、公正执行职务或者有其他不能胜任职务情形的，可以申请人民法院予以更换，以上这些普通破产程序中的规定都是对债权人的保护，作为证券公司的债权人证券投资者首先应该享有这些权利。另外，对管理人的指定及报酬的确定都应当征求证券投资者的意见。

（4）赔偿请求权。

证券公司的破产多数是因为大量挪用客户资金，操纵股市，巨亏之后造成资不抵债而最终走向破产。而证券公司的客户资金是证券投资者在证券公司开立的资金账户中存放的，委托证券公司进行交易所用的资金，这部分资金的所有权是属于证券投资者的，证券投资者对其享有取回权。但是证券公司将这部分资金挪用之后，由于货币的特殊性，证券投资者对于被挪用的这部分资金丧失了原有的取回权。

我们首先分析证券公司挪用了客户资金行为的性质。挪用客户财产既是一种侵权行为又是一种违约行为[①]。一方面证券公司挪用客户财产违反了其与客户委托证券买卖合同所约定的保管资金和证券以及依据客户的指令进行证券交易的义务，另一方面证券公司挪用客户财产也损害了客户对其财产的所有权。证券公司挪用客户交易结算资金一般会产生三种结果：挪用之后仍能够有具体替代物；挪用后与他人资产混杂在一起难以区分；可能最终消失[②]。对于第一种情况，证券投资者可以行使代偿权，取回财产的替代物。第二种情况可以根据证券投资者的资金份额按份取回财产。第三种情况下证券投资者与证券公司之间形成一种债权，投资者可以按证券公司的侵权行为请求侵权赔偿，也可以根据证券公司的违约行为主张违约之债，但是无论何者投资者的此种债权都只是一种普通债权，只能依普通破产程序取得。除了对投资者交易结算资金的挪用，还存在挪用客户证券资产的情形。这主要有两种方式：一是擅自将客户的股票和证券抛出后将所得资金转出，此情况的实质是挪用客户交易结算资金；

---

① 李明良：《证券市场热点法律问题研究》，商务印书馆2004年版。

② 符启林主编：《中国证券交易法律制度研究》，法律出版社2000年版。

二是直接将客户的证券账户下挂至证券公司控制的账户上进行交易。其导致的结果与挪用客户交易结算资金相似。

笔者认为，挪用客户交易结算资金或客户证券资产不仅仅侵犯投资者的已有财产的所有权，还对投资者的投资利益造成损失。在这种情况下，证券公司与证券公司之间不仅仅是一种简单的债权关系，投资者也不仅仅对其原有的资产享有返还请求权或债权请求权，还对证券公司所侵犯的证券利益享有赔偿请求权。

2. 证券公司破产清算中投资者的义务

（1）申报债权的义务。

证券公司进入破产清算程序后，破产管理人对证券公司的财产进行清算整理，同时对证券公司的债权进行统计。美国破产法对投资者的债权申报义务有具体的法律规定："在破产程序开始之后，托管人接受任命后应立即在一家或多家普遍发行的报纸上以法院规定的方式发布公告。托管人还应向公司簿册或记录中的客户寄送公告副本、债权登记表及填表说明。公告内容包括告知客户如何申报债权、申报债权的期限等。客户必须在规定的期限内填写债权登记表并返还给托管人"。

对于债权申报的期限有两种不同的规定[①]：①破产法院规定的客户债权申报日期，为公告之日起60天（也可为30天）。客户应在该期限内提出净权益债权请求，否则可能影响客户获得补偿，甚至导致丧失全部或部分债权。②SIPA规定的联邦法期限，为公告之日起6个月。除法律另有规定外，客户必须在公告之日起6个月内提交书面债权登记表。托管人在破产法院规定的期限（60天）之外但在联邦法期限（6个月）之内收到客户净权益债权，不必全部或部分用客户财产清偿，可以用SIPC基金偿还。没有在公告之日起6个月内申报债权的客户绝对禁止参与客户财产或SIPC基金的分配。可见，美国《破产法》对证券投资者的债权申报的形式、需要提交的资料、申报的期限等都做了详细的规定，具有很强的操作性。

我国《破产法》对于普通破产程序中债权人的债权申报也有具体的规定，

---

① 廖凡："论证券公司的破产清算特别程序——以中美比较为视角"，载于《比较法研究》2006年第7期。

但是证券投资者对于证券公司所享有的债权与一般的债权不同，并不能得到有效的运作，所以在具体操作中还应该有专门的法律规范予以规定。我们可以借鉴美国证券投资者保护法中的相关规定，对于证券投资者申报债权的予以具体规范，尤其是债权申报的期限及逾期不申报的后果等。

债权申报是债权获得清偿的前提，投资者只有依法履行债权申报的义务，在破产债权清偿时才能依法定的清偿顺序获得自己的份额，最大限度的实现自己的利益。

（2）禁止投资者的个别追偿。

在进入破产清算程序之后，破产法的一般原理是在债权人之间进行公平的清偿，债权人应依清偿顺序获得清偿。这要求债权人在破产程序启动之后不得要求破产主体进行个别清偿或不正当行使抵消权，以保护全体债权人的利益。个别清偿行为不仅损害其他债权人的利益，而且会扰乱正常的破产清偿程序，不利于破产法目的的实现。尤其是在证券公司破产清算中，由于证券投资者人数众多且分布广泛，若各投资者都要求进行个别清偿势必造成证券市场的动荡不安。为了防止此种情况的发生，破产法在这方面都有相应的制度安排。例如美国 SIPA 的客户保护令制度，该制度就是在证券公司破产程序启动后为了防止债权人哄抢作为债务人的证券公司的财产，以便对债务人的财产作出有序和公平的分配。客户保护令申请具有暂缓或中止任何将要或已经发生的针对债务人的司法、行政或其他诉讼，以及中止任何对债务人财产进行占有或设定利益的行为的效力，直到 SIPC 的行动结束。除少数例外情形，证券公司的财产和财务状况自申请之日起即被冻结。申请一经提起，受理申请的地区法院即获得对证券公司及其财产的管辖权，无论该财产位于法院所在地域之外，被第三人作为担保物持有，还是受制于留置权。

目前，我国《破产法》对此并没有具体的规定，在实务操作中有最高法院的“三中止”通知。所谓“三中止”，是指根据国务院的整体部署，由最高人民法院发布通知，在一定期限内，对以进入风险处置阶段的包括证券公司在内的金融机构为被告的民事案件尚未受理的暂缓受理，已经受理的中止审理，对以进入风险处置阶段的证券公司为被执行人的案件中止执行。该通知属于证券公司风险处置规范中的紧急措施，其在一定情况下起到保护全体债权人的作用，但该制度仍存在很多问题。首先，该制度的适用应将证券公司的风险处置机制与证券公司破产程序相结合，适用对象规定为被证监会采取风险处置措施的证券公司或被提起破产申请的证券公司。因为这两个程序之后证券公司的财产会由托管人或破产管理人管理，这样就可以全面保护全体债权人。其次，实施“三中止”后应对其财产情况进行监督，以保证债权人的债权能得以公平、公正的清偿。

总之，在证券公司的破产清算中，首先应当确定投资者的法律地位。只有这样才能够使证券投资者的利益得到最好的保护，以最终实现证券公司破产的最终目的。证券投资者法律地位的确定一方面可以增强投资者的自我保护能力，另一方面使证券公司破产清算程序更有章可循。

四、完善我国证券投资者保护基金法律制度

在破产程序中必须积极发挥投资者保护基金的作用，相关内容将在本书第六章详细介绍，此处不再赘述。

第六章

证券投资者保护基金制度的完善

我国证券投资者保护基金建立于2005年，是我国在投资者保护进程上迈出的重要一步。证券投资者保护基金对保护投资者利益、维护市场信心、提升危机处置能力、弥补监管漏洞都具有十分重要的意义。但当前我国证券投资者保护基金建立尚不满十年，还有很多问题和缺陷亟待解决，特别是需要完善相关法规，建立市场化运作机制以及建立协调高效的监管体系。

第一节　证券投资者保护基金

我国学者对证券投资者保护基金并没有统一的定义，但其内涵是一致的。综合各方的观点，可表述如下：证券投资者保护基金制度，又称证券投资者赔偿制度，是指根据证券投资者保护法律法规，按一定的方式筹集资金，当证券经营机构被撤销、关闭和破产或被实施行政接管、托管经营等强制性监管措施而对证券投资者造成损失时，由基金对符合规定的投资者在一定限度内给予经济赔偿的制度。

一、证券投资者保护基金的特征

1. 预先防备性

证券市场是价值交换的场所，同时也是风险配置的场所。作为证券从业机构，其营业状况与其他行业相比具有更大的不确定性。与此同时，证券市场具有很强的专业性和技术性，证券从业机构本身处于信息优势地位，受利益驱动很可能会挪用客户交易结算资金或擅自使用客户账户进行交易，一旦证券公司等证券经营机构出现经营危机，证券投资者的资金将面临无法收回的风险。保护基金建立的初衷就是在风险到来之前，筹集相应的风险处置资金，当风险事件发生时保障投资者的合法经济利益。由于基金是预先筹集的，其使用时间与使用额度事先均无法确定，在此期间基金必须合理运营，做到保值增值。

2. 代位补偿性

投资者的信心是维持证券市场运转的核心，一旦证券经营机构被撤销、关闭和破产或被实施行政接管、托管经营而投资者的资金无法收回，很有可能会引起动荡和恐慌，消极情绪蔓延，最终导致大规模抛售，给整个市场带来灭顶之灾，并给一国的经济造成沉重打击。为了防止此类事件发生，在证券经营机构发生偿付风险时，由证券投资者保护基金在一定数额范围内代为偿付，从而稳定市场信心，保护投资者的权益。基金公司使用基金偿付证券公司债权人后，取得相应的受偿权，依法参与证券公司的清算。

3. 风险共担性

证券投资者保护基金制度的设计思路与存款保险制度类似，都具有明显的风险共担的特性。证券投资者保护基金的资金来源中，会员证券公司所缴纳的会费是重要的一项。如我国《证券投资者保护基金管理办法》中规定："所有在中国境内注册的证券公司，按其营业收入的0.5%～5%缴纳基金。"当特定的证券公司出现偿付风险时，保护基金先行向该证券公司的客户支付缺口资金，也就是说少数证券公司产生的社会风险将由整个证券行业来承担，并非由单个主体承担。这样的安排可以最大程度地扩展资金的来源，降低单个企业风险控制的成本。

4. 非营利性

证券投资者保护基金不同于一般意义上的证券投资基金。证券投资基金是一种集合证券投资方式，其目的是获取投资收益。而证券投资者保护基金的一般是由政府或行业自律组织发起设立，通常政府也会出资，其主要目的是分担风险与保护投资者权益，因而营利性并不是其首要目标，其最重要的目标是保证基金的安全性。当然，非营利性与基金资产保值增值的要求并不矛盾。基金的合理运营对于扩大资金来源，减轻证券经营机构负担都具有重要意义。

二、证券投资者保护基金的重要意义

1. 保障证券投资者合法权益

针对证券经营机构侵犯投资者合法权益的情形，事前的立法与证券经营机构的准入机制，事中的信息披露与监管，事后的纠纷解决与赔偿救济共同构成了证券投资者权益保障的完整链条，其中赔偿机制是保障投资者权益的最后一道安全网。长期以来，我国对证券投资者权益保护重视不够，现有法律缺乏明确规定，目前证券投资者保护的法规主要为监管机构制定或联合制定的部门规章和规范性文件，法律效力层次较低；同时，现有的法律法规侧重行政处罚和刑事制裁而缺乏民事赔偿的规定[①]。证券投资者保护基金的设立是对现有维权渠道的一个重要补充，能够及时对投资者的经济损失做出赔偿。

2. 维持投资者信心

证券投资者保护基金不仅具有事后赔偿的作用，更为重要的是它能够维持投资者信心。投资者在投资证券市场时，只需要考虑市场价格波动的风险以及投资管理不善的风险而无需顾虑资金由于证券经营机构被撤销、关闭和破产或被实施行政接管、托管经营而造成损失的风险，这对于增强投资者信心，活跃证券市场具有重要作用。另外，一旦发生上述情况，证券投资者保护基金代位偿付的机制也利于稳定投资者情绪，防止出现“挤兑”，将危机控制在尽可能小的范围内。

3. 危机处置功能

证券投资者保护基金可以组织、参与被撤销、关闭或破产证券公司的清算工作，有利于问题证券公司迅速退出市场，避免机构间的风险传递。

4. 补充监管体系的不足

出于对基金资产的保护，证券投资者保护基金通常会对证券经营机构的财务状况进行监督，防止其过度从事冒险行为，并且多数国家证券投资者保护基金与证券监管机构都有密切联系，监管信息可以共享，这在一定程度上可以弥补现有监管体系的不足。但是并不是所有国家的证券投资者保护基金都有监管职能，例如英国金融服务赔偿制度有限公司（Financial Services Compensation

① 曲一帆：《金融消费者保护法律制度比较研究》，中国政法大学博士学位论文，2011。

Scheme，FSCS），其职能较为单一，仅限于风险发生后对金融消费者的赔偿功能，包括增进消费者对FSCS的了解，发布相关信息、支付赔偿以及对整个赔偿制度的管理，FSCS不具有金融监管职能。

第二节 我国证券投资者保护基金现状及存在的问题

2001年6月以来，由于“股权分置”等因素的影响，我国股市进入了长达五年的低落期，证券行业也陷入全行业亏损的困境之中，“问题券商”不断涌现。其被关闭或托管的原因或是挪用客户巨额保证金，如鞍山证券违规挪用10.18亿元客户保证金；或是挪用客户的托管国债，如富友证券挪用客户39亿托管国债；或是严重违规经营，如云南证券与辽宁证券。大量问题券商被关闭或托管，严重打击了投资者的信心。

此外，在“问题券商”的处理方式中，大多采取行政干预方式，而非市场化的破产方式，在这种方式中，央行则成为最后的埋单人。以鞍山证券、新华证券、南方证券、辽宁证券为例，央行分别向它们发放了15亿元、14.5亿元、80亿元以及40亿元再贷款。央行的出手相助虽然可以在一定程度上缓解券商的危机，但是再贷款属于基础货币发放方式的一种，大规模的发放可能会带来一系列问题，同时其蕴含的巨大的“道德风险”也是值得警惕和防范的[①]。

为了解决上述问题，有关部门仿效国外通行的做法，设立证券投资者保护基金。2005年6月，国务院批准中国证监会、财政部、中国人民银行发布《证券投资者保护基金管理办法》，同意设立国有独资的保护基金公司，并批准了公司章程。2005年8月30日，保护基金公司在国家工商总局注册成立，由国务院出资，财政部一次性拨付注册资金63亿元，此举标志着我国证券投资者保护基金制度正式建立。

一、我国证券投资者保护基金制度的立法基础

证券投资者保护基金的法律体系由基本法和相关部门规章组成。

基本法体现在我国《证券法》第134条的规定：“国家设立证券投资者保

---

① 陈红：“设立我国证券投资者保护基金法律制度的思考”，载于《法学》2005年第7期。

护基金，证券投资者保护基金由证券公司缴纳的资金及其他依法筹集的资金组成，其筹集、管理和使用的具体办法由国务院规定。”

相关部门规章主要包括：①2005 年 7 月 1 日起施行的《证券投资者保护基金管理办法》（后文简称《管理办法》），详细规定了基金公司的职责和组织机构、基金的筹集、基金的使用、管理和监督，是证券投资者保护基金制度最基本的法律依据；②2007 年 3 月 28 日发布的《证券公司缴纳证券投资者保护基金实施办法（试行）》，该办法规定了基金的缴纳比例、缴纳方式以及监督管理，并规定证券公司从 2007 年 1 月 1 日起计缴证券投资者保护基金；③2006 年 3 月 7 日颁布的《证券投资者保护基金申请使用管理办法（试行）》主要规定了保护基金的申请、发放、监督与管理的相关规定；④2006 年 5 月 17 日发布的《中国证券投资者保护基金有限责任公司受偿债权管理办法（试行）》，其主要规定了受偿债权确认以及管理和监督的原则。以上四部规章涵盖了保护基金资金的取得、申请使用、赔偿后受偿债权的处理以及日常运营的全部过程，是证券投资者保护基金制度顺利运行的重要保障。

相关法规包括：①2008 年 4 月 23 日公布的《证券公司风险处置条例》，其主要规定了证券公司停业整顿、托管、接管、行政重组、撤销、破产清算和重整的具体办法，以及风险处置工作中各部门的监督协调，其中涉及动用保护基金的情况以及行政清理组与保护基金的协调配合；②2004 年 11 月 9 日发布的《个人债权及客户证券交易结算资金收购意见》、2005 年 1 月 28 日发布的《个人债权及客户证券交易结算资金收购实施办法》及 2005 年 6 月 30 日发布的《关于证券公司个人债权及客户证券交易结算资金收购有关问题的通知》，主要规定了个人债权、客户交易结算资金的认定与债权的收购程序，对保护基金的受偿范围的确定和债券的处理提供了依据。这些外围法律法规是保护基金公司开展工作的重要参考。

除此之外，还有众多的规章制度，为明晰起见，将其汇编如下（见表 6.1）。

虽然我国证券投资者保护基金以基本法为基础，以政策法规和规章制度为补充的法律框架已经初步构建起来。但是，基本法《证券法》中虽有提及，但仅有 66 个字，将规范基金的筹集、管理、使用的权利交给了国务院，其为基金的运作增加了灵活性的同时，也容易导致法规的频繁变动。其余行政法规及规章制度法律级别较低，并且从表 6.1 可以看出，几乎每年都有新的法规出台，相关规定过于复杂和零散，其中多数法规仍处在试行阶段，具体效果还有待检验。这些都对证券投资者保护基金制度的合理构建和有效运行造成了障碍。

表 6.1　　证券投资者保护基金规章制度汇编

	具体名称
2006 年底前	1.《证券投资者保护基金管理办法》，由中国证监会、财政部、人民银行 2005 年 6 月 30 日联合发布 2.《个人债权及客户证券交易结算资金收购意见》，由中国人民银行、财政部、中国银行业监督管理委员会、中国证券监督管理委员会 2004 年 10 月联合发布 3.《个人债权及客户证券交易结算资金收购实施办法》，由中国人民银行、财政部、中国银行业监督管理委员会、中国证券监督管理委员会 2005 年 1 月 28 日联合发布 4. 中国人民银行、财政部、中国证券监督管理委员会关于《证券公司个人债权及客户证券交易结算资金收购有关问题的通知》，证监发［2005］59 号（2005 年 6 月 30 日） 5. 中国人民银行、财政部、银监会、证监会公布关于《个人债权收购有关问题的补充通知的通知》，银发［2006］189 号（2006 年 6 月 2 日） 6. 关于印发《证券投资者保护基金申请使用管理办法（试行）》的通知，证监发［2006］20 号（2006 年 3 月 7 日） 7. 关于印发《中国证券投资者保护基金有限责任公司受偿债权管理办法（试行）》的通知。证监发［2006］48 号（2006 年 5 月 17 日） 8. 关于印发《个人债权及客户证券交易结算资金专项审计管理办法（试行）》的通知，证保发［2006］31 号（2006 年 5 月 22 日） 9.《关于缴纳证券投资者保护基金有关问题的通知》，证监发［2006］78 号（2006 年 7 月 12 日） 10. 财政部、国家税务总局关于《证券投资者保护基金有关印花税政策的通知》，财税［2006］104 号，国家税务总局、财政部 2006 年 8 月 3 日发文 11. 财政部、国家税务总局关于《中国证券投资者保护基金有限责任公司有关税收问题的通知》，财税［2006］169 号，国家税务总局、财政部 2006 年 12 月 22 日发文 12. 财政部、国家税务总局关于《证券投资者保护基金有关营业税问题的通知》，财税［2006］172 号，国家税务总局、财政部 2006 年 12 月 13 日发文
2007 年	13.《关于进一步做好证券公司风险处置收口工作的通知》，证监发［2007］12 号（2007 年 1 月 10 日） 14. 关于印发《证券公司缴纳证券投资者保护基金实施办法（试行）》的通知，证监发［2007］50 号（2007 年 3 月 28 日）

续表

	具体名称
2007年	15. 关于印发《客户证券交易结算资金专项审计报告格式与内容指引》和《个人债权专项审计报告格式与内容指引》的通知，证保发［2007］45号（2007年4月3日） 16.《最高人民法院关于审理企业破产案件指定管理人的规定》，法释［2007］8号，2007年4月4日最高人民法院审判委员会第1422次会议通过（2007年4月12日） 17.《最高人民法院关于审理企业破产案件确定管理人报酬的规定》，法释［2007］9号，2007年4月4日最高人民法院审判委员会第1422次会议通过（2007年4月12日） 18. 最高人民法院关于《中华人民共和国企业破产法》施行时尚未审结的企业破产案件适用法律若干问题的规定，法释［2007］10号，2007年4月23日最高人民法院审判委员会第1425次会议通过（2007年4月25日） 19.《关于证券公司行政清理工作中有关问题处理意见的通知》，证监办发［2007］56号（2007年6月18日） 20. 关于印发《中国证券投资者保护基金有限责任公司受偿债权申报内部流程（试行）》的通知，证保发［2007］93号（2007年10月22日） 21. 关于印发《中国证券投资者保护基金有限责任公司资产负债清查审计检查工作方案指引（试行）》和《中国证券投资者保护基金有限责任公司资产负债清查审计检查报告格式与内容指引（试行）》的通知，证保发［2007］97号（2007年10月29日） 22. 关于印发《中国证券投资者保护基金有限责任公司中介机构管理规程（试行）》的通知，证保发［2007］122号（2007年12月27日）
2008年	23.《证券公司风险处置条例》，中华人民共和国国务院令第523号（2008年4月23日） 24. 财政部、证监会、审计署、银监会、保监会关于印发《企业内部控制基本规范》的通知，财会［2008］7号（2008年5月22日） 25. 财政部、国家税务总局关于《中国证券投资者保护基金有限责任公司有关税收问题的补充通知》，财税［2008］78号（2008年7月14日） 26.《关于进一步规范被处置证券公司休眠账户管理工作的通知》，证监发［2008］24号（2008年4月8日） 27.《关于做好被处置证券公司账户管理收口工作的通知》，证监风险办［2008］108号（2008年10月6日） 28. 关于印发《被处置证券公司行政清理收尾工作指引》的通知，证监风险办［2008］113号（2008年12月17日）

续表

	具体名称
2008 年	29. 关于印发《中国证券投资者保护基金有限责任公司保护基金使用情况检查方案指引（试行）》的通知，证保发［2008］11 号（2008 年 2 月 1 日） 30. 关于印发《保护基金申请发放内部管理流程（修订稿）》的通知，证保发［2008］172 号（2008 年 8 月 11 日）
2009 年	31.《最高人民法院关于依法审理和执行被风险处置证券公司相关案件的通知》，法发［2009］35 号（2009 年 5 月 26 日） 32.《关于证券公司缴纳证券投资者保护基金有关事项的补充规定》，证监会公告［2009］25 号（2009 年 9 月 9 日）
2010 年	33.《关于证券市场交易结算资金监控系统有关事项的公告》，2010 年 2 月 23 日证监会公告［2010］6 号 34.《最高人民法院关于部分人民法院冻结、扣划被风险处置证券公司客户证券交易结算资金有关问题的通知》，2010 年 6 月 22 日［2010］民二他字第 21 号 35. 关于印发《中国证券投资者保护基金有限责任公司招标工作指引（试行）》等四项工作指引的通知，2010 年 12 月 31 日证保发［2010］237 号

资料来源：2007 年、2008 年、2009 年保护基金公司年度报告。

二、我国证券投资者保护基金制度的具体内容

1. 基金公司的治理结构

公司设董事会，为决策机构，负责制定基本管理制度，决定内部管理机构设置，任免高级管理人员，对基金的筹集、管理和使用等重大事项作出决定，并行使基金公司章程规定的其他职权。董事会由 9 名董事组成，董事长由证监会推荐，报国务院批准①。

公司设总经理、副总经理，负责主持公司的经营管理工作，组织实施董事会决议；组织实施公司年度工作计划；拟定公司内部管理机构设置方案；制定公司的基本管理制度；拟定公司的具体规章；决定聘任或者解聘除应由董事会决定聘任或者解聘以外的负责管理人员；董事会授予的其他职权②。

董事会下设专业委员会，其中战略发展委员会负责对公司的长期战略发展

① 引自《证券投资者保护基金管理办法》第 9 条、第 10 条。

② 引自证券投资者保护基金有限责任公司网站：http：//www.sipf.com.cn/NewCH/bhjj/12/69351.shtml。

规划以及影响公司发展的重大事项等进行研究并提出建议、对策或方案；薪酬管理委员会负责拟定公司薪酬管理制度和薪酬方案，并监督其执行和落实情况；投资决策委员会负责审议公司投资计划、银行存款及受偿资产处置实施方案，并检查方案的执行情况。

公司内设11个部门，分别为党委（纪检监察）办公室、办公室（人力资源部、董事会办公室）、投资者教育中心、投资者服务中心、调查评价中心、交易结算资金监控中心、应用中心（数据信息应用中心）、法律事务部、财务部、国际部、信息技术部（筹）；董事会下设专业委员会，分别为战略发展委员会、薪酬管理委员会、投资决策委员会。

公司下设2个控股子公司，其中北京华证普惠信息股份有限公司的经营范围主要是：计算机系统服务、数据处理、其他计算机服务，基础软件服务、应用软件服务、其他软件服务，计算机、软件及辅助设备批发零售，信息技术开发、信息服务、投资咨询和电子商务；安信证券股份有限公司的经营范围主要是：证券经纪、证券投资咨询，与证券交易、证券投资活动有关的财务顾问，证券承销与保荐，证券自营，证券资产管理，融资融券业务，中国证监会批准的其他证券业务。

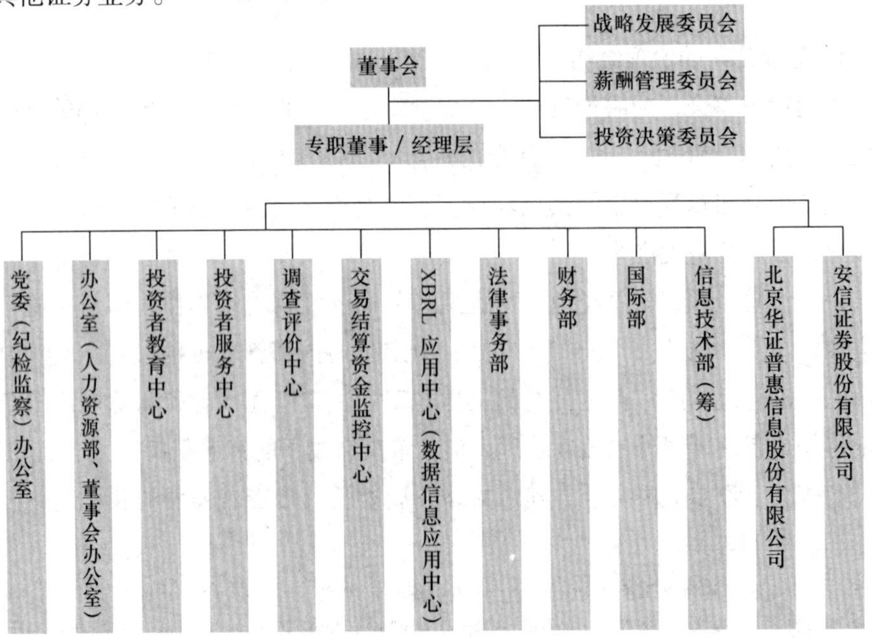

图6.1

2. 保护基金的主要职责

《管理办法》第7条规定“基金公司的职责为：①筹集、管理和运作基金；②监测证券公司风险，参与证券公司风险处置工作；③证券公司被撤销、关闭和破产或被证监会采取行政接管、托管经营等强制性监管措施时，按照国家有关政策规定对债权人予以偿付；④组织、参与被撤销、关闭或破产证券公司的清算工作；⑤管理和处分受偿资产，维护基金权益；⑥发现证券公司经营管理中出现可能危及投资者利益和证券市场安全的重大风险时，向证监会提出监管、处置建议；对证券公司运营中存在的风险隐患会同有关部门建立纠正机制；⑦国务院批准的其他职责。”

公司职责中①③④⑤属于保护基金公司设立的根本目的与维护保护公司正常运转必要的职责；②⑥则属于监管职责。“事先的防范胜过事后的救济”，仅仅依靠审核证券公司报送的财务报表或其他监管机构提供的信息等二手资料，难以对证券公司的风险做出准确的判断。赋予保护基金公司监管职责，有利于其更好的防范证券公司的风险和维护基金的资产。但实际运行中，保护基金的职责并不限于此，除上述提到的职责之外，我国保护基金还有一项重要的职责即投资者权益保护和服务体系建设，具体包括投资者信息调查工作、上市公司投资和保护状况评价、投资者教育以及投资者呼叫响应服务以及正在承建中的证监会热线建设工作。

就监管职责的运行情况来看，根据《保护基金公司2012年年度报告》的信息，2012年3月20日，监控系统上线运行，登记结算公司、21家存管银行、100家有经纪业务的证券公司共122家机构全部接入系统，实现了对经纪业务客户交易结算资金的全量、动态监控，监测范围覆盖了全市场100家证券公司的5200个营业部、1.03亿个经纪业务客户资金账户、1700个专用银行存款账户、860个客户备付金账户，共计6000亿元交易结算资金的余额和变动明细，数据按时报送通过率达到99%以上。通过对客户资金总账和明细账两个层次共12个日常监测点的持续监测和差异反馈核实，督促推动证券公司进一步强化了内部管理，规范了业务操作；归纳总结监测发现的共性问题，对证券公司进行风险培训，提高其风险防范意识和合规运行的自觉性。

保护基金公司监管职能发挥重要作用的同时也存在许多不容忽视的问题。其一，保护基金公司监管职能的确立缺乏明确的立法基础，权威性和认可度不足；其二，保护基金公司的专业人员严重不足，妨碍其监管职能的有效发挥。根据《保护基金公司2010年年度报告》，公司在册职工共59人，仅总经理下属的职能部门就有11个，而监管职责的履行需要对大量信息进行处理和比对，特别是发现异常情况后需要深入调查和核实。根据2012年的数据，监控系统比对差异每日平均有600条之多，其妥善处理需要大量人力资源的投入，当前人力资源呈现明显的短缺状态；其三，与证监会等其他监管部门监管职责的重复与冲突。保护基金肩负监管职责可能会导致多头监管、政出多门的情况，一方面增加了证券公司的负担，繁重的监管程序还会束缚其创新能力，增加审批成本；另一方面导致有限监管资源的重复建设，导致机构臃肿庞大以及监管交叉与监管空白同时存在的情况。为了防止上述情形的出现，保护基金与证监会应当建立监管体系的对接与监管资源的共享机制，双方各司其职同时也互为补充。

就投资者权益保护和服务体系建设职责来看，该职责的设置是中国证监会投资者保护局正式成立与顺利运行前的过渡举措。2011年12月31日，证监会党委批准了保护局主要职责、内设机构及人员编制。2012年1月5日，证监会党委正式宣布了保护局班子成员，标志着投资者保护局的正式成立。保护局成立前以及成立的初级阶段，由保护基金负责投资者的相关事宜是固有职能的合理拓展，有利于为投资者提供全面的“一条龙”式的服务，极大地扩展了投资者获取信息的渠道，便利了其维权和索赔的过程。

3. 基金公司的资金来源

根据《管理办法》第12条的规定，基金的来源如下：①上海、深圳证券交易所在风险基金分别达到规定的上限后，交易经手费的20%纳入基金。②所有在中国境内注册的证券公司，按其营业收入的0.5%～5%缴纳基金；经营管理、运作水平较差、风险较高的证券公司，应当按较高比例缴纳基金。各证券公司的具体缴纳比例由基金公司根据证券公司风险状况确定后，报证监会批准，并按年进行调整。证券公司缴纳的基金在其营业成本中列支。③发行股票、可转债等证券时，申购冻结资金的利息收入。④依法向有关责任方追偿所得和从证券公司破产清算中受偿收入。⑤国内外机构、组织及个人的捐赠。⑥其他合法收入。

从《管理办法》的规定看，基金的来源还是比较广泛的，但是实际中基金的募集情况如何呢？下面逐一进行分析。

（1）交易经手费。从图6.2可以看出，交易经手费历年的波动较为明显，但相对较低的三年（2008 年、2010 年、2012 年）的数值相差并不多，这与交易经手费本身的特点有关。交易经手费的波动来源于证券市场中投资者投资热情的波动，与证券市场的走势密切相关，但只要市场还没有崩溃，仍能进行交易，尽管交易相对冷淡，交易经手费的收入也会维持在某一水平上。并且交易经手费占当期募集基金的比例平均达到 25%，最低为 15%，可见交易经手费是保护基金一项重要的收入来源。

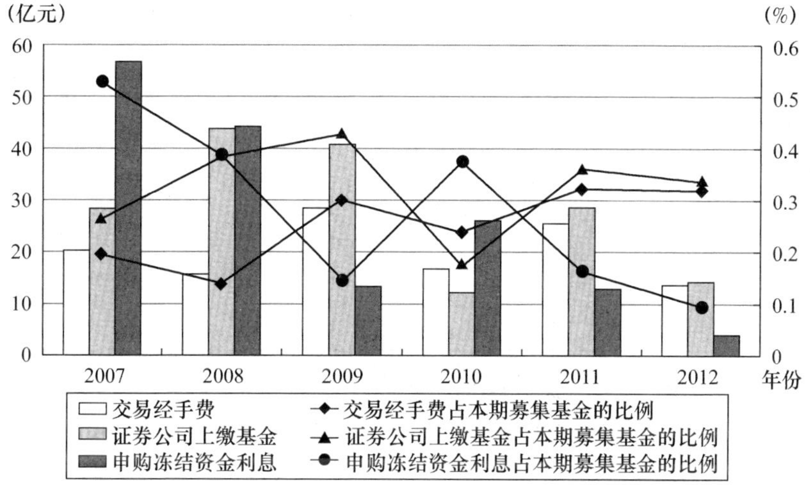

图 6.2　交易经手费、证券公司上缴基金及申购冻结资金利息

（2）证券公司上缴基金。从图 6.2 可以看出，相对交易经手费，证券公司上缴基金历年波动非常剧烈，这主要是受证券公司盈利能力的影响。

根据《证券公司缴纳证券投资者保护基金实施办法（试行）》的规定，"证券公司应当按其营业收入的 0.5% ~5% 向保护基金公司缴纳保护基金"，"证券公司缴纳保护基金实行差别缴纳比例。保护基金公司根据中国证监会对证券公司的监管分类，确定各证券公司缴纳保护基金的具体比例，报中国证监会批准，并按年进行调整"。《证券公司分类监管规定（2010 年修订）》中依据资本充足、公司治理与合规管理、动态风险监控、信息系统安全、客户权益保护、信息披露等六类指标对证券公司进行评价计分，并根据计分的高低，将证券公司分为 A（AAA、AA、A）、B（BBB、BB、B）、C（CCC、CC、C）、D、E 等 5 大类 11 个级别。从表 6.2 可以看出，2012 年保护基金整体上调低了证券公司的缴纳比例，对于减轻证券公司负担具有重要意义，相应的比照图 6.2，2012 年证券公司上缴基金的数额有较大幅度的下降。

表 6.2　　　　证券公司分类缴纳比例

分类结果	缴纳比例		
	2010 年	2011 年	2012 年
AAA	0.50%	0.50%	
AA	1%	1%	0.5%或0.7%
A	1.50%	1.50%	0.75%或1.05%
BBB	2%	2%	1.40%
BB	2.50%	2.50%	1.75%
B	3%	3%	2.10%
CCC	3.50%	3.50%	2.45%
CC	4%	4%	2.80%
C	4.50%	4.50%	3.15%
D	5%	5%	

注：被依法采取责令停业整顿、指定其他机构托管、接管、行政重组等风险处置措施的证券公司，评价计分为0分，定为E类公司，因此表中并未列出E类公司。因为目前尚未有AAA类和D类公司，因此2012年中并未列出。

以2012年为例（见图6.3），AA级、A级缴纳金额占总金额的比例合计高达61.5%，总体上，证券公司上缴基金中大部分来源于资信较好，评级较高的公司，这部分公司经营一般比较稳定，能够为保护基金提供持续的资金来源。

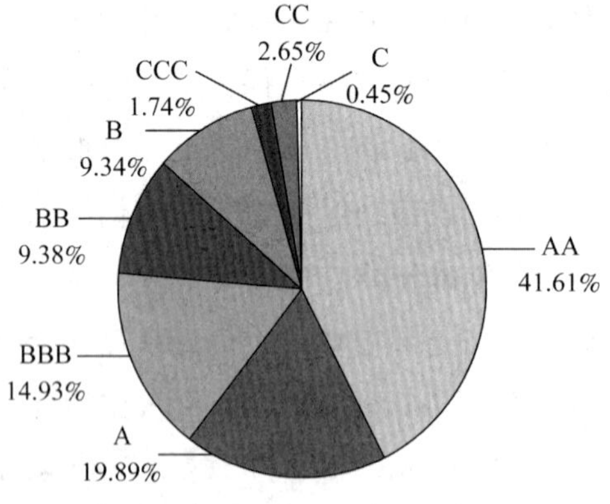

图6.3　2012年不同类别证券公司缴纳金额占总金额的比例

分类缴纳的方式考虑了不同公司间的差异，风险高的公司出现支付危机的可能性也高，营业收入高的公司往往涉及的投资者众多，一旦出现风险赔偿数额也可能较大，因而如此划分符合公平性的原则。但是目前的缴纳方案仅仅考虑了风险和规模的因素，并未涉及经济周期的因素。“股市是国家经济运行的晴雨表”，证券业的景气程度与整体经济的走势息息相关。在经济受到冲击，整个行业盈利能力普遍下降的情况下，例如2008年的经济危机，证券公司需上缴的金额可能会成为其沉重的负担，特别是对于风险水平已经较高的B、C类公司，其高额的缴纳比例，很可能会拖累公司的复苏进程，甚至迫使公司采取更加激进的经营手段。因而对证券公司缴纳方式的考虑仍有待完善。

（3）申购冻结资金利息。按照目前新股申购流程，申购日后的第一天(T+1)申购资金被冻结，T+3日对未中签部分的申购款解冻，即相当于资金被冻结三天，此间按活期存款利率计息。申购冻结资金利息收入的多少取决于两个因素：活期存款利率与申购冻结资金总额。从表6.3可以看出，活期存款利率呈一个大幅下降、小幅回升后再次下降的趋势，与申购冻结资金利息收入走势基本吻合。

表6.3　　2007~2012年活期存款利率表

调整时间	活期存款利率（%）	调整时间	活期存款利率（%）
2007年3月18日	0.72	2011年2月9日	0.4
2007年7月21日	0.81	2011年4月6日	0.5
2007年12月21日	0.72	2012年6月8日	0.4
2008年11月27日	0.36	2012年7月6日	0.35

资料来源：易贷网 http：//www.edai.com/jsq/hqck/104444.html。

另一个影响申购冻结资金收入的因素就是申购冻结资金总额，其又受证券发行数量、融资规模、市场申购的热情等等因素的影响，而以上因素又与市场行情密切相关，因此申购冻结资金收入稳定性较差。

此外，对将申购冻结资金利息划归投资者保护基金的合理性也存在质疑。按照1997年2月12日发布的《财政部、国家税务总局关于股份公司取得的新股申购冻结资金利息征收企业所得税问题的通知》（现已废止），投资者申购新股资金被冻结期间的存款利息归发行新股的股份公司所有。如此规定的原因在于这部分资金的取得是发行公司发行新股行为的直接结果，也是其唯一原因，其金额大小受发行公司经营现状、发展前景和投资者申购热情的影响，因此该部分资金归发行公司所有是合情合理的。但2005年1月28日公布的《关于在股票、可转债等证券发行中申购冻结资金利息处理问题的通知》，规定“公开发行股票、可转债等证券时（含通过证券交易所的交易系统进行网上发行和采用向法人询价、配售方式进行网下发行），所有申购冻结资金的利息须全部缴存到上海、深圳证券交易所开立的存储专户，作为证券投资者保护基金的来源之一”。该通知仅仅对该笔资金的归属进行了重新划分，其意在于为保护基金扩展资金来源，但并未就其合理性作出解释。当前保护基金并未将上市公司的风险纳入其保护范围，却将本属于上市公司的资金用于证券公司风险的赔偿，难免有不公平的嫌疑。

上述三种资金来源占总募集资金的比例平均值为86%，是当前保护基金公司最为重要的募集手段。除此之外，受偿收入（包括有关责任方追偿收入、破产财产清偿收入和受偿资产处置净收入）[①] 2007～2012年期间平均占比约为6%，并非基金主要来源。捐赠收入具有非经常性并且金额不高，可以忽略不计。以上均为由保护基金公司募集的基金，2004年以来，在对26家证券公司进行处置的过程中，保护基金公司募集的资金还远远不够，其中很大一部分是由人民银行拨付的再贷款，对于其资金的具体来源和使用情况后文会有具体介绍，此处不再赘述。

4. 证券投资者保护基金的赔偿条件

赔偿条件主要是指在何种情况下被处置证券公司的托管清算机构可以申请使用保护基金对投资者进行赔偿。

根据《证券投资者保护基金管理办法》的规定：证券公司被撤销、关闭和破产或被证监会实施行政接管、托管经营等强制性监管措施时，按照国家有关政策规定对债权人予以偿付；国务院批准的其他用途。规定只给出了必要条件，但并不构成基金赔偿的充分条件。如果证券公司并未挪用客户财产或其他导致其无法支付客户财产的情况，投资者可以直接行使取回权而不必动用保护基金。这一点在《个人债权及客户证券交易结算资金收购意见》中可以得到证实，该文件关于个人债权收购范围有如下规定：“权属不清晰或被挪用的委托财产形成

---

① 受偿债权指证券公司被撤销、关闭、破产，或者被中国证券监督管理委员会实施行政接管、托管经营等强制性监管措施时，按照国家有关政策规定，使用保护基金收购个人债权、弥补客户证券交易结算资金缺口后，依法形成的保护基金公司对被处置证券公司的债权。

对金融机构的个人债权，纳入收购范围；权属清晰，未被受托金融机构挪用的委托财产，不作为清算财产，不纳入收购范围。”此外“居民个人持有的存放于金融机构相关账户上的被金融机构挪用的有价证券（含国债、股票、其他债券）形成的对金融机构的个人债权。”由此可见，只有被挪用和权属不清晰的才属于收购范围，才有可能得到保护基金的偿付。

另外《管理办法》指出，“投资者在证券投资活动中因证券市场波动或投资产品价值本身发生变化所导致的损失，由投资者自行负担”。证券市场是对资金和风险进行配置的场所，风险与收益成正比，如果对市场波动和投资产品价值变化承保，则投资者将稳赚不赔，显然违背了市场运作的基本规律和公平的原则。

总体来看，我国对保护基金赔偿条件的规定过于粗略，考虑不够全面。证券公司出现风险时投资者财产得不到偿付仅仅是投资者利益遭受损失的一种情况，其余还有操纵市场、内幕交易、欺诈客户等等，对于由于上述事件对投资者造成重大损失而证券公司或上市公司无力赔付的情况是否应当纳入保护基金的赔偿条件，目前各方仍意见不一，对此当前法律法规没有明确规定，但也并未排除。对此仍需结合实际情况进一步讨论。

5. 证券投资者保护基金的赔偿范围

《管理办法》中对保护基金赔偿范围的规定语焉不详，第 3 条仅提到“按照国家有关政策规定对债权人予以偿付”，但债权的种类有很多，包括个人债权与企业债券、银行债券与债券债权等，但《管理办法》对于“债权人”的含义并无具体限定。2008 年 4 月 23 日公布的《证券公司风险处置条例》第 53 条规定：“证券投资者保护基金管理机构应当按照国家规定，收购债权、弥补客户的交易结算资金。”该规定明确提到保护基金应当弥补客户交易结算资金，但对“债权”的内涵仍未做具体说明。但从《证券投资者保护基金申请使用管理办法（试行）》中可以做出一些合理的推断，其第 2 条规定：“依法被中国证券监督管理委员会采取停业整顿、指定其他机构托管、接管或者撤销等措施的证券公司（以下称‘被处置证券公司’），按照国家有关政策规定申请使用保护基金收购个人债权和客户证券交易结算资金的，适用本办法。”根据 2004 年 11 月 9 日公布的《个人债权及客户证券交易结算资金收购意见》的规定，“个人债权是指居民以个人名义在依法设立的金融机构中开立账户或进行金融产品交易，并有真实资金投入所形成的对金融机构的债权，不包括个体工商户、个人独资企业、个人合伙企业等开立账户或进行金融产品交易而形成的对金融机构的债权。收购的个人债权范围[①]如下：①居民个人持有的金融机构发行的各类债权凭证。②居民个人委托金融机构运营的财产，即委托财产，包括委托理财（含三方监管委托理财、委托租赁等形式）、信托（含集合信托）。权属不清晰或被挪用的委托财产（含信托，下同）形成对金融机构的个人债权，纳入收购范围；权属清晰，未被受托金融机构挪用的委托财产，不作为清算财产，不纳入收购范围。③居民个人持有的存放于金融机构相关账户上的被金融机构挪用的有价证券（含国债、股票、其他债券）形成的对金融机构的个人债权。”“客户证券交易结算资金指经纪业务的客户为保证足额交收而在证券公司存入的资金，出售有价证券所得到的所有款项（减去经纪佣金和其他正当费用），持有证券所获得的股息、现金股利、债券利息，上述资金获得的利息。”

从上述规定中可以初步得出如下结论，保护基金的赔偿范围包括：①个人投资者对证券公司拥有的债权，不包括机构投资者以及不包括个体工商户、个人独资企业、个人合伙企业等开立账户或进行金融产品交易而形成的对金融机构的债权。特别需要注意的是对于权属清晰、未被挪用的个人三方监管委托理财，不纳入收购范围；对于资产被受托金融机构挪用的个人三方监管委托理财，个人债权纳入收购范围。此外，个人以机构名义委托理财的不纳入收购范围[②]。②个人和机构在证券公司存管的客户证券交易结算资金。对于基金赔偿范围的推断从保护基金公司历年的年报关于保护基金使用统计中可以得到验证。

赔偿范围中的客户证券交易结算资金是客户为了保障交易的顺利进行而存放在证券公司的，并未向其进行所有权的转让，这部分资金的所有权仍然归投资者所有。同理，委托财产（包括委托理财和信托）和存放于金融机构相关账户上的有价证券都是基于上述财产的拥有者与证券公司间的委托关系形成的，证券公司并不享有所有权。而对于证券公司的普通债权，包括债券债权，债权人向债务人转让了相关财产的所有权。因此客户的财产应当优先于公司的普通债权。当证券公司被处置，这部分财产被挪用或混同致使投资者无法取回时，

---

① 因证券公司不能开展储蓄业务，因而下文所述的范围中剔除了第一项个人储蓄存款。

② 具体规定参见 2005 年 1 月 28 日发布的《个人债权及客户证券交易结算资金收购实施办法》的相关条款。

为了维护投资者权益、保障金融安全，保护基金先行介入进行赔偿是合理的，普通债权则应当通过清算程序获得赔偿。关于客户交易结算资金的赔偿纳入了个人和机构投资者，对此并无争议，然而我国关于个人债权的规定则混淆了上述两种财产的区别。

（1）居民个人持有的金融机构发行的各类债权凭证纳入收购范围，机构投资者和企业持有的则不纳入收购范围。金融机构发行的各类债权凭证属于普通债权的范围，债权人在债权债务关系形成之时就必须承受到期不能收回本金的风险，将其纳入赔偿范围相当于保护基金变相为证券公司的融资提供担保，其本身就不合理。其次，保护基金将个人持有的各类债权凭证纳入收购范围，却将机构投资者和企业排除在外，违背了债权平等的原则。

（2）居民个人持有的存放于金融机构相关账户上的被金融机构挪用的有价证券属于赔偿范围，机构投资者持有的有价证券则不纳入赔偿范围。客户存放在金融机构相关账户上的被金融机构挪用的有价证券属于前述分析中基于委托代理关系形成的，所有权并未发生转移的类别，理应纳入赔偿范围，但是相关规定却人为地对个人投资者和机构投资者进行区别对待。上述规定可能是基于机构投资者投资专业化程度高，承担风险能力强，因而倾向于优先保护中小投资者的利益。然而事实上，机构投资者中很大一部分其资金仍然来源于众多中小投资者，例如证券投资基金、社保基金、企业年金、资产管理公司等，其资金规模大、涉及人数多，有些还牵涉到投资者更为重要的利益，一旦遭受损失将产生比个人债权遭受损失时更加严重的社会问题。

（3）个人债权收购中未将被处置证券公司的利害关系者排除在外。所谓利害关系者是指对企业的经营管理、生存发展可施加重大影响的个人或群体，包括：公司的股东、董事高级管理人员等。各国及地区的法律法规均将利害关系者排除在外，例如美国 SIPA 规定，保护基金不能向以下投资者进行赔偿：债务人的普通合伙人、董事或者高级管理人员；持有该债务人任何类型的证券 5% 以上的受益者；占有债务人净资产或净利润 5% 以上的有限合伙人；对该机构管理和政策具有控制影响力的人等。我国香港地区也有类似的规定。将其排除在保护范围外，主要是控制道德风险，防止其滥用权力，为谋求高收益而从事远超公司风险承受能力的业务。

总体来看，我国投资者保护基金赔偿范围的规定还有诸多漏洞，仍须进一步讨论和细化。

6. 证券投资者保护基金的赔偿标准

根据《收购意见》的规定，“客户证券交易结算资金的合法本息全额收购；2004 年 9 月 30 日（含当日）以前发生的收购范围内的其他个人债权的本金部分按照以下标准收购：（一）同一个人（即同一身份证号的个人，下同）债权金额累计在 10 万元（含 10 万元）人民币以内的，予以全额收购。（二）同一个人债权金额累计在 10 万元（不含 10 万元）人民币以上部分，按九折价格收购”。该规定主要有以下三点问题。

（1）规定只针对 2004 年 9 月 30 日以前发生的事项，对之后的情形未作出说明，使其处于一种无法可依的状态。限于当时的环境及背景，《收购意见》的公布主要是针对 2004 年被处置的 31 家证券公司，2004 年以后尚未有新的公司被处置。但相关规定缺失的情况仍然值得引起注意，法律法规应当走在违法行为之前起到震慑和规范的作用，而不是被动地“亡羊补牢”。

（2）《收购意见》对客户证券交易结算资金和被金融机构挪用的个人持有的有价证券实行差别待遇，缺乏合理依据。前文提到过交易结算资金和被挪用有价证券性质相同，只不过一个是资金账户，一个是证券账户，但是在赔偿标准上却有明显差别：前者不论机构投资者还是个人投资者均为全额赔偿，后者只针对个人投资者且 10 万元以上只能按九折收购。

（3）缺乏赔偿金额上限的规定。《收购意见》中虽然有 10 万元以上九折收购的条款，但却并未规定赔偿金额的上限，相当于政府变相为个人投资者对证券公司的债权提供九成保本的担保。此举不仅加重了保护基金的负担，也提升了证券公司投资者的道德风险。与存款保险类似，美国规定单个投资者的最高赔偿额为 50 万美元（其中现金赔偿最高为 10 万美元）；英国最高赔偿为 48000 英镑。

7. 保护基金的整体使用情况

2004 年以来处置的 31 家证券公司中，需要由保护基金公司拨付保护基金弥补客户证券交易结算资金缺口和收购个人债权的被处置证券公司共 24 家；南方证券、辽宁证券由人民银行直接拨付再贷款，不由保护基金公司承担；健桥证券、大通证券、第一证券、巨田证券和中期证券不使用保护基金。

自成立以来，保护基金在维护市场稳定，保护投资者利益方面发挥了不可替代的作用。截至2012年12月底，保护基金公司累计向24家被处置证券公司发放保护基金225.072亿元，其中用于弥补客户证券交易结算资金162.517亿元，占发放总额的72.21%，涉及967.571万正常经纪类账户；用于收购个人债权62.555亿元，占发放总额的27.79%，涉及个人债权人6.131万人。保护基金发放的全部金额中214.264亿元来自人民银行的再贷款，约占总发放金额的95.2%；10.808亿元来自从市场中筹集的资金，约占4.8%。图6.4详细说明了保护基金从市场筹集的资金的使用情况（不包括使用人民银行再贷款发放保护基金），从中可以看出，每年从市场中筹集的大量资金主要被用于偿还人民银行的再贷款，2011年底保护基金已经全部偿还了人民银行的再贷款本金和利息。可能有人会认为保护基金运行不够独立，过度依赖人民银行再贷款，本质上仍是人民银行为被处置证券公司“埋单”，保护基金只相当于人民银行的“出纳”。这种观点显然是不成立的。保护基金成立之初，资金匮乏，使用人民银行再贷款是必然的选择，随后保护基金利用从市场筹集的资金全部偿还了人民银行的再贷款，实际上仍相当于是市场的资金为被处置证券公司“埋单”，符合风险共担的原则。

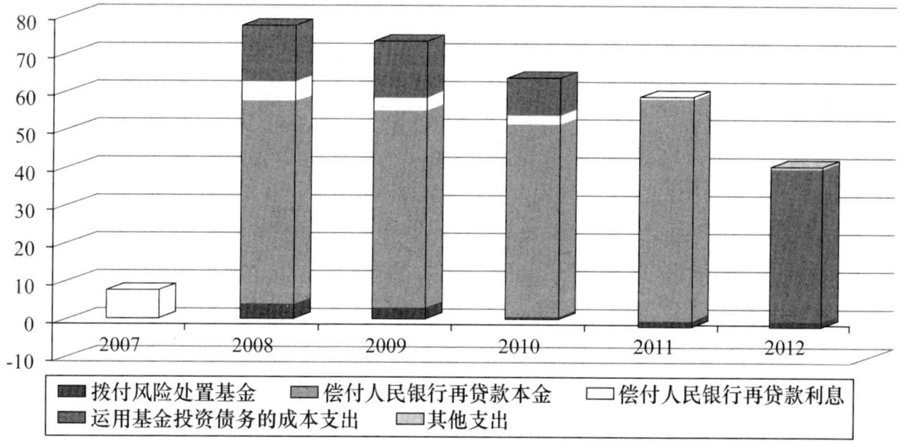

图6.4 2007～2012年保护基金市场筹集资金部分的使用情况

从图6.5可以看出，截至2012年底保护基金共计从市场募集资金524.666亿元，共使用318.768亿元，结余205.898亿元（上述数字指从市场募集的资金及其使用情况，不包括取得中国人民银行再贷款以及再贷款的发放），总结余207.052亿元。经过近8年的发展，保护基金已经初具规模，但仍不足以单独面对类似2004年的大规模证券公司被关闭撤销的情况，其实力仍有待进一步加强。

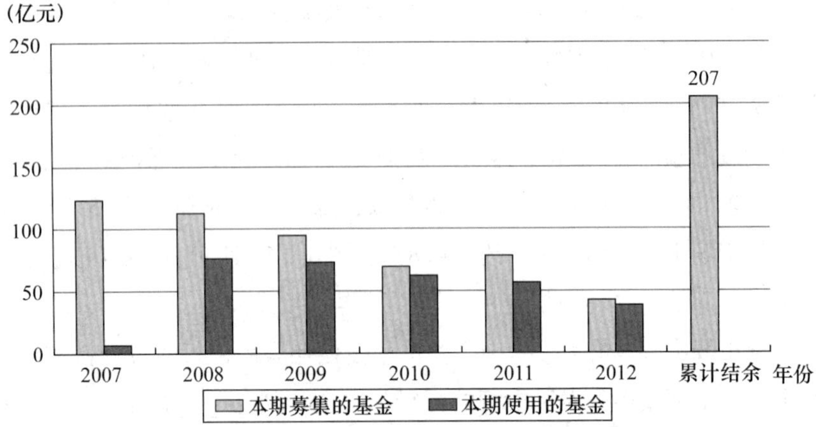

图6.5 2007~2012年保护基金市场募集及使用情况

注：由于2006年涉及金额非常小且缺乏具体数据，故将2006年的数据合并于2007年的数据中。

第三节 我国证券投资者保护基金制度的完善

一、出台投资者保护的专门法律

我国缺乏投资者保护的基本法律，相关法规数目繁多且系统性、稳定性差。参考国外的经验，大多数成熟证券市场国家都建立了投资者保护的专门法律，例如美国1970年通过了《证券投资者保护法》（Securities Investor Protection Act，SIPA），同年依据SIPA建立了证券投资者保护公司；英国依据2000年通过的《金融服务和市场法》（Financial Service and Market Act，FSMA）将投资者赔偿计划和存款保护计划统一合并为金融服务赔偿计划，建立起了金融业“一站式”的赔偿机制；德国则依据1998年颁布的《存款保护和投资者赔偿法案》（Deposit Guarantee and Investor Compensation in Act）建立起了统一的存款保护和投资者赔偿计划；爱尔兰于1998年制定了《投资者赔偿法》（Investor Compensation Act，ICA），同年依据该法建立了投资者赔偿有限责任公司（Investor Compensation Limited，ICCL）；中国台湾于2002年通过了《证券投资人暨期货交易人保护法》，对证券投资人保护基金的运作管理作了详细规定。我国也应当尽快出台投资者保护的专门法律①。

---

① 周德才：《证券投资者保护基金若干问题比较及其借鉴》，厦门大学硕士学位论文，2006。

当前，我国存款保险制度仍在酝酿之中，其同样缺乏相应的法律保障。建议可以将两项制度的立法统一起来，设立《金融消费者保护法》。随着金融业务交叉和渗透的不断增加，金融各业的界限越来越模糊，传统的分业监管的思想难以有效地覆盖重叠区域，缺乏协调性和全局性。此外，存款保险制度与证券投资者保护基金制度在职能、运行、监管等方面有众多相似之处，将其适当整合统一立法，一方面可以避免重复立法，减轻立法成本，节约法律制定的时间；另一方面可以增加法律的适应性和延展性，使其在处理复杂交错的金融业务时更具有灵活性。同时，将投资者保护职责集中起来进行统一立法本身就体现了对投资者保护问题的高度重视，有利于投资者保护观念的增强和相关投资者保护机构的协调与合作。

二、完善保护基金公司资金的筹集与管理

1. 增加保护基金的其他合法收入

根据证监会《2013 年 1 月至 10 月证券期货稽查执法情况综述》的披露，2013 年前 10 个月，证监会受理各类证券期货违法违规线索 486 件，启动调查 286 起，收缴罚没款 14876. 3 万元。其中内幕交易案件 158 起，信息披露违法违规案件 66 起，操纵市场案件 19 起，其他类型案件 43 起。我国证券市场上侵犯投资者利益的事件层出不穷，投资者保护任务依旧任重道远。有必要增加保护基金的其他合法收入，扩展保护基金的赔偿范围。

建议参照英国的做法，将证券市场违法违规案件收缴的罚没款归入投资者保护基金，同时相应扩展保护基金的赔偿范围，其具体内容后文会有详细介绍。上述做法一方面可以增加保护基金的收入来源，另一方面也有利于为投资者提供更加全面的保障机制。

2. 建立“相机决策”的资金募集机制

前文提到证券公司的经营状况在很大程度上会受到经济周期的影响，在整个行业整体下滑时，证券公司需上缴的基金很可能会形成这些公司的沉重负担，阻碍其业绩的恢复。考虑到上述情况，保护基金应在分类缴纳的基础上建立“相机决策”的资金募集机制，随经济周期的波动制定灵活的上缴比例。

首先，应建立行业整体状况评估体系。根据行业营业收入增长率、利润率、风险水平等一系列指标设计一套完整的评价指标，用以评估行业的整体景气情

况，预测其未来的发展前景。例如可将行业整体状况从萧条到繁荣划分若干等级，并赋予不同的分值。

其次，划定两端阈值，低于或超过阈值则启动证券公司上缴比例调整机制。例如，行业整体状况以百分制为例，低于30分时，按分值大小对应不同的调整因子，调整因子范围为0～1，分值越低，调整因子越小；同理高于70分时，对应扩张因子，范围为1～2，分值越高，扩张因子越大。

最后，确定调整后的证券公司上缴比例。例如将正常情况下的证券公司上缴比例与调整因子（或扩张因子）相乘，确定上缴比例。

“相机决策”的资金募集机制一方面可以通过科学的指标体系对行业的整体状况作出客观的评价，把握行业的发展脉络，有利于保护基金监管职能的有效实施；另一方面可以充分发挥资金募集机制的调节作用。在行业整体蓬勃发展时，保护基金可以借此充实资本，壮大自身实力；在行业整体萧条时，保护基金降低缴纳比例，可以减轻证券公司负担，帮助其渡过难关。从另一个角度讲，行业高速发展时期往往是风险逐步积累的时期，保护基金需要提前筹集足够的资金以应对可能发生的危机；行业低迷停滞的时期往往是风险正在释放或危机后的恢复和整合时期，证券公司需要足够的资金维持正常运营和推动转型升级，此时任何可能降低成本的举措对于公司的生存都具有重大的意义。

3. 设定基金募集金额上下限

保护基金每年都会从市场中募集大量资金，然而证券公司被处置的情况却并非每年都会发生。为防止保护基金对市场资源的过度攫取和由此引发的市场资源的浪费，应当根据市场规模、发生风险的可能性、预计的损失情况等设定基金募集金额上限并根据市场状况逐年进行调整。一旦基金募集金额达到此上限即停止对证券公司和申购冻结资金利息等项目的征集，转而着重于对现有的存量进行合理的分配和使用，确保资产的保值增值。一旦基金的现值低于新的募集金额上限，则启动相关项目的资金募集工作。为确保资金募集上限制定的科学性、合理性，防止基金管理人员以权谋私，应将募集上限的制定办法和变动情况及时向社会公布，接受媒体和群众的监督。

同时为防止证券市场出现系统性风险，保护基金数额有限难以有效覆盖的情形，应当设定保护基金规模下限，一旦基金资金量低于规模下限，允许采取临时性措施筹集资金，例如可以向央行申请再贷款、向财政部申请紧急借款或发行债券等。

4. 扩展投资渠道，增加投资收益

2007～2012年，保护基金运用基金投资债券的转让及利息收入仅2009年为0.559亿元，2010年为0.456亿元，2012年为2.168亿元。相比之下，美国SPIC2010～2012年的投资收益分别为0.3816亿美元、0.3941亿美元与0.3999亿美元，以1美元=6元人民币粗略估算，其折合成人民币约为2.2896亿元、2.3646亿元、2.3994亿元①。由此可见，我国保护基金投资收益较低，且稳定性差。其中主要原因在于保护基金成立前期需要尽快筹集资金偿还人民银行的再贷款，因而可用于投资的资金较少，随着保护基金规模的逐步扩大和管理运作成熟度的提高，必须尽快建立一套稳定的投资机制，保证基金的保值增值。

根据《管理办法》第20条的规定："基金公司应依法合规运作，按照安全、稳健的原则履行对基金的管理职责，保证基金的安全。基金的资金运用限于银行存款、购买国债、中央银行债券（包括中央银行票据）和中央级金融机构发行的金融债券以及国务院批准的其他资金运用形式。"我国投资者保护基金允许的投资范围都是安全性、流动性较高但收益较低的资产。可以将一定比例的资金滚动投资于期限稍长的国债或银行存款，获取定额收益；另一部分资金投资于短期国债、央行债券等以确保流动性。为防止投资结构的不合理，应当规定保护基金用于银行存款的最低比例和进行债券投资的最高比例等，以防止风险过度集中。通过资产的合理配置，在保证基金安全性和流动性的基础上尽可能提高投资收益。

三、健全保护基金的赔偿制度

1. 扩展保护基金的赔偿范围

前文提到申购冻结资金利息本应归属于上市公司，将其纳入保护基金却将上市企业排除在保护范围之外的做法有违"用者自负"的原则。此外，如果将证券市场违法违规的案件收缴的罚没款划归保护基金，则将上市企业纳入保护范围就更加理所应当，因为证券市场的违法违规案件不仅涉及证券公司，相当一部分还涉及上市公司。实践中，经常出现上市公司财务报表造假如臭名昭著

---

① 数据来源于《SIPC2012年年报》。

的 A 股四大造假天王——郑百文、琼民源、银广夏、蓝田股份以及近期的绿大地等都对股市造成了恶劣的影响，严重侵害了投资者的利益，并且这些股票都已暂停上市或被终止上市，其母公司均面临巨额亏损，根本无力负担中小投资者的损失。除此之外还有内幕交易、违规披露、操纵市场等行为。

为了保护中小投资者的利益，建议将上述行为对投资者造成的损失也纳入保护基金的赔偿范围，但并非全部包揽，而是需要满足一定的条件。

（1）证券公司或上市公司的违法违规行为对投资者造成严重损失并遭到投资者起诉，且经法院判定应由其作出赔偿。由于证券市场上影响投资者最终收益的因素有很多，既包括来自外界的信息，如上市公司的财务报表以及其他信息披露项目、投资机构的投资建议、政府的相关政策等，也包括投资者的个人判断以及买卖时机的把握和选择。因此在具体操作过程中，如何判定投资者的损失是否是由证券公司及上市公司的违法违规行为造成的以及具体损失金额的多少是十分专业并且复杂的问题，需要大量的人力物力资源进行长时间的调查取证。为了防止给保护基金添加过多的额外负担，这部分索赔的前提条件是投资者起诉并且由法院作出判决。相当于首先投资者自身必须主动维权，其次将调查取证裁决的工作交由法院处理，如此可以最大程度地规避投资者“恶意敲诈”上市公司或证券公司的行为出现，并确保赔偿事项和赔偿金额的公平公正。当然，这需要相关的代表人诉讼、团体诉讼等机制的建立和配合。

（2）涉案公司自身有能力赔偿的部分由其进行赔偿，经证实确定无力赔偿的部分由保护公司先行赔偿，如上市公司被停牌或退市，证券公司被撤销、关闭、破产或被执行其他强制性措施。由于证券市场的违法违规行为在给投资者造成巨大损失的同时往往会煽动投资者对上市公司、证券公司甚至证券交易所、监管机构的不满和对立情绪，严重影响证券市场的稳定。由保护公司介入先行赔偿可以保证投资者索赔的切实可行，安抚市场情绪。

（3）保护基金先行赔偿后依法取得对涉案公司的受偿债权，并依法参与涉案公司的破产清算和财产分配。该部分的具体执行方案可以参照被处置证券公司的相关规定。

2. 完善保护基金的赔偿条件

（1）规范客户交易结算资金与被挪用有价证券的赔偿条件。我国针对客户交易结算资金与被挪用有价证券的赔偿条件不一致，对个人投资者和机构投资者的政策也不统一，同时并未规定赔偿金额的上限。针对该问题，根据美国《证券投资者保护法》的规定，证券投资者保护公司（SIPC）每位客户证券和现金合计可获得的赔偿金额最高为500000美元，其中现金的最高赔偿金额为250000美元；英国金融服务与补偿计划（FSCS）规定投资业务前30000英镑100%赔付，后20000英镑90%赔付，因此最高赔付金额为48000英镑；德国存款保护与投资者赔偿计划则规定赔偿限额一般是未清偿额的90%，每个投资者的上限是20000欧元，其中还特别规定了不需要任何特别保护的机构存款者（如公共部门、中兴和大型合资企业、保险公司等）不享有赔偿的权利。

结合当前我国的现实情况，首先应划定现金及证券合计赔偿金额的上限，其确定应参考我国中小投资者平均开户金额，同时划定现金赔付的最高比例。考虑到机构投资者专业化程度高且资金量一般较大，一旦遭受损失即使赔偿金额达到上限也是“杯水车薪”，为了保障自身的资金安全，自然会慎重选择证券公司，从这个角度来说，其道德风险程度已经得到了有效控制，因而没有必要单独将机构投资者剔除出保护范围。

（2）排除对个人债权的赔偿。居民个人持有的金融机构发行的各类债权凭证属于普通债权的范畴，居民个人在接受此类债权凭证时暗含了其同样需要承担到期时债务无法完全清偿的风险。此类风险属于正常的市场风险，不应纳入赔偿范围。但需要注意的是个人三方监管委托理财资产被受托金融机构挪用的应当排除在外，因为根据前面的讨论，该类资产性质与客户交易结算资金类同，证券公司并不拥有其所有权。

（3）排除被处置证券公司或上市公司的利害关系人。如果将证券公司或上市公司违法违规行为对中小投资者造成的损失纳入赔偿范围，则势必要将被处置公司的利害关系人排除在外，其具体范围包括但不限于：被处置公司持股5%以上的个人股东、董事、监事、高级管理人员及上述人员的配偶、亲属，被处置公司的母公司或实际控制人持股5%以上的个人股东、董事、监事、高级管理人员等。该项规定的主要原因在于证券市场上多数违法违规行为都是公司管理层“策划”或“默许”的，即使其未直接参与违法违规行为，作为管理者也负有管理不当、监督不力的责任，为了防止其骗取保护基金，应当将其明确排除在保护范围之外。

四、建立保护基金的监管制度

证券投资者保护基金是维护投资者利益、推动证券市场健康稳定发展的重要保障，是证券公司或上市公司发生危机时阻止风险蔓延的主要屏障，为保障基金的财产安全与合理使用，建立保护基金的监管制度刻不容缓。

纵观国外投资者保护基金的监管模式，主要可以归纳为以下四种：一是由证券监管当局认可并监管的模式，如美国的SIPC由证券交易委员会SEC监管、英国的ICS和FSCS受英国金融服务局（FSA）监管、香港的投资者赔偿基金由香港证监会监管；二是以中央银行为主导的监管模式，如德国的联邦银行、爱尔兰的中央银行等；三是由证券交易所监督的模式，代表国家是澳大利亚；四是由证券业协会监督的模式，典型代表是日本。

当前我国采用的并非是单一的监管模式，而是多头监管模式。根据《管理办法》的规定，“证监会负责基金公司的业务监管，监督基金的筹集、管理与使用。财政部负责基金公司的国有资产管理和财务监督。中国人民银行负责对基金公司向其借用再贷款资金的合规使用情况进行检查监督”。我国采用多头监管模式是有其内在原因的：首先，保护基金公司是财政部出资成立的，其有责任确保国有资产的合理运用；其次，保护基金成立初期，规模过小，在处理证券公司风险中大量利用了央行再贷款，即使未来基金实力得以充实，但一旦出现类似美国次贷危机的系统性风险时，仍必须借助央行的力量；最后，保护基金公司的资金供给方是证券公司、资金的运用对象也是被处置证券公司，此外其肩负的投资者保护职责、证券公司监管职责都是证监会职责的一部分，因而采取多头监管的模式是一种必然的选择。多头监管的优势在于监管权的相互制约以及拉近保护基金公司与监管者的距离，便于信息的传递和决策的实行。劣势在于监管重叠与监管缺位。解决该问题的主要方法就是监管权力的合理划分和清晰界定。

当前，我国已经建立起了对保护基金公司的业绩考评制度和信息报告制度，但最重要的审计制度尚未建立。审计属于事后的核实，对于保障保护基金的财务信息的真实性，防止基金资产被挪用具有不可替代的作用。具体审计工作由哪个监管方负责在此并不做讨论，但需要强调的是必须采取外部审计的模式，如由监管者负责或由独立的审计机构负责，如此才能最大限度的保障基金资产的安全，防止监守自盗的情形出现。

第七章

投资者回报引导机制的完善

上市公司的股利分配对于投资者特别是中小投资者来说可谓是十分重要的回报来源之一，同时股利分配政策在公司的财务政策中也处于核心地位，不仅与公司现阶段股价波动密切相关，更对公司将来的业绩和可持续发展产生深远影响。由此可见，上市公司股利分配对于完善投资者回报引导机制意义非凡，就我国证券市场现状来说，在股利分配这一领域长久以来存在诸多问题，虽一直受到市场各方极大关注，却一直未能得到很好的解决。近年来，随着证券监管部门监管理念的变迁，愈发关注对中小投资者利益的保护，出台了包括差异化现金分红制度在内的一系列有关上市公司股利分配政策的规章条例，本章对上市公司股利分配问题以及差异化现金分红制度给予分析，并给出相关完善建议。

第一节　我国上市公司股利分配存在的问题及原因探究

一、上市公司股利分配政策转变及存在的问题

长期以来，“重融资、轻回报”始终是中国股市的一大顽疾。我国上市公司现金分红因受经济、体制、金融环境等多方面因素影响，目前主要存在现金分红高度集中于少数优质公司、分红的连续性和稳定性不足、成长性企业分红水平总体高于成熟企业、分红回报方式较为单一、结构不够合理等问题。

据统计，2001～2011年，我国上市公司现金分红占净利润的比例为25.3%，而境外成熟市场通常在40%左右，总体看来，2006年以来，上市公司平均年化股

息率只有1%左右。近10年来我国上市公司现金分红对净利润占比仅有境外成熟市场的60%左右，因此，与境外成熟市场相比，我国资本市场历年市场投资回报总体较低。同时，上市公司回报方式单一，有的甚至存在利用现金分红套现。由于投资回报机制不健全，投资者难以形成稳定回报预期，炒新、炒小、炒差等投机行为盛行，快进快出现象普遍，这也是中小投资者亏损的重要原因。

WIND统计数据显示，A股创立24年来，仅在首发增发及配股上，融资总额就高达5.32万亿元。而这24年中，A股总的分红金额仅为3.38万亿元。考虑到普通投资者在全部A股中的持股比例，若以30%计算，24年来，A股的普通投资者尤其是中小投资者的累积分红不到7000亿元。

除了分红水平以外，市场中上市公司分红的稳定性也不容乐观，我国2001～2010年连续支付股利的上市公司仅有132家，远远低于国外成熟市场水平。可见，市场上分红的中坚力量还未形成，难以给予投资者稳定的投资预期。

然而，随着各项监管政策的推进，我国上市公司的股利分配政策也随之发生着转变，现金分红的稳定性、持续性有所改善。2010～2012年，实施现金分红的上市公司家数占比从50%上升至68%，现金分红比例由18%上升至24%，呈现逐年增长的势头，部分公司连续多年现金分红。这其中还有很多公司的分红相当可观，如福山照明、格力电器、贵州茅台等。以贵州茅台为例，截至2012年，贵州茅台上市后坚持每年分红，其累计额已达到111.73亿元，是其发行股票募集到的资金净额的5.59倍，成为中国分红最多的白酒行业上市公司。

诚然，上市公司回报投资者的总体水平在逐渐提高，但仍存在一系列亟待解决的突出问题，上市公司内部治理的缺陷和外部约束机制的弱化导致其漠视投资者利益的现象也时有发生。因此，“重融资、轻回报”的生态环境不是一朝一夕之间就可以改变的，还需要把它作为资本市场一项重要基础制度建设，常抓不懈。

二、问题背后的原因剖析

1. 投资者教育匮乏

根据证监会于2013年的调查，在沪深交易所开户的约9000万个人投资者中，个人投资额小于50万元人民币的投资者完成的交易占股票总交易量的约60%，可这其中知道中小投资者拥有哪些权利、如何行使和维护自身合法权益的只有15%，能够读懂上市公司所披露的财务信息的中小投资者占比仅2%，另外还有统计数据显示近3年来股东大会网络投票股东平均参与率不到0.25%。另外还有不少调查显示，很多中小投资者在选择股票时不会考虑公司的分红情况，超过40%的被调查者从未考虑过靠持有股票分红盈利。

投资者缺乏专业知识就无法冷静理性的对上市公司股票进行基本面的分析，更容易听信传言，盲目跟风，追捧所谓高成长性的“概念”股、“题材”股，将注意力集中于短期资本利得，市场上投机风气盛行。这种扭曲的投资理念加上投资者“用脚投票”意识的缺乏使得上市公司不进行分红也不会受到市场投资者的惩罚，即带来对股票的抛售或折价，上市公司股利支付率偏低，红利支付不稳定的行为得不到有效的市场约束，反而愈演愈烈，成为一种普遍现象。

以我国沪深两市交易所的数据来看，我国股票的股息率同其他成熟市场国家和地区相比明显偏低，甚至低于银行存款利率，由此可见我国股市投机现象的严重性。而在近年来中小投资者普遍亏损的行情中，投资者对于股市的未来愈发缺乏信心，则进一步助长了短期投机风气（见表7.1）。

表7.1　　沪深两市与其他国家市场的股息率

类别市场	上　海	深　圳	英　国	中国香港	美　国
2009（%）	1.01	1.5	6.19	2.74	2.6
2010（%）	1.48	1.56	6.24	3.63	2.8
2011（%）	1.86	1.01	6.59	4.15	3.14

针对这一问题，国务院于2013年12月27日发布的《关于进一步加强资本市场中小投资者合法权益保护工作的意见》中就明确强调：继续强化公众投资者教育。在提出加大普及证券期货知识力度的同时，首次提出将投资者教育逐步纳入国民教育体系，有条件的地区可以先行试点，充分发挥媒体的舆论引导和宣传教育功能，提高投资者风险防范意识，而自律组织应当强化投资者教育功能。公众投资者教育本质上是促进公众投资者权益的自我保护。

2. 上市公司重融资轻投资者回报

我国改革开放30多年来，投资在拉动经济增长的“三驾马车”中占有极其重要的地位，从某种意义上来讲，中国经济目前的发展属于投资驱动型，很多上市公司仍处成长扩张的高速发展阶段，需要大量资金推动，倾向于将利润留存内部，降低筹资成本。由于我国资本市场还处于成长阶段，尚不够发达，上市公司获得融资的渠道单一且融资成本较高，加上政府债务问题、金融机构流动性趋紧等现象，市场正处于资金饥渴状况，另外上市公司整体盈利能力大小和稳定性也影响其分红的水平和连续性，我国上市公司整体上的质量还不够高，严重制约着现金分红的数额，少量的现金分红难以对投资者形成足够吸引力。因此，上市公司分红难的状态很难在短期内得到改变。

上市公司重融资而轻投资者回报是投资者重投机而轻价值分析的重要原因，而后者也造成了很多股票在并未付出相应投资者回报的情况下，却被炒高股价，大大偏离其基本面价值，红利分配难以影响到公司股票估值，上市公司自然没有发放红利的动力，也使得其对于投资者回报更加不予关注，市场陷入了一种恶性循环中。显然不利于我国公司治理文化环境和证券市场道德规范体系的建立和发展。

另外我国股票市场投资者结构和代理问题也是造成如今分红现状的原因。在我国股票市场，散户持有的股份比例较小且高度分散，其对公司进行监督的成本远高于可能获得的收益，因此，散户缺乏监督上市公司经营的能力和动力，导致了我国上市公司中各相关利益主体及公司的内部组织结构制衡机制弱化。我国的股利政策实际很大程度上受管理层的控制，而管理者追求自身效用最大化的动机使得其倾向于保留公司内部利润和增加可支配自由现金流。在市场监督机制并不完善的情况下，流通股股东难以借助兼并、收购、解雇等手段约束管理层的行为，这使得不分红或以非现金股利分红成为管理层的优先选择。

3. 缺乏分红的有效监督机制及合理的相关配套措施

很多上市公司应监管部门的要求，披露了其“未来三年股东回报规划”，但从这些规划和报告的内容来看，绝大多数上市公司趋于雷同，使用的公告格式甚至语言都高度一致，完全没有按照行业和公司自身的特点进行分红方案的制定，另外就分红有关事项向投资者征求意见的工作也流于形式，大多数上市公司最后的规划实际上还是同有关政策规定完全相同，即“未来三年以现金方式累计分配的利润不少于最近三年实现的年均可分配利润的30%”，很少能体现投资者的意见。而从实际实施情况来看，由于规划中的分红额度是按照可分配利润的比例计算，还是有部分公司以各种借口和理由推脱分红责任，可由于缺少有效的监督和惩罚机制，不分或少分红利的公司并未受到市场的惩罚，成就了不少“铁公鸡”。

现金分红税收的问题也值得商榷。中小投资者在获得现金分红时还需缴纳10%的税款，即实际获得的90%的分红金额。上市公司用于现金分红的股息本来就来源于公司的税后利润，已经扣除了所得税，而针对投资者的红利税的存在使得这部分金额又重复缴纳税款，相当于将一部分股东权益转化为了政府税收。除个人投资者、基金外，其他投资者收到分红无需纳税，造成税负不公。另外，我国对股票投资形成的资本利得实际上是零税率，因此，现金分红制度并不受理性的长期投资者的欢迎，如此种种，使得税收问题成为上市公司低现金股利政策的一大成因。

第二节　证监会对于上市公司分红政策的规管

为了对市场上的分红乱象进行规管，证监会前后出台了各类大大小小与此相关的政策文件，其政策变化路径可简要划分为以下三个阶段。

一、第一阶段（1992～1999年）

这一阶段属于中国证券市场建立的初期，证监会对于上市公司发放现金红利并没有硬性规定。从实际市场数据来看，1992～1999年间发放现金股利的公司数量呈下降趋势，这一阶段的“放任自流”造成了很多上市公司趁着证券市场各项法规并不完善，制度还未健全之际，将证券市场当做“圈钱”的工具，对于股利分配的随意性较大，忽略了现金分红等投资者回报方式。

二、第二阶段（2000～2004年）

从2000年开始证监会开始重视上市公司的分红问题，2000年11月27日，中国证监会发布了《关于上市公司2000年年度报告披露有关问题的通知》，要求上市公司年报中需包括对于下一年度利润分配政策的预测。紧接着在2001年3月，证监会颁布了《上市公司新股发行管理办法》，规定了担任主承销商的证券公司必须对最近三年未有分红派息、董事会对于不分配的理由未作出合理解释的公司进行重点关注，并在尽职调查报告中予以说明。现金分红政策的出台也在市场上带来了积极影响，2000年以后进行现金分红的公司数量有所增加。

三、第三阶段（2005 年至今）

2005 年开始启动股权分置改革，在这之前提出的政策中均只是鼓励上市公司进行现金分红，但未对现金分红比例等提出量化指标要求，对于投资者来说难以形成稳定的收益预期，不利于投资者信心的树立。2006 年 5 月发布的《上市公司证券发行管理办法》对以往出台的政策进行了完善，规定上市公司需满足“最近三年以现金或股票方式累计分配的股利不少于最近三年实现的年均可分配利润的 20%”才可发行新股。这一政策的出来使股利分配政开始与再融资进行挂钩，增强了政策约束力。在 2008 年 8 月份出台的《关于修改上市公司现金分红若干规定的决定》中将 20% 提高到 30%，并着重强调了现金分红。2011 年 11 月初，证监会提出对上市公司明确分红回报规划的要求，包括对现金分红政策和分配决策机制。

表 7.2　自 2000 年以来证监会出台的与上市公司分红有关政策文件的主要内容

政策出台时间	政策文件名	主要内容
2001 年 3 月 28 日	《上市公司新股发行管理办法》	第 11 条担任主承销商的证券公司应当重点关注下列事项，并在尽职调查报告中予以说明：公司最近 3 年未有分红派息，董事会对于不分配的理由未作出合理解释
2004 年 12 月 7 日	《关于加强社会公众股股东权益保护的若干规定》	上市公司应实施积极的利润分配办法： （1）上市公司的利润分配应重视对投资者的合理投资回报。（2）上市公司应当将其利润分配办法载明于公司章程。（3）上市公司董事会未做出现金利润分配预案的，应当在定期报告中披露原因，独立董事应当对此发表独立意见；上市公司最近三年未进行现金利润分配的，不得向社会公众增发新股、发行可转换公司债券或向原有股东配售股份。（4）存在股东违规占用上市公司资金情况的，上市公司应当扣减该股东所分配的现金红利，以偿还其占用的资金
2006 年 5 月 6 日	《上市公司证券发行管理办法》	公开发行证券的条件中第八条中规定，上市公司的财务状况良好，符合下列规定： 以现金或股票方式累计分配的利润不少于三年实现的年均可分配利润的 20%

续表

政策出台时间	政策文件名	主要内容
2008 年 10 月 9 日	《关于修改上市公司现金分红若干规定的决定》	上市公司应当在章程中明确现金分红政策，利润分配政策应保持连续性和稳定性；上市公司可以进行中期现金分红；最近三年以现金方式累计分配的利润不少于最近三年实现的年均可分配利润的 30%。为了提高公司现金分红政策的透明度，上市公司在年度报告中应详细披露公司的现金分红政策。将公司“最近三年以现金方式累计分配的利润不少于最近三年实现的年均可分配利润的 30%”列入公开再融资的条件
2012 年 5 月 9 日	《关于进一步落实上市公司现金分红有关事项的通知》	要求全部上市公司在章程中明确利润分配的决策机制和程序，确定派发现金股利的最低条件，并督促上市公司出台未来三年股东回报规划，确定在符合现金分红条件时 2012 ~ 2014 年公司的最低现金分红比例
2013 年 11 月 30 日	《上市公司现金分红指引》	上市公司应当在章程中明确现金分红相对于股票股利在利润分配方式中的优先顺序。具备现金分红条件的，应当采用现金分红进行利润分配。采用股票股利进行利润分配的，应当具有公司成长性、每股净资产的摊薄等真实合理因素

证监会于 2013 年 11 月 30 日发布的《上市公司监管指引第 3 号——上市公司现金分红》，首次明确了现金分红的优先地位，以监管规则的形式明确了上市公司差异化现金分红政策，同时将 2011 年设定的每年以现金形式分配的利润不少于当年实现可分配利润的 10% 的比例提高到了 20%。并规定，上市公司董事会应当综合考虑所处行业特点、发展阶段、自身经营模式、盈利水平以及是否有重大资金支出安排等因素，提出差异化的现金分红政策，共分为三种档次：公司发展阶段属成熟期且无重大资金支出安排的，现金分红在当次利润分配中所占比例最低应达到 80%；公司发展阶段属成熟期且有重大资金支出安排的，这一比例最低应达到 40%；公司发展阶段属成长期且有重大资金支出安排的，这一比例最低应达到 20%。

显然，从这一系列的政策变化中可以看出，监管细则呈现逐步严格的趋势，先是将再融资资格同分红制度挂钩，然后对分红比例进行了明确量化要求，规定了最低分红比例，最后对分红形式进行规定，上市公司以现金形式分红的比例不得少于20%。这些变化也体现了我国监管理念的逐步转型，开始真正将注重投资者保护放在首位。

第三节　差异化现金分红制度的理论分析

一、差异化现金分红制度的理论依据

“在手之鸟”理论（bird-in-the-hand）是早期实务界普遍持有的一种股利理论，其核心论点是股利收入往往比留存收益更受投资者欢迎，因为留存收益带给投资者的收益具有很大的不确定性，且随着时间的推移，投资风险将进一步加大。因此，投资者宁愿目前收到较少的股利也不愿等到将来收回不确定性较大的股利或以较高价格出售股票，现金红利的确定性使得投资者会为进行现金分红的公司股票支付更高的价格。但随即便有 Miller 和 Modigliani 对这一理论提出了反驳，即“红利悖论”，认为投资者获得公司现金红利后仍需投资到与原公司相同风险的股票中，故投资者没有理由更加偏好于现金分红的公司。笔者认为在市场处于繁荣的状态下投资者确实会如“红利悖论”中的前提条件中一样，将获得的现金红利再次投入市场，而当市场处于萧条的时期，投资者可能将资金暂时撤离市场寻求安全稳定的收益。

于瑾、张婷和吕东锴（2013）通过对2004 年1 月至2010 年12 月中国沪深两市所有 A 股和台湾股票市场所有股票作为研究样本进行分析得出：在这两大新兴市场中，从高度繁荣到高度萧条状态，市场行情越不景气，投资者越偏好现金红利带来的安全感，萧条市场的红利溢价高于繁荣市场红利溢价①。

如今我国的证券市场正处于这种市场萧条时期，以上证指数为例，从2007年10 月16 日的最高6124.04 点跌到了2013 年6 月25 日的最低1849.65 点，到2014 年初仍在2000 点上下徘徊。在这种市场萧条时期，投资者将现金股利进行再投资的概率会大大降低，进而更加偏好现金分红公司的股票，“在手之鸟”

---

① 张婷、于瑾、吕东锴：“强化现金分红政策的合理性之实证研究——基于投资者回报视角”，载于《证券市场导报》2013 年第4 期。

理论能够有效对当前市场状况进行解释，现金分红公司的股票收益率高于非现金分红公司的股票收益率，所以，在当前股票市场不景气的情况下证监会的差异化现金分红政策以及对现金分红的倡导迎合了投资者的实际需求，在理论上也有其短期内的合理性。

二、差异化现金分红制度的意义

差异化现金分红政策的出台为市场上的上市公司敲响了一记警钟，国内的证券市场正经历着一系列的改革进步，圈钱市场渐渐成为历史，市场优胜劣汰的机制逐步开始运作，不注重股东回报的公司将被投资者抛弃，只有财务健全、业绩优秀并能够给予投资者稳定回报的公司才能受到市场的青睐。

差异化现金分红制度以上市公司所处发展阶段和有无重大资金支出安排作为分类标准，着重对现金分红在利润分配中所占最低比例进行了规定。从上交所披露的数据来看，2010 年有 1099 家上市公司未分红，2011 年共有 826 家公司未分红，2012 年这一数据降到 663 家，政策出台后，2013 年共有 653 家沪市上市公司在披露 2012 年年报的同时推出派现方案，比 2011 年年报的 558 家增加了 95 家，占上市公司总数的 68%；分红总额达 5959 亿元，创下近四年之最，派现金额占归属于上市公司股东净利润总额的 35. 16%，派现比例创历史新高。其中，发展阶段属于成熟期的上市公司分红比例最高，国有企业中的优质蓝筹股表现突出。

1. 对投资者的意义

对于投资者来说，在股票市场获利无外乎两种方式，一种是通过在二级市场买卖取得资本利得，另一种是获得股票的分红。但二级市场中的股价受到多重因素的影响，风险性较大，并非每个投资者都能从中获得正的收益，从我国股票市场近年来的实际情况来看，中小投资者大部分处于赔多赚少的状态，因此，股票的分红对于投资者权益的保障意义非凡。

我国股票市场分红方式主要有现金分红和股票股利。由于上市公司发放股票股利时并不会产生现金流流出，只需将未分配利润转为股本，增加了公司股本和股票流动性，容易被市场炒作，相比于现金分红而言会引起更大的股价异常波动。部分投资者将股票股利视作公司现金周转困难的负面信息，认为公司不具有中长期的投资价值，因而更加倾向于现金分红。美国顶尖的经济学家之一杰里米·西格尔就是“长期持有”投资理念的坚定支持者，他将现金分红比喻为“熊市的保护伞，牛市的收益加速器”。

差异化分红制度旨在督促上市公司每年按可分配利润的一定比例进行分红，且特别强调了现金分红的最低比例。在上市公司持续稳定分红的条件下，投资人能够得到实实在在的现金回报，在市场上大部分投资者均属于风险规避者的背景下，有利于在投资者与上市公司之间建立起信任，突出股东回报，增强市场信心，并有助于形成长期投资和价值投资的理念和市场氛围。从而引导投资者从各类市场炒作中脱离出来，理性看待投资方向，更多的关注公司内在质量，更多的进行价值投资，对上市公司投资价值大小进行甄别，让不具有投资价值的公司逐步受到市场的淘汰，进一步净化市场投资环境。

另外，这种持续的回报增强了市场的稳定性，有助于吸引社保基金、企业年金等长期资金入市，这种大型机构投资者的加入会对上市公司的股东结构产生影响，进一步促进上市公司分红政策的稳定性。例如美国从 20 世纪 80 年代开始实施的401K 计划和对养老基金的税收优惠等政策就促进了机构投资者的发展，随着机构投资者的大量进入，又反过来增强了上市公司分红政策的稳定性。

2. 对公司的意义

现代企业的重要特征之一是所有权与经营权的分离，这导致了股东与管理层之间的利益冲突，为解决因这种委托代理关系所带来的利益冲突问题产生了代理成本（Agency Costs），包括监督成本和约束成本。

实施现金分红会降低企业的留存收益，即减少了企业能够获取的内部融资金额，使得企业需要寻求外部融资，从资本市场获取资金。这使得企业需要受到来自债权人及相关监管机构等更多的外部监管和约束，上市公司需要更加注重现金流量的安排，在日常经营中坚持更加稳健的原则，尽量将项目风险限制在可控范围内，对于投资收益预期更为谨慎和科学，限制了管理层用公司利润来满足私利，有助于减少管理层的道德风险，从而有效降低了代理成本。为了满足企业的外部融资需求，管理层还需努力改善企业的经营水平，追求业绩的提高。

根据信号传递理论（Signaling Theory），企业向外界传递内部信息的常见信号有三种：①利润宣告；②股利宣告；③融资宣告。现金股利的发放是企业真实现金流出，因此相对于会计上实现的利润，现金分红在投资者看来才是更加真实可靠的。发放现金股利是企业向投资者传递的对于未来盈利预期和市场业绩的事前信号，投资者结合分红情况及企业基本面情况进行投资预判，企业现金分红的频率和分红比例从某种程度上代表企业对未来盈利状况的信心。另外，正是由于现金分红本身需要支付的是真正的现金流，这一点对上市公司编造财务报表，人为操纵利润形成了的限制，一定程度上起到了抑制财务造假的作用。

三、差异化现金分红制度的缺陷

现有的包括差异化现金分红制度在内的一系列与分红有关的制度，从保护投资者特别是中小投资者的利益出发的初衷是好的，可是在实际操作过程中还是有不少缺陷亟待完善。

1. 红利分配与再融资资格挂钩的合理性有待商榷

证监会将红利分配与再融资挂钩的政策对于没有再融资需求的上市公司难以形成有效的约束，因为由于除了无法进行再融资外，没有任何措施对不分红公司进行惩罚或是其他引导和鼓励上市公司分红的政策，但是对于那些确有再融资需求或存在潜在再融资需求的上市公司，则可能陷入难以获得融资的困境，一些成长期的公司受制度限制，只能一边分红一边融资，承担了额外的融资成本和发放现金股利所需缴纳的税金。相反，由于仅将符合规定的现金分红作为再融资的条件之一，却未将公开再融资获得的金额同实际分红金额进行绑定考虑，使得一些将股市看做圈钱工具的上市公司通过配股、增发等手段，先进行现金股利的支付以满足政策条件进而再融资取得更多资金，由于持续的现金分红能力反而可能掩盖其业绩造假的事实。据 wind 数据统计，2009 ~ 2012 年三年间市场上既有分红又有再融资的上市公司共有 530 家，可派现金额大于募资额的公司却仅有 18 家。

根据现金分红的规定，公司若想进行再融资需要“最近三年以现金分配累计分配利润不少于最近三年的年均可分配利润的 30%”，这使得再融资资格完全可以通过前一年进行大量现金分红突击获得，可能会更加加大股利分配政策的波动性。并且政策针对证券发行仅包括公开再融资，定向增发并不受此限制，加上定向增发项目的投行收费仅为 IPO 的 1/3，其成本与银行贷款成本接近并且不会产生财务费用，受到上市公司越来越多的青睐。有数据显示，自政策出台后定向增发证券数量较之前大大增加，甚至渐渐成为上市公司再融资的主流选择。图7.1便呈现了这一明显变化趋势，现金分红与再融资挂钩的政策通过定向增发被绕过，失去了应有的约束力。所以市场上还是有很多不进行分红的上市公司。

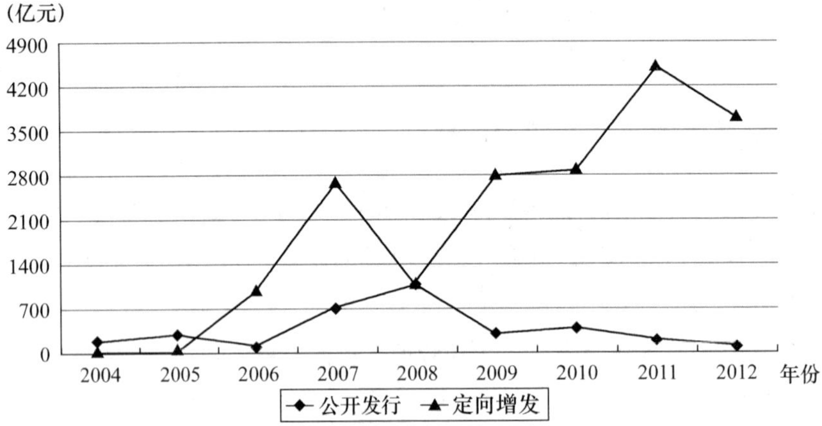

图7.1　2004～2012年我国A股市场公开发行和定向增发金额对比图

资料来源：wind数据库。

最后，笔者认为这一政策中其实有一个悖论：如果上市公司有能力进行现金分红，为什么又需要进行再融资？从另一个角度思考，如果上市公司需要再融资，先进行现金分红换来再融资资格，证监会在接到上市公司融资申请后，需结合股市的实际情况、公司融资规模的大小以及同期进行融资公司的多少等综合考虑，走完整个再融资的流程一般需耗时两年时间，考虑时间成本再加上需支付给投行的2%～3%的发行费用等，岂不是大大加大了公司融资成本？从这一角度来看，减少红利分配更多的作为内源融资资本应该会更加有利于公司的发展。

另外，从海外市场上市公司的经验来看，美国和其他国家的公司资本大部分都来自利润留成。例如，微软公司自1986年上市以来，直到2003年一直未进行过分红，而谷歌公司自2004年上市以来至今未进行过现金分红，但对其投资的中小股东的利益也未受侵害，股东手中的股票价值反而在不断增长。因此，红利分配与再融资资格挂钩政策的合理性有待商榷。

2. 可能对上市公司的长期发展有负面影响

Fama和French教授通过对美国市场上分红和不分红的上市公司在新技术研发方面的投入进行研究得出：在1978～1982年间，不分红的美国上市公司投入技术研发中的开支占总资产的3.15%，而进行分红的上市公司投入技术研发中的开支仅占总资产的1.62%；1993～1998年间，不分红的上市公司技术研发投入占比4.07%，而分红公司的研发投入占比仅为2.09%。当然，分红并非影响上市公司技术研发投入的绝对因素，但不可否认的是，对于处于高速发展时期的公司，技术研发或基础设施投入均需要大量资金，优序融资理论认为外部融资成本远高于内源融资，当公司存在潜在的良好投资机会时，较高的现金分红政策反而不利于股东利益最大化。从《上市公司监管指引第3号——上市公司现金分红》中我们可以看到，即使是成长型公司，并且有重大资金支出安排，在进行利润分配时，现金分红的比例也不能低于20%。就这一点看，新政策的做法难免使得普通股偏离了其原本的定义，更多的向优先股靠近，牺牲了公司长期发展的更多可能性。

中国台湾在2000年以前，上市公司偏好发放股票股利而现金分红比例很少。自2000年的"健全股利政策"出台后，发放现金分红的企业比例从2000年的49%迅速增加到2009年的81%，现金分红所占比例也逐年扩大。"健全股利政策"并未对所有公司按照某一或某些标准进行硬性指标规定，而是提供了四种股利政策模式，包括剩余股利政策、固定股利政策、稳定股利政策、正常股利加额外股利政策，以供上市公司根据自身条件自行选择。因此，从长期来看，分红政策应给予上市公司更多的自由，选择与公司未来长期发展战略更为切合的股利政策。

3. 现金分红比例划分的合理性

差异化现金分红政策中规定的百分比是基于近年来市场中上市公司现金分红实际情况，另外结合适当发挥对上市公司现金分红引导和促进的目的，二者综合考量后决定的。可政策虽然考虑了公司所处成长期以及项目资金需要等情况，给予了处于成长期的公司更多的选择自主分红政策的余地，但一些上市公司通过包装的方法编造项目和理由，使其符合"成长期"或"有重大资金支出"条件，从而减少实际分红比例。对此一些券商人士建议新规应按上市年限强制界定公司属于成熟期还是成长期，不能以有无重大资金安排来作为条件，要避免处于成熟期企业在报告期内加大非必要资金支出的风险。

因此，这一政策未考虑到的是：不同行业中进行分红的上市公司存在较大差异，无法将市场上所有的上市公司进行如此简单的划分定性，如公共事业类公司的现金流较为充裕，一般会较其他行业具有更高的现金分红比例。据深交所网站披露，2011 年深市 A 股市场中的采掘业、渔业、机械设备仪表业、造纸印刷业、建筑业、信息技术业的分红公司占比均超过 80%，分别为 90.91%、82.61%、82.33%、82。14%、81.82% 和 80.88%；而综合类行业、房地产业、公用事业的分红公司占比则低于 50%，分别为 29.41%、45.31% 和 48.15%，从统计数据中可以看出，不同行业的现金分红状况存在明显差异。

这种行业的趋同性其实很好理解：一般来说同行业中的上市公司在盈利能力、投资项目、负债结构特征以及资产流动性等方面相似，在如今鼓励分红的政策背景下，不进行现金分红对于管理层来说可能属于对公司负面的消息，为了减少这一负面消息的影响，他们会选择行业内其他多数公司的现金分红状况作为参照标准，即符合了行业的描述性规范，若与行业其他公司不一致，则可能受到投资者的惩罚，面临较高的现金分红压力。有国外学者通过对 308 位财务总监的访谈发现，其中 1/3 的人都认为行业内其他公司股利发放政策是他们发放股利的重要参考因素。

正是由于不同行业的上市公司具有不同的盈利能力、投资机会、资产流动性以及负债结构等，持续稳定的现金分红不一定对所有上市公司均有利。对于分红政策制定的一个关键在于最低标准的设定。这个标准过高或者过低都会严重影响到政策的执行力。每个公司的自身条件不同使得其利润分配方式千差万别，如所处行业和前景、发展阶段、投资机会、市场占有率、盈利的稳定性、资产流动性等。因此，面对类型不同的公司要区别对待，将分红政策合理化，上市公司的可分配利润主要应用于投资、分红还是留存公司内部属于公司治理层面的问题，应由公司内部董事会和股东大会决定，具体问题具体分析的方式可能更有利于公司的长远发展和投资者价值投资。

4. 现金分红比例的提升更多出于大股东利益考虑

一般而言，在大股东控制公司的情况下，发放现金股利相当于减少了大股东可支配的公司自由现金流。可在我国股票市场有研究显示，控股股东相对中小投资者更加偏好于现金股利，且控股股东持股比例越大，上市公司派发的现金股利水平越高。部分公司在发行股票时超募大量资金，然后以派发高比例现金红利的方式将这些资金转给大股东。这种“套现”行为在新股，尤其是创业板和中小板公司中较为多见，例如海普瑞（002399）的募资计划为 8.65 亿元，实际募集到的资金高达57.168亿元，公司2010年发布了每10股转增10股派20元的超高比例分配方案，现金分红额度达到8亿元，其中5.76亿元被公司控股股东李锂夫妇收入囊中。

这其实是中国资本市场的制度安排和历史遗留问题造成的：因为控股股东所持有的股份属于非流通股或流通受限股，故难以通过买卖股票获得资本利得，发放股票股利后公司发展带来的股本溢价也能被除权后的投资者以低成本分享，加上中国资本市场的法制建设愈发完善，传统的关联交易、股权抵押贷款等套取现金的方式受到了极大的限制，而现金分红则可以使控股股东避免买卖股票的情况下尽快收回投资。这也解释了为什么很多现金分红水平高的公司虽然发放了大额现金股利，可绝大多数都进了控股股东的账户。并且就中国上市公司实际情况来说，很多整体改组上市的公司，其控股股东多是财政部门、政府成立的投资控股公司、国有资产管理局，他们对于资金的需求量很大，用来帮助资金匮乏的其他国有企业或进行公共建设项目投资，于是现金股利对于这类控股股东十分重要。

综上所述，由于股权分割等问题的存在，大股东出于自身利益而主动发放大量现金股利能否起到保护外部股东利益的作用仍有待考察。

四、由差异化现金分红制度引发的思考

1. 上市公司分红水平的提高需要更多相关配套措施共同推进

差异化现金分红政策究其本质来说就是一种半强制性分红政策，对于有再融资需求的上市公司，必须遵守规定以获取再融资资格，而对于不符合规定的上市公司未制定相应处罚措施，对这类没有再融资需求的上市公司没有实际约束力，因而成为半强制性分红政策。这种半强制性分红政策是在目前我国证券市场这一特定背景下的产物，有着相当大的局限性。一方面来看我们对于现金分红对稳定市场、保护中小投资者能够起到的作用持充分的肯定态度。另一方面也应该对此进行反思：能否用这种类似强制性分红的政策代替市场的选择？差异化现金分红政策的实施是否能真正起到对市场的规范作用还是仅仅解决了表面存在的问题？

在当前的市场环境下，对于股票红利特别是现金分红的需求可以理解，但是否需要长期对市场进行行政干预值得商榷。境外很多国家成熟市场的发展过

程中都曾经历过强制性或半强制性分红政策的阶段，其中部分新兴市场甚至经历了从强制性到放松再到强制性分红的反复过程，最后大部分市场逐步又由强制性退回半强制性，或仅仅在决策程序和信息披露方面加强监管。发达资本市场中成熟的上市公司有着丰厚的分红，是公司和市场良性发展的结果，而在我国的市场环境下，分红更多的成为发展的手段而不是结果。如果公司盈利前景不好，治理手段和公司管理环境不能够提升，再多的分红也无法成就高质量的上市公司。

国外成熟市场的法律制度较为完善，上市公司形成了良好的积极分红的市场氛围，而在中国，资本市场建立的时日尚短，退市制度仍处在建立和完善阶段，实际执行中存在诸多阻力，使得上市公司也缺乏分红的主动性，仅仅依靠市场调节力量可能难以自发的形成企业自觉分红的良好氛围，在这种市场环境下，采取强制性的差异化现金分红政策可以有效弥补法律体系和市场基础制度建设的不足，但只能作为暂时的补救政策，更多的应通过制定相关财税政策等配套措施积极引导和激励上市公司进行现金分红，在法律框架得以健全，市场渐渐走向成熟之后，行政干预应逐步退出。

提高上市公司现金分红水平，绝不是依靠差异化现金分红机制就能解决的，而是需要其他相关政策的共同推进。诸如：改变法定资本制对利润分配的限制；针对不同税收等级的投资者应用不同股利分配政策；探索建立差异化的分类表决制度，如美国的“级差投票权”制度；引入强制分配股利之诉；建立群体性纠纷的多元化处理机制，比如德国采用的法定示范诉讼模式、中国台湾采用的证券非营利团体诉讼模式、美国、中国台湾实施的证券仲裁模式等等。上述措施都涉及对公司利润分配制度的改善，对于提高上市公司现金分红水平具有重要价值。监管部门应引导上市公司建立起透明、公平合理的投资者回报制度，重点并不在于强制上市公司进行分红，更重要的在于应加强上市公司的信息披露，形成清晰透明且具有稳定性和可预期性的分红方案。只要上市公司把分红取向公开透明化，高成长性的公司可以不进行现金分红并对利润不分红原因进行详述说明，投资者完全可以根据自己的投资喜好，选择不同的股票投资。

另外，除了股利分配以外，还应鼓励多元化的投资者回报。为贯彻落实《国务院关于开展优先股试点的指导意见》，证监会于 2014 年 3 月 21 日发布《优先股试点管理办法》对于解决对上市公司采取半强制分红的规定可能对上市公司和投资者造成某些负面影响问题可能有所帮助。

在发达国家的资本市场中，优先股的出现已经有 100 多年的历史，它不仅为上市公司提供了重要的融资方式，而且为注重现金股利，希望获取稳定收益、风险厌恶型的投资者提供了很好的投资渠道。与强制分红相比，优先股可以平衡不同股东以及和公司之间的利益诉求，更有利于保护投资者尤其是中小投资者的利益，投资者可以根据自己的风险偏好选择合适的投资品种：普通股可以分享公司成长带来的超额收益，优先股可以获取固定的股息回报，优先股的特性对上市公司自然形成强制分红的压力，而对优先股东而言，由于其股息率固定并且在盈利分配方面优先的特征，投资风险相对较小，通过放弃对中小股东实际上起不到作用的表决权，去换取优先于普通股股东分配公司财产和收益的权利，将更有利于保护投资者利益；对于上市公司来说，不同于股票红利，优先股股息是固定的且具有抵税作用，优先股股东在股息分配和剩余财产分配方面享有优先的权利的同时一般没有表决权，因而上市公司发行优先股融资在扩大股本，增加权益的同时也避免了控制权的稀释。此外，监管层也避免了行政干预上市公司股利政策的尴尬。从境外成熟市场的实践来看，优先股的存在对于资本市场的持续稳定发展起到了非常重要的作用。

除了发行优先股，发展股票回购也是投资者回馈机制的一种，一般公司进行股票回购的原因有：①公司管理层认为公司股价被低估，远远低于其内在价值。由于公司管理层在对公司价值信息上占有绝对优势，股票回购传递给市场的信息被认为是相当可靠的，从而可以提高股票价格，增强投资者信心，同时由于回购价格一般高于市场价格，也为卖出股票的持股股东带来了真金白银的回报，对于选择继续持有的股东，由于市场价格上升，所持有的股票价值也会上升，相当于一种特殊的股利。②公司可支配的现金流远高于运营所需现金额时，公司以部分现金进行股票回购，增加了每股盈利水平，提高净资产收益率，这时的股票回购也是一种公司的投资理财行为。③股份回购还是上市公司进行反收购的有效防御手段之一。通过减少公司流通在外的股票数量，可供潜在收购者购买的股份占比相应减少，大大减小了公司被敌意收购的风险。

这种回馈股东的方式在香港市场十分常见，通过股票回购向股东支付现金的比例几乎达到了同现金分红一样水平。并且采取股票回购的方式以资本升值代替现金分红来给予投资者回报能够避免投资者缴纳现金分红的所得税，节约了交易成本，因此美国、西欧、拉美、日本和一些其他亚洲国家上市公司开始纷纷倾向于以股票回购手段回报投资者。而在我国的股票市场上，股票回购对投资者来说还属于“新鲜事物”，截至2012年11月，A股市场上市公司接近2500家，曾提出回购方案的上市公司仅有25家，而这其中只有11家完成了回购计划。股票回购不会像股票股利一样稀释每股价值，上市公司在公开市场购买自己的股票后一般会进行注销，减少了流通股数量，增加了股东价值，因此，可以作为现金分红的一种替代方式。

总之，在当前萧条的市场环境下，差异化现金分红政策有其存在的合理性，但仅仅是一种迎合投资者的短期行为。提高上市公司的分红水平并非靠强制分红，而是需要完善相关市场配套制度和措施，鼓励多元化的投资者回报。从长期监管政策来看，监管部门出台政策的落脚点应该更多地放在对上市公司形成合理分红制度的激励上，监管部门的职责应该是明确责任主体，在制度轨道上实施稽查、监督和惩罚，而不能以行政手段和硬性指标来对上市公司的分红方案进行规定；应该进一步完善上市公司的信息披露制度，引导投资者以价值投资为导向；从推进市场深层次改革的角度出发，监管者应该做的并非代替或强制公司进行现金分红的决策，而是拓宽投资者回报的路径渠道，才能使得上市公司和投资者均能受益，从而有动力去遵从规定，促使市场形成良好风气。只有符合市场发展规律的行为才能帮助市场走向成熟，上市公司得以稳健发展，从而实现真正的投资者保护。

2. 提高投资者回报应从根源入手

在我国以及其他新兴市场国家积极推行各类强制或半强制分红政策的同时，西方发达国家的股票市场却在悄悄经历现金分红逐渐减少的变革。国外的很多国家如巴西、智利、哥伦比亚、德国、委内瑞拉、希腊和土耳其等过去都曾推出过带有强制性的分红法律或政策，但在最近的20年里，这些国家也相继放宽了对刚性分红的要求，愈发倾向于将分红决策权力交还给公司董事会和管理层，随着监管机构放权，短期内进行分红的公司占比也越来越低。Fama和French（2001）的研究发现，早期美国的上市公司分红十分普遍，1950年时，发放红利的上市公司占到市场90%以上，但从1978~1999年美国股市中上市公司的现金分红情况的分析中他们发现，分红公司比率发生了明显的下滑，由67%下降到了21%。Von和Megginson（2006）在对欧盟15国的研究中也发现了同样的现象。Fatemi 和 Bildik（2012）进一步扩大了研究样本范围，对全球范围内33个发达国家的17000多家公司进行分析，发现分红占利润的平均比例由1985年的38%下降到2006年的34%，分红的公司数由1985年的87%下降到2006年的53%。由此可见，在过去的近30年中，不仅分红公司占市场公司总数的比例在减少，分红公司的分红占可分配利润的比例也在不断减少，这一现象表明：现金分红的重要性在降低，投资者越来越看重上市公司的长期增长发展前景。

造成这一现象的原因是多元化的，这里主要指出以下两点。

第一，Oliver Hart 与 Sanford Grossmann 等经济学家在20世纪80～90年代提出和发展了最优契约和最佳证券设计理论，当投资者与公司管理层之间信息不对称程度、不信任水平较高时，获取固定收益能够帮助缓和委托代理问题可能带来的投资者利益侵蚀，因此，固定收益证券比股票等不确定性较高的证券更受投资者欢迎。而在过去的30年中，信息技术飞速发展的大环境下，投资者利用计算机和互联网使得获取信息的速度更加快捷、渠道更加多样化、成本更加低廉，加上各国监管部门均推出了严格的信息披露制度和公司治理条款，并加强了相应的监督机制，从而大大降低了投资者与监管层之间的信息不对称程度，提高了投资者对公司的信任水平，让股票的分红不必保留那么多债券的性质，而更多的回归其承担一定风险才能获取相应收益的股票特质，无需承担固定比例的分红负担。在投资者更加理性的情况下，上市公司也倾向于减少分红。

第二，公司上市条件的放宽和上市公司结构类型的变化。以美国为例，在1973年以前，股票能够上市交易的公司基本上都是成熟并盈利丰厚的，纳斯达克交易所成立后，上市条件发生了根本性的变化，越来越多的高新技术类公司、有着高成长性的公司即使未能盈利也能够上市交易，获取发展所需资本。小规模的公司上市后由于处于快速上升时期，其成熟度和盈利稳定性往往不及规模较大的上市公司，能够进行稳定分红的公司比例自然会减少。1980年纳斯达克市场上约54%的公司会进行分红，而到2000年这一比例仅仅10%不到。上市条件的放宽使得很多创业型公司募得所需启动资金，带动了美国高科技行业的突飞猛进，也使得股票与债券等其他固定收益证券的区别更加鲜明。美国股市的成功同时也带动了其他国家的市场发展，纷纷放松对盈利和分红的要求，让股市回归其原始的本质。

从近年来证监会频繁出台对分红政策的规定来看，增加现金分红成为了证监会为提高投资者回报的重点问题，但实际上，增加现金分红只是投资者回报机制建设这一复杂工程中的小小一个环节，对于改善市场上投资者回报现状作用有限。监管者需站在更高的角度来审视市场上这些问题出现的深层次原因，而非就事论事。例如：高股价、高市盈率、高超募资金并称为股市的“三高”问题，对于高发行价的股票，在分红额度一定的情况下，其新股发行价格越高，分红回报越低。市盈率达到百倍以上的公司，就算分红比例再高，投资者收回的投资回报与其投资额相比也十分有限。我国深市的平均市盈率已经达到了约21.2倍，这意味着在上市公司继续保持目前的盈利能力并将每年盈利全部用于分红的前提下，投资者平均需要21年多才能收回投资，若分红占利润的30%，则需60多年才能收回投资成本。因此，不从根本上解决“三高”等扰乱市场秩序的根源性问题而仅仅强调现金分红对于投资者回报问题的改善作用是十分有限的。

第八章

证券监管权力分配

根据政治、社会、经济、文化等条件分类，世界典型国家证券市场发展模式主要分为两种：政府主导型发展模式和自然演化型发展模式。其中，第一种模式主要以新兴证券市场为代表，由政府通过设立明确的市场发展模式，通过详细的政策设计推动证券市场向预设方向发展。而自然演化型模式主要发生在欧美发达资本市场中，它们往往由早期资本主义国家盛行的浓郁的自由市场理论氛围所笼罩，因而政府没有或很少对市场发展采取行政手段干扰，整体上政府监管与市场自律监管同步发展。本章从两个发展模式的共性比较中得出有益于中国证监会权力高效分配的建议。

第一节　国外证券监管权分配

一、国外证券监管改革

1. 证券监管的缺失时期

最早的证券市场是场外（OTC）市场。证券交易所的出现是证券市场规模扩大后的产物，投资者亟须一个公开透明的市场保障自己的权益。早期的证券市场监管是松散的，以自律监管为主，呈现出政府监管缺失的特征。政府主导自由市场政策，并且各国关于证券监管的法律法规与监管部门均处于空白阶段。20 世纪 30 年代经济危机之前的美国、20 世纪 80 年代之前的英国、1994 年以前的德国和 1992 年前的日本均处于这个时期。

2. 证券监管快速发展期

随着证券市场的规模、交易量与投资者群体逐渐扩大，政府开始意识到证券市场对一国经济发展的重要性与证券市场脆弱性对一国经济的危害。自律监管带来的套利空间使得自律监管已无法满足投资者与证券市场自身发展的需求，各国开始通过立法与设立证券监管机构来对证券市场的健康发展提供有效助力。在自由市场理念下，政府证券监管机构并没有一家独大，而是逐渐开始与自律监管并行。证券监管机构同时还涉及与政府部门的部际合作。为了应对1929年股灾对投资者信心的打击，根据1934年《证券交易法》设立美国证券交易委员会（SEC），引导市场环境由“买者自负”向“卖者自负”转变。SEC作为政府证券监管机构统一管理美国证券市场，替代联邦贸易委员会和联邦储备委员会接管对证券交易信息披露的监管权力①。同时，不取消自律监管机构包括证券交易所和全美证券商协会（NASD）对证券市场的监管权力。

SEC与自律组织之间的基本分工是：对上市公司、证券商和证券交易的日常监管主要由自律性组织负责，而SEC主要对自律性组织进行监管，但仍然享有对证券公司、上市公司和证券交易直接监管的权力。SEC不但扮演监督证券自律机构的角色，更扮演与自律组织合作的角色。这一角色的定位源自法律规定。根据1934年《证券交易法》第17条之规定，为公共利益或保护投资者利益、促进自律组织间的协调与合作发展，SEC有权与自律组织合作，并负责协调各自律组织间的工作，从而使证券市场监管兼具效果与效率。为此目的，SEC通过不断的行政授权扩大了自律组织的监管职能。不仅如此，SEC对证券市场具体监管事务的直接介入也是有限的，虽然其保留了对会员、上市公司和证券交易的直接监管权。SEC除了与自律组织分工外，还涉及与其他金融监管机构，包括财政部、美国联邦储备委员会、货币监理署、保险业监管机构、商品期货交易委员会（CFTC）之间的协作合作②。

英国和德国设立政府证券监管机构，主要目的在于增强本国金融市场国际竞争力。1986年，英国议会颁行了《金融服务法》，授权新设立的证券投资管理局（SIB）代表政府对从事证券与投资的金融机构进行监管。自此，英国建

① 洪伟力：《证券监管：理论与实践》，上海财经大学出版社2000年版。

② 尚福林：《证券市场监管体制比较研究》，中国金融出版社2006年版。

立了政府证券监管机构，但 SIB 之下设立了 3 个自律机构，即证券和期货监管局、个人投资监管局和投资管理监管机构，分别负责对证券公司、基金管理公司和投资咨询机构执业行为的监管，因此，仍然以自律监管为主。德国于 1994 年颁布了《第二部金融市场促进法案》，根据该法授权，联邦证券交易监管局（BAWe）为管理证券市场的联邦政府机关。自此，德国建立起了对证券市场的联邦、州、自律机构的三层监管框架。州政府交易所监管机关是州政府直属的对交易所进行监管的机关，同时也是对本州的证券活动进行监管的机关；交易所在市场监管体系中处于一线监管位置，德国的交易所受所在地州政府监管，交易所必须设立交易监控部门，既是交易所的独立机构，又是州政府交易所监管机关的辅助部门，对交易所交易活动进行监控、发现异常进行报告、调查，为政府监管提供协助。1994 年以后，德国又进行了多项立法，采取一系列措施，对金融市场实施进一步改革，市场管理由自律管理模式向政府监管模式转变①。

3. 混业经营时期下的证券监管

为了适应混业经营下金融统一监管的需要，各国逐渐放弃了以往的分业监管模式，设立了对金融市场进行统一监管的单一金融监管机构，为提高监管效率，逐渐增加该机构权力，与此同时，为了克服监管权力过大带来的弊端，通过明确权力行使程序，建立各种机制强化对其监督，为合法权益受损者提供多种救济途径。

美国没有建立统一的金融监管机构，但是，由于美国法律采取了功能监管理念，而且 SEC 十分注重与其他金融监管机构的合作，因此，分立的金融监管机构并不影响对混业经营主体的有效监管。为了提高 SEC 的监管效率，国会通过对证券法及相关法律的数次修改扩充了 SEC 的权力。权力扩大对监管效率的提高发挥了一定作用，但是也带来了一些弊端，其中之一是侵犯了自律组织的原有空间，频繁地行使原来保留的对证券公司进行直接监管的权力。这一权力原属于证券交易所和 NASD，SEC 频繁行使该权力导致了证券监管与自律监管权的高度重叠，重复行使的结果是监管成本提高、效率下降。2005 年秋季美国证券业协会（SIA）对各种类型和不同规模证券公司监管成本进行调查的结果

---

① 高基生："德国证券市场行政执法机制研究"，载于《证券市场导报》2005 年第 4 期。

印证了SEC、NASD、纽约证券交易所等监管机构对证券公司的重复监管导致监管成本激增，监管效率下降。为了防止类似情况出现，自律机构首先进行了改革，NASD与纽约证券交易所将两者之间的会员监管、执行和仲裁功能进行整合，于2007年7月成立了美国金融业监管局（FINRA），目前该局为全美最大的自律监管机构，负责监管所有在美国经营的证券公司。SEC下一步必须考虑的问题是如何实现与FINRA的配合。

权力扩大的另外一个弊端是可能侵害投资者的合法权利，为防止这种情况出现，美国通过多部法律严格规定SEC的权力行使程序。主要通过两点规范SEC权力行使：一是程序的规定极其详细，自始至终贯彻对当事人权利保护和尊重的原则，尤其强调给公众及利害关系人参与并发表意见的机会，所有程序均体现了公开性和公众参与性；二是程序规定的灵活性与严谨性并存，体现了监管效率原则。

在混业经营趋势的影响下，为了增强本国金融市场的制度竞争力，英国和德国都对本国证券监管机构进行了整合，建立起了单一的综合行使金融监管权的机构。

根据2000年《金融服务与市场法案》（Financial Services and Markets Act 2000，FSMA），英国成功建立起了集银行、证券和保险等金融服务市场、交易所和从业公司监管职能于一身的金融服务管理局（Financial Services Authority，FSA）。FSA的法定监管目标有四：第一，维持金融系统的市场信心；第二，促进公众对金融系统的理解；第三，采取适当的措施保护消费者；第四，减少金融犯罪。从法律性质上来看，FSA只是一个由政府担保的有限责任公司，不属于政府组织，不是政府机构，与SEC有明显区别。FSA只是一个法律授权从事执法的独立组织，日常监管运作的经费也不是来源于立法机关，有效保障了其独立性。为避免FSA权力过大，FSMA对FSA的权力行使程序进行了详细的规定，如对于FSA行政许可的程序，一方面，重点强调对相对人的告知义务和救济，同时还会考察与许可相关人及其他行政许可的情况，做到事前全面的考核；另一方面，规定了监管机构行使职权时必须遵循效率原则、比例原则和增强本国竞争力原则，另外，还考虑到根据自身利益和法律要求与其他国家监管机构的协调与配合，适应资本市场国际化和跨国监管的要求。除了行政许可程序外，包括处罚程序在内的其他程序规定，也体现了公开、保护相对人利益的特点。

同时，防止权力扩大的另一措施是对 FSA 进行了广泛的外部监督：一是财政部与议会的监督。财政部有权指定或撤销 FSA 董事会成员及其主席的人选；FSA 需每年向财政部提交报告，说明其职能履行情况，该报告同时提交议会，财政部有权决定对涉及公众利益的 FSA 监管失误和工作情况发起调查。英国两院共同设立的法定条规联合委员会中下议院委员会通过对 FSA 规范进行审查，行使监督权；二是金融服务与市场法庭的监督与司法监督。该法庭由 FSMA 设立，对 FSA 可能侵犯当事人利益的行为进行审查，即 FSA 的监管行为是否存在主观武断、任意多变、滥用自由裁量权等问题。

2002 年，德国根据《金融监管一体化法案》和《联邦金融服务监管局法》，将原银行监管局（BAKred）、保险监管局（BAV）和证券交易监管局（BAWe）合并组建成联邦金融服务监管局（BaFin），对整个金融市场实施统一监管，独立履行金融市场监管、客户保护和流动性监管的全部职能，是德国证券行政执法的核心机关。但由于联邦财政部有权批准债券的发行，联邦银行有权干预证券市场，减少银行及机构投资者的交易能力等，为了协调BaFin与联邦银行在金融监管方面的合作，BaFin 内设了金融监管论坛，金融监管论坛隶属于 BaFin 和联邦银行，联邦财政部可参加论坛的所有会议。此外，因为 Bafin 内部仍然由不同的机构分别对证券、银行和保险市场进行监管，仍然涉及机构之间的协调问题，为此，BaFin 内设跨行业事务协调部，专门负责协调工作。对 BaFin 执法程序规定的法律主要包括《行政程序法》和《违反秩序法》，其中分析、立案阶段和调查阶段适用第一个法律，处罚阶段适用后一个法律。为了有效监督 BaFin 的监管行为，内设有管理委员会，主席单位为联邦财政部，负责监督 BaFin 的监管行为，并决定其预算；同时还设有专业顾问委员会，对 BaFin 的业务管理提出建议，并协助完善监管法规。

二、国外证券监管比较

通过比较观察，可以得出如下几点结论。

（1）发达国家政府对证券监管立法、执法的原因总体上可以归结为自律监管存在监管缺陷。但是，各个国家的微观原因却不尽相同。如美国是为了应对 1929 年股灾对投资者信心的打击，而英国和德国则是为了提高本国证券市场的国际竞争力，日本则是为了实现国家从储蓄到投资的转变。更为深层的原因是各国政治经济的差异导致对证券市场重要性认识的不同，由此决定了政府职能定位从原有的不干预经济，到后来的积极履行职权，最终目标是促进本国经济的繁荣。

（2）从证券监管未来发展的趋势看，由一个部门集中统一行使监管权力是大势所趋。其原因是为了适应对金融混业经营的综合监管要求。英国和德国已经实现了统一的金融监管，但是由于德国金融监管机构内部仍然采取分部门监管，因此仍然存在协调配合问题。美国之所以坚持原有分业监管，主要原因在于该国法律对金融监管采取功能监管的理念，并且注重与其他机构的配合，并不影响其应对混业经营监管的效率。因此，怎样设置监管机构必须根据本国国情，同时，依赖其他相关制度的发展水平。

（3）近年来，各国证券监管的内容和范围不断扩大，为防止权力的触角漫无边际地侵入私人领域，各国都通过法律详细规定政府证券监管机构的权力行使程序，并强调程序的公开、公众参与、灵活性，以及对当事人和利害关系人的利益保护。不仅如此，各国也越来越重视对政府证券监管机构权力行使的监督，尽管各国的监督机制并不相同，有些国家注重行政机构内部的监督，如德国；有些国家更强调外部的监督，如美国和英国。无论哪个国家，来自行政机构内部的监督应该是位于第一层级的，这种监督可能来自政府证券监管机构内部，如德国 BaFin 管理委员会的监督，但更为有效的监督来自负责任命监管机构主席的中央一级的政府机构，如德国的联邦财政部；同时还有议会监督，因为议会通过的法律是监管机构的权力来源，因此，这种监督是最根本也是最有效的，如美国的 SEC 要向国会提交报告并对其负责，英国议会对 FSA 的立法监督。

（4）证券监管必须与自律监管权有效地协调和互补，才能达到对证券市场的最优监管。上述国家的经验告诉我们，尽管对自律组织能否具有维持公正和透明交易的能力一直有所怀疑，但是事实已经显示，政府监管同样一直存在缺陷，政府作为唯一的监管者并不是最高效的。虽然政府最初希望对交易所的微观管理进行监管，但现在看来赋予自律组织更多的监管权才是更为有效的。即使在英国这种传统上以自律监管为主的国家，也日益重视政府监管的作用，对自律组织的规则、行为等进行审查，并可以采取强制措施。因此，政府证券监管必须要和自律结合，让自律组织发挥基础性监管的作用。

（5）政府证券监管机构的地位具有差异性，无论是否设立单一的金融监管机构，各国都非常重视监管机构的独立性，并通过立法加以确认与巩固。各国的监管经验已经显示：独立性监管模式的好处在它能够避免被俘获政治家和官僚的干预所导致的市场扰乱，也可以避免监管者受特殊利益集团（如被监管企业、金融机构）的干扰，也可以改善透明度、稳定性，提高专业知识水平。

第二节　我国证券监管权分配

一、我国证券监管改革

1. 分散监管阶段

1990 年上海、深圳两个证券交易所的先后建立，标志着中国证券市场正式形成。这一时期，政府证券监管机构以中央银行为主，多部门（财政部、计委、人民银行、体改委）介入，形成由多个部门共同监管证券市场的局面。但由于令出多门，协调不够，实践中造成了一定的混乱。地方政府，主要是上海、深圳市政府，还有人民银行的当地分行充当了证券市场的主要管理者。由于缺乏明确的监管主体，自律机构在实践中发挥了重要作用。这一时期，国有企业改革对资本市场的巨大制度需求是资本市场快速发展的内在动因。在此动因影响下，政府的职能定位为大力发展证券市场，为国有企业融资、解困，导致政府监管机关在承担监管责任的同时，也承担了发展市场、为国有企业融资等非监管责任。政府职能定位从根本上导致政府对证券市场的全面干预，并通过制度安排建立自律监管机构，从而决定了自律监管机构长期的从属地位，无法发挥自律监管职能。

2. 多头监管阶段

1992 年后，证券市场规模逐步扩大，并迅速从地方性市场发展成全国性市场。全面性统一市场的发展必然要求中央政府负担起证券市场监管的职责。1992 年“810 事件”爆发及其带来的严重后果，使人们认识到公开、公平的证券发行市场的重要性，也促成了 1992 年中国政府证券监管的最高机构——国务院证券委员会及其执行机构——证券监督管理委员会（CSRC）的成立，中国证券市场的监管开始走向规范化和制度化。证券委由 14 个部委组成，包括人民银行、国家体改委、财政部、经贸办、监察部、最高人民法院、最高人民检察院、外贸部、国家资产管理局等，是一个比较松散的机构。除了证券委和证监会以外，地方政府负责选拔和推荐公开发行股票的企业，会同企业主管部门审批地方企业的股份制试点，上海、深圳市政府归口管理沪深交易所。1996 年 3 月，证监会决定分批授予地方监管部门行使部分监管职责。

3. 集中统一监管阶段

随着证券市场的迅速发展，为了防范和化解市场风险，对证券市场进行集中统一监管是大势所趋。1997 年 8 月，国务院决定，深沪证券交易所划归证监会直接领导，地方政府不再行使管理权，证监会向交易所派驻监督员，并在两地设立专员办公室作为派出机构。1997 年，根据《国务院关于机构设置的通知》撤销了原来的证券委，将其监管职能移交证监会，人民银行的监管职能也移交给证监会，同时将原来隶属地方政府的证券监管部门收归证监会。1998 年，国务院批准了《中国证券监督管理委员会职能配置、内设机构和人员编制规定》（简称“三定方案”），明确了证监会作为全国证券期货市场的主管部门，是国务院的直属事业单位，具有法规制定权、审批权、日常监管权、违法行为查处权等职能。但证券监管并未完全集中于证监会，财政部、人民银行、银监会、保监会、国资委、发改委仍然拥有部分证券监管，证监会事实上并不能实现法律规定的对证券市场的集中统一监管。“多头监管”仍然存在，而且这些机构之间存在权力重叠和冲突现象，严重影响了证券监管的效率。之所以存在这种状况，与历史上多部门监管形成的路径依赖有关，更为根本的原因在于部门权力利益化影响下，各机构对部门利益最大化的追求。如何与这些机构协调是亟待解决的问题，直接影响到证券监管的运作效率。2004 年国务院《关于推进资本市场改革开放和稳定发展的若干意见》（简称“国九条”）中明确提出要更大程度地发挥市场在资源配置中的基础性作用为目标，建设透明高效、结构合理、机制健全、功能完善、运行安全的资本市场。政府职能的重新定位导致了证监会监管任务的改变，也促使法律对自律组织地位的认同。2005 年《证券法》明确规定了证券交易所是组织和监督证券交易、实行自律管理的法人。但目前交易所的事实地位和法律地位仍然不符，证监会与自律机构监管权边界不清，导致了监管效率低下，尤其是证监会对违法行为的处罚效率低。

证监会从产生之日起权力不断扩大，最大的问题在于缺乏对权力的有效制约和监督，尤其是监管程序的缺失，导致权力行使的不规范，执法中存在违法现象，损害了投资者的利益。现有对证监会的监督主要以行政体系内部监督为主，其他的监督机制尚未发挥应有的作用。

4. 我国证券监管特点

（1）我国作为新兴市场，证券监管的主要原因并不是源于对自律监管不足的弥补，而是为了筹措资金，或者应对经济危机，更深刻的原因在于政治经济背景决定下的政府急切促进证券市场发展的职能定位。因此，权力介入的初期，我国对证券市场进行了集中全面的管理，自律监管也成为政府的制度安排，但随着经济政治情况的改变，尤其是市场化的深入，政府职能定位再次变化，逐渐意识到放松管制、促进市场机制作用发挥的重要性，开始了市场化的改革，集中体现在对行政许可、审批等制度的废除，并促进自律监管作用的发挥，但政府主导的状态将持续相当长的时间。

（2）相对发达国家，我国证券市场产生和发展的时间很短，政府监管经验不足，监管体制尚未成型。证券监管机构经历了由财政部、中央银行等多个监管机构共同监管证券市场到设立较为集中监管部门的过程，未来的发展趋势是设立统一的政府证券监管机构。由于我国相对于拥有成熟资本市场的发达国家而言，国家相关法律体系尚不健全，加上出于维护部门利益导致的路径依赖，即使在集中监管者出现后，多部门监管格局短期内仍然无法消除，各个监管主体之间仍然存在职能重叠和冲突的现象，这也成为影响证券监管效率的最主要问题之一。如何提高监管效率，是所有国家在证券监管中要解决的核心问题。

（3）我国证监会高层由国务院任命，独立性仍然较差，加之证券市场发展变化快，政府对证券市场的干预较多，对监管主体进行约束和监督的法律不够完善，导致政府证券监管机构容易受政府政策调整的影响，使其监管行为的连续性和规范性降低。与此同时，随着政府证券监管机构拥有越来越广泛的监管权，这种不连续和规范性差的监管行为对被监管主体的利益可能产生更大的损害。

二、国内外证券监管的共性揭示

比较发达国家和我国证券监管的演变历史，可以总结出证券监管的几个共性。

（1）各国证券监管介入证券市场的原因差异较大。对自律监管缺陷的弥补，或者是应对经济危机都只是表层的原因，最根本的原因是本国政治、经济环境，即具体的国情，以及由此决定的政府职能的不同定位。政府职能的定位不仅决定了政府何时介入证券市场，还决定了证券监管与自律监管权之间的关系。不同国情和相关制度的发展水平，决定了政府证券监管机构的设置情况不同。

（2）证券监管必须与自律监管权配合才能发挥作用，但是，究竟怎样配合，各国需要选择不同的完善路径。发达国家的自律监管历史久远，已经比较成熟，因此，这些国家目前的核心任务是如何界定两者之间的权力边界，防止重复监管带来的监管成本激增，监管效率下降。对我国而言，发展与规范证券市场的双重职能定位，决定了政府主导的监管状况很难短期改变，自律监管长期内只能处于从属的地位。因此，我国要注重的是实现两者的协调和配合，首先需要解决的问题是明确自律机构的法律地位，在此基础上，通过政府证券监管机构对自律机构的逐渐授权和放权，促进自律机构发挥其应有的监管职能。之后，划分两者的界限以提高监管效率。

（3）从未来的发展趋势看，对证券市场集中统一监管的要求是所有国家的共识。对我国而言，由于存在多个政府机构共同监管证券市场的历史，路径依赖和部门权力利益化导致证券监管至今仍然无法完全集中于一个监管部门之中，权力重叠与冲突现象严重，降低了监管效率，因此，必须考虑如何解决。就发达国家而言，对证券市场的统一监管基本已经实现，是否设立统一的金融监管机构，则根据本国金融业混业经营的发展水平和该国相关法律制度的情况决定。

（4）证券监管从产生至今，权力内容和范围一直处于不断的扩充之中。权力的扩大一方面可以提高监管的效率，但同时也导致了证券监管对自律监管领域的侵入，损害被监管主体合法权益等违法行为的增多。因此，各国都强调对权力进行约束和监督，强调权力行使程序的公开、透明、公众参与和对利害关系人的保护，并构建了多层次的监督体系，其中议会监督最为根本，但实践中发挥重要作用的是司法监督和政府内部的监督。我国不具备这种历史传统，加上发展经济的要求，对权力的程序性约束很少，对证券监管的监督更多地体现在行政体系内部的监督，其他监督机制仍然很难发挥作用。

综上所述，证券监管作为一种国家权力，何时介入证券市场，介入的程度怎样由各国的政治、经济背景影响下的政府职能定位决定，也决定了设立单一或者多个监管机构，证券监管必须与自律监管权配合，对我国而言，还要界定不同政府证券监管机构之间的权力边界，以及政府证券监管机构内部的权力界限，以提高监管的效率；而为了防止证券监管不断扩张带来的危害，必须制定公开、灵活、注重相对人保护的权力行使程序，同时建立起多层次的监督机制保证权力的规范行使。因此，实践中，完善各国政府证券监管的核心目标应该是促进证券监管的高效和规范行使，以保护投资者的利益，促进证券市场的发展。

第三节 证券监管的理论基础

为了更好地设计监管权分配结构，本章还引入了三种理论共同为实现我国政府证券监管权高效规范运行提供理论基础。这三个理论分别是强化市场型政府理论（Market-Augmenting Government）①、精简政府理论（Lean Government）②和新宪政理论。强化市场型政府理论从制度经济学的角度为发展中国家政府对于证券市场的形成和发展采取强制性制度安排的正当性提供了强有力的理论支持，并指出政府证券监管权的行使必须要尊重市场规律，在宪法和法律约束下行使。精简政府理论从公共行政学的角度指出政府证券监管机构与自律监管机构、其他政府监管机构之间合理配置权力的必要性。宪政理论从法学的角度论证了政府证券监管权既要受到宪法和法律的约束，也要保障权力高效行使。三种理论共同为实现政府证券监管权的高效和规范行使提供了制度设计的理论依据。

一、强化型政府理论

1. 强化市场型政府理论内涵

美国著名政治学者曼瑟·奥尔森在他最后一本著作《权力与繁荣》中，对国家与社会的关系提出了一种全新的理解——“强化市场型政府”。所谓强化

① 曼瑟·奥尔森：《权力与繁荣》，上海世纪出版集团2005年版。

② Ken Miller，“The Promise of Going Lean”，Governing，May 21，2009。

市场型政府，其实就是说政府与市场是一体的，市场繁荣，政府的日子就好过；市场萧条，政府就难挨，所以政府有十足的动力利用自己的权力去保护或者推进市场的繁荣。奥尔森论证认为，经济成功有两个条件，一是要求可靠而清晰界定的权利，二是不存在任何形式的巧取豪夺。满足这两个条件要求有一种特定的政府，这种政府就是强化市场型政府。一个政府如果有足够的权力去创造和保护个人的财产权利，并且能够强制执行各种契约，与此同时，它还受到约束而无法剥夺侵犯私人权利，那么这个政府便是一个“强化市场型政府”。

奥尔森相信，对于社会来说，国家确实是一个异己的力量，没有国家，社会相安无事，生活得很好；但是社会越繁荣，就越不安全，因为它会被嫉妒、被垂涎，最后被掠夺。所以社会到头来还得靠国家的保护，越是繁荣的社会，其实就越需要国家。换句话来说，来自国家的外部干预是不可避免的。但是国家的干预是有底线的，它绝对不会以繁荣为代价来掠夺社会，因为，归根结底掠夺社会对国家来说没有什么好处。

运用该理论不仅可以解释，为什么政府，尤其是发展中国家政府需要促进证券市场的形成与发展，即政府证券监管权产生的必要性；同时指出，政府证券监管权必须依法规范行使，尊重市场规律，并有效保护私权，才能最终促进一国经济的繁荣。

政府职能的转变是强化市场型政府出现的依据。萨缪尔森认为政府职能主要有三项，提高效率、增进公平以及促进宏观经济的稳定与增长。对于提高效率，萨缪尔森指出：“政府通过促进竞争、控制诸如污染这类外部问题，以及提高公共物品等活动提高经济效率。”政府履行这种职能的前提是市场在解决竞争、外部性和公共物品等方面是失灵的，所以需要政府的干预。如果市场在这些方面可以自发调节，是否还需要政府监管呢？“市场失灵的自发调节”理论对政府是否需要干预提出了挑战。该理论认为，存在外部性和垄断情况下，市场可以自行调节失灵现象。既然市场可以自我调节，那么国家干预市场的必要性就受到严重的质疑。但是“市场失灵的自发调节”理论也不是完美的。该理论受到的最大质疑是，在市场的自发调节过程中，由外部性和公共物品特征引发的搭便车行为是影响市场机能恢复的一个重大障碍。同时，通过产权界定和交易产权、建立污染市场和构建补偿机制解决外部性，并不能完全依靠市场自身的力量，需要完善相应的法律，以及政府提供一定的制度安排。可竞争市场对垄断具有自发调节作用，但可竞争市场的存在有严格的假设条件，其中一个条件是企业进入和退出市场是完全自由的。这个条件在许多市场，尤其是发展中国家的资本市场上基本无法满足。因此，市场的自发调节功能是非常有限的，在市场无法自发调节的领域，即市场失灵的领域仍然需要政府履行职能。

为适应这种要求，政府应该主要针对两个方面履行职能：解决市场失灵和促成社会规划型市场的建立。政府履行职能的方式也逐渐由管理型向服务型转变，主要在于提供解决市场失灵以及建立社会规划型市场所需要的法律和政策。这两个方面的职能可以概括为促进市场建立和完善。政府职能的履行必须要以界定产权、保护权利、尊重市场自治为前提和归属，也只有如此才能高效地履行其促进市场建立和完善的职能，强化市场型政府就是对能够高效促进市场建立和完善的新型政府的称谓，该类政府可以清晰地界定和可靠地保护个人权利，并有效地约束自身的权力保证不存在任何形式的强取豪夺。奥尔森认为只有这类政府才能促进市场经济的繁荣。

2. 强化市场型政府理论对证券监管的意义

强化市场型政府理论对政府证券监管权有较好的启示意义。

该理论对“社会规划型市场”的分析，为发展中国家政府对于证券市场的形成和发展采取强制性制度安排的正当性提供了强有力的理论支持。但该理论似乎并不能有效解释，如果没有相应法律和政治制度的安排，社会规划型市场就无法形成，那么，为什么发达国家的证券市场在没有政府干预的情况下也形成了，并发展到一定的规模？实际上，从发达国家证券市场的产生到初具规模，主要依靠自律监管，由自律组织制定的各种规则来规范证券市场的发展。虽然也存在相应的法律法规，但是数量不多、不成体系。政府没有集中监管证券市场，对自律组织的监管持放任态度本身也是政府在相应经济理论的影响下，综合考虑经济社会发展的制度安排和选择。不仅如此，在证券市场产生之前，作为其产生基础的股份公司制度和信用制度在发达国家已经有了较充分的发展，这些发展也离不开政府制定的相关法律和政策。从制度经济学的角度考虑，“制度就是人为制定的规则”，相关法律和政策同样是政府提供的制度安排。从这个意义上讲，“没有相应法律和政治制度的安排，社会规划型市场就无法形成”这个论断是正确的。而这种制度安排的提供者当然包括政府，只不过，对于发达国家的证券市场而言，在其产生的初期，政府的作用较小。而发展中国家，由于已经有了可供参考的经验，为了尽快发展本国经济，来不及等待证券市场漫长的发展过程，直接采取强制性制度安排，包括提供信用制度和相对健全的法律，促进证券市场产生发展。韩国、中国、印度等国证券市场的发展历史，尤其是各种风潮的平息，已经证明这种安排对于证券市场的产生和发展是正确的。

强化市场型政府理论描述了政府、市场与经济增长之间的关系，对政府和市场之间划分了清晰的界限。据此界限，政府证券监管权的行使必须要以清晰地界定和可靠地保护个人权利，尊重市场自治为前提和归属，并有效地约束自身的权力，保证不存在任何形式的强取豪夺。该理论进一步强调，强化市场型政府的最终目的是促进一国经济的繁荣，因此，政府权力的行使不仅要以对私权利的尊重和保护为前提，更为重要的是如何设计一种制度，保证政府权力既能够受到约束不侵犯私权力，又能保证政府职能的有效发挥以达到促进经济繁荣的目的。奥尔森对如何设计这种制度没有给出清晰的描述，但至少已经为政府权力的行使描绘了一个规划性的蓝图。虽然发达国家和发展中国家证券市场的发展及政府监管存在诸多差异，但该理论对政府权力的要求对所有国家政府证券监管权的行使均具有指导意义，即政府证券监管权的取得必须要有合法的授权，尊重市场规律，依据证券市场的客观发展规律、按法定程序行使权力并接受监督，最终目的是保护投资者的合法权益，促进经济的繁荣。

我国的证券市场属于“新兴加转轨”的市场，从证券市场建立开始，政府干预色彩就非常浓厚，政府证券监管权的行使具有全方位和多层次的特点，根据强化市场型政府理论，这种干预是必要的。但随着政府干预的进一步增强，也损害了市场效率和活力，弊端逐渐暴露。“十四年证券市场的行政监管，最大的失误就是行政监管的重心一直放在为国有公司融资解困上面，而忽略了市场监管的核心应该是保护证券投资者的利益。”实际上，为国有公司融资解困的监管目标源自政府职能的定位，是导致证券监管诸多问题的根本原因之一。此种定位导致了对市场自治的忽略，未有效地约束政府证券监管权的行使，未有效尊重市场自律权，未对私人权利，尤其是投资者权利进行有效保护。中国政府证券监管权的历史也证明了这点。

因此，政府现在应该还权于市，让市场机制发挥更大作用；规范政府证券监管权的行使，让法律树立法治社会的权威。

总而言之，强化市场型或者健全市场型政府理论对政府证券监管权提出的核心要求是：证券市场虽然需要相关的制度安排和高度复杂法律规则的提供才能产生和发展，因此，政府监管具有必要性。但是，这些监管必须首先尊重市场规律，必须对私权进行保护，依据宪法和法律对自身权力行使进行有效的约束和监督，才能最终达到监管的目标，促进经济的繁荣。

二、精简政府理论

1. 精简政府理论内涵

精简政府（lean state）实际上是涉及很多目标的一个“斗争概念”，是公共行政学的概念，而不是法律概念。它是指为了提高政府权力行使的效率，努力降低国家在经济中的份额，具体内容包括公共行政的新调控模式、加快计划和审批程序，或者是国家机构放弃亲自从事经济活动。一般而言，精简政府特指人们努力加强相对于国家领域而存在的社会领域的地位，国家从很多社会领域退出。精简政府的提出，反映了提倡对政府职能改革的新公共管理主义者的部分主张，即政府应该扮演‘掌舵者’，而不是‘划桨者’的角色。政府的主要职责应定位于确保各项公共服务与公共物品的顺利提供，但不必亲自生产。也就是说，政府可以借助其他组织（如其他政府部门、社会组织和企业等）的协助，共同执行政策或者推动相关管制措施。一个好政府，其中一个组成部分是只有让积极的市场因素合理作用的政府才是好政府。为了适应“掌舵”与“划桨”功能的分离，美国著名公共行政学家戴维·奥斯本在《改革政府》一书中指出：“任何想要把治理和‘实干’大规模地联系在一起的做法只会严重削弱政府决策的能力。任何想要决策机构去亲自‘实干’的做法也意味着干蠢事。政府，即决策机构不具备那样的能力，从根本上说那也不是它的事。如果一个政府实际操作干的少一些，难道那不是一个软弱的政府吗？多掌舵少划桨的政府，却明明是力量更为强大的政府。说到底，那些为航船掌舵的人对目的地影响远比那些划桨的人要大得多。”为此，政府要实现两种功能的分离，并成功“瘦身”，需要将实际操作的功能交给社会，包括个人、企业和自律性的社会组织。这三者在提供公共服务方面各有优劣，关键是要扬长避短，各负其责。其中，“自律性的社会组织在完成微利或无利可图的任务，需要有同情心和对个人关系尊重的任务，需要顾客或者当事人方面具有广泛信任的任务，需要亲自动手和直接关心的任务以及牵扯贯彻道德标准和个人行为职责的任务方面倾向于更胜一筹。”

精简政府理论的核心在于明确政府与社会组织之间的功能定位，把不属于政府的职能分离出去，充分发挥社会的功能，“也就是说，政府必须把制定政策和进行决策与服务提供的体制分开，把高层管理和具体操作具体分开。”政府除了与社会组织明确定位外，精简政府理论还指出，政府可以借助其他组织（如其他政府部门、社会组织和企业等）的协助，共同执行政策或者推动相关管制措施，即政府机构与其他政府机构、甚至是政府内部的不同机构之间也要进行合并、分立，并清晰界定彼此之间的职能，防止职能重叠和冲突，最终目标是为了提高行政效率。该理论在我国更多地被形象地称为“小政府、大社会”，有些省份（如海南省）还以此为目标进行了政府职能的改革，不仅如此，十七大报告中提出的中央政府“大部门制”改革，也正是为了防止部门职能重叠而合并与整合现有中央政府部门，都在一定程度上贯彻了该理论。虽然海南省的改革最终以不了了之收场，但“大部门制”改革却产生了成果。因此，必须肯定精简政府理论对于权力在政府部门与自律组织间，以及不同政府部门之间配置的重要意义。

2. 精简政府理论对证券监管权的意义

在证券监管领域，存在政府证券监管机构和自律监管机构，因此，也必然涉及如何对两者的职能进行定位，如何在两者之间配置监管权才能实现高效监管的问题。从政府证券监管权的历史沿革看，发达国家政府从集中介入证券市场开始，最初通过监管自律机构以监管证券市场，到后来日益扩权，频繁使用原属于自律监管机构的由政府监管机构保留的对证券公司的直接监管权，即从主要作为法规政策支持者的宏观监管者到事无巨细的日常监管者的变化历程，政府监管与自律监管的定位有所交叉，导致了监管效率的降低。新兴市场国家的政府集中监管从开始就是全面而细致的监管，包括推进自律组织的建立和完善，如印度证券交易委员会推动印度国家交易所的成立，我国政府推动深沪证券交易所的设立。因此，政府监管与自律监管的最初定位就是政府全权监管，自律监管机构主要是政府监管机构政策的执行者。

实际上，就证券自律监管而言，交易所和证券业协会对会员和市场的监管，体现了会员之间的相互信任，往往可以提出高于法律规定的基于协议的道德标准，因而可以对市场进行具体而细微的第一线监管。根据精简政府理论，将这部分具体操作的属于“划桨”职能的社会领域的权利通过法律或者行政授权交由自律组织完成是完全合理且高效的。政府证券监管机构应该着力于“掌舵”的职能，更多地作为证券市场监管法律和政策的支持者出现，通过监管证券交易所、证券业协会，对证券市场进行宏观层面的监管，不致因日常监管事务而牵累，总能处于一种超然的地位。同时，还必须严格执法查处违法行为，因为自律机构并不拥有以国家强制力作为支撑的行政处罚权，政府监管机构拥有这一优势。为此，政府证券监管机构的监管内容主要应该集中于制定规章、监管自律组织、查处违法行为方面，对上市公司、证券公司和证券交易的日常监管主要由自律机构负责，但保留对上市公司、证券交易和证券公司的直接监管权，以确保当自律监管机构因利益冲突或者监管权效力的局限性而无法有效监管时，由政府监管机构进行与最终监管目标和国家经济宏观运行方向相一致的高效监管。

对于在新兴市场国家十分突出的多个政府监管部门的监管权协调问题，精简政府理论指出，政府可以借助其他组织（如其他政府部门、社会组织和企业等）的协助，共同执行政策或者推动相关管制措施。尽管不同国家的政府证券监管机构在性质上可能不属于行政机构，如我国的证监会为事业单位，印度的证券交易委员会为法定团体，但因为该机构同样为政府监管机构，也同样涉及与其他政府监管机构，以及机构内部的权力协调问题。为此，不同政府证券监管部门之间可以通过法规规章的规定，界清各自的职权，对于需要联合监管的事项，则通过不同部门之间的协调监管制度实施，以提高监管效率。

三、新宪政理论

1. 新宪政理论内涵

以个人主义和自由主义为理论核心的古典宪政理论一直受到以主权至上为理论核心的国家主义宪政思想的怀疑和批判，同时以哈耶克、布坎南为代表的新自由主义者对古典宪政理论进行了修正。而古典宪政理论面临的最大挑战是急剧变化着的社会现实。首先，社会经济的发展。21 世纪经济全球化带动了世界政治和社会生活的急剧变化。随着经济全球化进一步拓宽和加深，经济立宪必将成为新世纪宪政发展的时代主流。调整经济关系，促进经济协调发展，保护资源，保障可持续发展等现实要求必将对宪法和宪政的发展产生重大影响。其次，社会权利结构的变化。“近现代宪法和法律主要关注个人人身权和政治权的保护，而当代社会，经济权利日益重要，人权的范围和深度不断发展，人权也从传统的第一代人权、第二代人权发展到以局部文化和集体差异性的存续自由为中心的第三代人权”。权利重心也从重视个人权利转变为个体权利、集体权利与社会权利并重。再次，国家权力结构的变化。古典宪政主义下坚持议会中心主义，尤其是政府权力受到议会立法的严格限制，无法律即无行政。但随着社会的发展，传统三权分立的宪政框架面临挑战，行政职能不断扩大，行政权日益成为国家权力的核心，政府也演化成为一国宪政框架的中心。面对着社会经济结构、权利结构与权力结构的变化，传统的宪政理论难以对新的社会课题给出满意的解答，一种新的宪政理论应运而生。

新宪政理论认为，宪政制度应当超越对政治权力加以消极限制的古典主张，需要从批判的怀疑主义转向思考一个良好的社会如何得以维系，一种良好的政治体制如何促进社会福利，实现经济效率、民主管理以及其他有益的政治目标。具体而言，新宪政理论主张：第一，宪政制度的设计除了要考虑政治权力领域，更要考虑经济和社会领域。新宪政理论将宪政关怀深入到社会各个领域，要求政治权力最大限度地促进社会福利，并将谋求社会福利的权力包括市场和社会领域中的那部分权力限制在宪政制度框架之内。第二，重视公民在宪政建设中的地位和作用。新宪政论者认为公民不仅要关注自身人权的保障，更应关注并参与权力的有效运用。在新宪政论的框架下，公民不再是消极的防御者，而是积极的参与者。新宪政论者认为政治、法律应成为真正大众的实践活动，公民要广泛地参与到国家的政治活动当中，以实现主体真实的自由和解放。第三，在强调对权力进行限制的同时重视权力运行的积极性和有效性。新宪政论主张限制政治权力，但又超越了单纯限权这一原则。新宪政论“反对那种认为宪政的目标仅仅在于通过限制政府的作用和权力来保护个人自由的观点”，认为“宪政政体必须不只是限制权力的政体，它还必须能有效地利用这些权力，制定政策，提高公民的福利”。“限制政府的行动来实现”的观点应该得到修正，“宪政设计要求不仅要考虑国家，而且要考虑经济和社会。”政府应该能动和积极地促进社会福利。“新宪政理论超越了有限政府理论消极限权的原则，在保障个人自由的同时追求秩序和安全等法的多元价值，并主张发挥权力的能动性来开拓社会活动领域与增益社会公益。”新宪政理论的核心是强调权力的均衡，制约权力与有效利用权力并重，并使两者之间保持一种必要的张力。

对比古典宪政理论和新宪政理论，可以得出如下观点：新宪政理论是在扬弃旧宪政理论消极限制权力的基础上，对政府权力与个人权利关系的重新定位，强调限制权力的同时，必须提高权力行使的效率，并指出，政府应该在经济领域和社会领域有所作为，而与此相关的制度设计也必须在宪政的框架内进行，即经济社会领域的权力行使也要实现权力制约和高效行使并重。同时强调公民应该更积极地关注并参与权力的有效运用，因此，政府应该为公民提供参与的机会与条件。

2. 新宪政理论对证券监管的意义

政府证券监管机构代表国家对证券领域进行监管的实质是在行使国家权力，尽管监管主体的性质、地位不同，但行使国家权力的特性不容否认。而宪政理论的核心在于规范政府权力的行使，尤其是新宪政理论提出的政府在经济领域的行为也必须实现权力制约和高效行使的并重，与政府证券监管权历史演进得出的共性问题完全吻合。

依据宪政理论，政府证券监管权必须要受到宪法和法律的制约，依法规范运行并受到监督，以保护个体权利，尤其是保护被监管主体和投资者的权利不受侵害。因此，政府证券监管权的运行应该贯彻依法监管原则、基本权利保护原则，这些原则对政府证券监管权的运行提出了总体的要求，既包括实体方面，又包括程序方面，贯穿于政府证券监管权运行的过程始终。同时，宪政理论强调公民应该更积极地关注并参与权力的有效运用，因此，政府应该为公民提供参与的机会与条件。政府证券监管机构在制定规章时应该充分保障公众享有广泛的参与机会，并对公众建议予以回应；在具体的执法过程中应该为相对人提供解释的渠道，并使之制度化。为了实现这些目标，政府证券监管机构应该制定强调公开性、公众参与的监管程序，通过程序的约束和广泛的监督机制的建立，保证监管依法定程序进行，并为个体权利的实现提供制度保障，实现程序正义和实质正义的统一。

在依法规范行使的基础上，宪政理论还要求政府必须在社会经济领域实现权力的高效运行，但是究竟如何才能实现高效监管，宪政理论并未给出清晰的答案，只提出了政府证券监管权制度设计的方向，各国进行了不同的尝试，如美国的监管实践中开始日益重视效率的提高，1990 年左右，美国总统通过一系列行政命令，要求重要监管政策的出台，必须进行成本效益分析，而且美国政府机构的立法也必须进行成本效益分析，注重效率的尝试还体现在程序法中针对监管情况的不同分别规定权力行使的正式程序和简易程序。

四、理论之间相互勾稽关系

1. 强化市场型政府理论和精简政府理论指导权力高效配置

强化市场型政府理论通过探讨政府、市场与经济繁荣的关系，指出政府证券监管权必须尊重市场自治，保护私权，充分发挥市场机制的作用。精简政府理论定位了政府与社会的关系，指出政府证券监管权在政府机构与自律机构之间、政府机构之间进行合理配置以实现高效行使的必然趋势。两种理论共同指出政府证券监管权应该如何合理配置，才能实现高效运行。按照这两个理论，政府证券监管权的配置必须从三个层次进行：第一个层次是政府监管机构与自律监管机构间权力配置，政府监管机构应该是“掌舵者”，自律监管机构是“划桨者”。因此，政府证券监管机构的权力应该与其“掌舵者”地位匹配，主要作为法律和政策的宏观支持者，自律监管机构的权力则应集中于具体行为的监管，即对证券交易的日常监管。第二个层次是政府监管机构之间的权力配置，为了提高监管权的运行效率，必须实现多个政府监管部门之间的权力合理配置。第三个层次是政府监管机构内部的权力配置，虽然从精简政府理论和强化市场型政府的表述中无法找到直接的指导依据，但从提高监管权效率的角度看，政府监管机构内部权力的合理配置是政府监管权高效运行的基础。

2. 强化市场型政府理论和宪政理论明确权力的规范运行

强化市场型政府理论指出必须要约束政府证券监管权依法规范行使，防止政府的强取豪夺，保护私人财产和合法权益，才能促进社会规划型市场的产生和发展。宪政理论强调必须对政府证券监管权进行制约和监督，同时强调公民对政府权力运行的积极参与。强化市场型政府理论虽然没有明确指出如何约束政府权力，但仍然可以借鉴具体宪政制度的规定来实现有效制约政府证券监管权依法运行的目标。为此，必须对权力行使程序进行明确的规定，并在具体监管程序中为公民参与提供易得、充分的机会，保障公民参与权力运作的权利，这也是对政府证券监管权运行最好的保障。不仅如此，还要通过建立多层次的监督保障机制，使政府证券监管权接受立法权、司法权和社会舆论的监督，实现不同权力之间的制衡与约束，保障政府证券监管权的规范行使，最终目标在于保护公民的合法权益不受侵害。

3. 三种理论的相互印证

三种理论的共同目标都是为了指导政府权力如何行使才能实现高效运行和规范运行的目标，因此能够相互印证。强化市场型政府理论强调政府权力规范行使的必要性，政府必须尊重市场自治和个体权利并充分发挥其作用，才能达到促进经济繁荣的目标。该理论同时强调要成为"强化市场型政府"必须将政府履行职能的方式从管理型向服务型逐渐转变，为了实现这一转变，政府权力不仅要规范地行使，也必须高效地行使才能达到该目标。精简政府关注政府权力的高效配置，但高效配置的基础是权力的规范行使，无论是政府监管机构之间的配置，还是政府监管机构和自律机构之间的配置，都必须以规范行使为前提，滥用权力或越权无法产生效率。相比而言，宪政理论比较全面，同时注重控制权力规范运行与有效利用权力，但是，由于新宪政理论尚未发展成熟，暂时无法提供高效利用权力的制度设计方案。因此，虽然三种理论均为政府证券监管权的制度设计提供了理论依据，但更多的是方向性的启示意义，究竟应该如何配置和运行才能达到高效和规范的目标，还必须要综合运用上述三种理论，根据各国证券监管的实际进行具体制度设计。

第四节　证监会监管权分配框架

一、政府证券监管权高效运行的制度设计思路

在我国，除证监会作为法定的证券市场统一监管者外，实际上存在多个政府部门分享政府证券监管权的情况，证监会内部也存在权力如何划分的情况，同时存在证券交易所和证券业协会作为自律监管者行使自律监管权，因此，必须合理配置这些机构间的权力以促进证监会权力的高效行使。强化市场型政府理论和精简政府理论共同决定了我国政府证券监管权的配置也要从三个层次进行：第一个层次是政府证券监管机构和市场自律监管机构之间的权力配置；第二个层次是政府证券监管机构之间的权力配置；第三个层次是政府证券监管机

构内部的权力配置。

第一个层次的权力配置必须合理定位政府证券监管机构（证监会）与自律监管机构（证券交易所和证券业协会）之间的关系，从未来的发展趋势看，确定证监会作为证券市场法律和政策支持者，从宏观的层面监管证券市场，在明确证券市场自律监管主体法律地位的前提下，确定自律监管机构作为一线监管者，负责日常监管。目前，需要界定政府证券监管权和自律监管权之间的界限，尤其注意协调两者职能重叠的部分，恢复自律机构的本来面目，促进自律机构监管职能的发挥，以此减轻证监会的工作量，保障其集中精力从事证券市场违法行为的查处，提高监管效率。

第二个层次的权力配置主要针对我国目前存在的多个政府部门分享政府证券监管权的情况，即“多头监管”的问题。依据精简政府理论和各国政府证券监管权的规律，未来逐步实现证监会事实上和法律上的集中统一监管是大势所趋。目前，必须明确多个政府证券监管机构之间的权力界限，并通过多部门联合工作机制的建立，协调不同机构权力的行使，防止监管过度和监管真空的同时出现。

第三个层次的配置主要因为实践中，证监会70%的监管资源在证监会的派出机构（证监局）中，证监会内部机构之间权限的划分会直接影响监管效率，尤其是对违法行为的查处效率，因此，必须合理划分证监会及证监局之间的监管权。

并且，如前文所述，政府证券监管是证券市场自我监管的保证与补充内容，是一种对有很强外部性的事件的监管。因此，基于外部性行为的政府监管只应针对那些破坏或不遵守市场规则行为的约束、调整与处罚，起到保证市场规则正常运行的保障性作用。证券市场的监管活动不应看成是对证券市场的管理，证券市场的管理是监管者将自身作为市场主体的一分子，直接介入市场，参与市场的组织、运行和维护，此时管理者与被管理者处于市场的同一层面并形成相互之间因管理存在的对立关系；而证券市场监管只是证券监管机关从一个第三者的角度，从市场外部对市场内部的行为、准则、规则和体系进行评判与裁定，监管只对市场规则起监督、执行与保障作用，监管者与市场及被监管者不是绝对的对立关系，监管机构只是在市场出现群体性问题且无法通过自我调整解决时，才以行政方式介入市场进行调整，因此以证券监管机关主导的行政监管只以事后调整为主，事前或事中的干预与调整较少。

二、证监会与自律监管机构的权力分配

1. 证监会与证券交易所权力分配

证券交易所是指：用以进行有组织的证券买卖（如股票）的市场或设施；组织以创造上述市场或设施的一群人。这种将证券交易所作为组织证券买卖场所或设施的定义也为我国立法者所采用。因此，若结合证券交易本身零和博弈的特点，我们可以看到证券交易所的主要功能应在于三点。

首先，证券交易所提供了一个有组织、可进行连续证券交易的场所。集中交易的目的在于减少频繁进行的证券交易的交易成本、寻求更为有效的交易方式。因此，证券交易所的存在实现了具备一个可随时把所持有的证券转移变现，保证证券流通持续不断进行的证券交易场所的目的。

其次，交易所可以促成证券交易的连续买卖，通过连续买卖的记录反映证券价格的变化，并促进交易价格的发现与形成。投资者除了可获证券发行时所代表的证券权益外，还可以通过流转的方式提前变现或获得收益，这样的交易机制反过来又增加了投资者对证券交易所集中撮合交易的依赖与意愿，从而使得证券交易所在证券发行人与证券投资者、证券投资者之间搭筑起一个连接交易的有效平台。

最后，借助证券交易所集中撮合所具备的参与主体广泛性，证券交易所具备作为融资平台的功能。筹集资金是证券交易所的重要功能之一，企业通过在证券交易所上市，能够迅速地把分散在社会上的闲置货币资金集中起来，形成巨额的、可供长期使用的资本，用于支持社会化大生产和大规模经营。因此，证券交易所在承担证券交易的媒介平台之外，还可充当融资平台的作用，证券交易所在这方面提供了与其他证券交易中介不同的一种融资平台服务。

因此，证券交易所具备的连续买卖、价格发现、融资平台功能在事实上决定了证券交易所为维持交易秩序而对通过证券交易所参与交易的各市场主体进行约束及监管的需求。要使市场长期运行，作为中介平台的证券交易所本身就有动力维持一个公平、有序的交易环境，因此由证券交易所充当对市场规则维护的一线监管者角色，既是职责所在，又是市场所需。本书以此提出三个方面的监管权力分配建议。

（1）关于证券交易的监管权配置。

证监会的监管权：①规则制定权：根据证券监管法律的授权制定证券交易监管方面的规章、规则。②行政许可权：批准证券交易所上市新的交易品种；审核证券登记、托管、结算方面业务规则。③日常监管权：对证券交易所的业务情况及其他情况进行检查和调查。④调查和处罚权：对证券交易活动中的违法违规、损害客户利益或证券市场秩序的行为进行调查，对调查核实的违法行为进行行政处罚，或提起诉讼。

证券交易所的监管权：①依法制定证券交易规则，报证监会批准。②依据法律和交易规则，采取暂停、恢复或者终止上市证券的交易，摘牌、停牌、临时停市、限制交易等措施。③对场内交易行为实时监控，对情节严重的异常交易情况和禁止交易情况上报证监会。④对违反证券交易所有关交易规则，情节严重的异常交易行为，且对证券交易价格或交易量产生重大影响的，可以采取非现场调查和现场调查；交易所可视情况对该交易行为，采取口头或书面警告、约见谈话、要求相关投资者提交书面承诺、限制相关证券账户交易、报请证监会冻结相关证券账户或资金账户、上报证监会查处等措施。⑤对违反证券交易所交易规则的，在证券交易所内从事证券交易的人员，给予纪律处分。

（2）关于证券公司的监管权配置。

证监会的监管权：①规则制定权：根据证券监管法律的授权制定证券公司监管方面的规章、规则。②行政许可权：审批证券公司及其分支机构的设立等事项；对证券公司实施业务牌照管理；审核高级管理人员任职资格；审核证券公司股东资格和证券公司的股权变动、增资扩股。③检查权：基于合规监管和审慎监管两项基本原则，对证券公司的合规性、正常性和安全性进行检查，包括现场检查和非现场检查。保留此项权力，为了公共利益，在自律组织未能有效履行监管职能的情况下行使。④调查与处罚权：对证券公司及其从业人员活动中的违法违规、损害客户利益或证券市场秩序的行为进行调查，对调查核实的违法行为进行行政处罚，或提起诉讼。

证券交易所的监管权：①依法制定会员管理方面的规则，并报证监会批准。②会员资格、交易席位和交易权限管理。③规范会员场内业务（包括自营业务和经纪业务等）的操作流程；为会员交易及相关系统提供技术管理规范；并管理会员使用交易信息。④对会员场内交易行为实时监控；重点监控会员可能影响证券交易价格或证券交易量的异常交易行为，发现异常情况后及时上报证监会。⑤在监管权限范围内，根据监管需要，采取现场和非现场方式对会员证券业务活动中的风险管理、交易及相关系统安全运行等情况进行检查。⑥经双方会员同意，调解交易中会员之间的业务纠纷。⑦对会员违规行为进行纪律处分；复核会员不服纪律处分的申请。

（3）关于上市公司的监管权配置。

证监会的监管权：依法对上市公司及相关各方在证券市场的活动实行监督管理，具体包括：①规则制定权：根据证券监管法律的授权制定上市公司监管方面的规章、规则。②行政许可权：核准上市公司发行证券；批准上市公司收购、重大资产重组、相关股份权益变动、合并及分立；批准交易所制定的高于《证券法》规定的股票上市条件。③信息披露方面监管：对上市公司和相关信息披露义务人及其行为进行监督管理，规范募集资金说明书、年度报告、中期报告、季度报告、股份变动报告、股东持股变动报告和其他公告的编制与披露。④公司治理方面监管：对上市公司章程必备条款做出具体规定，规范上市公司章程的制定和修改；对上市公司董事任职实施备案管理并有权对上市公司董事候选人提出异议；建立监管诚信档案；⑤检查、调查与公开调查结果：进入公司进行现场检查、专项核查和采取其他现场监管措施；在对上市公司的监督检查中，当发现严重侵害上市公司利益的行为，或者上市公司面临显著风险、重大损失和严重后果时，及时进行调查；在检查和调查过程中，可以根据上市公司的具体情况及违法违规行为的情节轻重，适时公开检查和调查结果；⑥处罚权：依法对上市公司及其控股股东、高管人员的违法行为进行处罚，涉及犯罪的，移交司法机关处理；有权要求交易所对上市公司进行处罚。

证券交易所的监管权：①核准上市申请。②依法制定证券上市交易方面的规则，报证监会批准。③信息披露方面监管：依法对信息披露进行日常监管，监督上市公司和相关信息披露义务人披露信息，向证监会报告日常监管中发现的重大违法违规行为；根据证监会授权依法就上市公司股权激励计划进行备案，对信息披露文件进行形式审查，对定期报告实行事前登记、事后审核，对临时报告依不同情况实行事前审查或事前登记、事后审查；可以根据风险程度等标准进行分类监管，及时调整信息披露标准；对上市公司股东交易中持股变动情况进行统计和监督；上市公司股东因持股数量变动而产生信息披露要求的，督促其及时履行披露义务，并立即向证监会报告；④公司治理方面监管：根据交易所的实际情况，在不违反法律、行政法规和证监会规章的范围内，制定《交易所上市公司治理指导意见》；对独立董事候选人提出异议。⑤处罚权：依据法律、行政法规和上市规则，对上市公司及相关人员进行处罚。

（4）证监会与证券交易所之间的协调机制。证监会有权与证券交易所之间组织合作，充分利用证券交易所的信息收集优势，建立信息交换制度和联合监管制度：证监会可以将证券交易所根据《交易所管理办法》第四十七条和第五十五条规定上报给证监会的会员检查报告和上市公司信息披露情况检查报告作为其对证券公司和上市公司监管的参考依据，除非法律另有规定，或者发现重大可疑情况，证监会对于证券交易所已经检查的事项，可以不再检查。证监会依据《证券法》和《交易所管理办法》对证券交易所进行监管，主要由交易所对会员和上市公司进行直接监管，但证监会保留对后者的直接监管权，为了公共利益，在交易所未能有效履行监管职能时行使。

2. 证监会与证券业协会权力分配

如前所述，在政府职能定位的影响下，政府主导必将持续相当长的时期，使证券业协会成为完全独立的自律机构目前还不可能，但在现有法律框架内仍然可以优化权力配置。证券业协会第四次会员大会确立了协会未来的六方面工作重点：行业自律管理和服务的基础性制度性建设；诚信建设，培育和建立证券行业诚信自律意识和自律文化；培训考试工作；代办股份转让系统；服务、传导职能；行业创新。这些职能可以概括为两个方面：协会的服务与传导职能，协会作为自律组织的自律监管职能。其他国家的经验显示，证券业协会的自律职能主要体现在对证券公司和场外市场的监管。目前协会最需要加强的就是自律监管职能，也是协会与证监会之间权力配置的重点。

（1）协会纠纷解决机制的强化。证券业协会纠纷解决机制的多样性和灵活性，可以有效弥补政府监管弹性不足的缺点。从实践情况看，目前我国政府监管对防微杜渐关注不够，交易所和协会的自律功能又被极大压抑，往往等积累的矛盾集中爆发时，政府监管机构再重罚，但执法效果很差。典型的例子为证监会2002年对四家操作亿安科技股价的公司处以没收违法所得4.9亿元，并处4.9亿元罚款的处罚。但事实上，这四家公司早已成为空壳，根本无法执行。相比证监会通过诉讼或者直接处罚的纠纷解决方式，证券业协会可以通过调解、仲裁等方式解决。实际上，美国 SEC 追诉的案件 90% 以上在审判前以调解结案。在调解时通常就规定将被告的非法所得支付给法院，或者支付到一个第三方保管的账户，然后按照 SEC 的设计、法院的批准方案分配给受害投资者。这种弹性的纠纷处理机制可以为我国证券业协会所借鉴。通过灵活的方式和程序进行民间调解，也符合新《证券法》第 176 条规定“证券业协会对会员之间、会员与客户之间的证券业务纠纷进行调解”，有助于减少市场剧烈波动，对证监会监管进行有力的支援。另外，证券业协会还可以根据情况在协会内部设立专业性的证券仲裁机构，提高诉讼之外提供更多的选择。

（2）充分发挥协会收集信息的优势。鉴于 2003 ~ 2005 年众多证券公司因严重违法而被责令关闭的事实，新《证券法》第 227 条首次确立了对证券公司的审慎监管原则，并由证监会承担了证券公司内部治理和外部监管事务，包括审批证券公司章程重要条款的变更，随时检查其业务、财务信息和内控机制，规定证券公司的净资本，净资产与负债的比例等风险控制指标，发现达不到指标时，采取包括责令更换高管人员、限制有关股东行使权利等措施。这些监管措施有效实施的前提是证监会必须及时准确地掌握券商的财务与业务信息，对于全面监管证券市场的证监会而言，收集这些信息的成本是非常大的。对此，具有信息收集优势的证券业协会应当承担这一责任。尤其在《章程》修改后，证券业协会会员种类和数量增加的基础上收集信息更为有利，除了继续完善已经建立的从业人员和会员单位两个诚信信息管理系统外，还应该探索建立诚信激励机制和不诚信惩戒机制，跟踪、记录、分析、公示会员单位和从业人员的诚信状况，逐步形成证券行业“守信得益、失信受损”的利益导向机制；建立适合行业不同会员特点的信用评估体系，例如会员单位信息披露诚信评估体系等；扩大信息共享功能，构建数据库为政府审慎监管提供信息支持。

（3）鼓励和支持券商创新。协会对于证券公司的业务创新方面已经积累了一定的经验，第三届协会根据证监会 2004 年《关于推进证券业创新活动有关问题的通知》负责对从事相关创新活动试点的证券公司进行评审与持续评价，评审通过了中金公司外汇资产管理创新方案，在允许创新试点公司创设权证后，组织权证上市前估值工作；参与了融资融券试点工作，并同证券交易所一起组织过多次创新研讨会。第一步，加强基础性工作，如建立专家数据库，包括经济学家、法学家及业界专家，发挥协会各常设和非常设专业委员会的作用，集中行业的资源和优势，为新产品的开发和论证提供人员和制度保障；第二步，考虑制定创新产品开发和论证程序，使之制度化、常规化。新产品的开发与论证可以由协会和交易所共同主持，组织专业人员做出，交由专家论证。第三步，根据自律规则对新产品进行监管，发现新产品运行中存在的风险，将相关信息上报政府监管部门，待新产品监管内容日趋成熟后，交由政府监管。自律组织进行新产品的开发和论证可以弥补政府主导创新的缺点，将“试验期”交给自律组织，防止政府因担心创新产品造成市场波动的责任承担而延缓市场创新。

（4）力争成为场外交易市场的全权监管者。纵观海外场外交易市场多半由证券业协会等自律组织设立，并通过注册审查、信息披露管理，制定做市商指令驱动机制或报价驱动机制等交易制度、交易管理和挂牌公司管理等自律管理措施对场外交易市场进行管理，政府通过监管证券业协会对场外交易市场进行间接监管。与海外证券场外市场的管理机制不同，目前我国证券业协会对股份代办转让系统监管来自证监会的行政授权，即主要包括主办券商资格管理、执业考核、记录及负责人谈话制度，主办尽职调查、信息披露监管、业务转移机制，上市公司退市进入代办转让系统的平移机制，公司信息披露规则等。为了进一步促进证券业协会对该系统自律监管职能的发挥，借鉴海外场外市场的管理经验，当前应该考虑重点完善以下工作：明确挂牌公司到主板发行上市所涉及的问题，包括通道占用、中止挂牌等；制定主板退市公司恢复主板上市的操作细则；出台挂牌公司定向增资规则；探索亏损挂牌公司重组规则；改进股份交易方法，引入连续竞价交易机制；做好历史遗留问题，公司和中关村以外科技园区公司的调查摸底工作，为将来的市场扩容做准备。

在未来《证券法》修改中应该加入场外交易市场的框架性规定，明确赋予证券业协会对场外交易市场的自律监管权，并对股份代办转让系统的功能定位和职能分工进行长远的规划，尽量避免随着代办股份转让业务试点工作的深入发展，引致市场结构的交叉和重复，出现类似于韩国 KOSDAQ 市场发展前景不明，最终导致与交易所合并的结果。政府监管机构通过监管证券业协会，达到对场外市场间接监管，但保留对证券商和交易行为直接监管的权力，对于场外市场中出现的严重违法行为要进行严格的查处，轻微的违法行为可以授权证券业协会进行处罚。

三、证监会与监管机构间权力分配

证监会虽然具有法定的集中统一监管证券市场的地位，实践中却并未完全拥有证券市场统一的监管权，银行监督管理委员会（以下简称“银监会”）、保险监督管理委员会（以下简称“保监会”）、发展改革委员会（以下简称“发改委”）和地方人民政府等均拥有部分监管权。鉴于中国特殊的国情，证监会的地位和职能决定了离开其他机构的配合，证监会很难高效履行职权。证券监管领域的“政出多门”并缺乏有效的配合，极大影响了监管效率和效果。

1. 证监会与银监会、保监会

证监会与银监会、保监会之间存在着明确的分工，遵循严格的分业监管模式。银监会负责统一监管全国银行、金融资产管理公司、信托投资公司、财务公司、金融租赁公司以及其他金融机构；证监会依法对全国证券、期货市场进行集中统一管理；保监会统一监管全国保险市场，维护保险业的合法、稳健运行。随着混业经营的发展，商业银行、保险公司的上市，保险公司资金入市，保险公司进行股票投资的资产托管机构又是商业银行等金融机构，三者之间的监管权出现了较以往更多的交集：第一，信托投资公司与上市公司之间进行关联交易时，不仅需要按照银监会的有关规定履行信息披露义务，还应该接受证监会的相关监管；第二，财务公司从事证券市场相关业务，如进行有价证券投资、接受上市公司委托在重组并购中担任财务顾问等要同时受到银监会、证监会或者国资委（接受国有上市公司委托时）的监管；第三，对合格的境外投资者（QFII）托管人资格的监管，由证监会、银监会和国家外汇管理局共同承担着监管职责；第四，保监会、证监会按照各自的职责对保险机构投资者，即从事股票投资的保险公司和保险资产管理公司进行监管，保监会负责审核直接从事或委托保险资产管理公司进行股票投资的保险公司、保险资产管理公司、股票资产托管机构的资格，证监会依法对保险资产管理公司重大事项变更审批、对保险机构投资者的证券交易活动进行监管；第五，保监会、证监会对上市保险公司共同进行监管，保监会对保险公司变更出资人、股权转让等诸多事项进行审批，证监会依法监管上市保险公司的信息披露、交易等行为；第六，保监会、银监会对保险公司股票投资资产托管机构按照各自职权进行监管，经银监会批准设立的商业银行等金融机构符合法定条件才能成为托管机构。

2. 证监会与发改委、地方政府

证监会与发改委之间的权力配置主要集中于企业债券的监管方面。发改委负责企业债券发行规模的确定，发改委分别会签人民银行、证监会后，印发企业债券发行批准文件，对企业债券的发行、托管、兑付、信息披露、募集资金使用等以及在证券交易所之外的其他合法交易等相关事项进行监督管理，维护企业债券市场秩序。证监会对企业债券在证券交易所交易进行监管。

依据现行证券监管体制，证监会与地方人民政府之间不存在直接的关系，但证监会在各地派出机构的工作需要地方政府的支持和配合，因此各省会城市人民政府都设有金融工作办公室，负责协调“三会一行”（证监会、保监会、银监会和中国人民银行）与地方政府之间的工作。但随着国务院提高上市公司质量工作的全面展开，证监会于2007年9月7日发布了《上市公司监督管理条例（征求意见稿）》，明确了地方各级人民政府承担处置本地区上市公司风险的责任，建立和健全上市公司风险处置应急机制，上市公司陷入重大危机、股东大会和董事会不能正常履行职责、可能对社会稳定造成重大影响时，其注册地省级政府可以在一定期限内对其组织实施托管。同时规定，地方政府应当依法追究因严重违法行为导致上市公司股票在证券交易所终止上市的相关负责人和直接责任人的责任，这就使得地方各级政府对于上市公司也承担了部分监管责任。

3. 完善机制

（1）建立部门间长效合作机制。除了通过部门间竞争引发监管机构之间的互动之外，明确各部门的职责，建立各部门长效合作机制也是目前需要解决的重要问题。证监会不久前发布的《上市公司监督管理条例（征求意见稿）》中明确规定了证监会与人民银行、国资委、银监会、地方政府等诸多部门之间的权力配置，并规定证监会、国资委、各级人民政府等国家机构依法履行上市公司监管职责，拒不配合的，由公安机关依法给予治安管理处罚。这一规定是对上市公司监管方面各部门长效合作机制的尝试，但对于由公安机关给予治安管理处罚的规定如何执行缺少配套规定，能否真正执行仍然是未知数。因此，可以考虑在国务院内部设立一个联合监管的协调部门，建立协调监管的定期工作制度。证监会也已经意识到了协调监管的重要性，上市部监管四处专门负责与其他政府机构的协调问题。2006 年起，证监会与国资委、人民银行、发改委、公安部、财政部、商务部、银监会、保监会、工商总局、海关总署和税务总局共同组成了“上市公司规范运作专题工作小组”，主要针对央企和金融类上市公司通过不定期会议的形式进行联合监管，最近一次会议于 2007 年 12 月 14 日召开，在这次会议中，证监会还增加了中纪委一室、二室作为特邀单位。这一做法对各部门协调监管是一个重大的进步，但仍然是临时性的，如何促进各部委对上市公司监管的常态机制仍然是未来的努力方向。

（2）完善相关法律规定。从法律的层面上，应该着手整理现有规定，重点在于：一是查找监管真空问题，增加相关规定；二是针对权力重叠和冲突的规定，明确各部门的职权，增加出现冲突时的解决措施，如召开会议或者提请国务院监管协调机构处理等；三是考虑以部门规章或者其他规范性文件的形式，建立非定期与定期协调监管结合的制度。

第九章

环境倒逼机制与证券监管社会环境体系建设

从中外监管制度变迁的历史来看，监管制度的进步仅仅依靠监管当局自上而下的顶层设计显然是不够的，容易导致顶层设计脱离市场实际情况，监管制度改革缺乏动力且改革方向难以精准定位。本章从证券监管的外部环境角度着手进行监管制度变迁动因分析，这种外部环境对证券监管制度的影响不同于一般正常指令的传导路径，并非自上而下的，而是从内外部的结构层次考虑，通过各层次传导路径倒逼内部改革，笔者将这些传导路径的总体作用机制称为证券监管的环境倒逼机制。

第一节　倒逼机制与证券监管社会环境体系

一、倒逼机制

倒逼机制本是来自于经济学的一个术语，指在政府对经济体制有着较强的干预条件下，国有企业需要融资时往往会同地方政府的行政力量相融合，共同向商业银行施压，而在所谓政策倾斜的大背景下，商业银行不得不对此让步。当国有企业的融资需求突破了基层银行的信贷配额防线时，使得国有银行的基层行又层层向上级行乃至总行提出扩张贷款额度的要求，最终迫使中央银行被动地增加货币供应，形成了自下而上的层层“倒逼机制”。

正向政策指令的传导路径是由政策制定者向政策传导链末端的政策接受者

以及受其外部性影响的其他利益相关者作用的过程，而倒逼机制的传导路径恰恰相反，是一个自下而上的对政策制定者产生约束性影响的逆向传导过程。现今，原本是我国特有的经济学术语的“倒逼机制”已经被广泛应用到其他学术研究中，本书将其引用到对证券监管的监管研究中，探讨证券监管逐步完善过程中的环境倒逼机制。这里对环境倒逼机制的定义是指外部环境因素导致内部诸要素之间的矛盾运动，从而引发由内部开始的改革与发展，通过证券监管所处的社会环境体系先行调整后反向逼迫证券监管效率提高，走向更为完善健全的一种外部环境对内部作用机制，这种外部压力内源化的作用机制与经济学术语中国有企业融资需求对货币供应的倒逼机制具有相似的作用机理与传导路径。

二、倒逼机制的意义

我国属于政府主导的证券监管模式，因此我国的证券监管属于政府监管的一种，带有公共政策管制的色彩，相较于其他经济管制，有着更明确的目标性和以人为本的人文关怀色彩。证券监管不同于其他产业管制一味注重追求经济效率的提高，而是以维护弱势群体利益即对于投资者特别是中小投资者的合法权益的保护为首要，严厉打击市场上的违法违规行为，使得市场信心得以为继，从而维护金融稳定。究其原因在于证券市场不同于产品和要素市场，作为一个金融公开市场，包括投资者、上市公司、金融中介机构、政府监管部门以及自律管理机构等众多参与其中的利益主体，市场运行过程中的任何变动都会对整个国民经济的运行、金融、政治乃至整个社会产生影响。从政府的视角出发，证券市场永远是整个社会经济的一个复杂的有机组成部分，其不仅与一国的金融体系和实体经济密切联系，还与整个国家经济发展、社会稳定甚至政治形势等休戚相关，这使得证券监管者必须从社会经济整体而非局限于证券市场本身来制定和执行相关监管制度和政策法规。由此，证券监管与其所处的整个社会环境体系是相互影响无法分开看待的，证券监管无疑会对其所在的社会环境体系产生深远影响，而社会环境体系同时也能够通过各不同层次的倒逼机制对证券监管产生反向影响，动态协调促其效率进一步提升。

公共选择理论的创立者和主要代表人物詹姆斯·布坎南认为，“国家不是神的创造物，它没有无所不在和正确无误的天赋”，从事国家管理和行使国家权力的机关也是一样：监管部门由人组成，监管措施实施过程中的规则、政策、决策等也是由人来制定，这些人也不免具有经济人的特征，即以利益最大化为基本动机，而当其自身利益与公共利益相悖时，也可能做出有损公共利益的决策，另外监管部门也无法拥有无限能力和完全的信息，因此存在证券监管失灵。依照公共选择理论，实际经济运行过程中存在监管失灵，监管失灵表现为监管无效，调控的方向、范围、方式、力度等不恰当，政策工具的使用不合理，这些表现并非监管部门不能发挥作用，而是无法正确地发挥作用：干预力度不足无法弥补市场失灵，不能维持市场的正常运转，而干预过度则会使得监管措施不仅不能矫正市场失灵，反而抑制了市场的正常运作。这类证券监管失灵难以依靠监管部门内部消除，此时来自证券监管部门外部的力量，即其所处的社会环境体系就发挥了难以替代的重要作用，通过多方面的倒逼机制可以修正证券监管部门的失灵现状，让证券监管随着证券市场的发展实现动态更新，更加贴合我国的国情现状，更好的实现证券监管的目标。但目前学术界从这一角度研究证券监管的环境倒逼机制的文章寥寥无几，笔者将结合公共政策分析理论以及经济学分析方法对证券监管面临的社会环境体系及其中存在的倒逼机制进行分析，并找出其中重要的几个因素进行重点分析，从中得出相应政策建议。

三、证券监管社会环境体系

环境这一概念不仅包括我们日常生活中通常所说的以空气、水、土地、植物、动物等为内容的物质因素，也包括以观念、制度、行为准则等为内容的非物质因素，大致可分为自然环境和社会环境。对于证券监管来说，对其影响最大的自然是来自社会环境的因素，其中包括了政治和法治环境、经济环境、社会和文化环境以及国际环境。

1. 政治和法治环境

上海证券交易所、深圳交易所的先后成立标志我国证券市场开始发展，中国证券市场作为一个新兴证券市场，以令世界惊叹的速度迅速成长，至今短短20多年的时间里便取得了举世瞩目的成就，证券市场交易技术手段居于世界先进水平，配套的法规体系以及全国统一的监管体制也从零到有逐步完善，主要由政府一手强制推动，可以说这与我国的政治环境有着密切的关联。而证券监管也同证券市场一样，自诞生之日起便与政治领域联系紧密。

国内的政治环境要素包括政治制度、政党和政党制度、政治性团体、党和国家的方针政策以及政治氛围等。在中国的政权架构中，中国共产党作为执政党，处于政治体系中的核心领导地位，对于关乎国计民生的重大问题进行决策，而政府作为国家最高职能机构则起着执行的作用。中国证监会是中华人民共和国国务院的直属事业单位，人事和财政上的重要决策均由国务院统一决定，其拥有的证券监管权力属于一种公权力（public power），来源于政府对监管部门的授权，这使得监管权力的行使需要遵循党和国家的方针政策，不可避免地受到政治上的压力和干预，就连被公认为“独立”监管机构代表的美国证券交易委员会（SEC）实际上也受着美国国会、总统、华尔街金融利益集团各种正式、非正式的影响。各国政府证券监管权介入证券市场的原因差异较大，对自律监管缺陷的弥补，或是应对经济危机都只是表层的原因，最根本的原因是本国政治、经济环境，即具体国情，以及由此决定政府职能的不同定位。政府职能的定位不仅决定了政府和市介入证券市场，还决定了政府证券监管权与自律监管权之间的关系[①]。因此，不同国情和相关制度的发展水平，一定程度上决定了证券证券监管机构的设置情况不同。

由以上内容可见，虽说独立性对于证券监管是十分必要的，可是证券监管也无法处于完全的政治真空之中，政治环境对证券监管存在倒逼作用。这一点在我国体现得更为明显，由于我国特色的政治体系设置，证监会受到的绝对干预使其无法保持应有的独立性，就政治关联问题举例来说：各地上市公司的业绩同当地政府的政绩联系密切，这使得政府官员同上市公司高管之间不免存在着错综复杂的关系，从而为上市公司通过这种联系纽带进行政治寻租提供了可能。当上市公司因违法违规行为受到证券监管部门的调查时，上市公司的高管们往往会利用自己的政治关系来对政府官员进行游说，进而阻碍或拖延了证券监管部门的调查，司茹以 2007 ~ 2012 年我国沪深两市受到违规处罚的非金融类 A 股上市公司作为研究样本，通过研究发现政治关联显著地影响了证券监管部门的执法效率[②]。

另外党和国家的方针政策也属于政治环境的因素之一，国家政策体现在人

---

① 马洪雨：“证券市场不同发展模式的政府证券监管”，载于《中南大学学报（社会科学版）》2011 年第 2 期。

② 司茹：“政治关联与证券监管的执法效率”，载于《中央财经大学学报》2013 年第 6 期。

民社会生活的方方面面，一般分为对内政策和对外政策两大部分。对内政策包括财政经济政策、文化教育政策、军事政策、劳动政策、宗教政策、民族政策等，对外政策即国家外交政策。这其中，国家的经济政策与证券监管可谓息息相关。国家经济政策特别是微观经济政策会对上市公司产生直接影响，若不利于上市公司运营情况则更容易滋生财务造假、虚假信息披露、利润操作等等各类逃避管制或侵犯中小股东利益的违法违规行为，从而对股市产生负面影响，一些学者通过研究发现美国股票市场历史上长期的牛市往往伴随着持续加息的过程，而熊市则伴随着减息的过程。

法治环境因素指在制定与实施具体的公共政策时，可能遇到的一国或一个地区的总的法治状态，它是一国或一个地区法律体系、法律机构、执法状况与社会治安的总和，以国家强制力为手段对僭越其准则的人进行制裁。法治环境主要包括宪法与法律体系，立法机构与立法程序，司法机构与司法独立程度，审判责任制度，社会治安水平等等。政策的合法性首先需要有完善的法治体系来保证，其同时也为政策的制定和执行提供保障。

如今的美国仍是世界公认的经济最为发达的国家，同时也拥有最繁荣活跃的资本市场，而奠定这一切的正是其整个制度与法律体系，法律环境对证券市场的重要性不言而喻，对于证券监管来说也是一样。考察发达国家的法律体系，据国际证券委员会组织（IOSCO）的文件表明，高效的证券监管法规必须有一个统一的法律框架进行支持，所涉及的方面主要有：①公司法：公司结构；董事和管理者的义务；影响控制权交易的法规；关于证券发行与承销的法规；对投票决策有重要影响的证券持有者的信息披露；有实质性影响的证券持有的披露。②合同法：合同的私有产权性；融券便利和抵押；所有权，包括附属于证券的权利和这些权利转让的规则。③税法：包括但不仅限于投资和投资产品处理的清晰，一致。④破产法：公司清算时的证券持有者的权利；中介机构破产时客户的权利。⑤竞争法：反竞争案例的预防；不公平进入壁垒的预防；对市场统治地位滥用的预防。由此可见，健全完善的法律环境对于证券监管法律法规的制定与实施的重要性，法治环境对证券监管的影响不容小视[①]。

---

① Michael Taylor，张文："IOSCO《证券监管目标和原则》述评"，载于《证券市场导报》2004年第8期。

从我国目前的证券监管法律环境来看，作为一个新兴和转轨的大陆法系国家，我国的法规体系不够健全以及法规之间不能协调配合，致使监管部门很难对某些证券市场的违法行为进行定性，虽然我国监管部门先后出台了近百部法律法规来规范上市公司的行为，从而保护投资者的相关利益不受侵犯，其数量甚至比许多发达国家颁布的法律法规数量更多且条款更加严格，但收效并不尽如人意，证券市场上的违规行为仍旧屡见不鲜，证券监管效率低下。

2. 经济环境

经济决定金融，金融服务于经济，二者密不可分。经济环境与证券监管可以说是联系最为紧密的领域，却又是最为复杂与多变的，每一笔交易都可能对其造成影响。世界上各国之间，国内各地区之间，由于生产力水平、生产关系的状况以及科学技术的发展存在着很大的差异，所以，经济环境表现出极大不同。

Chen，et al（2011）研究发现监管部门在对违规公司进行处罚时会考虑证券市场的投资环境，当市场比较低迷时，监管部门唯恐进一步打击市场信心而很少重罚违规公司，但在证券市场比较活跃时为了规避质量较差公司的投机性上市，监管部门可能会选择加大惩戒力度①。宏观经济环境不景气的情况下，大部分上市公司受其影响可能产生业绩下滑，证券市场长久的熊市可能引起更多的混乱和投资者不满，为防止股市的暴跌进一步对实体经济产伤害，每当市场低迷时，为了提振投资者信心，政府往往会为投资者描摹出一幅中国证券市场美好的前景蓝图，呼吁证券市场需要投资者的呵护等，而由于投资者教育的不到位，民众此时则往往全然不顾证券市场本身存在的风险，市场由衰转盛幅度超过监管层的预期时，为防止市场大幅震荡，总会有监管层采取一定措施调整，此时又让民众们认为监管当局对市场进行了干预，导致股指下跌，这种非正常的互动博弈所造成的后果就是中国证券市场只能上不能下。政府尤其是证券监管机构在市场上承担了过多的责任和压力，以至于其“监督管理”的定位反而模糊了，而市场累积的风险只会越来越大，害怕做出“逆违民意”的监管

① 郝旭光、朱冰、张士玉：“中国证券市场监管政策效果研究——基于问卷调查的分析”，载于《管理世界》2012 年第 7 期。

决策，却失去了挤压市场泡沫的机会，导致监管环境进一步恶化，政策的产生缚住了证券监管的手脚，外部经济环境的变化一定程度上对证券监管手段形成了挟制和倒逼。

近年来我国的金融创新已经成为业界常态、综合经营试点不断扩大，各种衍生产品层出不穷，利率市场化、汇率市场化、人民币资本项目可兑换等一系列金融改革均在有条不紊的稳步进行中，上海自贸区的建立更是为这些改革提供了一块试验田。另外互联网金融也来势汹汹，对传统的金融业形成了巨大冲击。这一系列改革变迁和新生事物的出现涉及多方面内容，实际上是为了进一步协调好金融市场与政府的关系，放权给市场，以市场化的运作替代政府管制自然能提高市场效率，可是市场失灵现象的存在也使得金融监管必须随之进行改革以适应经济环境的变化。

另外，自2010年以来综合经营成为我国金融业大势所趋，监管冲突和监管空白使得金融控股公司有机会利用管制差异进行监管套利。在这种综合经营试点不断扩大，金融创新成为业界常态的经济大环境下，现存的分业监管模式与这些变化态势间不免存在不协调的问题，倒逼金融监管部门三度重启金融监管部际联席会议制度，协调和完善监管成为防范金融风险的必然选择，建立金融监管协调机制有着现实上的迫切性，从此也可看出经济环境的变化于证券监管来说是一个十分重要的外部影响因素。

3. 社会和文化环境

社会环境指制定和实施具体政策时，可能面对的总的社会状况，它是社会人口、群体、职业和规范等等的总和。主要包括社会人口的规模、性别与年龄比例、地区和民族分布、人口增长率、人口政策，社会职业构成与就业政策、劳动保护与失业救济，社会福利与保障体系，社会问题与社会越轨现象，社会人伦关系、道德风尚、传统习惯、民族心理、价值取向等等。

文化环境指制定与实施具体政策时，可能会面临的总的文化状况，它是一国或一个地区教育、科技、道德等等的总和。主要包括社会的教育体制、教育机构、教育政策、国民义务教育的范围与年限、接受高等教育的人数在总人口中的比例、人口素质与人力资源状况，国家知识创新体系、科技体制、科技人才储备、专利数量、科技普及程度，文化设施、文化团体、文化市场及其管理，价值观，精神风貌等等。

社会和文化环境往往结合起来作用于证券市场，在当前中国的社会环境下，中国证券市场面临信用困境，我国目前的证券市场上社会信用缺乏现象情况严重，欺骗行为经常发生，例如庄家操控、老鼠仓事件、上市公司粉饰报表等，当欺骗收益大于道德收益时，便可能产生道德风险。

4. 国际环境

国际环境指一个国家同世界各国和各地区之间的政治、经济、文化、地理等方面的关系以及其他国家之间的相互关系。指对一个国家或地区的生存与发展产生影响的，由国家间、国际组织间的竞争、合作、冲突所形成的带有一定稳定性的政治、经济、文化关系。

随着科学技术的迅速发展，交通、通讯工具的不断完善，国际交往日益频繁，加上经济全球化的程度越来越深，各国间经济、政治等各方面依赖程度不断增强，国际社会呈现出错综复杂的局面，国际环境因素的作用对证券监管的影响也愈发重要。自我国加入 WTO 以来，坚持对外开放政策使得我国国内金融市场的国际化进程加快，国际资本流入流出更加频繁，国内的金融风险呈现出更多的不确定性，国际游资和国际资本的非法流出入也可能加大对我国金融市场的冲击。证券市场本身的国际化日益加深表现在参与主体更加多样化，国际因素增加，证券市场层次更加复杂，证券市场交易品种也愈发丰富，金融衍生品的爆发式增长，证券业务、证券投融资的国际化等都使得证券监管部门面临更加复杂的国际金融环境。

但从另一角度来看，这也使得我国证券监管部门能够更多的同国外金融监管部门进行联系与经验交流，国际环境特别是国际经济环境的变革不仅能够从一定程度上倒逼监管制度加速深化改革，同时也有利于证券市场释放出更大活力。我国目前仅允许本国企业境外上市，但国际板块的推出自 2009 年起就曾受到热议，国家经济的市场化和对外开放程度的加深、金融业发展水平的上升，使得境外企业的境内上市可能性大大增加。我国证券监管部门虽在十多年的工作中积累了一定经验，可这些多立足国内，缺乏国际金融市场监管的经验，这就需要借鉴发达国家成熟的证券监管制度。经历 2009 年的全球金融危机后，美国等发达国家纷纷进行了证券监管改革，从去监管转向从严监管，这也为我国证券监管部门敲响了一记警钟，应该在总结境外证券监管实践经验、教训的基础上进一步完善我国证券监管。

第二节 倒逼机制对证券监管的影响及作用机理

一、具体环境因素对证券监管的影响

1. 政策倒逼机制

我国的证监会负责组织拟订有关证券市场的法律、法规草案，研究制定有关证券市场的方针、政策和规章，同时这些针对证券市场制定的监管政策也需要同国家各项经济政策协调一致，国家政策对于证券监管的倒逼体现在我国证券市场发展历程的各个时期。

自我国证券市场成立之初到2009年以前，由于受到国有企业改制政策的影响实际上更倾向于发挥服务国有企业的工具的作用：众多中央政府监督管理的国有企业（央企）以及地方政府监管的国有企业（地方企业）在规模、效益上相差悬殊，布局、结构分散，为了更好地适应社会主义市场经济的发展，我国政府开始出台相关法律法规进行国有企业改制，使得中小型城市的地方企业和央企大规模进入资本市场。这虽然推动了国有企业改革，使国有企业活力得到了进一步增强，在当时的市场条件下作为改革的过渡阶段具有积极意义，但随着证券市场的不断发展完善，改革开放的深入以及市场参与者日益增多，利益关系愈发复杂。证券监管对于“三公”原则的贯彻效果仍达不到市场的期望值，造成投资者特别是中小投资者对于证券监管执行效果的满意度不高，可以说自2009年的创业板建立后证券监管部门才开始真正关注民营企业。

在2008年开始蔓延全球的国际金融危机的冲击中，证监会依据中国政府应对国际金融危机的总部署，加强了证券期货行业系统性风险监测和预警，采取一系列措施并针对各种可能出现的问题提出了相应预案。此外，在上市企业的审核方面，证监会也遵循国家产业政策，在2009年8月26日的国务院常务会议对钢铁、水泥等行业采取措施加以控制和引导的决定制定后，便迅速对在审的发行申请项目进行了梳理并征求了相应部委的意见。

党的十八大报告明确提出，要“深化金融体制改革、加强金融监管，推动金融创新、维护金融稳定”，证券监管部门也随之采取行动。证监会高层围绕这些要求有针对性的做出了一系列指示：继续加强市场法治建设，减少行政审批，鼓励、引导市场主体紧紧围绕实体经济的需要，进行市场创新、产品创新、服务创新和管理创新，权衡发展股权市场和债券市场，引导好区域性股权交易市场建设，提高全系统、全行业的信息安全保障水平，加快建设创业板、新三板、区域性股权交易市场，继续拓展资本市场服务实体经济的广度和深度。

从以上这些内容中我们可以看出，我国的证券监管部门受外部政策环境倒逼的影响显著。另外，证券市场作为宏观经济的“晴雨表”，毋庸置疑受宏观经济的影响很大，国家经济政策的变化对于宏观经济的影响必定会在证券市场有所体现，而证券监管部门的职责是确保证券市场健康、稳健，杜绝金融犯罪，对证券市场出现的新现象新问题都得做到及时发现及时处理，因此，国家经济政策能够通过证券市场对证券监管产生间接影响。例如，随着国家经济政策引导的利率市场化进程加快，各类金融机构的生存环境发生了巨大变化，自从2010年对基金的第三方支付和第三方销售陆续放开以来，基金和互联网的结合就不断地对新的网络营销方式进行探索，互联网金融使得投资资金量碎片化、营销方式新型化、同时也笼络了更多资金进入证券投资领域，这一过程中可能存在的监管漏洞等问题使得证券监管也必须随之进行变化革新。

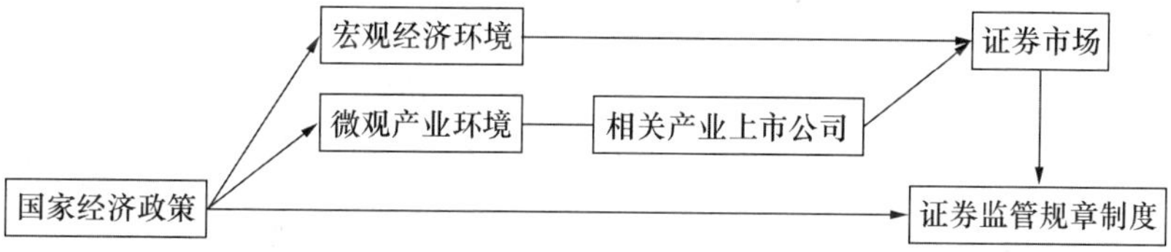

图 9.1　具体环境因素与证券监管

2. 舆论监督倒逼机制

“舆论监督”一词被正式提出是在1987年的中共十三大报告中，其内容和形式非常宽泛，是公众通过民主方式参与国家管理和社会生活的重要形式，体现了我国政治社会的民主化。对于这一概念，众多学者分别提出了不同认识，笔者比较倾向于程世寿提出的“舆论监督是一种重要的社会监督，指社会公众（社会成员或社会组织）对社会公共事务和公共权力机关的偏差行为进行批评和制约，促使公共权力机关及其工作人员修正自己的行为”①。

舆论监督的主体可以划分为两类：一类是新闻媒介，我国的证券市场虽然

① 程世寿：《公共舆论学》，中国社会科学出版社2003年版。

只有20多年的历史，但各类大大小小的财经媒体为数众多，财经媒体专注于对当前经济现象的分析，向广大读者观众们传递着及时的资讯与专业评论。另一类则是公民个人，依托现代网络技术的日新月异，社会公众表达自己意见的途径越来越多，例如博客、微博、微信、BBS/论坛等网络社区，这些自媒体将以前只是由特定机构、当事人和知情人掌握的不对称“内部信息”转化为了能够被公众获悉的“外部信息”，一定程度上减少了信息不对称的问题。加上如今公民的权利意识和民众意识逐渐高涨，这体现在对立法、司法、执法的强烈关注上，要求制度完善、追究问责的民意日益壮大，公众对知情权和监督权的表达使其日益成为政府信息公开制度化不可或缺的参与者、推动者。比如现在我国的打击腐败的进程中，公众舆论监督就起到了十分重要的实质性作用，不仅增加了官员腐败行为的曝光率，也增加了对腐败行为滋生的威慑力。同样，舆论监督倒逼机制在证券监管中也起着十分重要的作用，对证券监管部门的作用从整体上可以归纳为协同和督促两方面。

（1）舆论监督的协同监管作用。通过对美国证券市场近年来的各类违法违规案件查处过程的研究可以发现，美国证券监管有一显著特色，即充分发挥了社会监督的作用。例如安然事件中，《财富》《华尔街日报》等媒体早在曝光前就已对其从不同角度进行过质疑，正是媒体、公司董事会和投资者最早质疑安然公司的财务信息，从中发掘证据，才最终成功将其财务欺诈的黑幕公之于众，而新闻媒体也发挥着监督的助力，揭露出更多的违法违规者。美国的新闻舆论机制的重要性甚至在民事诉讼赔偿机制和专业机构市场惩戒机制之前，成为美国证券市场除专业监管机构外的社会监管机制主力。这里的舆论监督力量表现出的是对证券监管的协同作用，辅助强化了市场机制的约束。

在我国的证券市场中，舆论监督的力量也日益发展壮大，从2013年1～10月的证券期货稽查执法情况综述中我们可以发现，证监会受理的违法违规线索主要来源有沪深交易所报送以及公众举报，占比分别为54%和25%。在欺诈上市、财务造假、内幕交易等违法违规案例中，不少是经由媒体和市场专业人士的质疑来促使监管部门采取行动的。例如，蓝田股份造假案就是由中央财经大学研究员刘姝威撰文披露的；上海国家会计学院公司财务舞弊研究中心作为一个团体以“申草”这一笔名自2001年起便开始先后揭露了数十家上市公司的财务舞弊行为；另外还有《财经》杂志对银广夏陷阱的曝光等。同时，大众传媒传递的金融信息以及发表的市场评论可以作为证券监管部门进行决策时的重要参考，推动相应法律法规得到完善，历史经验证明了舆论监督对投资者保护的重要意义和对监管部门的助推力量。

（2）舆论监督的督促监管作用。公众舆论除了协助证券监管部门对市场监管外的另一大作用便是对证券监管执法强有力的督促力量。当证券市场出现新的问题或者监管漏洞使得投资者的利益受到损害却无法通过法律和行政监管手段得到弥补时，单个个人首先会基于自己的经济利益对此表达自己的态度和观点，而持有类似观点的人们之间相互沟通、传播则会带来影响面的扩大，网络平台的力量无疑增强了公民的话语权，中小投资者再也不是监管案例和条款制定的围观者，甚至并无实际利益牵涉的网民也自发加入。如果监管部门采取信息垄断方式或者未能就案件继续深入探查，切实解决问题，则会积累公众的不满，使监管部门的权威受到质疑。这就要求监管部门重视民意，在保证处理质量的情况下提高案件处理速度。

在他媒体时代，面对证券市场上盘根错节的利益集团，关于证券市场上出现的某些问题的信息传播相对封闭，局限在一定的范围内，特别是关于内幕交易、虚假陈述等诸如此类的违法违规行为的信息总是难以获取且容易被掩饰。在外部监督力量缺位的情况下，监管部门有足够的时间去衡量各方利益得失，评估案件处理结果可能产生的影响，也给涉案方留足了“危机公关”的机会，新闻媒体和监管部门由于政治关联等原因容易受到利益集团的“绑架”，滋生腐败行为。

进入自媒体时代后，各类自媒体媒介降低了信息的不对称性，加速了信息的流动，各类信息在互联网上的传播是瞬间即达的，网络的共享性也扩大了信息的传播范围，信息已经无法被少数人垄断，这使得新闻媒体再也无法受利益集团控制随意封杀消息，不得不加入对案件的报道中从而进一步扩大了信息的受众面。而对于监管部门而言，“暗箱操作”的可能性变得越来越小，被曝光的各类证券市场上的违法违规案件一旦处理得迟缓或者力度不够，监管部门将受到巨大的舆论压力，逼迫监管部门及时介入案件的查处并发布更多的相关信息直至问题得到圆满的解决，投资者的合法权益得到合理赔偿的同时，监管权力的寻租行为得到遏制。

不仅证券市场的参与者需要监管，监管者也应受到监管，如今公民舆论的力量或是证券监管破除“证券监管俘虏论”另一个方向的发力点，公众舆论对证券监管部门及其官员依法行使监管权力，防范腐败行为滋生。

总的来看，舆论监督的倒逼机制一般运行程序如下。

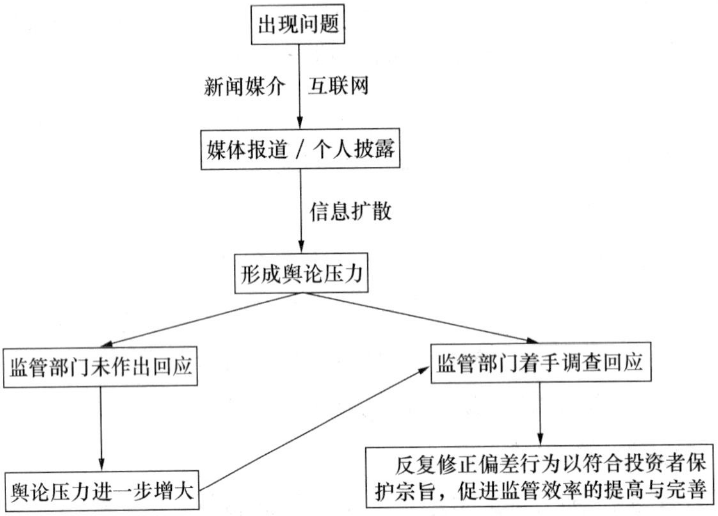

图 9.2　舆论监督的倒逼机制

3. 市场倒逼机制

这里所说的市场倒逼机制包括破坏市场规则的恶性个案或其他消极市场氛围导致的问题倒逼和因积极进步的市场创新行为导致对监管新增要求的创新性倒逼。

（1）创新性倒逼。对于创新性倒逼来说，最近正在发生的例子莫过于来势汹汹的互联网金融。互联网金融是借助于互联网技术和移动通信技术实现资金融通、支付和信息中介功能的新兴金融模式。2013 年开始形成井喷式发展，规模愈发庞大，其目前的发展态势似乎已经势不可挡：大型电商们均参与进来，从网络支付到 P2P 网络借贷平台到众筹融资，再到金融机构创新型互联网平台等业态发展迅速，除了对传统银行业市场形成冲击外，其战火也已经蔓延到了证券市场。首先发生变化的是证券销售渠道的革新，许多券商和基金公司争先恐后地设立网上销售平台，希望抢占市场份额，例如，基于互联网的基金销售于短短一年中在数量和规模上均呈现出了爆发增长趋势，包括余额宝、活期宝、现金宝、盈利宝、收益宝等等产品。但就目前的现状来看，网络证券销售单纯作为线下销售向线上的转移，还不足以改变证券业的商业模式。有学者预测，将来真正对证券业商业模式具有革新作用的几大动向主要有以下几点：①证券销售的电商化，这将有助于证券公司产品的创新同社会投融资需求的匹配问题。②证券公司借鉴互联网融资的思路，拓宽了企业特别是小微企业的融资渠道。③互联网不需要借助经纪商或做市商等中介机构，直接撮合交易，这一点从目前我国国情和监管法律来看是不被允许的，但从市场长远发展角度来看，能够使证券市场更为高效、降低交易成本。

作为金融创新的产物，互联网金融的出现有助于打破中国金融业存在的垄断现象，带来新的竞争活力，消除传统业内的惰性。另一方面，我国正在进行的深度金融改革遇上互联网金融发展兴起的阶段，在传统金融部门和互联网金融的共同推进之下，中国金融业的交易结构甚至行业架构都将发生巨大变革，在这发展并不完善的阶段必定会有些许不和谐的音调，而这些违法违规行为以及金融业内格局重构也催生了对金融监管的新的要求。监管层对这些市场中出现的新生事物应抱有谨慎的态度，不能因为其潜在的违法违规风险及其可能带来的对现有监管力量的冲击就断然否定与扼杀，妨碍市场的创新与进步，同时也应积极对其进行分析研究，探讨其可行性、操作性以及对市场可能产生的影响，防范新的交易方式引起的系统性风险和监管漏洞。

2014 年 4 月 10 日的博鳌论坛上，国务院总理李克强指出要建立上海与香港股票市场交易互联互通机制，允许两地投资者通过当地证券公司或经纪商买卖规定范围内的对方交易所上市的股票，实行“沪港通”，随后上交所和港交所也于 5 月份发布了实施的相关细则。能够连通香港股票市场和内地市场，对于 A 股市场究竟是利好还是利空还存在争议，但笔者认为沪港股票市场的互通更为重要的意义可能在于两地市场监管和制度的一体化。港股市场实施的是 T+0 制度，而中国的 A 股市场仍旧为 T+1 制度，两地市场的连接很可能加快我国 A 股市场向 T+0 交易制度的转变。同时，在当前我国 A 股市场存在过度包装、制度不完善等诸多问题的市场环境下，若将来的沪港通实施过程中出现了违规交易或利用两地监管制度不同进行监管套利，侵害两地投资者合法利益，则是我国监管部门面临的巨大难题，倒逼我国监管部门加紧进行查缺补漏。因此，沪港通的开启从另一层面上来说能够起到弥补内地资本市场制度上的缺陷不足，倒逼监管框架的进一步完善的作用。

总体来说，在交易技术进步、交易方式创新、市场规模不断扩大的外界大环境的创新性倒逼之下，证券监管部门必须从监管理念、监管原则、监管方式以及机构设置等方面对其作出相应回应和革新，以确保其职能的履行，使得证券市场的创新行为合法、有序的开展，维护市场的公平公正秩序。

（2）问题倒逼。就国际证券监管发展水平而言，美国的金融监管算得上是世界上最完善、最成熟的金融监管之一，其相当完备的监管法律体系使得美国发展成熟的金融市场进一步走向了金融现代化。美国金融监管以其先进的金融理念与实践，为美国乃至世界的经济稳定做出了卓越贡献。然而，与任何制度的衍生一样，美国的金融监管制度也并非一蹴而就，而是随着金融市场的跌宕起伏，在一个个市场问题的暴露与解决过程中，在经历了各种失败和教训的基础上逐步发展、不断完善而成。中国的证券市场仅仅经过了20多年的发展，证券监管部门的经验明显不足，我国证券市场上存在的种种缺陷暴露出监管方面存在的低效、监管不力、监管真空等问题，这些问题在美国的金融监管制度发展初期同样经历过，甚至很多学者表示美国金融监管制度的缺失对2007年开始爆发的金融危机的产生和迅速蔓延有着不可推卸的责任，这次危机也倒逼美国金融监管部门实施了一系列的法案和改进建议。例如，布什政府领导下的美国财政部于2008年3月发布了《现代金融监管结构蓝图》，奥巴马政府于2009年6月公布了美国历史上70年来最大规模的金融监管改革方案《金融监管改革——新基础：重建金融监管》（*Financial Regulatory Reform——A New Foundation：Rebuilding Financial Supervision and Regulation*），2010年5月通过的《恢复美国金融稳定法案》（*Restoring American Financial Stability Act，RAFSA*）涉及消费者保护、高管薪酬规定、评级组织的结构等问题。

由此可见，问题倒逼机制对证券监管的影响大小可见一斑，而这一倒逼机制在我国也同样存在，例如2013年8月16日发生的光大证券乌龙指事件就暴露出证券市场监管的基础性制度缺陷问题，造成了恶劣的市场影响，由此，证监会表示将做出相应的具体制度方面的改进：①进一步研究并明确证券期货交易中异常交易的界定；②鉴于光大乌龙指事件中交易策略交易软件存的漏洞将加强对相关交易基础系统的管理；③统筹组织上交所对于相关风险的前端防控制度和措施的研究；④研究建立错单交易取消制度；⑤建立异常交易的信息披露制度。从这一案例中我们还可以发现，实际运行过程中，问题倒逼机制与舆论监督倒逼机制往往是相互作用密不可分的。

在处理问题倒逼机制时需要注意：恶性个案倒逼机制或许能在一定程度上推进证券监管制度某个或某些方面的完善，使得证券监管能够跟上市场变化的步伐，但如果不从事件或问题出现的根源出发寻找相应解决办法和出台针对性政策，并结合现存证券监管制度，考虑新出政策与以前制定的政策的协调性和衔接性，以及新出政策的打击力度和市场影响力，仅仅因为需要应对舆论的高压就靠高层领导者拍脑袋匆匆进行决策，则很容易出现政策效果不具备持续性与稳定性，更有甚者会激发新的一系列问题，日后难以补救。证券市场上类似“乌龙指”这类事件的爆发看似是偶然的、个别的问题，但就本质来说是我国证券监管内在缺陷、相关利益勾结以及信息不对称等现状综合反应的结果。所以，市场上存在的问题倒逼机制除了就实际问题寻求解决外实际是让监管部门反思其内部在人员管理、机构设立、执法程序等多方面可能存在的问题，以作出相应改进。

二、倒逼机制的三大效应

倒逼机制对于证券监管的修正作用主要体现在以下三大效应。

1. 导向效应

证券监管部门并非无所不知，其知识和信息并不完备，同样受到有限理性的制约，因而并不天然具有完全的理性能力。诺贝尔奖获得者约瑟夫·斯蒂格利茨曾说过：“对那些提议对市场失灵和收入分配不平等采取政府干预的人们，经济学家提醒他们也不要忘记政府同私人市场一样有缺陷。”监管者不可能比监管对象对自己的了解更多，监管对象对自己一直拥有信息优势，监管者相对于监管对象来说，永远处于信息不对称的状态。因此，证券监管部门对于证券市场的监管手段和经验不可能超越市场本身的发展，针对市场变化及时调整监管方向就显得尤为重要，而环境倒逼机制正提供了这样一种对于证券监管方向调整的导向作用。

在我国证券监管体制萌芽初期，即 1992 年 5 月以前，对证券市场的监管是在国务院的指导下，由上海、深圳两市的地方政府和人民银行进行管理和制定相关法规。而随着证券市场的渐渐成熟和发展，我国证券监管体制经历一段过渡期后建立起了全国统一的证券监管体系，证监会及其派出机构开始负责全国证券市场的监管。这种集中统一的证券监管模式的出现并非偶然，监管外部环境体系对证券监管体制的导向作用也起到了重要作用：随着我国证券市场的不断发展成熟，市场规模的日益扩大，中介机构的非规范化运作和上市公司造假手段的愈发高明，监管部门的执法效率低下且难以对违法违规者形成威慑力，市场的全国化甚至全球化的大环境同管理地区化之间的矛盾日益凸显。而成熟高效的证券市场不可缺少的要素包括市场信息有效性、市场运作过程的高效性、市场的规模性以及市场的公开、公平、公正性。这种分散的监管模式显然无法满足市场发展的要求，市场倒逼机制使得证券监管不得不进行改革，并形成了集中统一的管理体制和法律法规体系。这一规律不仅可以适用于我国证券监管的发展，在其他成熟甚至新兴市场也是如此，这就可以解释为什么集中统一的证券监管体制成为各国证券市场监管模式普遍的偏好，同时也显示出环境倒逼机制对于证券监管改革的导向作用。

2. 规范效应

在当代中国的证券监管的某些领域中，我们有时并不缺相应的制度，而是对制度的实际执行力达不到制度规定期望的效果，当制度对于其应该解决的问题起不到应有的约束规范作用而使其偏离正常运行轨道则称为制度软化。如今我国证券市场上的“潜规则”盛行就使得监管制度被软化，降低了监管的效率。这类制度软化问题难以从制度内部解决，而倒逼机制则提供了从外部进行硬化的手段，使其回归原本的运行轨道，我们可称之为倒逼机制对证券监管的规范作用。

监管经济学理论认为，政府除了面临“规制失灵”的问题以外，政府垄断再分配的权利容易产生不经济的寻租活动，公共部门个人产权的缺乏使得正常激励不足，公共产权部分会畸变为私人产权，从而产生腐败，缺乏监管和竞争机制也导致其效率低下。在证券监管活动中，由于自主裁决权的存在，使得监管者可能偏向某一利益集团的权益，或仅凭主观意愿形式，违背了“三公”原则的规范，另外，对于证券市场上中小投资者的亏损实际上还存在监管者不作为的问题。针对这些问题，公众舆论倒逼机制和问题倒逼机制的结合无疑会使证券监管部门压力倍增，有了外界的监督力量，为了维护其公信力和权威性，与其等问题逐渐暴露升级和顶着舆论批评进行调查，还不如从自身改变，增强主动性。

环境倒逼机制从对证券监管科学决策的影响、对监管措施执行的影响，对腐败及失职、渎职现象有强大威慑力等多方面形成对证券监管部门的外部监管力量，控制监管者的创租行为，减少监管失灵，保证监管者将保护投资者利益作为行动基准，规范了监管行为。倒逼机制能够从外部促进证券监管手段从单一性、强制性、封闭性向多样性、协商性、开放性转变，使得监管运行从透明度不够、稳定性不强，向公正、透明、严谨、高效转变。

3. 创新效应

日本学者斋藤优在20世纪末提出了“社会需要－资源”（N-R）关系作用模式，他认为社会需求（Need）和社会资源（Resource）间存在的矛盾是技术创新的主要动因之一，即社会对于某种技术或产品产生需求而现存的社会资源无法完全满足这种需求的难以匹配的“瓶颈”，这种因实际需求和现有资源之间的缺口形成的N-R瓶颈将成为促进和推动技术创新的极大动力，也是倒逼机制的创新动力。在一定可承载范围内，N-R缺口越大，由此带来的创新驱动力越强①。

证券监管本身也具有公共产品的性质，公共产品（Public good）与私人产品相对应，指具有消费或使用上的非竞争性和受益上的非排他性的产品，国民个体或企业无须为证券监管付费或花费很少，所有投资者和其他市场参与方均可以从中获益。由于人们的有限理性和资源的稀缺性，证券监管的供给也是有限的，稀缺的。随着外界环境的变化或自身理性程度的提高，人们会对证券监管提出新的需求，以实现对于自身利益的维护。当证券监管的供给与市场需求基本均衡时，证券监管制度是稳定的，而若现存监管制度无法满足人们的需求或适应外部环境的发展，便会发生证券监管的革新。

一般意义上的“倒逼”的对象为某个系统，对其作用的倒逼力量则来自系统外部，导致系统内部诸要素之间形成矛盾运动，从而引发该系统的转化与变革，系统只要利用好外部诱因，便可促使变革向预期的方向发展。对于证券监管来说，既然外部环境的作用力是客观存在的，有些甚至是不可违逆的，就需要监管部门具有开放的态度和创新的勇气，把外部环境倒逼力量视为一种可利用的监管资源，善于整合，在倒逼机制下，摆脱已有的思维定势和行为习惯，逐渐由被动反应过渡到主动作为，这才能发挥倒逼机制的真正效用，使其成为

---

① 斋藤优：《技术开发论》，科学技术文献出版社1995年版。

刺激证券监管能动性创新性的催化剂，成为提高证券监管效率的有利因素。

备受关注的新股发行制度改革也同样体现了这一点：推进股票发行注册制改革是党的十八届三中全会《中共中央关于全面深化改革若干重大问题的决定》中提出的明确要求，也是推进资本市场监管的重要突破口。从理论角度出发，实行注册制需要完善的法治环境、成熟的投资者、严格的信息披露制度、规范的中介机构等基础配套制度或环境，就现实来说我国目前的证券市场并不够完善，投资者在市场中的投资行为缺乏理性，投资者教育收效甚微，注册制的推行仍需要《证券法》的修改完成作为前提，需要一段时间进行过渡。可是，从政策倒逼的角度来看，形式上略微超前的改革在有效的控制下反而能加速内容的改进，在过渡期内倒逼其他相关机制的加速完善，加快证券市场的基础配套制度建设，从而推动市场和监管的改革创新进程。

由此可见倒逼机制为改革提供了动力，是由问题倒逼的创新，又在不断解决问题中而深化发展。多层次、多维度的倒逼机制的形成，催生系统性、整体性、协同性的改革出台，同时也使得证券监管部门与证券监管环境的互动性提高，有助于改变监管部门的思维定势和行为模式，集思广益得出更加科学的决策。

第三节　环境倒逼机制对提高证券监管效率的几点建议

一、利用好舆论监督力量的同时谨防其“双刃剑”的作用

证券监管部门也是由经济人组成，其经历和视野有限，并非理论上的全能，因此也有可能由于看问题的片面性而做出错误的决策，多听取市场上其他参与者的声音，集思广益或许才能更加科学的进行决策。朱镕基总理在 1998 年曾说过：“舆论监督，群众喉舌，政府镜鉴，改革尖兵。”从中可见舆论监督所具有的强大作用效果。

近年来，在舆论意见的吸取上我国证券监管部门做出了不少改善，证券监管部门在制定新政策时，往往会事先通过新闻媒体向社会公众传递某种信号，放出“政策空气”，以试探社会舆论的反应，然后根据反应对政策措施作出及时修正，以更好地服务公众。同时，证券监管部门会通过新闻媒体的反馈来及

时广泛地听取社会各界的反应、了解市场信息。各类新闻媒体作为政府的政策宣传工具，可以为新政策的出台营造良好的舆论氛围，提高社会公众对新政策的接受程度，从而有利于新政策的实施。

新闻媒体的监督力量对于证券监管效率诚然有促进作用，但也存在一些媒体为了提高发行量、增加广告收入、谋取暴利，在传播时热衷于追逐甚至是制造一些新闻热点以吸引人眼球，更有甚者采用炒作的方式抓住接受群体的注意力，扰乱公众和投资者对现实的清醒和正确的认识。在市场经济条件下，证券市场对报道的真实性，数据的准确性具有很高的要求，依法披露的报道和准确的数据对于投资者意义重大，是进行分析、判断和投资的前提。新闻媒体作为独立的经济主体，在追求社会效益的同时，追求一定的经济效益也是无可厚非，可前提是不能损害公众的利益，否则舆论就失去了它原本的监督功能，对证券市场的稳定发展起到了阻碍作用。因此，强化金融传媒的自律机制非常重要，应杜绝传闻式报道，高度重视数据的准确性，对数据的披露进行层层把关，并且充分利用数据说话，这样才能让公众信服，维护公众和投资者权益，提高新闻传媒的公信力。

另外不可忽略的是：随着互联网技术的日新月异，中国网民数量自2000年来激增了20多倍，如图9.3所示。网络平台极大地改变了社会公众的交流方式，变革了公众话语的结构、手段和环境。在自媒体时代，依靠人类先进的数字科技使一切信息得以压缩并迅速传播，这种压缩和传播突破了地域性的限制，各种专业的、非专业的、公共的、私人的信息整合成为一个庞大的信息平台，同时搜索引擎为人们在这一庞大的信息平台中迅速进行信息搜索、调取、分析和整合提供了有力支持，针对同一问题的各种声音来自四面八方，过去他媒体时代的“主流媒体”的声音被逐渐掩盖，人们由单方面被告知对错变为了靠自己主动获得的资讯自行判断。但这也给了网络谣言、不实报道以惑乱人心的可乘之机。

网络的交互性和自由平等性为证券监管部门深入群众，了解投资者的真实思想和处境提供了另类路径，在现有的传媒管制大环境下，弥补了传统媒体在舆论监督某些方面的缺位所导致的舆论控制权边缘化。网络舆论监督整合了公众舆论的力量，强化舆论压力形成一股合力，将社会外部压力转化为证券监管内部改革的动力。

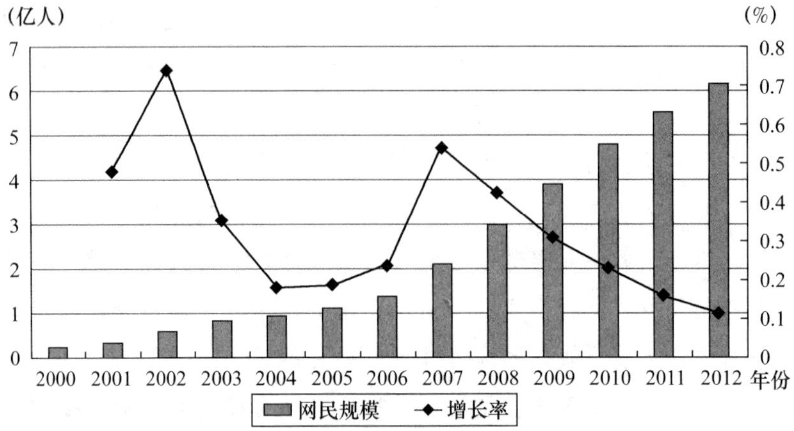

图 9.3　2002～2012 年中国网名用户规模及增长率

资料来源：艾瑞咨询。

舆论能够形成对监管部门的倒逼力量，对证券监管中存在的各类问题有着约束作用，体现了中国的金融市场不断走向民主透明、规范高效的进程，但也要警惕乱问责、乱督促的现象。证券监管部门可以通过与公众互动沟通，提升于群众之中的公信力，同时也可对未证实的消息和虚假信息进行辟谣。这一点上我国证监会已经注册了微博，这对于不实报道和微博谣言具有一定的打击力度。

笔者认为利用好网络平台对于证券监管部门的工作开展有着事半功倍的效果，除了目前开通网络微博与网民互动以外，还可以通过开展网络民主评议，公开征求意见后对民众所提建议应及时反馈结果并予以公布，完善绩效评估体系。

二、在倒逼机制强化的同时提高制度回应性

在社会倒逼机制不断强化的同时，我们更应该提高制度回应性，而非制度性逃避。中国的社会经济环境及制度本身都处于变化之中，相互间的关系也需要及时调整，人们对于改革有了更加多样的期待，而在期望值提高的同时，人们的耐心却在下降。通过多媒体、书刊、网络等媒介传播的大量信息使得投资者对外部世界的了解更加广泛透彻，人们更愿意以发达国家的现成经验作为认知和评判的参考标准，网络对问题的聚焦化消灭信息不对称的同时也提高了问

题爆发的突发性，加大了倒逼机制对证券监管的压力，而这种来自各方面各层次的压力的增大容易导致监管部门的回应空间越来越小，回应的动力越来越弱，反而容易诱发制度性逃避现象，使得监管部门只谈监管成就、制度优势，可对监管中的问题和不足避而不谈，面对更加复杂的利益格局择轻而从，仅从表面上着手，效果如同隔靴搔痒。

随着证券监管重点转移到对中小投资者的保护这一可谓广大公众最为关心的领域中来，监管工作涉及的利益格局更加复杂，社会要求与体制内部的决策者、执行者在问题的判断、路径的选择上，都受到了自身利益的影响。由于一些决策者和执行者也被牵涉其中，往往容易导致对问题的回避，延误了问题的解决，也增加了公众的不满。正如并非所有危机都能引发成功的改革一样，倒逼机制也并非总能发挥期望中的作用。面对投资者对于改革的呼吁和压力，如果流露出逃避倾向的人不在少数，那么就可能成为制度性现象。

因此，在深化我国金融改革的过程中，证券监管部门应该更加积极主动的承担自己应尽的责任，对于重要或亟待解决的问题不能推却不谈，也不能选择性的解决问题，推脱、逃避责任无疑会加重市场参与者的不满与失望。对于各层次的倒逼机制均应构建和完善相应的回应制度，形成证券监管制度供应与社会需求的良性互动，才能打破部分市场参与者心中证券监管不作为的形象，真正深化证券监管的动态发展，促进证券监管效率。

三、尝试将“倒逼”机制转化为“主动”的长效机制

当下的社会转型期，利益群体分化而博弈规则却缺乏透明度和公正性，在这种情况下，互联网成为民众表达意愿较为通畅的渠道，在网络互动中，中国网民表现出的活跃度和热情相较其他国家其实是一种非正常的舆论状态，从另一个角度来看，多少也意味着我国的证券监管部门应答机制的缺乏，与其被倒逼改革，不如主动开辟更多的民意渠道，完善舆论机制，主动吸收民意，从而使得改革更具系统性、连贯性，而非个案倒逼的简单累加。

就目前情况看来，证券市场并未对中国的经济结构转型起到应有的积极作用，究其内因笔者认为很大一部分在于证券市场上的制度，从 IPO 的发行制度到重组、兼并和收购等，基本上是由监管部门直接制造出一个模式，自上而下的让市场中的企业去符合其创造的模式，可实际上的问题在于企业的运营并非

是静态的，不仅企业处于不断的变化之中，带动其整个行业在变化，甚至大的经济环境也在迅速变化，而监管部门创造的模式难以适应这些变化便可能会成为企业变化的阻碍，换句话说监管政策改进的动力和方向应该站在企业的角度思考，从有利于中国经济结构的变化出发，更多的围绕有利于中国经济结构的转型升级来考虑如何引导市场的发展方向和政策制定的方案，这就有必要从被动接受外部环境倒逼的力量转化为主动的改进动力。“倒逼”是一种压力和警示，监管者需从中深化对客观经济规律的认识，坚持正确的监管理念和科学方法分析矛盾，找出解决问题的办法，变被动为主动，才能更好地实现监管目标。

笔者认为可以构建多种长效机制来实现这种“主动化”，例如，认识学习机制、发现研究机制等可以促进监管部门对于市场系统、深入的调查，充分掌握一手资料，在问题暴露之前进行挖掘和做出相应预案以形成主动的预警机制；另外，还需要总结提高机制：定期进行国内监管经验总结，并可借鉴吸收国外的先进监管经验，对中小投资者保护有益的、符合当前证券市场发展规律的要坚持，找出不再符合当今证券市场发展形势的要即刻进行调整。各种“倒逼”机制需要执政者通过反思总结经验来弄清事情的来龙去脉，找出规律性从而不断完善制度，增强应变性，以实践为基础更加正确地掌握客观经济规律，避免走改革的弯路，这样不仅造成监管失灵更有可能对投资者的利益造成损害。同时也要兼顾其他方面的改革，与其他部门进行合作，使之相互配套，才能有效地变被动为主动，将倒逼机制转化为一种前进的动力。

第十章

证券监管者的激励约束机制

我国证券市场经过30多年的发展，虽然取得的成就有目共睹，但在发展过程中也暴露出一系列严重问题，诸如过度投机、内幕交易、市场操纵行为等。造成这些问题的原因众多，最主要的原因是现有监管的滞后性和弱有效性，使得证券市场中的违规现象不能得到有效抑制。为保障证券市场的规范、健康发展，进一步完善证券市场的监管和提高监管的效率可谓重中之重。在本章，我们首先阐述了设计激励约束机制时涉及的理论框架，然后从博弈论的角度论证了对证券监管者进行监管的必要性，第三节从薪酬和精神激励两个层面构建了对证券监管者的激励机制，最后一节从法律法规、制衡机制、舆论和自律四个方面阐述了约束机制的设计要素。

第一节　激励约束机制的经济学理论

一、俘虏理论

俘虏理论认为，政府监管是为了满足产业对监管的需要而产生的（即立法者被产业所俘虏），监管机构最终会被产业所控制（即执法者被产业所俘虏），在有关政府监管的经济学理论中，俘虏理论是比较有影响的一种理论观点①。所以政府监管的立法机关或政府监管机构，他们仅仅代表的是某一特殊利益集

① 高建宁：“对证券监管者的监管依据及约束机制”，载于《江苏社会科学》2006年第6期。

团，而并不是普通公众。

1971年，施蒂格勒在发表的《经济管制理论》中，运用经济学的基本范畴和标准分析方法对政府监管的产生和实践过程进行分析，并指出“经济管制理论的中心任务是解释谁是管制的受益者与受害者，政府管制采取什么形式和政府管制对资源分配的影响”。他假设：第一，政府的基本资源是权力，利益集团能够说服政府运用其权力为本集团的利益服务。第二，监管者也是经济人，能理性地选择能使自身效用最大化的行动。第三，此点建立在前两个基本假设之上，即政府监管是为了适应利益集团实现利益最大化所需要的产物。理性的各个利益集团为了实现效用最大化，他们会通过说服政府使用其强制的权力这一基本资源来提高自己的福利。因此，我们可以把政府监管看做是特定利益集团的一种收益来源，通过政府权力在社会各利益集团之间再分配财富，该利益集团就增加了收益。

佩尔兹曼进一步完善了施蒂格勒的理论，他认为立法者的行为受其保住职位欲望的驱动，他们的效用最大化行为应该是寻求最广泛的政府支持。由于监管立法能在社会成员之间重新分配财富，利益集团会以提供他们对立法者的政府支持作为获取有利于自己的监管立法的交换条件。由此，监管立法也将由立法者的政治支持最大化所决定。而且，他认为监管将倾向于保护小的利益集团，而以牺牲更大团体的利益为代价。因此，被监管产业出于追求垄断利润动机，会试图影响立法监管者的需要，只要政府监管者所分享的利益不超过垄断利润，这种“寻租投资”就是值得的。

倘若我们用经济学的研究范式设计一个数学模型，则可以假设监管者也是理性的经济人，他的效用最大化为：政治利益最大化和租金最大化。由于监管者处于证券市场第三方的地位，对证券市场监管而言，他们出于其自身的利益考量，会在不同的利益偏好下，作出不同的利益选择，有时偏向投资者，有时偏向融资者。当监管者追求政治利益最大化时，他就会按照政府的要求做出政策选择。如果政府希望股市为国企脱困服务，那么监管者就会加快扩容；如果政府要求保护投资者利益，那么监管者就会惩戒上市公司。当监管者追求自身的经济利益时，他就会违背政府的意图，以“国家的名义”损害“国家的利益”。总之，由于代表政府的监管者也是“经济人”，同样具有自利性，因此，政府就未必是公共利益的天然代表者，它极有可能成为某些特殊利益集团手中的工具，而此时的政府监管就会偏离和牺牲公众利益，从而不能够实现资源配置的帕雷托最优状态。

二、X 效率理论

X 效率理论由美国经济学家哈维·莱宾斯坦（H. Leibenstein）在 20 世纪 60 年代中期提出，他认为，X 效率与 X 低效率是一对相互对应的概念。X 效率是指企业内部通过提升职工的努力程度，使现有资源生产出更多产量时所引起的效率。而 X 低效率是指，在一些企业组织中，存在着一种非配置低效率，即由于管理行为中的缺陷或不足而导致的实际产出与最大产出之间出现缺口。这一理论的主要观点包括以下三点①。

第一，该理论提出了一种与古典的微观经济学截然相反的观点，即人的经济行为并非是极大化的。莱宾斯坦认为，传统的微观经济学假设企业是利润极大化和成本极小化者，即企业从给定的投入获得最大的产出，为给定的产出耗费最小的成本。X 效率理论试图更广泛地研究企业及个人的工作动机及其努力程度的心理基础，从而说明管理当局如果没有遵循人的行为规律，便不会产生极大化行为，即 X 低效率。在莱宾斯坦看来，非极大化行为表现为两个层次。其一是企业的非极大化行为，按照通行的微观经济学观点理解，企业总是力图以最小的成本换取最大的利润，但是，如果企业受到一种外部（如政府）保护，就会缺乏外部压力，进而缺乏竞争的动机，从而不会产生极大化行为。其二是个人的非极大化行为，同理，个人往往以最小的努力去谋取最大的报酬，但是，如果个人处于一种消极的工作状态下，没有来自管理方面的压力，企业内部没有一种较好的激励机制，个人将不会产生极大化行为。

第二，职工的工作动机决定他们的努力程度，努力程度决定工作绩效。职工在没有压力的环境中，不会产生积极的工作动机。压力的产生来自于多个方面的因素，例如职工对企业环境的认识（企业是否受到政府的保护，企业是否处于垄断地位等）、企业内部的激励机制、职工对自己工作任务的责任感和企业组织中的官僚主义等。

第三，不完全竞争的市场结构会使垄断企业产生低配置效率。同时也会产生由于缺乏动机而造成的有机会不利用的 X 低效率。由于垄断企业可以通过控制价格，无需成本最小化就能实现可以接受的利润水平。这样，企业就不会产

---

① 周菲："X 效率理论与政府行为"，载于《辽宁大学学报（哲学社会科学版）》1996 年第 4 期。

生如果不降低成本和价格就要被淘汰的压力，职工也不会产生危机感、成就感和责任感，其结果必然导致X低效率。

以莱宾斯坦为代表的效率理论强调企业内部组织尤其是人员的努力方面对效率的影响作用。要保证企业运行高效率，首要的问题是提高企业员工的素质和努力水平，要使得高素质的人才被吸收到企业中来以及到企业后保证其积极性的高度发挥，企业组织本身必须具有良好的激励机制。效率理论的提出是为了研究公司内部的效率问题，证券监管机构作为一个政府机构，在员工的管理中与企业也遇到相似的低效率问题，在最近几年的研究中，也有很多学者把此理论应用到了证券监管者的激励约束机制设计中。

三、激励理论

经济学家从20世纪60年代开始关注被传统理论所忽视的企业内部管理效率问题，其研究范围开始有意识的涉及激励问题。现代经济学对激励机制的研究以“经济人”假设为出发点，以利润最大化或效用最大化为目的，以问题为研究导向。由于研究的问题本身是复杂的而且是根本性的，因而，现代经济学对激励机制的研究形成了众多各具特色的理论体系。下面着重论及与本章有关的一些理论，包括“经济人”假设理论和委托代理框架下的激励理论。

1.“经济人”假设理论

现代经济学最基本的假设之一是经济人理性行为假设，斯密以来的经济理论基本上是在这个基点上发展起来的。该理论认为，自私自利是人的本性，每个人都以追求个人效用最大化为目标。尽管人在某些情况下也表现出“非经济人”的属性，但是“经济人”假设具有经济主义和实证主义的性质，获得广泛的经验支持，更符合社会的实际情况，因而也就有着更广泛的应用空间。

在经济学理论中被广泛应用的“经济人”假设，其属性并不存在价值取向，即该假设不涉及自利行为是否正确、是否道德等问题，而仅仅是作为普遍存在于人类行为中的一种原则的抽象。人的动机与结果之间存在着复杂的关系，利己的动机不一定导致损人的结果，反之亦然。因此，“经济人”是一个中性的概念。

由于交易双方的“经济人”属性，双方的目标不可避免地会发生冲突。在市场中，当一方当事人的利益受到另一方当事人行为的影响时，其中的一方当事人就有可能为了追求自己效用的最大化而采取损害另一方当事人利益的行为。

当这种损害发生时，如果缺乏有效的机制去激励约束并引导双方的行为，则有可能导致无法签订合约或者已签订合约的解除，从而影响市场效率。

2. 委托代理框架下的激励理论

委托代理关系已经成为当代企业管理中的常态。根据杰森和迈克林（Jensen & W. Meckling）的定义，委托代理关系是指这样的一种显明或隐含的契约，根据它，一个或多个行为主体指定雇佣另一些行为主体为其提供服务；与此同时授予后者一定的决策权力，并根据其提供服务的数量和质量支付相应的薪酬，这里授权者就是委托人，被受权者则是代理人①。更宽泛地说，经济学上的委托代理关系泛指任何一种涉及非对称信息的交易，交易中有信息优势的一方称为代理人，另一方称为委托人②。在委托代理关系中，委托人和代理人的目标一般不一致，甚至可能存在利益上的冲突。在大多数情况下，信息对于委托人和代理人来说具有不完全性和非对称性，个人行为具有不可完全观察性。这意味着委托人要使代理人的行为有利于其目标的实现，必须让代理人分享一定的利益、获得一定的满足，也就是要采用一定的方法和手段激励代理人在与委托人博弈的过程中与委托人合作。

委托－代理理论是在对委托－代理问题研究的基础上诞生的，此理论已经成为现代经济学的一个主要分支，其理论的核心是设计一种合理的激励机制，通过各种激励途径，使代理人能够按照委托人的目标努力工作，使委托人与代理人在相互博弈的过程中实现“双赢”的格局。该理论的主要目标是通过研究委托人与代理人所面临的风险分担、利益分享和激励机制等之间的关系，确定合理的产权结构，提供设计激励机制的基本原理。实际上，委托－代理理论所探讨的激励问题的核心，就是在委托－代理框架下，寻求最优化的激励方案，或设计最优的激励机制。

从本质上讲，激励是委托人用来管理代理人的手段，这种手段能发挥多大的功效还取决于其发挥作用的载体机制。机制实际上就是保证系统有序运行的契约安排或制度安排，制度设计的好坏直接影响到人们的具体活动的秩序和结果。按照机制设计理论，一个有效、良好的激励机制需要满足两个条件：参与

---

① 胡代光：《西方经济学说的演变及其影响》，北京大学出版社 2001 年版。

② 张维迎：《博弈论与信息经济学》，上海人民出版社 2000 年版。

约束和激励相容约束。

参与约束是指为了使代理人接受委托人的合约从而使委托代理关系成立的最低条件。若想使代理人接受要约，使委托代理关系成立，则委托人的要约必须能够吸收代理人接受要约。从代理人的角度来讲，是否接受委托人的要约取决于自己的成本和收益，当接受委托人的要约给自己带来的预期收益大于他的机会成本时，代理人就会接受要约，这就是参与约束。否则，代理人将拒绝委托人的要约，委托代理关系无法形成。

激励相容是指代理人与委托人的目标一致，代理人在追求自身效用最大化的同时，间接地实现了委托人的效用最大化。在形成委托代理关系后，委托人的目标能否实现，以及能在多大程度上实现，完全取决于代理人的行为。在目标冲突和信息不对称的情况下，代理人有可能采取机会主义行为，以损害委托人的利益为代价去实现个人的效用最大化。为了防止这种机会主义行为，委托人必须付出一定的成本，改变代理人的目标函数。只有当代理人选择委托人所希望的行动时得到的期望效用不小于他选择其他行动所得到的期望效用，代理人才会积极地选择委托人所希望的行动，这就是激励相容约束。

第二节　证券监管者的监管博弈

模型的构建是一个从简单到复杂、从抽象到具体的过程。在本节中，我们也遵循这样一个思路，从完全信息下的假设出发，构建在完全信息下对证券监管者监管的博弈模型，阐述在证券监管的过程中，对证券监管者进行监管的必要性和迫切性。然后将信息的假设趋于现实，从非完全信息的视角考察对证券监管者监管的必要性。

一、完全信息下的博弈分析

1. 对监管者缺乏监管的证券监管博弈

（1）模型假设。

在模型的构建中，我们无法同时考虑所有的因素，并将其设置为变量。为了构建模型的方便和模型的可读性，我们一般都对涉及的变量作部分假设，虽然这些假设可能与现实不符，但遵循递进逻辑，慢慢将假设放松以拟合现实，这不但是为了模型可读的需要，也是构建模型的大体逻辑。

在证券市场中，被监管者总是信息的掌控者，而监管者无法获得所有的关于被监管者行为的信息。在研究对监管者实施监管的模型中，我们先从完全信息的角度出发，构建一个简单的博弈模型，进而推广至非完全信息的情形。

在监管者缺乏监管的证券监管博弈中，为了简化模型，我们必须对博弈的参与人、策略空间、收益及信息有效性作出假设①。

假设一，证券监管的博弈只有证券监管者和证券被监管者双方。

从各国的证券监管实践中我们发现证券监管者具有多样性，可以是国家的专门机构的工作人员，也可以是证券业协会或者证券交易商协会的监管者等等。我国的证券监管者包括：证监会及其派出机构的工作人员，证券业协会和证券交易所等自律性质的组织的监管人员。在日常的表述中，监管者可能是监管机构，也可能是这些机构里的监管人员，而在本书中，我们将监管者划定为监管机构等法人单位里的个体，即工作人员。

被监管者一般是指证券市场的直接或间接参与者，具体包括发行各类证券的筹资者，如政府、企业等；投资各类证券的投资者，包括个人、机构、政府、企业等；为证券发行和证券销售提供服务的中介结构，如证券公司、证券交易所、会计事务所、律师事务所、证券托管公司、证券投资咨询公司、证券登记结算公司等；还有为证券发行和投资提供证券融资融券业务的机构。

在这儿，我们假设证券市场中的参与者可以分为两类：监管者与被监管者。在现实中，证券市场监管中博弈的主体并非仅限于证券监管者和被监管者，一些游离于证券市场之外，但其行为会对证券市场中的各方策略产生影响的机构、组织等也应该在博弈中进行考虑，例如新闻媒体、网络平台等。

假设二，监管者的纯策略选择为普通监管和严格监管；被监管者的纯策略选择是遵纪守法和违规操作。

证券监管者为了实施监管，需要设立监管部门来专门负责制定和实施有关条例与细则，这一过程中需要耗费大量的人力、物力，以及监管人员进行知识更新所需要的时间、财力和精力，所以实施监管对证券监管者来说是有成本的。一般认为监管越严格，监管者承担的成本越高，因为监管的严格程度总是与监

① 黄宗福："证券监管的静态博弈分析"，载于《河南金融管理干部学院学报》2007 年第 6 期。

管者的努力程度直接相关，而监管者越努力监管，势必付出更多的时间、精力等。我们假设监管者只有两个纯策略，分别是普通监管和严格监管，实行普通监管时承担较小的成本 C_L，实行严格监管时承担较大的成本 C_H（$C_H > C_L$）。对于被监管者而言，为了遵守有关的规章制度、法律法规等，也不得不承担一定的成本。但在利益的驱使下，被监管者有可能会为了增加收益、降低成本而选择违规操作。所以在本节我们假定被监管者也有两种策略选择：遵纪守法和违规操作。并假设若被监管者遵纪守法可以获得固定收益 R_0；若违规操作而未被查处，可以获得超额收益 R_e；如果被监管者违规操作被查处，则不但会被没收非法所得，还会被监管机构给予一定的惩罚，记为 P。

假设三，如果监管者实行严格监管，则一定可以查出被监管者的违规行为；若监管者实行普通监管，则无法查处被监管者的违规行为。而且监管者与被监管者之间不会采取共谋策略。

（2）博弈矩阵及均衡解。

基于前文的假设，当被监管者采取遵纪守法，监管者采取普通监管时，被监管者收益为固定收益 R_0，监管者的收益为低成本的负数 $-C_L$，即收益为$(R_0, -C_L)$；当监管者采取普通监管，而被监管者采取违规操作时，由于监管者无法查出其违规行为，被监管者将获得超额收益 R_e，收益是（$R_0 + R_e$，$-C_L$）；当监管者采取严格监管，被监管者采取遵纪守法时，监管者承担一个较高的成本 C_H，其收益可以表示为$(R_0, -C_H)$；当监管者采取严格监管，而被监管者选择违规操作时，其违规行为将会被查出，并承受一定的惩罚 P，因此双方收益为$(R_0 - P, -C_H)$。上面的分析我们可以通过建立证券监管者与被监管者的完全信息静态博弈模型来表示，即用表 10.1 所示的收益矩阵形式①。

表 10.1　　　　对监管者缺乏监管的证券监管博弈矩阵

		监管者	
		普通监管	严格监管
被监管者	遵纪守法	$(R_0, -C_L)$	$(R_0, -C_H)$
	违规操作	$(R_0 + R_e, -C_L)$	$(R_0 - P, -C_H)$

① 赵宝："对证券监管者实施监管的博弈分析"，载于《统计与决策》2003 年第 8 期。

在此处，我们通过简单的划线法[1]就可以得到这个博弈的纯策略纳什均衡：监管者会实施普通监管，而被监管者会选择违规操作。其结果就是监管者负担了一定的监管成本，却无法遏制被监管者的违规行为；被监管者通过违规行为获得了超额收益，但其他证券参与者可能遭受损失。显然，当对监管者没有监管措施时，监管者的监管是低效的，这时的监管只会加重证券市场的不规范性，违背实施证券监管的初衷。

2. 对监管者实施监管的证券监管博弈

在前文的分析中，当监管者查出被监管者的违规行为时并没有得到奖励，当其没有查出被监管者的违规行为时也没有惩罚。由此导致了监管的低效率性和监管成本的浪费。本小节中，我们在前文三条假设的基础上，把假设三修改为：监管者只有实行严格监管，才能查处被监管者的违规行为，同时自身会得到奖励 B；如果监管者实行普通监管，则无法查处被监管者的违规行为，并遭受政府的惩罚 P_g，而且监管者与被监管者之间不会采取共谋策略。由此引入激励约束效应。

基于以上假设和对监管者缺乏监管时相似的思路，我们设立证券监管者与被监管者的完全信息静态博弈，并用表 10. 2 的矩阵形式表示[2]。此时，当被监管者采取违规操作，监管者采取普通监管时，监管者将会受到政府或者证监会等监管机构的惩罚 P_g；而当监管者采取严格监管从而查出被监管者的违规行为时，将会收到奖励 B。

表 10. 2　　　　对监管者实施监管的证券监管博弈矩阵

		监管者	
		普通监管	严格监管
被监管者	遵纪守法	$(R_0, -C_L)$	$(R_0, -C_H)$
	违规操作	$(R_0+R_e, -C_L-P_g)$	$(R_0-P_a, -C_H+B)$

此时的博弈矩阵并不存在纯策略纳什均衡解，博弈双方都将在博弈中选择混合策略，各自以一定的概率在策略中做出选择。我们定义监管者采取普通监

① 划线法是博弈论中确定纯策略均衡解的一种方法，详细解释可以参考《博弈论》。

② 赵西三、赵宝："遏止违规，'重罚'不是长久之计——论对证券监管者的监管"，载于《郑州工业高等专科学校学报》2004 年第 1 期。

管的概率为 P_r，被监管者采取遵纪守法的概率为 P_i，则监管者采取严格监管的概率为 $1-P_r$，被监管者采取违规操作的概率为 $1-P_i$。对被监管而言，最后的均衡策略会使得两种策略下的期望收益无差异，即：

$$R_0 \times P_r + R_0 \times (1-P_r) = (R_0 + R_e) \times P_r + (R_0 - P) \times (1-P_r) \quad (10.1)$$

同理，对监管者而言最后的均衡决策也会使得两种策略下的期望收益无差异，即：

$$-C_L \times P_i + (-C_L - P_g) \times (1-P_i) = -C_H \times P_i + (-C_H + B) \times (1-P_i) \quad (10.2)$$

联立（10.1）、（10.2）式我们可以得到最终的混合策略纳什均衡是：监管者以概率 $P_r = P/(R_e + P)$ 进行普通监管，以概率 $1-P_r = R_e/(R_e+P)$ 实施严格监管；被监管者在概率 $P_i = 1-(C_H - C_L)/(B+P_g)$ 下选择遵纪守法，在概率 $1-P_i = (C_H - C_L)/(B+P_g)$ 下选择违规操作。

人们普遍认为，对违规者的处罚越重，违规发生的概率就越小。但以上的博弈模型告诉我们，当短期内监管成本不变时，我们原本为了遏制违规而加大的处罚力度 P 最终不但没能降低被监管者的违规行为，反而可能助长监管者放弃严格监管，选择普通监管。我们旨在降低的被监管者违规操作的概率与被监管者违规收益 R_e 和预期惩罚 P 并没有直接关系，相反，却与监管者实施监管时的成本、未能查处违规行为而遭受的损失 P_g 以及查处违规行为时受到的奖励 B 密切相关。在短期内，当监管成本难以发生变化时，对监管者奖励越大、惩罚越重，则被监管者违规操作的概率越小。如果对监管者的奖惩力度太小（$P_g + B < C_H - C_L$），则监管博弈的最后纳什均衡仍为纯策略纳什均衡：监管者实施普通监管，被监管者选择违规操作。

我国证券市场的监管体系中，证券监管者具有至高的权利，但是并没有形成有效的监管机制。监管者进行监管纯粹是本着“尽责”的态度，但当他们实行监管从而发现被监管者的违规行为时，自身并没有受益，当不施行监管时，自身也不会有损失，这导致我国证券监管者的积极性不高，效率低迷，甚至存在着监管者与被监管者勾结、监管者受贿等严重问题。如此看来，我国加强对监管者的监管，完善对监管者的奖励约束机制才是制止被监管者违规操作的最佳良药，也是解决我国证券市场监管无效率、被监管者违规获益等现象的必然途径！

二、非完全信息下的博弈分析

在前文中我们假设信息是完全对称的，监管者只要实行严格监管，就一定能查处被监管者的违规行为，也只有实行严格监管时，才能查处被监管者的违规行为。但在现实中并非如此。实际存在监管者花费很高的成本，也无法查处有些违规行为的情形，而有时有些违规行为可能不需监管者调查，也会被社会舆论、媒体等披露。因此在本小节我们对前文的研究进行扩展，并做进一步假设。

假设四，监管部门实施严格监管并不一定能发现违规行为，其概率与监管的成本 C 密切相关。记监管部门通过严格监管能够查处违规行为的概率为 P_S，由于影响 P_S 的变量太多，我们在此节的分析中只把监管成本 C 作为 P_S 的内生变量，其他变量都当做外生变量，即假设 $P_S = P_S$（C），其中 P_S 的一阶导数大于零，二阶导数小于零（监管成本的边际概率递减：随着监管成本的提高，查出违规违纪行为的概率增加，但增加的速度越来越小）。

假设五，在监管者无作为时，社会舆论、媒体等也有可能披露上市公司的违规行为，其概率假设为 P_D，但由于信息不对称的存在，社会舆论、媒体的披露能力有限，与专业监管部门也有差距，因此概率 P_D 要远远小于监管者实施严格监管时发现违规行为的概率 P_S。当社会舆论、媒体等揭发上市公司的违规行为时，监管部门可能因舆论的指责而名誉受损，把这一损失记为 N。

完全信息部分假设一和假设二在本小节中继续适用，我们可以通过分析博弈策略得出各方的收益矩阵。当被监管者遵纪守法时，收益矩阵与舆论、媒体的披露和成功、失败无关，普通监管时的收益矩阵都为(R_0，$-C_L$)，严格监管时的收益矩阵总是(R_0，$-C_H$)，这是因为不管监管者采取何种监管策略，被监管都获得正常收益 R_0。当被监管者违规操作，监管者采取普通监管的策略时，若该违规操作未被披露，则被监管者获得超额收益，监管者只付出普通监管的成本；若该违规操作被披露，则被监管者不仅无法获得超额所得，还将受到一定的处罚 P，此时监管者将会受到政府的惩罚 P_g 和名誉损失 N。当被监管者违规操作，监管者严格监管时，若监管者能够查处违规行为，则被监管者收益仍为 $R_0 - P$，监管者将受到一定的奖励 B；若监管者未能查出违规行为，则被监管者仍获得超额收益，而监管者承担对应的成本。在此处我们隐含着一个假设，就是当被监管者进行违规操作、监管者选择严格监管时，即使未能查出违规行为，监管者也不会受到惩罚，这个假设在信息不对称情形下是完全客观成立的。本节中双方的纯策略都是一种客观存在，而违规行为能否被监管者查出是一种主观判断的问题，假如监管者花费大量的精力而未能查出的违规行为，政府又以何理由去惩罚监管者呢？

我们以矩阵形式表示非完全信息下的监管者博弈模型①，见表 10.3。

表 10.3　　　　　　非完全信息下监管博弈矩阵

<table>
<tr><td colspan="2" rowspan="3"></td><td colspan="4">监管者</td></tr>
<tr><td colspan="2">普通监管</td><td colspan="2">严格监管</td></tr>
<tr><td>被披露（P_D）</td><td>未被披露（$1-P_D$）</td><td>成功（P_S）</td><td>失败（$1-P_S$）</td></tr>
<tr><td rowspan="2">被监管者</td><td>遵纪守法</td><td colspan="2">$(R_0, -C_L)$</td><td colspan="2">$(R_0, -C_H)$</td></tr>
<tr><td>违规操作</td><td>$(R_0-P, -C_L-P_g-N)$</td><td>$(R_0+R_e, -C_L)$</td><td>$(R_0-P, -C_H+B)$</td><td>$(R_0+R_e, -C_H)$</td></tr>
</table>

对上面的原始博弈矩阵进行简化，得到表 10.4 的非完全信息下监管者博弈简化矩阵：

表 10.4　　　　　　非完全信息下监管博弈简化矩阵

<table>
<tr><td colspan="2" rowspan="2"></td><td colspan="2">监管者</td></tr>
<tr><td>普通监管</td><td>严格监管</td></tr>
<tr><td rowspan="2">被监管者</td><td>遵纪守法</td><td>$(R_0, -C_L)$</td><td>$(R_0, -C_H)$</td></tr>
<tr><td>违规操作</td><td>$[R_0+R_e-P_D\times(R_0+P), -C_L-P_D\times(P_g+N)]$</td><td>$[R_0+R_e-P_S\times(R_0+P), -C_H+B\times P_S]$</td></tr>
</table>

此时的博弈双方都将在博弈中选择混合策略，各自以一定的概率在策略中做出选择。我们定义监管者采取普通监管的概率为 P_r，被监管者采取遵纪守法的概率为 P_i，则监管者采取严格监管的概率为 $1-P_r$，被监管者采取违规操作的概率为 $1-P_i$。对被监管而言，最后的均衡策略仍然是使得两种策略下的期望收益无差异，即：

① 黄宗福："证券监管的静态博弈分析"，载于《河南金融管理干部学院学报》2007 年第 6 期。

$$R_0 \times P_r + R_0 \times (1 - P_r) = [R_0 + R_e - P_D \times (R_0 + P)] \times P_r + [R_0 + R_e - P_s \times (R_0 + P)] \times (1 - P_r) \tag{10.3}$$

同理，对监管而言，最后的均衡策略也是使得两种策略下的期望收益无差异，即：

$$-C_L \times P_i + [-C_L - P_D \times (P_g + N)] \times (1 - P_i) = -C_H \times P_i + (C_H + B \times P_s) \times (1 - P_i) \tag{10.4}$$

联立（10.3）（10.4）式我们可以得到最终的混合策略纳什均衡是：被监管者以概率 $P_i^* = [P_D \times (P_g + N) - C_H + C_L]/P_D \times (P_g + N) + B \times P_s$ 选择遵纪守法，以概率 $1 - P_i^* = (B \times P_s + C_H - C_L)/P_D \times (P_g + N) + B \times P_s$ 选择违规操作；监管者在概率 $P_r^* = [P_s \times (R_0 + P) - R_e]/(P_s - P_D) \times (R_0 + P)$ 选择普通监管，以概率 $1 - P_r^* = [R_e - P_D \times (R_0 + P)]/(P_s - P_D) \times (R_0 + P)$ 选择进行严格监管。

与完全信息时结论相似，当短期内监管成本不变时，为了遏制违规而加大的处罚力度 P 最终不但不会降低被监管者的违规行为，反而可能助长监管者放弃严格监管，选择普通监管。被监管者违规操作的概率与被监管者违规收益 R_e 和预期惩罚 P 并无关系，却与监管者实施监管时的成本、未能查处违规行为而遭受的损失 P_g 以及查处违规行为时受到的奖励 B 密切相关。在短期内，当监管成本难以发生变化时，对监管者奖励越大、惩罚越重，则被监管者违规操作的概率越小。社会舆论、媒体披露对监管者造成的名誉损失 N 虽然不会直接对监管者的策略选择产生影响，但负面影响 N 显著影响着被监管者的策略选择，负面影响 N 越大，被监管者选择违规行为的概率 $1 - P_i$ 就越小。对于被监管者而言，当监管者进行严格监管的概率 $1 - P_r < 1 - P_r^*$ 时，被监管者的最优策略是违规操作；而当监管者进行严格监管的概率 $1 - P_r > 1 - P_r^*$ 时，他们的最优策略是遵纪守法。

从本节内容的分析中，我们可以明确的看出惩罚被监管者对于改善证券市场环境是多么的无能为力，而加强对证券监管者的监管，提高社会媒体、舆论对于改变被监管者行为是多么的重要。目前为止，我国证券监管者的报酬主要以基本工资和福利为主，并没有绩效工资等激励体系，也就是说，证券监管者的物质收益与自己在监管中完成的业绩并不挂钩。这使得我国证券监管者进行监管并无法使得自我效用最大化，但作为社会的一员，时时刻刻都在考虑自我利益的最大化，因此部分监管者会摈弃自己的责任，利用职权进行寻租行为。由此看来，为了证券市场的健康发展，完善证券监管者的激励约束机制已成为重中之重。

第三节　证券监管者激励机制的设计

在设计证券监管者的激励机制时，我们借鉴了企业在设计激励机制时的经验，不但要提高薪酬待遇，而且应该通过加大精神激励和道德激励的力度来调动证券监管者的积极性和主动性，以满足其多方面的需求，从而激发他们加大查处力度，提高监管效率。在现阶段，我国对证券监管者的激励应以薪酬激励为主，精神激励为辅。在本节中我们首先讨论薪酬激励机制的原理，再讨论精神激励机制的设计要点。

一、证券监管者薪酬激励机制的设计

根据“经济人”假设理论，证券监管者作为理性人，最关心的仍然是自身的收益水平。金钱等物质财富对于任何一个理性经济人都有着特殊的吸引力。在社会经济活动中，监管者也不例外的追求着物质财富的最大化，只有合理的劳动报酬，才能保证监管者尽力去实施监管。因此，在证券监管过程中，证监会及其分支机构只有建立了证券监管者的薪酬激励机制，才能促使证券监管者最大限度地发挥证券监管作用，以实现政府的监管目标。

1. 模型基本假设

为了构建证券监管者的薪酬激励机制，一些基本的模型假设仍需具备。模型的基本假设条件包括四点①。

（1）证监会等委托人追求效用最大化，并以此制定自己的策略选择。“新公共管理运动”指出，公共部门应强调成本－效率分析，以提高管理效益。假设证券监管主体（监管的委托方）实施监管的主要目标是打击证券市场的违法违规披露行为，追求监管收益最大化、并规范证券市场，其他需要考虑的目标

① 罗正英、陈莉：“证券监管者双引擎激励与监管效率”，载于《财贸经济》2008 年第 2 期。

统一包括在不确定性的随机变量中。证监会作为国家证券市场监管中的政府机构，其设立的目的就是为证券市场的稳定发展制定科学、合理的法律法规和行业准则，并监管证券市场中的违规违纪行为，维护证券市场的稳定发展。在监管证券市场时，他们作为委托人，总是以投资者利益为主，争取查出更多的违规违纪行为，以规范证券市场发展。

（2）政府赋予证监会拥有对其职员的充分定薪权。“新公共管理理论”指出，公共部门应享有一定的人事权、财务权等，这样才能普遍树立激励理念，打破“干多干少一个样”的情形，使政府借鉴的企业激励机制发挥作用，提高行政效率和行政能力。因此，我们认为证监会应该拥有制定证券监管者报酬分配制度的权限。其实暂时来看，我国证监会工作人员的工薪都有统一的标准，证监会并没有充分的定薪权，而这也是激励约束机制形成中，必须的制度改革，把定薪权移交证监会才能有效地制定证券监管者的激励约束机制。

（3）在证券监管者业绩评价中可量化的部分，依据证券监管者的综合素质制定不同的标准。公共部门管理理论提出应寻求“公平和效率的统一”，所以本节假设在证券监管业绩评价标准中引进一个基数，减少因证券监管者本身的差异性而产生的不公平性。

（4）监管者和被监管者都追求自身效用最大化，以两者目标的协同性考察监管效率。由于受监管成本、系统风险等限制，证监会不能要求证券监管者查出所有违规披露的上市公司，但应建立合适的激励机制，促使证券监管者始终处于工作敬业状态，达到最优努力水平，使其在现有的制度环境下查出更多违规披露的上市公司，缩小与期望值的差距，从而提高监管效率。

2. 模型建立

在证券特定监管对象、监管成本和市场运行情况的变化等因素影响之下，披露的上市公司违规案件的罚款金额具有不确定性。因而，证券的监管者追求收入最大化的行为必然受到罚款金额不确定这一信息的影响，假设单位披露的违规案件罚款金额为 $r+\theta$ ，其中 r 为常数，θ 为随机变量，这表示因市场不确定性，单位披露违规案件的罚款金额围绕 r 波动，假设 $\theta \sim N(0,\sigma^2)$ 。同时，又由于证券市场的监管对象、监管者技术水平和宏观环境等因素的影响，监管成本也呈现出不确定性，假设监管的不变成本为 C_0 ，单位违规披露案件的监管可变成本为 $C+\gamma$ ，γ 为反映监管成本不确定性的随机变量，设 $\gamma \sim N(0,\delta^2)$ ，设

δ 和 γ 的相关系数为 ρ 。

假设在一定的时间内，证券监管者查出的上市公司违规案件的数量为 x（与监管者的努力水平相关)，则监管成本为 $C(x)=C_0+(C+\gamma)\times x$ ，那么证监会及其分支机构的监管收益函数（只考虑有形收益）线性形式为①：

$$R=(r+\theta)\times x-C(x)=(r+\theta)\times x-[C_0+(C+\gamma)\times x] \quad (10.5)$$

针对证券监管过程中面临的风险，证监会及其分支机构与证券监管者具有不同的风险态度，证监会及其分支机构追求的是稳健监管，因而是风险中性的，他们的期望效用应该等于期望收益；而证券监管者个体希望自己的付出有足够的回报，因而是风险规避的，假设其效用函数为 $U(w)=-e^{\tau w}$ ，其中是证券监管者的绝对风险规避度，w 是其实际收入。证券监管者为了证券监管付出的努力为 $N(x)$ ，设其成本形式为 $N(x)=\frac{1}{2}ux^2$ ，其中 $u>0$ 代表努力成本系数，u 越大，同样的努力水平带来的负效用越大。于是，证券监管者的综合素质特征可用 (u,τ) 描述分析。

假设证监会及其分支机构为了激励证券监管者的努力程度，为证券监管者设计如下的薪酬激励契约：

$$w(R)=\alpha+\beta(R-R_0) \quad (10.6)$$

其中，α 为证券监管者获得的固定工资，R_0 是证监会及其派出机构对证券监管者规定的最低监管收益，β 为证监会对证券监管者超额的证券监管收益 $(R-R_0)$ 的激励系数。由于证监会的期望效用等于期望收益，所以有：

$$E\{U[R-w(R)]\}=E[R-w(R)]=-\alpha+(r-C)\times x-C_0-\beta[(r-C)\times x-C_0-R_0] \quad (10.7)$$

证监会及其分支机构可以通过制定合适的策略，选择恰当的 α 、β 和 x 使得上述期望效用最大化。

证券监管者的期望效用等于他们的确定性等价收入，他们的确定性等价收入等于其期望收益减去风险与成本②，因为风险为 $Var(R)=(\sigma^2+\delta^2+2\sigma\delta\rho)\times x$，我们令 $(\sigma^2+\delta^2+2\sigma\delta\rho)\times x=\vartheta^2$ ，则证券监管者的期望效用为：

---

① 杨柏、岳中志："非对称信息条件下证券监管者激励机制研究"，载于《全国商情（经济理论研究）》2006 年第4 期。

② 罗正英、陈莉："证券监管者双引擎激励与监管效率"，载于《财贸经济》2008 年第2 期。

$$\alpha + \beta[(r - C) \times x - C_0 - R_0] - \frac{1}{2} \times \tau\beta^2\vartheta^2 x^2 - \frac{1}{2}ux^2 \quad (10.8)$$

假设 m 是证券监管者的保留工资，即如果确定性等价收入小于 m，则证券监管者将不会接受雇佣合同。因此，证券监管者的参与约束（IR）可以表示如下：

$$\alpha + \beta[(r - C) \times x - C_0 - R_0] - \frac{1}{2}ux^2 - \frac{1}{2} \times \tau\beta^2\vartheta^2 x^2 \geqslant m \quad (10.9)$$

其激励相容约束（IC）为：

$$x \in arg\ \mathrm{Max}\{\alpha + \beta[(r - C) \times x - C_0 - R_0] - \frac{1}{2}ux^2 - \frac{1}{2} \times \tau\beta^2\vartheta^2 x^2\} \quad (10.10)$$

在证券监管中，证券监管机构是委托人，证券监管者为代理人。存在委托人和代理人之间的目标不一致现象，通过此激励相容约束机制，使得证券监管者在追求自身利益最大化的同时，查出了更多的违规行为，这正好是证券监管机构等委托人的目标，从而通过两者利益的捆绑，有效地提升了证券监管的效率。

3. 对称信息条件下证券监管者薪酬激励契约模型的分析①

虽然证监会及其分支机构管理当局与证券监管者之间具有信息不对称性，但为了更好地理解不对称信息条件下的激励契约，首先我们必须研究对称信息条件下的激励契约的特征，并推广至不对称信息情形。

在对称信息条件下，证监会及其分支机构管理当局能直接观测到证券监管者的努力水平，因而激励相容约束（IC）是多余的，因为任何努力水平 h 都可以通过满足参与约束（IR）来实现。且对于参与约束（IR）来说，证监会及其分支机构管理当局没有必要支付给代理人证券监管者更多，即在最优条件下，参与约束（IR）等式成立，即式（10.9）式等号成立，由此得：

$$\alpha + \beta[(r - C) \times x - C_0 - R_0] - \frac{1}{2}ux^2 - \frac{1}{2}\tau\beta^2\vartheta^2 x^2 = m \quad (10.11)$$

代入式（10.7）可以得到：

$$max_{\alpha,\beta,x}[-m - \frac{1}{2}ux^2 - \frac{1}{2}\tau\beta^2\vartheta^2 x^2 + (r - C) \times x] \quad (10.12)$$

---

① 陈莉：《证券监管者激励机制的研究》，苏州大学硕士学位论文，2007。

最优化一阶条件为：

$$\beta^{*}=0, x^{*}=\frac{r-C}{u} \tag{10.13}$$

将式（10.13）代入式（10.11），可得证券监管者的固定收入为：

$$\alpha^{*}=m+\frac{(r-C)\wedge 2}{2u} \tag{10.14}$$

将式（10.13）、式（10.14）代入式（10.7）得到证监会及其分支机构最优期望监管收益为：

$$-m+\frac{(r-C)\wedge 2}{2u} \tag{10.15}$$

因此，证监会及其分支机构管理当局对证券监管者的最优激励契约为：

$$w(R)^{*}=m+\frac{(r-C)\wedge 2}{2u} \tag{10.16}$$

在对称信息条件下，证券监管者在证券监管中不承担任何风险（$\beta^{*}=0$），因为证监会及其分支机构等管理当局能够观察到证券监管者在监管中的努力水平（根据查出的违规案件数量判断），因此证券监管者具有固定的收入水平 α^{*}，这一工资水平与监管者自身的保留工资水平、单位披露的违规案件罚款金额的确定部分 r、监管的可变成本固定部分 C 以及自身的努力成本系数 u 确定。由式（10.15）、式（10.16）可得证监会及其分支机构最优期望监管收益、证监会及其分支机构管理当局对证券监管者的最优激励契约对 u 的偏导数均小于零，这表明证券监管者的努力成本系数越小，即监管者的能力越强，委托代理双方的收益都将越高。另外，在对称信息条件下证监会及其分支机构管理当局支付给证券监管者的收入恰好等于证券监管者的保留收入、努力成本二者之和，与证券监管者的业务收入无关，这也表明在完全信息情况下，证券监管机构并不需为提升证券监管者的监管积极性而提高他们的薪酬待遇水平，此种情形下，激励约束机制并无其用武之地，但在现实中，信息往往是不对称的，监管机构并无法直接判断证券监管者的努力程度。

4. 非对称信息条件下证券监管者薪酬激励契约模型的分析①

在非对称信息条件下，证监会管理者无法直接观测到证券监管者在证券监

① 罗正英、陈莉：“证券监管者双引擎激励与监管效率”，载于《财贸经济》2008 年第 2 期。

管中的努力水平，此时对证券监管者的激励约束（IC）条件必须满足，即式（10.10）必须成立。根据经济学的基本原理，当边际成本等于边际收益时，其总效用最大。因此监管者要使自己的努力程度的效用最大化，就必须使自己努力的边际成本等于相应的期望边际收入。由式（10.10）的一阶条件可得，能查出上市公司违规披露事件案件的最优数量 x 为：

$$x^* = \frac{\beta(r-C)}{u+\tau\beta^2\vartheta^2} \tag{10.17}$$

把式（10.17）和式（10.11）代入（10.7），由一阶条件可得，证监会对证券监管者超额收益的激励系数唯一驻点为：

$$\beta^* = \frac{\sqrt{u^2+4\tau\beta^2\vartheta^2}-u}{2\tau\beta^2\vartheta^2} \tag{10.18}$$

联立（10.17）和（10.18）可以得出：

$$x^* = \frac{r-C}{\sqrt{u^2+4\tau\beta^2\vartheta^2}} \tag{10.19}$$

把式（10.18）和（10.19）代入（10.11），化简可得证券监管者个体的固定收入水平：

$$\alpha^* = m + \frac{\sqrt{u^2+4\tau\beta^2\vartheta^2}-u}{2\tau\vartheta^2}(C_0+R_0) + \frac{(r-C)^2}{4\tau\vartheta^2}\left[\frac{u}{u^2+4\pi u\vartheta^2}-1\right] \tag{10.20}$$

那么，将 α^*、β^*、x^* 的值带入式（10.7），可得证监会及其分支机构的最优期望监管收益为：

$$E[U(R)]^* = -m + (r-C)^2\frac{\sqrt{u^2+4\tau\beta^2\vartheta^2}-u}{2\tau\vartheta^2} - C_0 \tag{10.21}$$

而监管当局对证券监管者的最优激励契约为：

$$w(R)^* = m - \frac{(r-C)^2}{4\tau\vartheta^2}\left[\frac{u}{u^2+4\pi u\vartheta^2}-1\right] \tag{10.22}$$

（1）证券监管者策略行为分析。

证券监管者的策略是在与证监会及其分支机构等管理当局的博弈中选择最优努力水平 x^*，以此最大化自身的效用。我们可以从式（10.17）和式（10.19）中看出，证券监管者在选择最优监管证券违规案件数量 x^* 时，一方面要考虑证监会及其分支机构管理当局给其设计的风险激励系数 β^*，另一方面还要考虑自身的综合能力素质（u,τ）和系统总风险 ϑ^2。具体策略为：

①由于 $\frac{\partial x^*}{\partial \beta} > 0$，管理当局给证券监管者的激励比例越高，证券监管者越有动力查出更多的违规案件，从而提高监管效率。目前我国证券监管者工资与证券监管的收益不挂钩，即等于零，这直接导致我国证券监管者缺乏监管的激励机制。为了激发监管者的监管热情，有必要建立激励机制，提高值，从而激励监管者提高监管效率。

②由于 $\frac{\partial x^*}{\partial \tau} < 0, \frac{\partial x *}{\partial u} < 0$，证券监管者监管能力越强，其努力成本系数就越小，其稽查出的信息披露违规案件就越多；证券监管者越不畏怕风险，则越小，其稽查出的信息披露违规案件就越多，从而提高监管效率。证券监管者的监管能力与自身的学历水平、社会经验、自我学习能力等多个因素相关，为了提升证券监管者的监管能力，可以对监管者进行定期的培训，以更新他们的知识储备。而风险厌恶程度 τ 一定程度上与自身的工资水平相关，工资越高，对工资变化带来的风险越不在乎，比尔·盖茨月收入降低一万与我们月工资降低一万，谁会更在乎呢？就是这个道理。

③由于 $\frac{\partial x^*}{\partial \vartheta^2} < 0$，当违规案件的罚款额和监管成本不确定所导致的系统总风险增加时，证券监管者稽查出的违规案件将降低。

（2）证监会及其分支机构管理当局策略行为分析。

由式（10.17）可以看出，证券监管者选择的最优努力水平与最优风险激励系数有关。因此，对于委托人证监会及其分支机构管理当局来说，其主要的任务就是确定证券监管者最优风险激励系数 β^*，以此来激励监管者选择最优努力水平 x^*，查出更多违规披露的上市公司。从式（10.18）考察最优风险激励系数与绝对风险规避度 τ，系统总风险 ϑ^2，努力成本系数 u 之间的关系，可以得到如下结论：

① $\frac{\partial x^*}{\partial \tau} < 0, \frac{\partial x *}{\partial \vartheta^2} < 0$，即 τ、ϑ^2 越大，最优风险激励系数 β^* 就越小。也就是说，当系统总风险 ϑ^2 增大时，证监会及其分支机构管理当局应减小 β^2 以降低 x^*，促使系统总风险水平下降；当证券监管者绝对风险规避度 τ（风险承受能力）降低时，证监会及其分支机构管理当局应提高 β^2，以此来调动监管者的监管积极性。

② $\frac{\partial \beta^{*}}{\partial u} > 0$，表明证券监管者努力成本系数越小，承担的风险就越小；也就是说，当证券监管者监管能力提高时，证监会及其分支机构管理者应降低 β^{*}，从而在不影响证券监管者监管效率的同时，以此来追求证券监管的超额利益。

（3）证券监管者综合素质和系统总风险对委托代理双方收益影响分析。

根据式（10.21）、（10.22）我们来考察证券监管者综合素质（u,τ）及系统风险 ϑ^2 对委托代理双方收益的影响，具体结论如下：

① $\frac{\partial E[U(R)]^{*}}{\partial u} < 0, \frac{\partial E[U(R)]^{*}}{\partial \tau} < 0$，说明证券监管者的监管能力越强（$b$ 越小），或其承担风险的能力越高（τ 越小），证监会及其分支机构的期望监管收益 $E[U(R)]$ 越会增加。

② $\frac{\partial w(R)^{*}}{\partial u} < 0, \frac{\partial w(R)^{*}}{\partial \tau} < 0$，说明证券监管者的监管能力越强（$u$ 越小），或其承担风险的能力越高（τ 越小），证监监管者的监管实收入 $w(R)^{*}$ 越会增加。

③ $\frac{\partial E[U(R)]^{*}}{\partial \vartheta^2} < 0, \frac{\partial w(R)^{*}}{\partial \vartheta^2} < 0$，说明证券监管过程中的系统总风险 ϑ^2 越小，证监会及其分支机构的期望监管收益 $E[U(R)]^{*}$ 和证券监管者的监管实收入 $w(R)^{*}$ 都将增加。

5. 得出结论

通过对证券监管者激励契约的分析，得出了一些结论。

第一，证券监管者的综合素质（u,τ）以及证券监管过程中系统不确定性不但对委托人和代理人的理性行为和决策有重要的影响作用，而且对委托代理双方的收益也有显著的作用。即一个高素质的证券监管者不仅能提高证监会及其分支机构的期望收益，也能使其自身的收入增加，易实现两者目标的协同性，从而能使证券监管者主动维护证监会及其分支机构的监管目标，尽可能地查出违规披露的上市公司。因此，证监会应采取办法提高证券监管者的素质和能力，以提高政府监管效率。

第二，证监会及其分支机构管理当局给证券监管者制定的激励比例很重要，很大程度上影响监管者的收入，进而影响证券监管者的查处动力，从而影响监管效率。这是本节讨论的重点，即激励机制的引入。目前我国证券监管者收入水平中绩效工资的缺失，导致监管者的收入与自己的努力程度无直接相关性，这导致了证券监管的低效率。

第三，证监会及其分支机构管理当局应根据证券监管者的综合素质、系统风险的变化适时调整激励强度，以提高激励机制的效果，以便于证券监管者达到最优努力状态，从而提高监管效率。激励机制的引入并不是一成不变的，证监会及其分支机构等管理当局应该根据不同的情形，制定合适的激励政策，以保证监管者的最优工作努力效率。

以上对委托人的目标和代理人的业绩评价进行了简单化处理，但在现实中要远比这复杂，而且存在许多难以量化的影响因素，并没有进行详细分析，再加上提了许多假定条件，这些都影响模型的实施效果，但此模型给我们构建薪酬激励机制提供了一个大体的框架，而细节问题有待进一步研究和完善。

二、证券监管者非薪酬激励机制设计

政府监管所特有的公益性和社会管理职能，决定了在借鉴企业激励机制时必须加大精神激励和道德激励的力度来调动证券监管者的积极性和主动性，以满足其多方面的需求，从而激发他加大查处力度，提高监管效率。

我国正处于社会主义初级阶段，市场经济不够完善，整体经济水平还比较落后，证券监管者在现阶段最为关心的还是个人物质收益，所以，对证券监管者的激励以薪酬激励为主，精神激励为辅，为实现激励机制的完整性，下面将简单介绍一下精神激励机制的设计。

根据马斯洛的需求理论，物质激励具有边际递减效应，精神激励是物质激励有益的补充。精神激励机制就是精神激励的内在关系结构、运行方式和发展演变规律的总和。精神激励是在较高层次上调动员工的工作积极性，正向的精神激励包括：表扬、赞美、赏识、器重、信任、尊重、认同等。

证券监管者作为公职人员，生活在政府这么一个特殊的工作环境之中，除了基本的物质性激励需要，主要还有以下两个需要：一是成就需要。成就需要是监管者的高层次需要，就是希望接受恰当的工作，并积极付出努力，达成工作目标取得成就，从而获得对责任、成就感、认同感、成长以及自尊等需要的满足。二是职务晋升需要。证券监管者特殊的工作性质决定了权力的需要，对职务的提升常常表现出极大的兴趣，而且晋升还具有薪酬激励的功能。

传统的精神激励主要是授予某种荣誉或称号，只能满足监管者较低层次的需求，只能起到暂时的激励作用，而且导致监管者虚幻的利益得到的较多，实质的利益得到的较少，实质的利益与虚幻的利益不对称，进而导致监管者以变态的方式谋求物质利益，激励失效，因此我们必须从增强竞争激励，提高工作满意度等多方面入手，认真研究监管者的特殊需要，建立合理的精神激励机制，真正起到激励证券监管者积极监管的作用，努力查处违规披露的上市公司。

1. 建立成就激励机制

成就激励欲达成这样的效果：个人不仅从个人目标的实现中，而且从组织的发展中体验成就，同时组织从个人的成就体验中获得持续发展。工作满意度激励就是通过对监管者工作内容的改善及对其工作行为的认同和奖励，使监管者对自己的工作产生满足感、成就感，最终目的是提高工作绩效、实现组织目标。两者是紧密相连的，“工作－成就”激励以工作作为激励手段，同时也以工作作为最终激励目标，能使个人实现成就感，具体可包括以下几种手段。

第一，因人施岗。监管工作是一项专业性和技术性很强的活动，它不仅需要专门的知识、灵敏的反应能力、高尚的个人品质（包括职业道德水准和严谨务实的工作作风），而且还需要丰富的实践经验和较强的操作水平。具体到每个监管来讲，其从事监管工作的个人禀赋状况是有高低之分的，如有的人监管才能高、综合素质较好，适合从事较高职务岗位上的监管工作；有的人监管才能较低、综合素质较差，适合在较低职位上从事监管工作；还有的人不具备监管方面的工作能力，适合于从事监管业务以外的其他工作等等，为了更好地利用各自的能力，应该根据个人不同的能力水平分配不同的任务，达到最优配置效果。

第二，参与管理。监管工作是一项复杂的工作，需要组织和监管者的共同努力，让证券监管者不同程度地参与组织决策和各种管理工作，可以使其感受到上级的信任、重视和赏识，从而使他们体会到自己的利益同组织的利益息息相关，可以增强其责任感和主人翁意识；同时，让监管者对工作拥有一定程度的自主性，包括对监管工作计划、工作方法独立思考的权力，能促使其实现自我。事实证明，参与管理既是对个人的激励，又为单位目标的实现提供了保证。

第三，创造良好的组织氛围。监管工作需要团队的合作和齐心合力，利用组织形态特性及人际间的沟通理解而创造出互尊互敬、协调一致、和谐融洽、公平透明的组织气氛，以减少摩擦、避免冲突、缓解压力、增强合作，激励其发挥出最大的积极性、主动性和创造性。同时，提倡学习文化，建设学习型团队，定期开展经验交流，培训心得交流，共同营造学习氛围。

2. 建立晋升激励机制

晋升是将员工指派（assign）到特定职位上去的一种方式。指派既可以是静态的，即在一期内发生，也可以是动态的，即描述了随着时间的推移，员工如何攀登工作阶梯（job ladder）的过程。锦标制度（rank-order tournament）是相对业绩评价（RPE）的一种特殊形式，它是指在一个组织内部的所有代理人之间展开竞争，相对业绩好的代理人就可以晋升到高一层级，从而激励代理人努力工作。

马尔科森（1984）给出一个关于组织内锦标制度激励合同模型，来考察通常情况下，锦标制度中影响雇员敬业努力程度的变量。在该模型中，雇主与雇员之间的合同是一个两阶段合同：在第一个阶段中，雇主给所有雇员相同的工资 W_1 ；在第二阶段，得到晋升的雇员得到工资 W_H ，没得到晋升的雇员得到工资 W_L ，得到晋升的雇员人数占组织人数的比例为 P 。马尔科森给出的雇员最优努力函数为：

$$a = h(W_1, W_2, W_H, P)$$

其中，$W_2 = max(W_L, W_M)$ ，W_M 为保留工资，即雇员选择为其他组织工作所能获得的工资报酬。

他通过分析该函数对这四个变量的偏导数，引申出锦标制度的设计准则。具体说明如下：

（1）$\frac{\partial a}{\partial W_1} = 0$ ，这说明最优努力水平与第一阶段的工资 W_1 无关。

从激励设计上讲，这意味着锦标制度要发挥最优激励功能，必须能够使雇员对最优选择形成乐观预期，这是因为只有作为理性人的雇员预期第一阶段所付出的努力成本会被雇主在第二阶段给予补偿和奖励时才会选择最优努力水平。

（2）$\frac{\partial a}{\partial W_2} < 0$ ，$\frac{\partial a}{\partial W_H} > 0$ 。前者说明 W_2 与雇员的最优努力水平成反方向变动；后者说明 W_H 与雇员的最优努力成正方向变动。从激励设计上讲，这意味着当锦标制度的设计不能使获得晋升者与未获得晋升者的工资水平在第二阶段出现明显差距时，锦标制度不能有效发挥其激励功能。

（3）雇员最优努力a对变量P不具有单调性。具体讲，起初a随着P的上升而上升，但超过某个临界点之后，a 随着 P 的上升而下降。

从激励设计上讲，这意味着锦标制度的设计一定要制定出一个适合的晋升比率。既不能使 P 过大，也不能使之过小，因为 P 过大会使雇员认为自己很容易获得晋升而不轻易多付出努力，而 P 过小会使雇员觉得自己晋升希望不大而不愿多付出努力。

马尔科森的晋升激励模型已在许多部门使用，具有一定的激励效果，我们认为，证监会系统同样也应该借鉴此模型的一些思想和理念，提高证券监管者的最优努力水平，提高监管效率。

证监会系统建立锦标制度中最为关键的一个问题是要制定科学合理的证券监管者业绩评价标准。假设证监会对晋升竞争者相对业绩进行排序的评定函数为：

$$P = \alpha F_1 + \beta F_2 + \gamma F_3$$

其中，F 为监管者相对业绩的综合排序指标；F_1 为监管业绩排序指标；F_2 和 F_3 为非工作业绩排序指标（如资历、学位等）；α、β、γ 分别为 F_1、F_2、F_3 三个排序指标的权重。为充分发挥监管者的敬业精神，α 值要明显高出值和值。

第四节　证券监管者约束机制的设计

监管本身是制衡的产物，为了提高监管的效率，我们有必要建立一个完善的激励体制，但我们也不能放弃对监管的监管。要使我国证券市场健康有序发展，消除市场过分波动，应从监管角度入手，理清监管机构的职能和范围，建立政策稳定的监督机制和制衡的监督机构，适时评估市场监管效果，建立健全监管人员行为监督制度①。

一、法律、行政监督

通过法律规范证券监管者的行为，使任意干预上市公司、侵害上市公司和

① 高建宁："对证券监管者的监管依据及约束机制"，载于《江苏社会科学》2006年第6期。

投资者利益的行为受到法律的制约，使权钱交易、以权谋私等不法行为受到法律制裁。法律法规机制是对证券监管者实行监管的最有效的机制。

首先要从法律上确定监管者应负的责任，对监管失职行为，要有可遵循的法律依据，对犯罪行为要追究法律责任。现行的《证券法》有240条，其中前面173条都是对于证券发行、证券交易、上市公司收购、证券交易所、证券公司、证券登记结算机构、证券交易服务机构的具体职责界定，对于这些具体的条款都涉及的比较详细，虽然有些规则不能适应日益变化的证券市场新形式，但还是作了比较详尽的描述。而后面四章中的条款中，关于证券业协会、证券监督管理机构、法律责任（美国证券法中的此条款为：违反《证券法》的责任）和附则相对简单，其中的大部分法律条文都是在进行描述监管机构的权力执行范围，而对于监管者自我的权力约束和相对违反责任则轻描淡写。在法律责任这一章中仅有：证券监督管理机构工作人员进行内幕交易的，从重处罚（第183条）；各大中介机构和证券业协会、证监会工作人员，在证券交易活动中作出虚假陈述或者信息误导的，责令修改，处以3万元以上20万元以下的罚款，属于国家工作人员的还应依法给予行政处分，构成犯罪的依法追究刑事责任（第193条）；证券监督管理机构的工作人员和发行审核委员会的组成人员，不履行本法规的职责，徇私舞弊、玩忽职守或者故意刁难有关当事人的，依法给予行政处分。构成犯罪的，依法追究刑事责任（第228条）。仅仅这些法律条文来对监管者自身进行约定，显然是权力游离于法外，虽说权利与责任是对等的，但为何不在每条权力执行范围上再对监管者行为规范进行严格的界定？

因此，除了目前正在执行的《证券法》《公司法》等以外，还应制定其他相关市场监管法律，完善证券市场监管法律体系。

一是应抓紧制定《证券市场监管法》，弥补《证券法》在市场监管操作上的程序、方法、处罚等方面的空白，加强在监管政策制定程序、监管政策实施程序、处罚的对象和程序的规定。

二是应制定《证券监管机构管理规定》，明确证券监管机关的机构设置、职能界定、人员配备、工作范围等，从法规上进一步规范各机构的权力与责任。

三是应制定《证券市场监管从业人员操守规范》，对从业人员的行为进行规范。

除此之外，更为关键的是行政监管程序必须法典化。因为监管者对市场的监管行为首先就表现为依法行政，而在1998年的国务院机构改革中，将证券期货市场的监督管理权力统一归于我国证券监督管理委员会，证监会集执行权、自主裁决权、准立法权和准司法权等于一身，且涉及面广，作用不一，程序亦各异，以致对上市公司或投资者的权利有造成损害的情况。因此，要控制监管者的创租行为，尽可能减少监管失灵，就应当建立完善的行政程序制度，使行政监管程序法典化。

改革开放以来，我国行政领域进行了几项重大变革：通过《行政诉讼法》建立了民告官、司法权监督和制约行政权的司法审查制度；通过《国家赔偿法》建了政府对其侵权行为承担赔偿责任的国家赔偿制度；通过《行政处罚法》在行政处罚领域建立了体现现代行政法基本原则，如参与、公开、公平、公正和权力制约原则的初步的行政程序制度；通过《行政复议法》建立了公民、法人和其他组织不服行政行为可向行政机关申请复议，由行政机关内有独立性的复议机构进行审查和向相对人依法提供救助的行政内部监控制度；颁布了《国务院关于全面推进依法行政的决定》，强化了行政程序的法典化程度；我国证监会也颁布《中国证券监督管理委员会工作人员守则》，建立了工作人员任职回避、公务回避制度和保密制度。但是，在制约证券监管权力的意识方面，在对行政程序制约监管权力功能的认识方面，在尊重程序、信守程序等诸多方面，我国证券监管的行政程序制度相对滞后，并存在大量的监管活动无序现象。而一套完整的、科学的行政监管程序制度应该包括：情报公开制度，告之制度，听取陈诉和申辩制度，职能分离制度，不单方接触制度，回避制度，记录和决定制度，说明理由制度，时效制度和救济制度等。因此，以行政程序来规范证券监管者的行为，应当从以下几方面入手。

第一，将《行政处罚法》《行政复议法》所确定的一些具有普遍意义的程序原则，如事先将采取行政监管行为的理由通知有关当事人（相对人），给予当事人陈述意见进行申辩的机会，防止监管机构拖延履行职责的时效限制。以及在实施可能严重影响投资者，上市公司和中介机构权益的监管行为之前开展听证活动等，逐步推广到所有涉及投资者，上市公司和中介机构权益的具体监管行为的程序中去，以尽可能增大证券监管活动的透明度。

第二，革新证券监管中行政立法和实施其他抽象监管活动的程序。将目前基本上处于封闭状态的程序改造为允许社会参与和监督的开放程序。为此，听证制度应作为一种新的内容广泛进入证券监管的行政立法和其他抽象监管活动的程序。

第三，确认和保障证监会监察局及其人员的独立地位。证监会监察局是一个准司法机构，它的行政行为具有司法与裁判的性质，如监督、检查和处罚等。目前，证监会监察局的行政行为基本上是按照普通行政程序进行的，该机构及其人员没有相对独立的法律地位，其身份也没有特殊保障，因而监察局的行政行为的威信和效用均不理想。保障监察局及其人员的相对独立性，并将其行政行为司法化，是提高监察行为的威信与效能，切实保障投资者、上市公司和中介机构权益的必由之路。

二、建立制衡机制

证券监管机构根据其负责执行的法例做出的许多决定，或者说证券监管机构在其实施监管过程中做出的许多决议，这些决定或决议可能影响他人的权利或利益。因此，对证券监管机构做出的这些决定或决议，有必要进行制衡。

我国努力在证券监管方面尝试借鉴建立制衡机制，根据最高法院最近公布的一项司法解释，证券监管机构作为申请人，在履行证券、期货监督管理职责中，有证据证明被申请人有转移或者隐匿违法资金、证券或者其他财产的迹象，得依法向人民法院申请冻结资金账户、证券账户，人民法院应当依法受理。这一司法解释授予了监管机构一种相当重要的监管权力，但同时又把这种权力纳入司法的审查之下，从而给这种严重影响当事人的行政监管权力套上了笼头，使之不至于遭到滥用。这是因为冻结账户是一种可以置一家公司于死地的手段，因而，就不应任由监管机构自行行使这一权力。强制处置财产的权力，具有毁灭性影响，而任何一种毁灭性的权力，若不加以约束，必然产生毁灭性后果。因此，各国对于财产的自由与安全之维护，均设计了严格的程序予以保障，其中最为重要的，就是司法审查。由法官来决定，是否应当对某人或某企业的财产采取强制措施。最高法院的司法解释秉承了这一精神：这种扩大了的监管权力，被纳入一种司法审查机制。

三、社会舆论监督

舆论评价与监督具有“放大器”的作用。不论从维护宪法规定的人民的知情权角度，从证券市场的健康发育角度出发，还是从增加透明度和加强证券监管角度出发，有新闻这个“放大器”都比没有它要好得多。社会舆论监督对政府加强监管和自身建设，有举足轻重的作用。

香港证监会在使用权力时，也受到媒体及公众的适当制衡。比如，如果立法会的财经事务小组认为证监会做错了什么事，会立刻召见证监会相关人员，此时证监会还要通知媒体，在媒体的关注下，自觉地向财经事务小组做出报告。平时，证监会会跟媒体保持良好的联系，只要媒体提出需要的资料，证监会就会通知辖下的传讯机构提供，并尽量对资料做出详细的解释。为了保证证监会的工作在公众面前有一个较高的透明度，证监会每年要向立法会提交年度账目，并定期向立法会财经事务小组提交报告；每年出版包括财务状况的证监会年报；经常性地发布新闻稿；出席公开论坛的讨论；将最新的政策文件与法律文件放置证监会网站利于公众浏览；提议新的政策一定要得到市场公众的咨询，以及征纳专业团体以及咨询委员会的意见。

近年来，我国新闻媒体的作用不断加强，对国内证券市场的重大事件及时报道、详尽分析，使广大投资者在第一时间了解情况。对证券市场的违规、违法行为也敢于大胆揭露。一方面对监管机构提供了线索，另一方面也使监管机构感受到来自外界的压力和动力。我国证监会在接受公众监督方面也采取了一些措施，如建立了我国证监会网站，公布重大新闻、新规则、证监会各部门情况、市场统计报表等，与投资者和中介机构建立沟通的渠道。另外，我国证监会还建立了投资者投诉机制。投资者在其权益受到侵害或发现市场中有违规行为时，可以通过拨打“主席热线”、写信或直接到监管部门说明情况，进行投诉。

四、监管组织的自律

除上述来自外部的对监管者的监督制衡机制之外，监管组织的自律也是加强监管效率、减少官僚主义、抑制腐败的又一有效措施。就像身体健康的人不需要吃药治病一样，来自外部的监管即使是最好的治病良药，也有不能治愈的疾病。因此，修炼内功，抓好监管组织人员、机构的自身建设才是根本。

2000 年 9 月，我国证监会明文发布自律规则，要求本系统厅局级以上干部的配偶、子女不得从事可能与公共利益发生冲突的经商办企业活动。我国证券监管者的自律内容主要包括以下几方面。

（1）不准在非国有或非国有控股的证券公司、期货公司、基金管理公司出任合伙人或担任高级管理人员。

（2）不准独资或者合伙开办由我国证监会授予证券期货从业资格的会计（审计）师事务所、律师事务所。不准在上述会计（审计）师事务所、律师事务所任职。

（3）不准独资或合伙开办由我国证监会授予证券期货从业资格的投资咨询机构、资产评估机构、资信评估机构；不准在非国有或非国有控股的由我国证监会授予证券期货从业资格的投资咨询机构、资产评估机构、资信评级机构中任职。

（4）不准在由我国证监会授予证券期货基金管理从业资格的外商独资企业、中外合资企业中任职。

（5）证券监管系统全体工作人员及其配偶和子女不许买卖股票。

证监会指出，违反本规定的要限期纠正，或者配偶、子女停止可能与公共利益发生冲突的经商办企业活动，或者领导干部本人辞去现任职务。拒不纠正的，以及本规定发布以后领导干部的配偶、子女从事可能与公共利益发生冲突的经商办企业活动的，对领导干部本人要给予组织处理，并酌情追究党纪、政纪责任。

这一自律规定的出台，增加了监管人员的责任，对其行为起到了约束作用。但自律规制的范围有限，应该与时俱进，根据最新情况制定相应的自律要求，保证最大可能的规制监管人员行为。

除上述四种对监管者进行监管的主要方法外，还有公民的监督。按照我国《宪法》规定，公民享有批评、检举、控告、申诉等权利，任何一个公民发现证券监管机构及其工作人员在证券发行、交易中有违法违纪行为，都可以向有关部门反映。

第十一章

证券集团诉讼制度的构建

在我国法律语言环境中，集团诉讼并不是一个明确的法律概念，而更多的是一个学术概念或习惯性称谓。有学者对其概念进行了如下表述：集团诉讼是指一个或数个代表人，为了集团成员全体的共同的利益，代表全体集团成员提起的诉讼。法院对集团所作的判决，不仅对直接参加诉讼的集团成员具有约束力，而且对那些没有参加诉讼的主体，甚至对那些没有预料到损害发生的相关主体，也具有适用效力[①]。一般而言，可以将集团诉讼分为广义的集团诉讼和狭义的集团诉讼。

广义的集团诉讼，作为一个学术讨论时使用的概念，可以将全世界所有相关的制度都涵盖其中，即为解决一方或双方的群体性纠纷而设立的诉讼模式。其主要包括美国的集团诉讼模式，德国的团体诉讼制度，日本的选定当事人制度以及我国的代表人诉讼制度等。而狭义的集团诉讼，则特指美国的集团诉讼（Class Action）制度，或者英美法系的诉讼合并模式。本书在未做特别说明的情况下，一般采取广义的概念。

而证券集团诉讼，一般认为是集团诉讼制度在证券侵权案件中的适用。目前世界上唯一对其概念作出明确界定的只有韩国《证券集团诉讼法》：“所谓‘证券集团诉讼’，是指在证券买卖的交易过程中，多数人遭到损害时，受害人中的一人或者数人作为代表提起的损害赔偿请求诉讼。”[②] 结合我国的现状，我们可以将其定义如下：证券集团诉讼，是指当违法者的证券侵权行为损害了投

---

① 范愉：《集团诉讼问题研究》，北京大学出版社 2005 年版。

② 罗斌：《证券集团诉讼研究》，法律出版社 2011 年版。

资者利益之时，受害者中一人或数人代表全体提起民事诉讼，其判决结果适用于全体受损投资人的制度。

第一节　证券集团诉讼的理论分析

一、证券集团诉讼的特点

可以看到，证券集团诉讼是为了解决证券侵权群体性案件而应运而生的，其一般具有以下的特点。

1. 当事人人数多、分布广

在证券侵权案件中，往往存在成千上万的受损投资者。人数众多的当事人不可能每个都出现在法庭之上，因此必须由一小部分当事人作为代表提出诉讼。另外，当今证券侵权诉讼案件当事人的分布也会十分分散，甚至可能来自世界各国，当事人到庭的难度更加增大。所以，涉案人数增多、分布范围扩大这一趋势愈加体现了证券集团诉讼的优势。

2. 集团成员利益的一致性

人数众多的证券侵权案件当事人往往基于相同的法律问题或事实问题，并有着相同的利益诉求。因此，法律才会将这一群体拟制为一个“集团”，裁判结果方得以适用于全体当事人。利益的相关性是集团诉讼的根基之一，若没有投资者的共同利益这一背景，集团诉讼也就无从说起。

在证券集团诉讼中当事人的诉讼目的往往具有相似性，这一特点使得集团诉讼成为可能，同时也使得当事人的诉讼请求及抗辩趋同。但是，这并不代表在集团诉讼中排斥了某些单独当事人个性的存在，当事人的标的额的差别以及特殊的抗辩理由等都是被允许的。

3. 当事人诉讼请求实现的间接性

“直接言词原则”是民事诉讼程序中最重要的原则之一。在一般情况下，权利受到侵害的主体只能针对加害者提起一对一的诉讼，法官也必须在听取当事人当庭口头陈述和法庭辩论的基础上做出判决。因此，理论上证券集团诉讼很有可能构成对这一原则的违反。

然而，证券集团诉讼产生的原因在于其参与的人数众多，正是这一特点决定了其无法允许所有的当事人直接行使其诉讼权利。试想不仅狭小的法庭无法容纳成千上万人出庭，且如此数量的当事人的陈述、辩论等都将耗费大量的时间和精力。因此，由一人或数人代表当事人提出诉讼，并行使诉讼权利、承担诉讼义务成了唯一的解决办法。这虽然是诉讼中解决效率问题不得已而为之的手段，但通过这一方式形成的集团其实是各个当事人的集合，这一集团的行为将被视为所有成员的行为，其亦是在实现所有成员的利益，故当事人的人格与事实上不具备主体资格的“集团”并不分离。

4. 裁判结果的扩张性

依据一般的民事诉讼规则，只有参与诉讼的人方才受法院判决的约束。如果裁决效力及于案外人员，这一做法将实际上剥夺了其诉讼权利，有悖于程序正义。但是在证券集团诉讼中，虽然只有一人或数人参与诉讼，但其结果对那些未亲自参与诉讼的集团成员仍有约束力，甚至可能对潜在的当事人也有约束力。

证券集团诉讼是为了一次性解决当事人人数众多的案件而设计出来的，为了达到这一目的，则必然需要突破判决的相对性。事实上，若判决结果不具备扩张性，那可以说该制度也将丧失其生命力，集团诉讼也没有了存在的必要。不过，为了平衡与程序正义的冲突，立法上也设计了明示加入或选择退出等机制，以限制这种判决的扩张性。

5. 司法的强制干预性

司法强制干预源于证券集团诉讼一度出现的滥用现象以及投资者保护的问题。由于证券集团诉讼可能由代表人操纵，或者可能沦为某些律师谋利的工具，很多国家的立法都要求司法机关对其加深控制，包括限制成立条件、控制其数量、加强司法审查等等。

二、证券集团诉讼的功能

集团诉讼在形式和目标上已经逐渐脱离了传统民事诉讼领域，而成为一种适应特定实体目的的特殊诉讼形式①。其作为一种解决大规模群体性纠纷的手段，具有独特的功能和价值，而证券集团诉讼作为集团诉讼在证券领域的适用，

① 范愉：《集团诉讼问题研究》，北京大学出版社 2005 年版。

也必然具备这些功能。

1. 效率性功能

正如前文所述，效率是集团诉讼的精髓所在。由于一般情况下证券侵权涉案当事人数量众多、分布广泛，若都由其单独提起诉讼，则众多法院重复审理将造成司法资源的极大浪费；而若是合并审理，则移送管辖等手续仍然会大大降低效率。采用集团诉讼的方式将所有涉事案件一次性审判，避免的同一案件不同诉讼结果的发生，提高法院效率，节省司法资源。

而对于弱势的、小额多数的受害人来说，这亦是一种十分行之有效的纠纷解决手段。在大规模的证券民事侵权案件中，单个受害人受到的损失额可能很少，如果每个人单独提起诉讼，其诉讼成本甚至可能高过其损失。而且单个投资者面对作为被告的大型上市公司，其明显处于弱势，胜诉的难度可想而知。而如果所有投资者集合成一个团体应诉，则可以在相对保障当事人的诉讼权利的同时解决当事人诉讼成本的问题，另一方面也能够使当事人双方不平衡的地位得到改变。

另外，被告也愿意以集团诉讼的方式解决纠纷。与频繁地应付在各地提起的诉讼相比，集中资源与精力应付一个诉讼显然更具效率、节省成本。同时，也能够避免一个案件在今后被重复提起诉讼。

2. 公正性功能

由于证券侵权案件的受害人的特点，若每人单独提出诉讼，则很可能不同法院对事实认定会出现差异，以致诉讼结果会出现不同。若任由这种同一事实不同判决的案件频繁发生，则会让公众对司法的公正性产生质疑。所以当事人组成一个集团参与诉讼可以就相同事实一起进行陈述、辩论、质证等，也使得法官可以对相同事实适用同样的法律，保证案件的公平、公正。

3. 公益性功能

在大型上市公司违法造成大量投资者受损的情况下，被告方往往拥有雄厚的财力与社会资源，在诉讼中具有很大的优势。而广大投资者由于个人势单力薄，在权利受损时也往往无力捍卫自己的权利，于是任由违法者逍遥法外。为使这一社会不公平现象得到解决，集团诉讼通过集合民众的力量保护公众的权益，从而达到保护弱势群体的目的。可以说集团诉讼规范被告行为、控制或减少损害发生、促进权利实现和保障、实现社会的稳定与和谐的功能已超越了一般民事诉讼的功能范畴，从而具有了突出的公益性特征①。

三、证券集团诉讼与传统理论的冲突

我国目前并没有英美式的证券集团诉讼制度，司法实践中对于证券案件的处理方式遵照《民事诉讼法》有关条款的规定，最高人民法院也做出了相应的司法解释。2002 年 1 月 15 日，《关于受理证券市场因虚假陈述引发的民事侵权纠纷案件有关问题的通知》中指出，证券案件的诉讼方式可以为单独诉讼或者共同诉讼；2003 年 1 月 9 日，《关于审理证券市场因虚假陈述引发的民事赔偿案件有关问题的若干规定》（以下简称《若干规定》）同样规定，在证券诉讼案件中，原告可以选择单独诉讼或者共同诉讼方式。从这两个文件可以看出，我国司法机关对于涉案人数众多的证券民事纠纷采取可以采取共同诉讼的方式受理。同时，依据《若干规定》第 14 条："原告人数众多的可以推选二至五名诉讼代表人，每名诉讼代表人可以委托一至二名诉讼代理人。"可见司法实践中，我国司法机关允许在证券诉讼中采取代表人诉讼的方式。如前所述，代表人诉讼是我国集团诉讼的表现形式。而这一集团诉讼方式由于突破了以往诉讼中一对一的方式，因此构成了对传统大陆法系民事诉讼理论的挑战。这些冲突与挑战主要体现在以下几个方面。

1. 与诉讼标的理论的冲突

诉讼标的，是指当事人间有争议并请求司法机关加以裁判的对象，其是整个诉讼的核心。一般而言，双方当事人的攻辩皆以诉讼标的为中心，而法官的裁决也是对诉讼标的的明确处置。另外，诉讼标的也可以用来区分一个案件是否属于重复起诉。根据一事不再理的原则，当事人不得就同一诉讼标的再次起诉。然而，如何确认具体案件中的诉讼标的，是国内外理论界一直以来都争论不休的问题。目前就如何确认诉讼标的，主要有三个理论：传统诉讼标的理论、新诉讼标的理论和新实体法理论。经过多年的发展，新诉讼标的理论脱颖而出，为越来越多的学者所认可。该学说认为，诉讼标的的确认应当以诉讼请求和原因事实为依据。根据这一理论，当事人请求法院作出判决的内容，决定诉讼的标的以及诉讼的性质。不同性质的诉讼，有着与其相应的诉讼标的。比如在给

---

① 任自力：《证券集团诉讼：国际经验 & 中国道路》，法律出版社 2008 年版。

付之诉，即当事人请求人民法院判令对方当事人为一定行为之诉之中，原告一般请求法院确认其享有请求权，并要求被告履行给付义务。因此给付之诉的诉讼标的，简而言之即是原告之请求权。而形成之诉以形成权作为诉讼基础，原告一般请求法院确认某种法律关系存在或不存在。而这一请求确认的关系，即为形成之诉的诉讼标的。最后，在变更之诉中，当事人要求改变或消灭某种民事法律关系。这一有待法院裁决是否变更的法律关系，即是变更之诉的诉讼标的。

诉讼标的理论，有助于司法机关明确争议的实质和裁判的对象，利于进行诉讼的合并与分离，正确适用诉讼程序。根据这一理论，如果不同当事人按照不同的法律就同一事实提出诉讼，则其诉讼标的显然是不同的。比如在请求权竞合的情况下，不同的当事人可能根据同一法律事实提起侵权之诉或者合同之诉，此时这些当事人的诉讼标的就各不相同。然而若坚持这一理论，则会对代表人诉讼制度构成很大束缚。依据《民事诉讼法》第 52 条和第 54 条的规定，在我国采取代表人诉讼的前提为“诉讼标的是共同的，或者诉讼标的是同一种类”。因此，在大量当事人基于同一事实与另一方产生纠纷之时，一旦他们提出诉讼的法律基础不同，便不能展开代表人诉讼。这显然将代表人诉讼的适用局限在一个相当小的规模内，与其初衷明显不符。

2. 与既判力理论的冲突

既判力，又被称为实质确定力或内部确定力，是指确定判决对诉讼标的之判断，对法院和当事人等所产生的约束力。这一理论滥觞于罗马法，大陆法系国家的民事诉讼制度中基本上都继承了这一观念。该理论强调，裁判者一旦做出终局判决，该判决即具有法律约束力，其针对当事人请求所作出的判断就成为规制双方当事人今后法律关系的规范。双方当事人今后就不能对同一事项再度提起诉讼，也不允许当事人在其他诉讼中提出与此相矛盾的主张。而另一方面，司法机关今后也不可以作出与之相矛盾或抵触的裁决。简而言之，不允许对该判断再起争执的效力就是既判力。

前述的判决生效的拘束力，这是一种对世的绝对的效力，理论上可以称为既判力的客观范围。不过，既判力必须作用于一定的对象方能发挥作用。因此，既判力作用的对象（一般为当事人）就被称为既判力的主观范围。一般情况下，由于判决的内容仅仅针对当事人双方发生的纠纷，只有这两方才享有权利或者承担义务，所以既判力理应作用于当事人。而当事人以外的人，与诉讼的实体权利没有关系，也并未参与到诉讼中来，既判力的主观范围当然不能扩张到这些无关人等。这种规定，理论界将之称为既判力的相对性原则。

相对性原则作为既判力最基本的原则之一，具有极其重要的作用，其能够有效保障当事人的诉讼参与权并且遏制司法机关的权力滥用。然而，如果固守既判力的相对性原则，则必然会与集团诉讼的基本制度产生冲突。不过这一冲突目前在既判力的理论框架下也部分得到了解决。随着社会的发展和进步，现代社会纠纷日益纷繁复杂，对某些案件而言如果严格的遵循相对性原则，对纠纷的解决必然会产生不利的影响，同时也会对司法的权威与效能产生很大影响。因此在司法实践中逐渐出现了相对性原则的一些例外情况，出现了既判力主观范围的扩张。常见的如对标的物持有人的扩张、对当事人继受者的扩张以及对诉讼担当人的扩张。随着后来这种例外情况越来越多，学术界关于既判力扩张的理论也越来越丰富，而代表人诉讼也逐渐被纳入其中。在代表人诉讼当中，大部分当事人都并未参与到庭审过程中；有些利益相关者甚至不知道自己已经卷入一场诉讼，且该诉讼的结果还可能对他们的利益产生影响。这显然与传统的既判力理论相违背。不过，随着既判力理论不断的突破，代表人诉讼与其融合也必将是大势所趋。

3. 与正当当事人理论的冲突

正当当事人是民法法系举足轻重的一大诉讼理论，也是长久以来一直困扰着理论界和实务届的重大难题。而普通法系虽然并不具备如德日有关正当当事人详尽的理论体系，但从制度规范上亦对该问题给予了深刻地关注。在理论界，正当当事人也常常被表述为诉讼实施权或当事人适格。

正当当事人，是指对于特定的诉讼可以自己的名义成为当事人的资格①。就具体的或特定的诉讼而言，正当的当事人，可以自己的名义作为原告或被告进行诉讼，该权利被称为诉讼实施权。由于提起诉讼的人并不一定是适格的当事人，而法院的裁判只有对于正当的当事人方才有拘束力。因此，当事人适格是司法机关作出有效裁判的基础。由此可见，正当当事人理论的意义在于在诉讼中排除非适格当事人，防止第三人滥用他人的诉权。进而使得有实体纠纷的

---

① 邵明：《民事诉讼法理研究》，中国人民大学出版社 2004 年版。

当事人之间能够充分行使其诉权，以免司法资源的浪费。判断正当当事人的依据是当事主体之间的实体法律关系，不过正当当事人又与事实的实体法律关系主体有所区别。大部分情况下，争议法律关系的主体，一般就该法律关系具有诉讼实施权，也就是正当的当事人。根据理论界的通说，诉讼实施权的基础是管理权和处分权。而民事诉讼上的处分权，是指诉讼参与人就诉讼标的进行放弃、认诺、和解等行为。当然在一些情况下，第三人也可以成为适格当事人。此时，该主体通常对别人的权利或法律关系有管理或处分权，亦具有参与诉讼的资格。比如在继承案件中，遗产管理人可以就与遗产有关的诉讼出庭应诉并行使相关处分和管理权力。根据我国《民事诉讼法》第53条的规定，“代表人的诉讼行为对其所代表的当事人发生效力，但代表人变更、放弃诉讼请求或者承认对方当事人的诉讼请求，进行和解，必须经被代表的当事人同意”。由此可见，依照一般的正当当事人理论，我国的诉讼代理人对于除了他以外的诉讼参与人而言，并不是适格的当事人。

当然，实践中对正当当事人理论早就有所突破，这便是诉讼担当制度。诉讼担当，是指诉讼中当事人无法参加诉讼时，由没有直接利害关系的第三人代表当事人诉讼。该第三人以当事人的资格，就涉诉纠纷行使诉讼实施权，而原法律关系主体受到裁判既判力的约束。该制度实际上突破了传统的正当当事人理论，在诉讼担当中诉权的主体与实体法权利主体是分离的。在该制度的框架下，并非实体权利主体享有者的人，也可以对他人的实体权利行使诉权，该权利理论上称为法定的纠纷管理权。诉讼担当可以分为两种情况：一种是法定诉讼担当，另一种是任意诉讼担当。法定诉讼担当是由法律直接作出规定，其又可分为两类：一是对他人的实体权利义务或者财产拥有管理权或处分权，如代位债权人、遗产管理人；二是对他人的实体权利义务或者财产不拥有管理权或处分权，如德、日、法、英等国公益诉讼中的检察官、美国反托拉斯诉讼中的司法部反托拉斯局委员会和股东派生诉讼中的股东等①。而任意诉讼担当则是由实体权利人将某项诉讼实施权明确授予第三人，使得该第三人成为适格的当事人，而该实体权利人就该诉讼不得为当事人②。

---

① 江伟、邵明、陈刚：《民事诉权研究》，法律出版社2002年版。

② 邵明：《民事诉讼法理研究》，中国人民大学出版社2004年版。

根据我国《民事诉讼法》第53条的规定，“当事人一方人数众多的共同诉讼，可以由当事人推选代表人进行诉讼。代表人的诉讼行为对其所代表的当事人发生效力，但代表人变更、放弃诉讼请求或者承认对方当事人的诉讼请求，进行和解，必须经被代表的当事人同意”。根据民诉法这一条及《民诉意见》的相关规定，我国代表人诉讼中，当事人并不因为推选了代表人而脱离诉讼。而代表人虽然是代表所有诉讼参与人行使诉讼权利，但是其本身的当事人身份也并未丧失。而如果按照诉讼担当理论，当事人将自己的诉讼实施权授予他人时，其本人就应当退出诉讼，这一理论与我国法律规定明显矛盾。

可以看出，作为传统民法理论之精髓的当事人适格理论已显露出了其局限性。我国的代表人诉讼制度已经体现出了与该理论的不契合之处，无论是当事人适格的基础理论，还是诉讼担当理论，都已经无法包容我国代表人诉讼。因此，有必要寻求更多的理论突破。

四、证券集团诉讼理论基础的构建

由于证券集团诉讼与传统的大陆法系理论体系存在大量冲突，在我国对该制度进行改革势必会有很大的约束。因此，我们或者可以通过对大陆法系本身的理论体系加以改革，或者可以吸纳英美法系国家已有的理论，以便我国法律体系能和谐地容纳这一制度。我们认为，可以从以下几个理论着手。

1. 集团诉讼实体理论

现代集团诉讼起源于英国，而在美国发扬光大。从它诞生的那一刻起，许多人就对其正当性提出了质疑，而学术界也自然就其正当性展开了广泛的研究。由于集团诉讼的方式往往对个体当事人的诉讼权利形成了限制，为集团诉讼剥夺个人自治寻找正当性理论基础成了法学界一直以来的一个难题。

在学者们探索集团诉讼正当性理论依据的过程中，先后发展出了“同意理论”“共同利益理论”和“实体理论”。自17世纪以来，随着启蒙运动的发展，个人主义思潮在欧洲兴起。以前在英国社会组织中处于核心地位的团体，其地位逐渐动摇。体现在诉讼中，以前团体作为集团诉讼的合法代表人的理念受到挑战。因此，为解决这一矛盾，个人同意理论应运而生。这一理论认为，在一个集团诉讼中，代表人是因为得到了所有被代表人的同意故而得到合法代表权的。然而，这一理论马上在实践中遇到了无法解决的困难。由于“并非所有的成员都能得到确认，更别说联系他们以取得他们的同意了”，因此英国法院从 Chancey v. May 一案开始，便采取集团成员间的共同“利益”取代集团成员的共同“同意”作为集团诉讼的合法性基础①。

不过，由于“共同利益理论依靠的是不为现代法学思想所熟知的方法论假定，而同意理论依靠的则是与当代集团诉讼现实不符的事实假定”，因此立法者设计集团诉讼之时，这两种理论都无法提供相应的正当性理论支持。为了解决这一矛盾，法律学者们发展出了“实体理论”，该理论的核心就在于程序是为了全面实现实体法的目的而设计。“集团诉讼具有‘接近正义’‘司法效率’‘行为矫正’以及‘政策形成’四项特有功能，这就使得法院可以审理普通诉讼不能或不愿意审理的小额诉讼请求，从而确保实体法中规定的‘小额易腐’权利得以实现。”② 在这一理论框架下，集团诉讼通过对实体法的更有效、更彻底的落实，获得了程序法上的正义地位。而该理论目前已普遍为西方法学界接受，成为了集团诉讼的正义性基础。

而总结我国目前的代表人诉讼制度，可以说其理论基础仍停留在“同意理论”阶段。依据民诉法的规定，无论是人数确定的代表人诉讼还是人数不确定的代表人诉讼，其代表人都必须经所有当事人推选，这一做法很明显是为了保护被代表人的权益。然而，这种制度却显然不能适应实践的发展。由于在集团诉讼中，受害人范围广且大量受害者损失较小，若必须由所有受害者参与推选代表人将会大大增加诉讼成本。因此，我们必须采取集团诉讼“实体理论”作为我国的代表人诉讼的理论基础，从而推动我国证券集团诉讼的进一步发展。

2. 程序正义理论

程序正义被称为“看得见的正义”，它是英美法系国家的一种法律文化传统和观念。其理论源于一句人所共知的法谚：“正义不仅应得到实现，而且要以人们看得见的方式加以实现”。用常态化的语言来表述，该法谚的内涵在于的案件的审判不仅限于依照实体法规范做到正确、公正，而且还应当让当事人和公众感受到判决过程的公平性和合理性。也就是说，法院即便是作出了一个十分

---

① 曹伟：“论我国代表人诉讼制度正当性基础的应然选择——美国集团诉讼的历史考察与现代启示”，载于《法学杂志》2012 年第 1 期。

② 陈亮：“环境侵害下得我国代表人诉讼制度：功能局限与制度创新”，载于《河北法学》2008 年第 1 期。

公正、合理、合法的裁判，也是远远不够的。而得到人们的普遍认可的判决，必须做到审理过程符合公正、正义的要求。总而言之，程序正义也就是指裁判过程的公平以及法律程序的正义。

程序正义要求在裁判者在审判中做到中立性、平等性、公开性、合理性、自治性等基本要求。而证券集团诉讼制度，表面上看损害了某些当事人的诉讼权益，似乎并不符合程序正义的要求。但其实，这一制度并未违反程序正义的要求。比如，集团诉讼通过个人力量的集合，增强了受害者一方的力量，从而使当事人双方处于一个力量更加平衡的状态，客观上实现了平等性。又如大量受害者的集体发声能扩大案件的影响力，推动舆论监督，保证了司法的公正性。

程序正义提醒人们在重视裁判结果公正的同时，还要确保法律实施过程的公正性。滥觞于英美法系的证券集团诉讼制度，显然符合程序正义的要求。而一直以来“重实体，轻程序”的中国司法界，也应当更加重视程序正义的价值，并可以以其作为证券集团诉讼的理论基础。

3. 欺诈市场理论

在美国证券集团诉讼制度当中，“欺诈市场”理论起到了极其重要的作用，甚至被认为是该制度的唯一理论依据。在美国，适用集团诉讼的程序中，需要进行集团诉讼的确认（Certification of Class Action），其审查内容包括“集团成员共同的法律和事实上的问题，相对于仅影响个别成员的问题是否占优越性；集团诉讼对纠纷做出公正和有效的裁判是否优越于其他可用的方法等等”①。而在美国侵权法中，对于虚假陈述等侵权案件，原告在提起诉讼时需要证明欺诈行为、欺诈的故意或过失、被欺诈者的信赖、损害以及因果关系等五个要件。而原告在起诉阶段要证明的最主要问题就是交易中的信赖问题，即其买卖股票的行为与被告的欺诈有关系，也就是“如果集团成员对陈述的共同信赖问题优越于个人问题，则一个证券集团诉讼即可确认。”②

由于在证券交易中，投资者尤其是中小投资者力量比较弱小，由投资者证明因果关系太过困难。于是，1988 年美国联邦最高法院在判决中确立了“欺诈市场”理论，并采纳了“有效市场”作为理论基础。这一理论的核心在于，把

①② 罗斌：“程序法视野下的‘欺诈市场理论’研究——以证券集团诉讼的确认为中心”，载于《政法论坛》2009 年第 4 期。

股票市场、股票的市场价格当作被告虚假信息披露行为与原告信赖之间因果关系链条中的一个环节，仅要求原告证明自己对股票市场价格的真实性存在信赖，而无需证明他实际受到被告虚假信息披露行为的直接影响，甚至无需证明他知道该虚假信息。由此，美国法院在证券集团诉讼中将该处的举证责任倒置，原告无需证明自己的买卖与被告的虚假陈述有因果关系。更重要的是，在这一理论基础上，集团诉讼成员间的共同信赖问题无需各个原告再加以证明，使得证券集团诉讼的确认得以简化。

近年来，由于在证券案件中的滥诉现象，"欺诈市场"理论在美国司法界被广泛质疑。美国 1995 年《私人证券诉讼改革法》以及对 1998 年联邦民事诉讼规则的修改都提高了集团确认的要求，"欺诈市场"理论遭到重大挑战。我国目前对这一问题的相关依据主要是最高人民法院《规定》第 18 条，而我国之规定与美国"欺诈市场"理论孰优孰劣在学术界还颇有争议。不过，"欺诈市场"理论作为十分成熟的一大理论，在目前的美国证券集团诉讼制度里仍发挥着至关重要的作用，对我国证券集团诉讼相关理论的构建具有极大的借鉴意义。

第二节　证券集团诉讼的比较法研究

世界各国为了帮助在某些大范围侵权案件中的受害者，普遍都设计了解决群体性纠纷的诉讼制度。当然，由于各国的法治传统、经济水平等因素的不同，各国设计的制度自然不尽相同。目前世界各国解决群体性纠纷的手段主要分为以下几种：普通法系的集团诉讼制度，以英国、美国为代表；团体诉讼制度，以德国为代表；选定当事人制度，以日本为代表；代表人诉讼制度，以中国为代表。

一、德国的团体诉讼制度

德国是大陆法系最具代表性的国家，可以说其拥有最完善的法律体系和最严谨的法学理论。然而，恐怕正是其完善的法律体系，使得大陆法系和英美法系制度上的矛盾在集团诉讼这一问题上显著放大。德国司法界在考虑引进集体诉讼制度时受到诸多掣肘，最终不得不另辟蹊径开创了自己的集团诉讼制度。

德国的法学家们在 20 世纪 70 年代就对美国的证券集团诉讼制度开始了广

泛的探讨，以论证其是否适用于德国。然而经过法学界的多次讨论，最终德国人认为在该国不宜引进美国的集团诉讼制度。其主要理由有以下三点：首先，集团诉讼对胜诉酬金制的依赖问题。在美国的集团诉讼中，提起诉讼的关键不是原告而是律师。正是由于胜诉酬金的激励使得律师有着很高的积极性，弥补了单个受害者势单力薄不愿提起诉讼的问题。然而，这与德国《诉讼费用法》有着不可调和的矛盾。根据该法，原告在败诉时必须支付双方的律师费用。而美国集团诉讼中原告不仅胜诉时不用支付本方律师费，而且在败诉时也不用支付对方律师费。其次，判决效力扩张带来的听审权保障问题。集团诉讼的判决效力及于所有集团成员，而根据德国基本法第 103 条，这种效力的发生以所有集团成员获得法定听审为要件。而在美国式的集团诉讼中，受害者只要没有明确否认退出诉讼即为诉讼当事人，其判决效力具有扩张性。因此，这一点在德国可能导致违宪的问题。最后，集团诉讼赔偿金分配的难题。由于可能存在受害人太多而损害额太小的问题，赔偿金的分配成为一个棘手的问题①。

由于如果德国全盘移植美国的集团诉讼制度，将必须首先改变该国一些基本法律甚至是宪法，这势必会伤及法律制度的筋骨。因此，德国学者认为该国改革的方向不应该着眼于美国制度的引进，而在于诉讼资格的扩张。于是，在随后的时间里，德国不断对该国的团体诉讼制度进行探索和改革，并逐渐将之应用到证券诉讼领域。

德国的团体诉讼，是指“一种赋予某些团体诉讼主体资格和团体诉权（当事人适格），使其可以代表团体成员提起、参加诉讼，独立享有和承担诉讼上的权利和义务，并可以作出实体处分的制度”②。因此在德国，有权提起团体诉讼的只能是法律规定的社会团体。他们可以因为其成员或者被其保护者的利益受损，以该团体自己的名义提起诉讼。而团体诉讼一般情况下是为了行使权利保护的预防功能，原告只能提起不作为禁令之诉，不能提起损害赔偿之诉。不过在实践中，社会团体也可以基于成员的授权提起损害赔偿的团体诉讼。而德国团体诉讼的裁判结果，虽然可以适用于所有成员，但是只在成员主动援引的时候才对其具有拘束力。相对于美国的集团诉讼，德国的团体诉讼也具有其自身

① 吴泽勇：“集团诉讼在德国：‘异类’抑或‘蓝本’”，载于《法学家》2009 年第 6 期。

② 范愉：《集团诉讼问题研究》，北京大学出版社 2005 年版。

的优点。比如，团体自己名义起诉，属于单一的诉讼而非共同诉讼，简化了程序结构；社会团体的实力较强，能够在诉讼中取得与大公司平衡的地位；团体一般属于社会公益性质，能防止类似美国的滥诉，并且大部分赔偿将归于受害者而不是进入律师的腰包。

为了更好地适用团体诉讼制度，尤其是加强其在证券领域的作用，德国于2005年通过了《投资者示范诉讼法》在团体诉讼中引入了示范诉讼制度。该法的核心做法在于："将群体性诉讼中的共同事实或法律问题交给上级法院，由后者在一种'两造诉讼'的框架内先行审理，并以审理结果作为解决所有个别纠纷的基础。"[①] 也就是说，个别案件现行暂停审理，直至上级法院将共同的法律、事实问题履行完诉讼程序。而该判决具有示范效应，其他相关诉讼可以以此为基础，便于投资者"搭便车"。立法者希望在团体诉讼中引入示范诉讼程序，达到加强团体诉讼效率的目的。但从目前的实践上来看，"德国电信案"的审理已经显露出了该法的不足之处。德国团体诉讼由于其听审权保障、胜诉酬金等问题的约束，在效率上仍然无法与美国集团诉讼制度相提并论。

二、日本的选定当事人制度

日本自明治维新以来，积极吸收西方各国的文明成果，在法律制度上也是如此。在经历了初期学习法国法制经验的探索之后，日本最后选择了模仿德国制度构建自己的法制体系。不过，其选定当事人制度却是在大正十五年（1926年）受英国信托理论而设立的，是日本的一项独创制度。根据日本《民事诉讼法》第30条的规定："当因与某一事件有牵连而具有共同利益的当事人为多数时。且这些人又不属于民事诉讼法第29条规定的非法人社团，该全体人员可以从中选定一人或数人作为当事人实施诉讼。其中作出选定行为的人称为选定人。而被选定者称为选定当事人。选定行为既可以在起诉前也可以在诉讼系属后实施，当在诉讼系属后进行选定时，选定人随着选定的完成而退出诉讼，选定当事人代表全体成员实施诉讼，判决在名义上是对选定当事人作出的，但其效力

① 吴泽勇："《投资者示范诉讼法》：一个群体性法律保护的完美方案?"，载于《中国法学》2010年第1期。

却及于所有选定人。”① 日本法学家将其概括为：“具有共同利益的多数人中选出的为全体共同利益人进行诉讼的原告或被告。”

选定当事人制度是日本独具特色的一大制度，其主要体现在以下几点。第一，应当有共同利益的多数当事人存在。选定当事人诉讼的前提是人数众多，而多数方既可为原告，也可是被告，而该诉讼另一前提则是当事人间的共同利益。共同利益一般解释为共同的利害关系，但在实践中，当事人基于同一事实原因起诉也可以解释为共同利益。第二，当事人的人数必须确定。选定当事人需经过所有当事人的推选得出，且其需要获得所有当事人的特别授权方能代表所有人参与诉讼。故即便是类似证券案件人数众多的情况下，也必须先确定每一名当事人。因此，在人数不确定的情况下无法适用该制度。第三，其属于诉讼担当的一种形式。在具有共同利益的当事人确定选定当事人之后，他就获得了代表全体当事人进行各种诉讼行为的资格。而其他当事人当然退出诉讼，不再行使诉讼权利和承担诉讼义务。当然，其他当事人最终仍将受到判决的约束。因此可见，选定当事人制度实质上属于任意的诉讼担当的范畴。是共同诉讼的延伸。不过，选定当事人的权限也是受到限制的，对于放弃、变更诉讼请求，和解、调解等重大事项时，仍应征得所有当事人同意。第四，必须为非设有代表人或者管理人的非法人团体。日本有两种非法人团体，对于其中有代表人或者管理人的团体，应该根据其《民事诉讼法》第二十九条的规定，以自己的名义参与诉讼即可。

与共同诉讼不同，选定当事人制度无需所有当事人都参与到诉讼中。从而有效地减少了诉讼参与主体，简化了诉讼程序，提高了诉讼效率，这是该制度的优势所在。不过该制度也有其缺陷，其要求所有当事人参与诉讼后共同推选出代表，属于“明示加入”，这与美国集团诉讼“默示加入，明示退出”的规范不一致。但由于证券、环境等侵权行为，其受害者人数难以确定，无法保证所有受害者都参与诉讼之中。而且受害者人数多、分布广的特点，也会造成司法效率十分低下。而随着社会公益性侵权行为的不断增多，选定当事人制度的局限性也就越发显得突出，日本法学界也在要求吸纳美国集团诉讼的成功经验对选定当事人制度加以改革。而日本也确实在这方面做了一定的探索，其选定

① ［日］中村英郎著，陈刚等译：《新民事诉讼法讲义》，法律出版社 2001 年版。

当事人制度也借鉴了美国集团诉讼形式解决群体纠纷，即只要承认了原告具有代表诉讼群体的资格，最终的判决约束所有的利害关系人[①]。

三、英国的集团诉讼制度

英国，可以说是集团诉讼的滥觞之地。由于工业革命的影响，社会生活中人们之间的经济财产纠纷日益复杂化，传统的一对一诉讼模式已经难以适应当事人众多的诉讼。于是英国衡平法院开始了对诉讼模式的改革，开创了代表诉讼制度。该制度“允许其中一人或数人代表具有共同利益的其他人提起诉讼，而且被代表的其他人可以在诉讼中不加明确，代表人进行诉讼后，法院做出的判决对所有被代表的人和该代表本人都有约束力”[②]。这一被认为是美国集团诉讼前身的制度在英国很少得到应用，反而在美国得以发展。而作为集团诉讼发源地的英国，也直到1990年通过新的《民事诉讼规则》才正式确立了自己的集团诉讼（Group Litigation）制度。

与代表人诉讼不同，英国集团诉讼制度的实质是诉讼的合并。英国法院对于其认为具有相同法律问题或者事实问题的诉讼，可以做出进行集团诉讼的命令。因而本质上看，其并不是一种特别程序，而只是将几个诉讼合并处理而已。但这一模式也具有其独特的作用。首先，其采取明示加入的方式确定当事人。虽然英国集团诉讼也可以适用于人数不确定的诉讼中，但与美国的“默示加入”不同，当事人需要登记方能参与到诉讼当中。而与美国“明示退出”相比更具特色的是，登记并参与了诉讼的当事人对于最终的判决可以申请法院作出对其无拘束力的判决。其次，其实由法院实行严格管理的制度。与美国提起诉讼的主动权在当事人手中不同，英国当事人即使提起了满足条件的申请，法院仍然可以决定是否采取集体诉讼的方式审理。然后，英国集体诉讼制度中，法院可以从集体登记中选择进行一宗或多宗实验性诉讼，而对实验诉讼所做的决定，对于其他诉讼都具有拘束力[③]。而更具特色而是，这些实验诉讼也可以达成和解。最后，关于英国集团诉讼判决效力的问题。首先，对于已登记的当事

①② 鲍炜炜：《论我国的证券集团诉讼制度》，内蒙古大学硕士学位论文，2008。

③ 阳珊：《集团诉讼引入我国证券群体诉讼可能性研究》，江西财经大学硕士学位论文，2011。

人来说，其当然是具有拘束力的。而对于在判决后进行集体诉讼登记的当事人，

这一判决也具有拘束力，但是这些当事人不能再申请撤销、变更或终止判决，也丧失了上诉权。在判决对其不利的情况下，这些当事人只能通过申请法院确认判决对其不具拘束力这一方式获得救济。

四、美国的集团诉讼制度

与德国、日本、英国等国的集团诉讼制度相比较，美国的证券集团诉讼制度的地位更加突出。作为美国诉讼制度中最具特色的一环，其成熟而高效的运行解决了美国众多的群体性纠纷。而这一制度也因此获得了他国司法界的广泛关注，加拿大、澳大利亚、韩国等国家纷纷模仿美国，建立了自己国家的集团诉讼制度。

美国最初的集团诉讼源自 1938 年的《联邦民事诉讼规则》，但按当时的规定，判决对于“缺席者”没有拘束力。直到 1966 年，美国对该规则进行了修改，规定如果集团成员没有明确表示退出集团诉讼即视为其已加入集团诉讼，美国集团诉讼制度方才趋于成熟。“默示加入”的规定激发了这一制度的活力，使其在解决证券、环境等方面案件时具有极高的效率，不过到了 20 世纪 90 年代，该制度遭到了学术界和舆论的广泛质疑，主要集中在对集团律师的抨击。在当时，很多律师利用集团诉讼规则，在证据并不充分的情况下提起对上市公司的诉讼。而很多上市公司为了免于纷繁复杂的诉讼及可能的赔偿，即使在没有违法的情况下也往往选择和解了事。而且很多情况下，集团诉讼中获得的赔偿大部分都落入了律师的腰包，受害者只能获得很少的赔偿额。这使得集团诉讼制度沦为了律师的摇钱树，丧失了其原有的救济功能。有鉴于此，美国在 1995 年通过了《私人证券诉讼改革法案》，设置了“首席原告”制度和“安全港”制度等诸多保护上市公司的条款。按照这些规定，所有人在三年之内只能担任五件证券集团诉讼的首席律师；上市公司对其信息披露中的预测性信息无需承担民事侵权责任。这些规定都能防止律师利用集团诉讼牟利，降低了滥诉的可能性，保证了该制度的健康发展。

根据《联邦民事诉讼规则》及其他相关法案，美国证券集团诉讼的适用遵循以下流程。首先，应由收到侵害的当事人自行向法院提起诉讼。由于是集团诉讼，提交起诉状的当事人事实上必须代表所有受害者起诉。然而这一行为并不需要得到任何其他当事人的同意或授权，这大大提高了诉讼效率。当然，集团诉讼的成本很高，单个受害者一般无法负担，而律师则有胜诉酬金的激励。故虽然名义上证券集团诉讼由受害者提起，但往往是由律师发动、主导并承担诉讼支出的。然后，法院对于收到的起诉，需要考察决定是否适用集团诉讼方式受理案件，这一过程即前文提到的“集团诉讼的确认”程序。依据《联邦民事诉讼规则》第23条（a），法院就以下问题进行审核：有众多人数的当事人，有着共同的事实问题或法律问题，代表主张的权利或者抗辩意见带有典型性，集团成员信赖代表人允许其代表集团成员的利益①。在法院确认证券集团诉讼之后，起诉的当事人或者代理律师应当按照法院的要求将所需事项通知集团人员。由于集团诉讼对于未参与诉讼的成员也具有拘束力，故通知程序能保障所有投资者的知情权。最后，集团成员可以选择退出集团诉讼。在规定的时间内，集团成员可以向司法机关表示自己不愿加入诉讼的意愿，从而使自己不受该案的约束。而这一规定更大的意义在于其实质上意味着成员的“默示加入”。只要成员不明确表示自己退出，则将被视为诉讼集团的一员，从而使得集团诉讼的判决具有最为广泛的效力。

虽然证券集团诉讼制度曾在美国遭受诸多质疑，但是其本身具有的很多优点使其不失为一种机制成熟、运行稳定的群体性纠纷解决制度。第一，其采取了选择退出机制。美国证券集团诉讼最大的特点莫过于其“默示加入，明示退出”的模式了，这一方式扩大了诉讼的参与面，从而更加有效地保护社会公共利益。而利用集团诉讼方式也能节省司法资源，提高诉讼效率，避免了大量受害者个人提起诉讼。当然，这一制度并不意味着美国法院不关心未参与诉讼者的权益。司法机关认为，集团代表人应当代表着最广大当事人的利益，且需要为所有当事人利益考虑。因此法官对于集团诉讼代表人的任命相当慎重，当事人必须有着充分的代表性方能被法院认可为集团代表。也就是说，集团代表自身的诉求以及涉及的法律、事实问题，应当与大部分当事人有着较高的一致性。而且法官对于这一代表性必须进行主动监督，对于不适合的代表人应当及时要求更换。第二，律师在诉讼中起到了关键性的作

---

① 戴费洋：《论我国证券集团诉讼制度的构建》，南京师范大学硕士学位论文，2013。

用。对于分散而力量弱小的受害者来说，提起一个程序繁琐而成本极高的证券集团诉讼是不现实的。而此时利用诉讼酬金吸引律师主动参与到诉讼中，成为美国集团诉讼的关键所在。这些律师主动搜集上市公司违法的证据，帮助受害者提起诉讼，甚至垫付起诉费用，解决了受害者由于损失少而不愿起诉的问题。而这些律师的专业技能，也能完美地扭转普通受害者与上市公司之间力量悬殊的状态。可以说，律师的主导，才是美国集团诉讼的动力之源。第三，法院在诉讼中有着很大的权限。美国作为普通法系国家，法官在审判中处于居中裁判的地位，庭审中一般坐观当事人双方对抗。而对于证券集团诉讼，由于其明显的社会公益性质，立法者赋予了法官更多的决定与监督权力。这些权力能够使法官更好地保护广大投资者，防止代表人和律师损害投资者利益。第四，集团诉讼往往通过和解结案。在集团诉讼中，计算每一名受害者的损失几乎是一件不可能完成的任务。而对于被告而言，计算得出的损失往往意味着巨额的赔偿；而对原告而言等待法院判决将是一个漫长的过程，时间成本的诉讼成本将难以估量。因此，对于原被告双方来说，和解都是一个十分现实的选择。而鼓励当事人通过和解结案，一方面能减轻当事人双方的负担，另一方面也能简化诉讼程序，节约司法资源。

五、中国的代表人诉讼制度

代表人诉讼制度，是我国特有的一种群体性纠纷解决机制。20 世纪 80 年代，由于改革开放以来社会主义市场经济的迅速发展，出现了越来越多同一案件涉及众多当事人的情况。为了应对这一问题，理论界和实务界都展开了积极的探索。最后，1991 年我国《民事诉讼法》颁布之时确立了代表人诉讼制度。紧接着，最高人民法院 1992 年出台了《关于适用〈中华人民共和国民事诉讼法〉若干问题的意见》，对该制度进行了进一步明确。

代表人诉讼，是指一方或者双方当事人人数众多时，由这些当事人推选出代表人代表本方全体当事人进行诉讼、维护本方全体当事人的利益，而代表人的诉讼行为对本方全体当事人发生效力的诉讼制度。我国的代表人诉讼制度是共同诉讼制度与诉讼代理制度相融合的产物，其以共同诉讼制度为基础，并吸收了诉讼代理制度的机能。最高法院发布的《关于受理证券市场因虚假陈述引发的民事侵权纠纷案件有关问题的通知》以及《关于审理证券市场因虚假陈述引发的民事赔偿案件有关问题的若干规定》将该制度在证券案件中的适用问题作了进一步的规定。与国外的证券集团诉讼制度相比较，我国代表人诉讼制度具有以下特点。

第一，审理时参与诉讼的人数是确定的。依据我国《民事诉讼法》第53条及第54条的规定，我国的代表人诉讼分为起诉时人数确定的代表人诉讼和起诉时人数不确定的代表人诉讼。对于人数不确定的诉讼，法院在立案后可以发布公告，要求权利人在规定期限内向法院登记，未登记需另行起诉。所以，在案件进入审理程序之前，参与诉讼的主体数量实际上是确定的。这与美国的集团诉讼迥异。在美国，集团诉讼进行时，当事人的数量是不确定的，许多利害关系人甚至并不知道正在发生的诉讼。

第二，受害者加入诉讼以登记为要件。我国民诉法要求权利人向人民法院登记之后，方能成为诉讼的当事人。而美国的集团诉讼中，当事人只要不明确表示退出诉讼，其就当然成为诉讼集团的成员，将受到判决的约束。在这一问题上，我国与英国的规定类似，美国是“默示加入”，而中英两国是“明示加入”。

第三，代表人的诉讼行为受被代表人限制。《民事诉讼法》第53条规定：“代表人的诉讼行为对其所代表的当事人发生效力，但代表人变更、放弃诉讼请求或者承认对方当事人的诉讼请求，进行和解，必须经被代表的当事人同意。”我国代表人诉讼中，代表人做出重大诉讼行为时，必须经全体被代表的当事人同意。这一做法与日本对选定当事人的限制颇为相似。而美国由于其当事人不确定的特点，在处理这一问题时，则采取了法院监督的方式。

第四，判决效力具有间接的扩张性。《民事诉讼法》第54条第三款规定：“人民法院作出的判决、裁定，对参加登记的全体权利人发生效力。未参加登记的权利人在诉讼时效期间提起诉讼的，适用该判决、裁定。”可见我国代表人诉讼对未登记的权利人是有扩张力的。不过这一效力扩张受到一定限制，与美国集团诉讼广泛的适用效力不可同日而语。

代表人诉讼制度，是我国为解决群体性纠纷而做出的积极探索，多年以来也体现出了其积极效果。然而，面对蓬勃发展的证券市场、规模越来越大的证券侵权案件，这一制度能否完成其应有的使命呢？这个问题值得我们思考。

第三节 我国证券集团诉讼之改革建议

一、我国代表人诉讼制度的局限性

随着我国经济社会的飞速发展，社会矛盾也日益尖锐，群体性的纠纷也层出不穷，而代表人诉讼本应当在解决这些纠纷中发挥举足轻重的作用。然而在实践中，代表人诉讼的运行状况却并不理想，这与我国独特的社会现状是分不开的。首先，我国公权力机关在应对群体性纠纷之时一般优先选择行政手段。行政机关解决问题具有极高的效率，通常能迅速地解决问题。但是，行政机关在处理群体性纠纷时，往往出于维护社会稳定的目的，采取非常的手段解决问题，且不愿意受害者把问题闹到法院。因此，很多本来应该通过司法解决的问题却由行政机关摆平，代表人诉讼也自然没有了用武之地。而在证券侵权案件中也是如此，行政机关经常通过对违法主体的处罚以及勒令赔偿投资者的损失来平息事态。但这种做法很容易损害投资者或者违法方的权益，也往往使问题得不到真正的解决。其次，法院对于采取代表人诉讼解决案件也经常采取消极态度。虽然根据《民事诉讼法》和《若干规定》，人民法院对于有着大量当事人的案件可以采取代表人诉讼的方式。但在实践中，由于受害者人数太多，案件十分复杂，再加上裁判者精力和业务水平的限制，法院若采取代表人诉讼方式审理往往力不从心。因此，在审理证券侵权案件时，法院无法采取一个代表人诉讼解决问题，必须分为多个代表人诉讼。而其实，目前司法机关最为普遍的做法是采取分别立案，合并审理的方式。比如，在“东方电子案”中，投资者最后是通过6000多个单独的诉讼完成其对东方电子的索赔的①；而在“大庆联谊案”中，哈尔滨中院也是通过145件案件完成该事件的审理工作的。不过这一案件中有部分当事人采取了代表人诉讼，这也是目前代表人诉讼在证券案件中的唯一一次运用②。可见，实践中证券案件的审理仍然未脱离传统的单独诉讼或者共同诉讼的范畴，代表人诉讼方式实际上几乎形同虚设。

---

① 《证券民事赔偿第一大案：东方电子案》，http://finance.sina.com.cn/stock/t/20110309/19399500903.shtml。

② 《共同诉讼第一案大庆联谊案》，http://finance.sina.com.cn/stock/t/20110309/19309500873.shtml。

在证券案件中无法广泛适用代表人诉讼制度，并不仅仅因为外部环境的影响，更大的原因恐怕在于该制度目前还存在的一些问题。其局限性主要体现在以下几点。

（1）代理人诉讼的理念定位有所偏差。群体性纠纷，波及范围广，社会影响大。因此解决这些问题的诉讼需要带有更多的公益性色彩。其不单单是要维护当事人个人利益，更需要以诉讼带动整个纠纷的解决，维护社会的稳定。而我国的代表人诉讼制度的初衷在于节约司法资源，提高司法效率。因此，无论立法还是司法层面都缺乏以该制度服务社会公共利益的理念。于是，代表人诉讼局限在一个如此狭小的范围内而司法机关却无动于衷，也就不难理解了。

（2）制度规定不够详尽，缺乏可操作性。《民事诉讼法》及《民诉意见》对代表人诉讼的规定不过寥寥数语。而最高人民法院虽针对证券案件相继出台了《通知》和《若干意见》，但也基本没有涉及代表人诉讼的具体适用问题。因此对法官而言，采取一个立法上只有原则性规定而缺乏具体操作流程的制度去审理案件，是具有相当大的风险的。而另一方面，具体制度的缺乏意味着法官将有很大的自由度，这可能会引发社会对裁判者滥用自由裁量权的质疑。从这两点出发，法官不愿采取这一让其无所适从的方式审理案件也就情有可原了。

（3）受案范围受到限制。在20世纪90年代，我国法院曾经有一段时期不接受证券侵权诉讼的历史。直到《通知》和《若干规定》的出台，才使得部分因虚假陈述而引起的证券侵权案件进入了司法程序。然而，这一司法解释未将内幕交易和操纵市场行为的侵权案件纳入受案范围，导致我国法院长久以来对于内幕交易和操纵市场赔偿案件不予立案。直到2007年，由于“杭萧钢构”案的影响，最高人民法院副院长奚晓明在全国民商事审判工作会议谈到：“当前，对于投资人对侵权行为人提起的相关民事诉讼，有关人民法院应当受理。”这样才使得内幕交易和操纵市场的侵权案件可以进入司法程序①。不过，由于没有相关司法解释的支持，目前法院对于有关内幕交易和操纵市场的证券侵权赔偿案件审判工作，仍只能参照虚假陈述案件审理，比如光大证券“乌龙指”事

① 《杭萧钢构案：催动内幕交易民事赔偿脚步》，http：//news. cnfol. com/101209/101，1591，8942659，00. shtml。

件。[1] 可见，这种将内幕交易和操作市场行为排除于受理范围外做法，限制了代表人诉讼的适用，不利于证券侵权案件的解决。

（4）证券侵权诉讼需以行政处罚为前置程序。根据《若干规定》第6条："投资人以自己受到虚假陈述侵害为由，依据有关机关的行政处罚决定或者人民法院的刑事裁判文书，对虚假陈述行为人提起的民事赔偿诉讼，符合《民事诉讼法》第108条规定的，人民法院应当受理。"故提起证券侵权赔偿之诉需要以行政处罚或者刑事裁判为前提。这一规定显然减轻了原告方的负担，使其不用再举证证明被告的违法行为。不过，公民认为其人身财产权利受到侵害时，其有向司法机关请求救济的权利，这是不言而喻的，也是宪法赋予每个中国公民的权利。因此，该规定实质上侵害了当事人的诉讼权利，并很有可能将会危及其实体权利。

（5）对诉讼标的的规定限制了代表人诉讼的范围。根据我国《民事诉讼法》，代表人诉讼的当事人之间需要诉讼标的同一或属于同一种类。按照诉讼标的的有关理论，这意味着不同当事人的法律争议性质必须相同。也就是说，即便两个当事人基于被告的同一个违法行为而受到损害，若一个人选择合同之诉，一个选择侵权之诉，这两名当事人也不能被容纳在一个代表人诉讼里。这一做法使得许多当事人只能单独起诉，不利于代表人诉讼规模的扩大。

（6）选择加入制度限制了代表人诉讼的规模。证券侵权案件具有"小额多数"的特点，而设计集团诉讼等制度的最初目的，也就是为了简便快速地解决纠纷。而代表人诉讼规定了登记制度，要求权利人在规定期限内向法院登记方能参与到诉讼中。这种做法增加了当事人的诉讼成本，尤其对许多损失较小的当事人而言，其去法院登记的成本甚至可能高过诉讼可能得到的收益。如此大量的小额投资者放弃参与诉讼，最终可能会使违法者仍保有巨额的违法所得。并且，原告方人数的减少，使得双方当事人本就不平等地位更加悬殊。本为保障当事人诉讼权利的制度却造成了事实上不平等。另一方面，登记制度也会滋生"搭便车"问题。由于代表人诉讼的判决结果具有间接扩张性，对于没有在规定期限内登记的当事人可以在判决后适用裁判结果。因此，许多投资者会采

---

① 《起诉光大，将参照虚假陈述赔偿案审理》，http：//news. xinhuanet. com/fortune/2013 - 10/12/c_125519479. htm。

取观望的做法，不自行提起诉讼亦不参与正在进行的代表人诉讼。他们可以等其他受害者通过代表人诉讼胜诉之后，根据《民事诉讼法》54 条的规定，另行起诉，要求法院适用前面的胜诉判决。这样，他们便可避免集团诉讼繁琐的程序，也无需承担沉重的诉讼成本。然而，若是大部分权利人都持这样的想法，那么提起诉讼的积极性必然会降低，最终导致代表人诉讼的功能无法得到实现。

（7）代表人的产生及权限不利于诉讼的开展。对于代表人的产生，法律规定由登记的当事人推选，推选不出时由法院指定。而对于证券诉讼来说，当事人数量大、分布广，很难通过前两种方式选出代表人。而法院如何指定代表人，法律没有做出具体的规定，且对于代表人的诉讼能力等也没有做出任何要求。这将会造成代表人产生的困难，不利于维护所有当事人的权益。而对于代表人的权限问题，法律规定其进行和解、变更或放弃诉讼请求时都应该获得被代表人的同意。这固然能够防止代表人滥用其权力，损害其他当事人利益，不过对于证券案件来说会带来操作上的极大不便。有鉴于此，最高人民法院在《若干规定》第 15 条要求代表人应当获得特别授权，试图简化代表人诉讼的流程。但是实践中，法院仍然需要一一审核成百上千份的授权委托书，这仍然是一个极大的负担，势必会造成代表人诉讼的举步维艰。

（8）法院对于诉讼的控制程度不够。作为一种群体性诉讼模式，大部分当事人并不会亲自参与到代表人诉讼之中。此时，就需要法官更多地发挥其职权，更加主动地掌控诉讼程序，以便保护当事人的权利。正如在美国集团诉讼中，法院负有对集团诉讼代表人的监督义务，对于不能胜任或违反忠实义务的代表人，法院应当要求更换。这样便能避免由被代表人亲自监督的效率损失，也可以保证维护广泛当事人的利益。而我国目前的法律并未要求法官在诉讼中发挥更积极的作用，而法官也秉承我国司法机关一贯不“多管闲事”的传统，更不会主动插手代表人的任免等问题。

二、我国代表人诉讼的改革措施

由于我国代表人诉讼在实践中出现的种种问题，理论界一直都在广泛讨论如何改善我国的群体性纠纷解决机制。而证券侵权领域，更是由于其特殊性受到政界、学界、商界的密切关注。对于代表人诉讼的改革问题，目前学者主要有三种观点。第一种认为应该引进美国的集团诉讼制度，全面取代代表人诉讼；

第三种认为应该借鉴团体诉讼制度，丰富我国的代表人诉讼；第三种认为只需对代表人诉讼进行改革，使其适应社会的发展。

由于我国资本市场的迅速发展，上市公司违法现象愈演愈烈。除了公权力机关的监管之外，民事主体的诉讼求偿对于证券市场的健康发展也具有重要的意义。因此，我国证券集团诉讼制度的改革势在必行，不过，推进该制度的改革仍需稳步进行。一直以来，学术界都十分热衷于寻求在我国引入美国式的集团诉讼。诚然，作为世界上法律制度最完备的国家之一，美国的集团诉讼具有极其突出的特点。其极高的可操作性和效率，以及在证券侵权案件中的广泛适用都是其他国家类似制度无法望其项背的。不过，这并不代表这一制度就能适合我国的国情。我国是一个传统的大陆法系国家，并不具备大规模引进英美法制度的土壤。正如德国法学家反对在德国引进集团诉讼时的理由一样，我国亦不具备与美国集团诉讼相配套的法律制度，甚至这一制度与大陆法系现有的制度存在巨大的矛盾，以致可能会引发宪法冲突。事实上，目前在大陆法系国家中，韩国是极个别引进了美国式集团诉讼的国家，而集团诉讼在韩国的运行现状却不容乐观：该法生效已经十年，但韩国投资者采取该法维护自身权益的案例几乎没有。这固然有韩国制定该法时加入的一系列防止滥诉的条款有关，而更重要的原因恐怕还是这一英美法制度在大陆法系国家的水土不服。无论是学术上的论证还是邻国的前车之鉴都清晰地揭示出了一个事实：盲目地在我国移植美国式集团诉讼，恐怕只能是橘生淮南则为橘，生于淮北则为枳。而团体诉讼，则是大陆法系土生土长的制度，我国的法律体系相对而言对其不会有较大排斥。德国开创这一制度之后，很多大陆法系国家和地区都模仿德国建立了类似的团体诉讼模式，如我国台湾地区。而目前团体诉讼无论在德国还是在台湾地区都得到了较好的运用。而由有官方背景团体组织参与到纠纷解决中，更是我国长久以来的传统。因此，在我国引进团体诉讼模式是未来长期的解决之道。不过全面建立团体诉讼制度需要一系列配套设施的建设，比如各类投资者保护团体的建设，团体管理的有关法律法规建设等等。这必然是一个长期的过程，而证券市场层出不穷的违法事件已经使得我国证券集团诉讼的改革刻不容缓，故团体诉讼模式亦非最为迅速的改革路径。

因此，在当前形势下，对我国已有的代表人诉讼制度加以完善才是最为行之有效的解决手段。我国代表人诉讼在实践中很少得到运用，这并非由于该制度本身无法解决群体性纠纷，更多的是因为其操作性不强，配套制度建设滞后，司法机关消极对待等原因造成的。因此，如果能使代表人诉讼制度更加完备、更加贴合司法实践，其应当是能够在现阶段满足我国证券侵权诉讼的需求的。具体而言，我们认为应当从以下方面加以改善。

1. 明确代表人诉讼的功能定位

在证券违法案件中，通常情况下存在大量损失数额并不大的投资者，这些投资者往往出于诉讼成本的考虑而怠于提起诉讼。我国目前的代表人诉讼模式对于投资者缺乏激励性，更是加剧了这一倾向，以致违法者逃脱了应有的惩戒。而集团诉讼的功能与目的正在于保护大多数人的利益，尤其着重关注弱者的权益，以实现社会公正。因此，我国的代表人诉讼制度必须坚持集团诉讼应有的内涵，发挥其公益性功能，从而维护中小投资者利益，震慑违法侵权者，实现法律的公平与正义。

我国将代表人诉讼分为人数确定的和人数不确定的两种，证券案件理应适用人数不确定的代表人诉讼，不过事实上在案件进入审理阶段时当事人的人数都是确定的。所以在所谓人数不确定的代表人诉讼审理中，也仍然不会将那些未登记的受害者的损失考虑进来，大量中小投资者的损失遭到忽视。为了改变这一现状，我国应当更加积极地采取人数不确定的代表人诉讼解决证券侵权案件。具体而言，可以在立法中明确其社会性功能，列明其适用条件即大规模群体性纠纷等。通过这些措施，使得受害者和司法机关重新认识到人数不确定代表人诉讼的功能所在，从而更多地运用这一手段解决人数众多的证券纠纷。当然，为了使代表人诉讼的定位回归其应有的公益性，从长远看我国或许可以建立“真正人数不确定”的代表人诉讼，即“退出式”的代表人诉讼。通过这一方式，除了明示退出者之外的所有受害者都能被涵盖入一个诉讼之内，从而让违法行为造成的所有投资者损失都纳入赔偿额的计算中，进而有效地实现惩戒违法者、救济“小额多数”投资者的功能。

2. 扩大代表人诉讼案件的受理范围

我国对于证券民事赔偿案件的起诉有着严格的前置程序——对违法者的行政处罚或者法院的刑事裁判。这一规定的初衷在于防止滥诉，避免出现如美国一般的诉讼爆炸。然而，我国的法制建设其实还处于发展阶段，公民的权利意识也未能普遍觉醒，担忧我国此时出现诉讼爆炸现象难免有杞人忧天之嫌。并且，证券案件是民事案件，当事人双方理应属于平等的主题。而前置程序的要求，却使双方一开始就处于并不平等的地位上参与诉讼。因此，我国很有必要放宽证券诉讼的前置程序，使投资者一旦认为发生了证券违法行为并损害其利益即可提起诉讼。另外，最高人民法院《通知》和《若干规定》将证券侵权案件的受理范围局限在虚假陈述案件。司法机关的当务之急是尽快出台相关的司法解释，将内幕交易和操纵市场违法行为也纳入证券民事诉讼的范围内，从而扩大代表人诉讼的适用，保护广大投资者权益。

当然，盲目放宽限制将会产生许多不可控制的问题，因此放宽之时应同时制定切实可行的适用代表人诉讼审理证券案件的受理标准。当前我国代表人诉讼的适用标准存在很多弊端，比如规定必须有着相同或同一种类的诉讼标的，这都会限制代表人诉讼的利用。因此，应当制定更加科学的适用条件，具体而言应包括以下几个方面：受害者人数众多，有着共同的法律或者事实问题，采取代表人诉讼较其他方式更具优势等等。至于代表人的选任等有关问题，则不应纳入法院是否受理案件的标准中来。

3. 建立代表人诉讼的激励机制

我国代表人诉讼很少得到运用的一个重要原因就是缺乏利益的驱动。诉讼代表人耗费精力和财力与被告周旋，最后却不能获得任何酬金，且其胜诉结果可以被对诉讼未作出任何贡献的受害者直接引用。在这一情况下，大部分人都会选择观望，寻求“搭便车”的机会。此外，我国规定诉讼费用一般由原告方垫付，最后再根据诉讼结果规定由哪一方负担。而证券诉讼中一般有着大量受害者，诉讼标的额可能极大，由代表人负担并不现实，这也是当事人不愿提起代表人诉讼的重要原因。

针对这些情况，我国有必要增加代表人诉讼的激励机制，吸引受害者中有能力的人主动担任代表人。在代表人诉讼中，代表人自身也是当事人，其亦希望通过诉讼获得相应的赔偿。所以立法可以规定，在原告方胜诉的情况下，诉讼代理人除了获得其应得的赔偿额度之外，可以适度获得额外的酬金以补偿其在诉讼中的时间、金钱支出。而关于诉讼费用的问题，我国可以借鉴美国的经验，通过加强律师在诉讼中的作用来解决。首先，法院可以对于代表人诉讼案件适当放宽诉讼费用交付的期限，规定其在立案阶段可以暂不交纳。待法院确定采取代表人诉讼方式并选任代表人之后，由诉讼代表人选任律师，再由律师或其所在律所垫付诉讼费用。诉讼代表人在与律师签订代理协议时可以约定，胜诉后一定比例的赔偿额作为律师的胜诉酬金，而若败诉则垫付的诉讼费用仍由律师承担。这一做法使代表人无需承担大额的诉讼费用，而由财力雄厚的律师事务所承担，减轻了受害者负担。同时由于酬金与赔偿额挂钩，律师也会更加积极地履行其职责。

不过，律师的积极参与正是美国证券集团诉讼滥用的根源之一。我们也应当吸取美国的教训，在积极引入律师参与诉讼的同时防止律师扰乱诉讼。比如严格限定担任诉讼代理人的律师的资质，规定每名律师每年代理证券集团诉讼的数量，诉讼酬金的比例需获得法院批准等等。

4. 改良代表人诉讼的通知登记程序

如前所述，本书认为我国未来可以考虑采取美国的“默示加入，明示退出”制度。这一方式对于提高证券集团诉讼的效率具有重要作用，与此同时也能最为广泛地保护投资者利益。但是由于其自身存在的一些问题，现阶段世界各国对引入这一机制仍持谨慎态度。即使是同为普通法系的英国也坚持加入制，对“选择退出”机制颇为排斥。而我国若此时引进这一机制，则很有可能引发诉讼规模急剧膨胀、社会影响难以控制等风险。所以，从国内外的现状出发考虑，我国在目前采取“选择退出”机制并不具有现实可能性。

而在坚持登记加入制的前提下，只要能优化制度设计、简化登记流程，依旧能使代表人诉讼焕发活力。首先，应改革登记的公告程序。在目前的代表人诉讼中，法院可以自行决定是否公告通知权利人。但是在证券诉讼中，为了实现大量当事人的知情权并使案件尽可能通过一次诉讼解决，必须通过立法强制实施通知程序，并规定通知的内容和期限。此外，通知手段也应更加多样化，除了在全国性的报纸期刊上刊登之外，更应该通过证券交易所发布相关公告，力图通知到每一名受害者。其次，应简化登记程序。证券侵权案件的受害者往往分布广泛、遍及全国，要求所有人都前往受案法院进行登记是不现实的，因此必须制定经济便利的登记制度方能让受害者积极参加诉讼。本书认为有以下两种方案可供选择：其一，借助各地基层法院登记。在立案法院发出登记通知后，受害者可以持交易记录等证据材料前往自己所在的基层人民法院登记。基层法院在审核通过相关证据之后，将受害者资料、损失金额等资料发送至立案法院，而立案法院对基层法院发来的信息直接认定。其二，借助证券交易所和证券公司。由于证交所和证券公司保有证券交易的历史记录资料，法院可以委托证交所进行资格审核。符合法院通知规定的适格受害者，可以在期限内向自己券商申请，券商在查明交易记录之后将相关资料证据汇总至交易所，由交易所进行审核汇总，而法院对这一登记结果进行直接认定。通过这两种方式，都可以大大节省权利人登记的成本，保证大量损失额较小的投资者也参与到诉讼中来，推动代表人诉讼的进程。

5. 优化代表人的产生及权限等相关制度

我国《民事诉讼法》规定诉讼代表人的产生方法有两种：登记的当事人推选，法院与当事人商定，而《民诉意见》又规定了可以由法院在当事人中指定。然而，证券案件的特点决定了其代表人由所有当事人推选难以实现，而法院与当事人协商同样如此。因此，法院应该在选择代表人的过程中发挥更积极作用，主动履行指定代表人的职责。当然，为防止司法机关滥用职权侵害当事人利益，应通过司法解释规范选取代表人的条件。比如能代表大部分当事人的利益诉求，拥有足够的时间精力参加诉讼，具备一定的知识文化水平等等。

另外，代表人的权限受到法律的较大限制。民诉法规定“代表人变更、放弃诉讼请求或者承认对方当事人的诉讼请求，进行和解”需要获得被代表当事人同意。《若干规定》规定必须取得被代表人的特别授权以期简化程序，但效果并不理想。因此，有必要通过立法扩大代表人的诉讼权限，规定人数不确定的代表人诉讼中，诉讼代表人当然取得被代表人的特别授权。当然，这一规定有侵害被代表人实体权利之嫌，因此也应该制定相应的制度加以限制。比如，在代表人做出实体权利处分之时，法院必须向已登记当事人发出公告，当事人若不同意代表人的做法，可以在一定期限内声明退出诉讼。

6. 加强法院在代表人诉讼中的职权

对于大部分代表人诉讼中的当事人来说，他们是游离于诉讼之外的。由于无法亲自参与庭审等诉讼流程，他们无法监督代表人及律师是否侵害了自己的权利。在这一情况下，法院应该发挥社会公益性功能，更加主动地监管诉讼代表人一方的诉讼行为，保护投资者利益。因此，我国应该通过立法或司法解释，扩大法官在代表人诉讼中的权限，比如代表人的选任与更换、代理律师的选任与更换、监督代表人的权利处分行为等等。

另外，法院也应该更加积极地促成当事人双方的和解。“美国证券集团诉讼绝大多数以和解方式结案，这是证券集团诉讼机制的一大规律。”[①] 而我国《若干规定》也指出：“人民法院审理虚假陈述证券民事赔偿案件，应当着重调解，鼓励当事人和解。”法院通过调解及和解解决代表人诉讼，可以有效提高诉讼效率，减轻双方当事人负担。而这样也减轻了法官的工作量，法官对调解、和解方式结案具有极高积极性。不过，这一相对工作量较小的结案方式可能造成法官的惰性，对于和解方案缺乏实质和形式上的审查。因此，我国法律及司法解释应就法院如何在代表人诉讼中进行调解和和解做出专门规定。尤其应当注意防止代表人及律师与被告违法达成私下协议，避免广大受害者权益受损。

① 鲍炜炜：《论我国的证券集团诉讼制度》，内蒙古大学硕士学位论文，2008。

第十二章

证券违法案件替代性纠纷解决机制的建立

Alternative Dispute Resolution（ADR），我国一般将其译为“替代性（选择性）纠纷解决机制”，或者将其译为“诉讼外（审判外）纠纷解决方式”或“非诉纠纷解决方式”、“法院外纠纷解决方式”等。ADR 概念起源于美国，后来成为 21 世纪逐步发展起来的各种诉讼外纠纷解决方式的总称，现在已被引申为对世界各国普遍存在着的、民事诉讼制度以外的非诉讼纠纷解决方式或机制的总称①。

替代性纠纷解决机制从 20 世纪下半叶的美国开始蓬勃发展，在法律经济学的兴起的大背景下逐渐壮大，甚至被称为是福利国家“通向正义之路”改革的第三次浪潮②。美国，作为世界上法治最为发达的国家，其司法机关在社会纠纷解决中一直处于主导地位。然而二十世纪七八十年代起，美国走向了法治至上主义的极端，引发了“诉讼爆炸”等一系列问题。为了应对堆积成山的案件，美国法院不得不思考采取其他方式来解决争端，采取了将调解、仲裁与诉讼相结合的模式，探索了“法院附设仲裁”“调解——诉讼”“早期的中立评估”“小型审判”“和解会议”和“聘请法官”等新颖多样又各具特色的纠纷解决程序③。这些模式成为司法 ADR 之滥觞。从此之后，ADR 在美国迅速发展，甚至在 1998 年颁布了专门的 ADR 法。这一趋势也迅速影响了世界其他国

① 胡晓涛：“替代性纠纷解决机制在我国的适用”，载于《南京审计学院学报》2011 年第 3 期。

② 辜恩臻：“澳大利亚 ADR 的发展与启示（上）”，载于《仲裁研究》2007 年第 12 期。

③ 范愉：《非诉讼纠纷解决机制研究》，中国人民大学出版社 2000 年版。

家，欧洲、日本等地区都迅速建立了自己的ADR制度，世界范围内的ADR运动可谓方兴未艾。

替代性纠纷解决机制的发展是与传统诉讼手段的局限性密切相关的。在西方社会发展的进程中，诉讼一直被认为是最为行之有效的纠纷解决手段。然而，随着人类文明的不断进步，社会矛盾种类的日益增多以及公民知识水平的迅速提升，诉讼逐渐暴露出其固有的弊端。一方面，体现在诉讼的效率问题。由于诉讼程序有着严格的要求，大量的案件必然造成案件的积压，从而加大诉讼的时间成本。法谚有云“迟来的正义非正义”，迟延得出的裁判结果无形中降低了正义的价值。另一方面，则是体现在诉讼的成本问题。诉讼程序的复杂性、专业性，使得当事人往往不得不负担沉重的诉讼费用、律师费用等支出。同时，审判机关为了解决纠纷付出的审判费用也在节节攀升。而ADR则具有传统司法程序不具备的优点，能够对诉讼审判制度补偏救弊、分担压力和补充替代，减少纠纷解决的成本和代价，有效地节约了司法资源。

无论对监管者还是审判者而言，调查波谲云诡的证券市场中的违法事件，有时难免会有力不从心之感。由于证券违法案件一般具有发生快、隐蔽性强、取证难等特点，调查取证等工作必然会耗费大量的时间和金钱。因此，无论是在行政还是在司法审判领域，证券违法案件的替代性纠纷解决机制的建立都具有极其重大的意义。

第一节　我国证券违法案件ADR的有关探讨

一、我国证券违法案件解决方式的现状

在司法领域，我国目前已经发展了多种解决民商事纠纷的手段，包括诉讼、仲裁、调解等等。然而，正如有学者所言，我国以司法为核心的多元化纠纷解决机制已初步形成，但由于非诉纠纷解决机制未受到充分的重视而使非诉纠纷解决资源未得到充分的利用，同时非诉与诉讼等方式之间尚未形成功能互补和程序衔接的有机体系，影响了应有功能的发挥①。在实务中，由于投资者的弱

① 葛玲：“从法院面临的困境看纠纷解决机制的完善”，载于《法律适用》2006年第6期。

势地位，大量证券侵权纠纷最终不了了之。而投资者行使诉求的案件，大多数是通过法院审判方得以解决，仲裁、调解等非诉 ADR 解决机制形同虚设。如证券案件仲裁，在证监会已经制订了相应法规规范仲裁程序，并大力鼓励当事人采取仲裁方式解决纠纷的背景下，证券案件仍难以通过仲裁方式解决。据统计，北京市仲裁委员会自 2006～2011 年的五年间，只受理过一起证券仲裁案件，标的额为 50 万元①。而证券案件的调解更是不容乐观：普通的调解机构难以胜任，案件自然寥寥无几，连《证券法》规定有权仲裁证券纠纷的证券业协会，收到的调解申请同样十分稀少。因此在我国，证券民事纠纷虽然已经形成了调解、仲裁、诉讼三位一体的解决体系，但除了诉讼方式外，其他手段并没发挥其应有的作用。

而 ADR 在我国证券行政监管领域的适用还停留在纸面上，实践中基本没有针对证券违法的 ADR 行政执法行为。不过在其他行政纠纷中，行政机关不同程度采取了与行政相对人协商、谈判等具有和解因素的方式。而 2011 年通过的《行政强制法》第 42 条规定："实施行政强制执行，行政机关可以在不损害公共利益和他人合法权益的情况下，与当事人达成执行协议。"这更是为我国行政机关开展行政和解打开了大门。因此，在其他行政执法领域，ADR 已经开始崭露头角，并且这一趋势正在逐步延伸到证券监管领域。证监会主席肖钢在 2014 年 2 月的《行政管理改革》杂志上发表署名文章指出，资本市场监管执法应更多采用行政和解执法模式②。可见，我国的证券监管机构已经开始了采取 ADR 方式进行监管的探索。

二、我国证券违法案件解决方式存在的问题

1. 证券行政执法效率较低

与我国其他行政机关相比较，证监会及其下属机构的执法效率是值得肯定的。不过，由于证券市场的极高效率，监管机构也势必需要适应这一特点，方能称之为有效的执法。因此，目前证监会相对不错的执法效率放到证券市场的大环境下，恐怕还是略显不足。

---

① 毕鹏飞：《论我国证券仲裁制度之完善》，对外经济贸易大学硕士学位论文，2011。

② 肖钢："积极探索监管执法的行政和解新模式"，载于《行政管理改革》2014 年第 1 期。

虽然目前我国证券市场处于快速发展的时期，但是市场还很不成熟，新兴加转轨的市场特点没有根本改变，经济环境、法律环境、社会环境中还有很多与成熟资本市场不相一致的地方。而违法违规行为的大量存在，加上市场规模增大，市场层次增多，开放程度提高，导致案情更加隐蔽、更加复杂，执法形势仍然严峻，执法效果还不理想，突出表现在：办案周期越来越长、耗费的监管资源较多、执法成本明显上升、对违法行为打击力度不够、威慑力不强。这些现状离市场的要求还有很大的距离。因此面对日益庞大的证券市场，在监管资源十分有限的情况下，监管者通过举报奖励、行政和解等方式进行监管执法可以大大提高执法效率、节约监管资源，以较低执法成本达到较好的执法效果。也能够及时发现、及时制止、坚决打击违法违规行为，有效维护市场秩序，保障市场的安全运行和健康发展。

2. 仲裁方式的利用率过低

仲裁，作为民事纠纷解决手段之一，被认为是解决商事纠纷的最佳方式。其一般是指当事人根据他们之间订立的仲裁协议，自愿将其争议提交由非官方身份的仲裁员组成的仲裁庭进行裁判，并受该裁判约束的一种制度。《仲裁法》颁布以后，我国各地的仲裁机构迅速发展，而大量民商事纠纷通过仲裁方式得以解决。而证券仲裁的有关规定也随之逐步推进。早在1990年，上海证券交易所就颁布了《上海证券交易所交易市场业务试行规则》，对证券仲裁有关制度作了原则性规定。而1993年4月国务院颁布了《股票发行与交易暂行条例》，对证券经营机构之间的纠纷通过仲裁方式解决作了规定，明确规定了任意仲裁和强制仲裁两种正义解决方式。1994年，国务院证券委员会又发布了《国务院证券委员会关于指定中国国际经济贸易仲裁委员会为证券争议仲裁机构的通知》及《关于证券仲裁协议的通知》，指定了证券纠纷的仲裁委员会以及对仲裁协议的相关问题作出规定。2004年证监会和国务院法制办联合发布了《关于依法做好证券、期货合同纠纷仲裁工作的通知》，对证券仲裁做出进一步规定。然而，虽然国家有关部门出台了大量规定鼓励证券仲裁事业的发展，然而与其他商事仲裁相比，证券纠纷的仲裁一直以来都处于一个尴尬的地位。据统计，10年来，中国国际经济贸易仲裁委员会受理的证券仲裁案件不足20起。

与中国不温不火的境况相反，证券案件仲裁在欧美国家占据十分重要的地位。以美国为例，其证券仲裁的适用范围十分广泛，并形成了一套完整的制度、规则，使得证券仲裁真正成为与证券民事诉讼平行发展的纠纷解决方式。近年，美国每年有万件以上的证券纠纷案件是通过仲裁方式解决的。可以看到，与欧美国家成熟的证券仲裁制度相比较，我国目前的证券仲裁在理念、制度等各个方面都存在不足，使得证券仲裁在我国的开展遇到瓶颈。

3. 调解方式的缺失

调解，是指双方当事人以外的第三者，以国家法律、法规和政策以及社会公德为依据，对纠纷双方进行疏导、劝说，促使他们相互谅解，进行协商，自愿达成协议，解决纠纷的活动。因调解的主体不同，调解可以分为人民调解、法院调解、行政调解、仲裁调解等等。人民调解是人民调解委员会主持进行的调解；法院调解是人民法院主持下进行的调解；行政调解是基层人民政府或者国家行政机关主持下进行的调解；仲裁调解是在仲裁机构主持下进行的调解。在这几种调解中，法院调解属于诉内调解，其他都属于诉外调解。从“马锡五模式”到《人民调解法》的颁布，我国历来十分重视调解在纠纷解决中的作用，尤其对于诉内调解，司法机关一度在审判中出现了“重调解，轻审判”的倾向。

与诉讼方式相比较，调解具有其独特的优势。首先，调解是当事人意思自治原则的最彻底体现。是否采用调解程序、调解程序的具体规则都可以在当事人协商同意的基础上进行。而调解员的选任、调解达成的和解协议的内容及形式都完全由当事人自行决定。因此，与其他争议解决机制相比，调解是当事人意思自治原则的最彻底体现。其次，调解能避免争议的激化，实现双赢。调解可以缓解争议各方的紧张关系，避免争议的进一步扩大。同时使得各方能尽力补救，减少破坏，使双方因争议而遭受的损失不陷于恶性循环的轨道。最后，调解具有灵活、高效、经济性。以“私了”的方式解决民商领域的争议，往往是最经济、最合适的途径。案件涉及的财产权利，在调解程序中经双方合意均可以自由处置，而在照章办事的诉讼审判或仲裁审理中是很难做到的。而一旦没有调解的可能，调解程序将立即终止，双方在调解过程中所作的任何让步或许诺，均不被记录，不被公开，不受约束。

虽然调解方式具有如此显著的优势，但是在证券领域却处于边缘化的状态。这一现状既由于证券争议案件自身的特点，也可以归因于我国调解制度本来存在的问题。一方面，由于证券市场的专业性，居中调解者必须有着较高的专业知识水平。而我国普遍存在的人民调解委员会、社区调解委员会等显然不具备相关的专业素养。另一方面，我国《证券法》第176条第五款规定，证券业协会可以对会员之间、会员与客户之间发生的证券业务纠纷进行调解。因此，除了证券业协会，法律没有明确赋予其他组织调解证券案件的权利。而调解协议本身效力较差，更加使得当事人怠于采取调解方式解决纠纷。

三、完善证券案件ADR的必要性

如前所述，无论是在行政还是司法领域，我国证券案件ADR的发展都不容乐观，对其进行更进一步探索势在必行。基于我国实际，完善证券案件ADR具有以下几点必要性。

1. 实现效率性的要求

效率，是理性经济人在经济活动中首要的追求。而在司法领域，效率同样是重要的价值取向。在得到更优的解决结果的同时投入更小，应成为选择纠纷解决方式的重要考虑之一。替代性纠纷解决方式以当事人的自愿选择为前提，当事人可根据自身的实际需要选择纠纷的解决方式，控制纠纷解决的进程并影响或决定纠纷解决的结果。在此过程中，当事人可以避免为解决纠纷而进行不必要的投入，从而节省时间与精力。

与一般的市场经济活动相比，证券市场作为资本流通市场，效率是证券市场的生命。对于投资者而言，其在纠纷中首要的关注点可能并不是赔偿是否公平公正，而更在乎能否及时得到补偿，使资金迅速回到流通领域。因为证券市场瞬息万变，机会稍纵即逝，长时间的纠缠纠纷解决问题只会让自己的损失更多。而对于上市公司而言，若监管者发起对其违法行为的调查，冗长的调查过程势必会带来停牌、股价下挫等不利影响。上市公司更加愿意以最快的速度摆脱违法行为的不利影响，重振市场对其的信息。

据统计，在美国证券民事赔偿案件在一年内结案的仅8%，两年内驳回或者和解的案件有26%，三年内结案的仅占所有案件的39%，其余的都在三年以上，由此可以看出美国证券诉讼类案件的效率情况[①]。而我国的司法审判效率

---

① 陆宗亮："证券虚假陈述与中小股东的法律保护研究——以大庆联谊虚假陈述案为例"，载于《企业家天地》2009年第4期。

比起美国也并没有更加突出的成绩。而在行政执法方面，监管机构开展正式的调查到最终给出调查结果往往需要很长时间，甚至是数年。而其他国家为了提高执法效率往往采取和解等方式结案。如在美国，2005 年共提出 947 宗执法案，其中民事诉讼 335 件，行政审裁 297 件。罚款和没收的款项总计超过 30 亿美元，其中证券执法和解与诉讼和解在所有证券执法案件中占到了约 90%。而英国从 2003 年 10 月至 2005 年 7 月，在导致罚款的案件中，大约 80% 是和解结案的①。由此可以看出，替代性纠纷解决方式在国内外体现出的优越性。因此，完善证券纠纷多元解决机制是实现资本市场高速流通、投资者及时获得效益的必然要求。

2. 弥补“有限司法”的需要

博登海默有言：“法律是社会控制的产物，也是社会控制的重要力量，但绝非唯一力量。在任何有组织的社会中，仅仅依凭法律这一社会控制力量显然是不够的。”司法功能的有限性决定了司法作用的范围，具体来说，司法的有限性包括司法解决纠纷的范围是有限的和司法的效果是有限的两个方面，司法功能的有限性制约着纠纷的解决效果。

首先，司法的功能是有限的。司法手段只能解决特定范围内的事情，并不能包揽所有的社会争议和社会矛盾。刑事诉讼法、民事诉讼法、行政诉讼法都分别规定了刑事、民事、行政案件的受案范围和起诉条件，不符合条件的法院不能受理。另外，诉讼不是解决纠纷的最佳方式，其应该是最后迫不得已时方选择的手段。社会纠纷的解决方式有许多，如当事人自行协商和解、中间人调解、仲裁机构仲裁等等。这些解决方式在许多方面比司法手段有更大的优越性，简便、快捷、效率高、社会成本低，不伤或少伤和气，有利于矛盾的尽快解决和社会秩序的稳定。

其次，司法的公正是有限的。司法是社会公正的“最后一道防线”，它的重要价值目标之一就是追求公正。但是有的时候，作为一种制度建设，它所追求的公正是社会整体的公正。法律的制定者更多地是考虑事物的“一般性”，而不能过多地顾及“特殊性”。当个案的特殊性和法律规定的一般性发生冲突时，也就会显得法律本身不那么公正了。再者司法的突出特点是特别强调程序

---

① 李雪：《证券执法和解制度研究》，中国政法大学硕士学位论文，2008。

性，强调证据和证据规则。有时证据规则会排除一些虽然真实、能反映客观事实，但不符合取证、认证规则的证据。因此“有理”不一定能打赢官司这是司法实践中的常事。

最后，司法的效果是有限的。对当事人而言，效果是指受害人能够通过权利救济，不仅能得到公正的判决，而且判决还能够得到有效的执行，以及当事人之间能够恢复正常的关系等。而在现实社会中，虽然法院公正裁判，但由于“执行难”等问题经常出现赢了判决得不到赔偿的情况。这些问题不仅严重影响了司法权威，而且很难在当事人之间产生积极的效果。正如学者谷口安平所说：“通过诉讼达到判决使纠纷得到解决，指的只是以既判力为基础的强制性解决，这里所说的解决，并不意味着纠纷在社会和心理的意义上也得到真正的解决。当事人对判决的不满，有可能使表面上已解决了的纠纷在其他方面表现出来。”①

总而言之，目前我国绝大多数的证券纠纷案件仍然是通过法院经由诉讼途径解决。而随着我国民事诉讼的案件的逐年增多，法院的司法资源相对有限，给法院带来的压力已经很大，加之证券纠纷的专业性和复杂性，使得法院更加不堪重负。因此，缓解法院的压力，弥补司法的不足，开辟诉讼之外的证券争议解决方式势在必行。

3. 实现与国际接轨的需要

由于受加入 WTO 影响，从 2002 年 6 月证监会发布《外资参股证券公司设立规则》和《外资参股基金管理公司设立规则》起，中国证券市场的大门开始逐步开放。而目前，我国证券市场正在迈入一个对外开放的快车道。证券市场与国际市场逐步接轨，伴随而来的涉外证券纠纷将会逐渐增多，在证券纠纷的解决机制方面必然也应适应国际形势的发展。比如，同法院判决相比，在国际上仲裁裁决更易得到外国法院的承认与执行。在涉外仲裁方面，无论是仲裁规则还是仲裁裁决的执行，都有较诉讼更为广泛的接纳度。我国作为《承认和执行外国仲裁裁决的公约》（简称《纽约公约》）的缔约国，当事人可依照《纽约公约》规定直接向其他有关缔约国申请承认和执行涉外仲裁机构作出的裁决。因此在我国证券市场对外开放的过程中，仲裁作为纠纷解决方式有很大的优越

---

① ［日］谷口安平：《程序的正义与诉讼》，中国政法大学出版社 1996 年版。

性，在证券纠纷解决问题上推进 ADR 的发展对于加强我国上市公司竞争力，推动投资者保护等方面都具有重要意义。

第二节 证券执法举报奖励制度的建立

在 2013 年中，证监会新增的 105 件非正式调查中，内幕交易有 63 件，占 60%；在正式立案的 88 件案件中，内幕交易 42 件，占 47.7%。内幕交易已成为我国证券市场监管的主要问题。正如中国证监会主席肖钢于 2013 年 10 月 16 日发表的题为《保护中小投资者就是保护资本市场》的署名文章中指出：内幕交易违法行为使得进行反向操作的投资者可能因股价波动而造成损失；市场操纵者利用资金、持股、信息优势等手段操纵交易价格或交易量，使得很多不明真相的中小投资者被误导参与相关交易，权益受到侵害。

除了内幕交易，虚假陈述、市场操纵等违法违规行为也一样导致了价格信号的严重扭曲，使金融资源配置效率低下，导致我国证券市场“三公”程度不高，对投资者的合法权利造成严重伤害，虽然证券监管部门已经加强与公安机关、司法机关和纪检部门的合作，形成了强大的执法合力，大大提高了打击力度，但从实际执行的成果来看，收效并不理想，证券市场上的欺诈在广度和深度上仍在增加，已经处理或尚在处理之中的案件或许只是冰山一角。

究其深层次原因并非证券监管部门怠于执法，而要从以内幕交易为代表的此类证券违法违规案件的本质上来看：此类案件有着高度隐秘性的特点，属于资源优势型违法，即犯罪主体往往在证券市场中拥有特殊身份、占有资金或信息优势，多为专业人士，违法手段多样，导致案件难以被及时发现和处理。

可是，鉴于目前我国的证券市场正处于“新兴加转轨”的特殊时期，上市公司众多，随着 IPO 的重启，市场规模将进一步扩大，证券期货违法行为的数量趋增且复杂程度有所提高，更加加重了证券监管的负担。同时现如今企业的规模化、复杂化以及科学技术的广泛运用使得对企业违法行为的及时发现与惩处变得愈发困难，监管执法资源的限制与内幕交易等违法违规行为普遍存在发现难、取证难、执法难的问题使得对案件的处罚困难重重，但内部知情人可以接触到许多监管部门难以获得的丰富信息，因此具有发现违法违规行为线索的巨大优势，不少学者通过实证研究发现，内部雇员是欺诈信息的最主要来源，甚至超越了政府证券监管部门、股东、债权人、新闻媒体等。可与此同时，只有极少数雇员愿意直接向政府监管部门报告，大部分知情雇员选择了保持沉默，这与相应的激励机制和举报人保障制度的缺失密切相关，

针对这一问题证券监管部门也做出了不少努力并出台了一些相应政策，如2010年11月16日，国务院转发证监会、公安部、监察部、国资委、预防腐败局五部门《依法打击和防控资本市场内幕交易的意见》，其中明确提出要建立内幕信息知情人登记制度，对于涉及内幕信息所有环节的知情人建立留痕机制。由此，笔者认为可以更加深入的挖掘知情人资源，并借鉴美国证券交易委员会（SEC）的经验，构建举报奖励制度，从经济学的角度理解，人类的任何行为选择都是伴随着相应的成本－收益评估，只有当预期收益大于预期成本时，人们才有可能采取相应行动，举报奖励制度可以从一定程度上对知情人起到一定的激励作用，从而协助证券监管部门加强监管执法。

其实，近年来在我国的行政执法领域，举报奖励制度就已经得到了广泛的应用，在食品安全、环境保护、交通违章、税收征管、安全生产、产品质量、计划生育等领域均建立有举报奖励制度。例如，2005年国家税务总局颁布的《税务违法案件举报奖励办法》、2011年国务院食品安全委员会办公室出台的《关于建立食品安全有奖举报制度的指导意见》，以及2013年国家食品药品监督管理局和财政部联合发布的《关于印发食品药品违法行为举报奖励办法的通知》等法律文件都是举报奖励制度的代表性文件。将举报奖励制度引入证券监管的执法中不仅可以阻止知情人违法更能利用知情人掌握的信息来破解证券违法发现难取证难的困境，降低执法成本，提高监管执法的威慑力，更为有效的对此类违法违规行为进行严厉打击，从而使投资者利益得到更好的保护。

一、“罚没款分成”机制

“罚没款分成”机制最早出现在18世纪的英国，在英国政府数百年来的执政过程中一直沿用着这一机制，为私人执法者支付补助金并与之分享罚金。该机制利用奖金激励来刺激信息拥有者通过举报违法违规行为与权力机关共享信息，在权力机关与私人之间建立起了合作关系，从而构建了一种独特的私人监督机制。

同样，这一机制在美国的法律法规中也得到了广泛应用。制定于1863年的

《反欺骗政府法》适用于政府遭遇欺诈的情形，经1986年、2009年和2010年三次修订，逐步强化了举报激励制度，该法在实际实施中为美政府挽回的损失约数百亿，有效遏制了国防、医保、救灾等领域的欺诈行为，2010～2012年中，在总额达120亿美元的政府合同欺诈中，80%以上是通过举报发现的。1989年，制定了《吹口哨人保护法》，该法案规定，司法部如果在收到举报人投诉、告发并决定作为原告或证人参与起诉，举报人可以分到赔偿额的13%～25%；如果司法部不参与，举报人可以自行调查、起诉，则可分到罚款的25%～30%。

2010年，为了回应金融危机爆发后对于监管不力的指责，众议院和参议院通过《多德－弗兰克华尔街改革和消费者保护法》。该法案旨在通过改善金融体系问责制和透明度，用以解决“大而不倒”问题、保护消费者利益、维护美国金融稳定，被认为是20世纪30年代以来美国改革力量最大、影响最深远的金融监管改革，成为美国金融监管的又一块基石。法案的第748条和第922条通过专门的条款引入了向合格举报者提供罚没所得的激励机制，即证券期货违法举报奖励制度，这种激励模式将众多市场参与主体转化成私人监督者，使得违法违规者在犯案时不免受到强大的压力，同时为了逃避监管而提高了犯罪成本，使得案件的发现和侦破效率都显著提升。

《多德－弗兰克法案》做出了如下规定：监管机构应当对提供原始信息，促使监管行动成功实施，并获得总计100万美元以上罚没款的举报人支付罚没款的10%～30%作为奖金，从消费者保护基金中列支。确定金额的主要依据包括原始信息的重要性、支援程度、制度利益（programmatic interest）以及其他标准。政府工作人员以及不符合法定标准的举报人不得获得奖金。举报人可以就奖金的决定包括奖金发放对象、奖金数量以及拒发奖金向法院提起上诉。监管机构从消费者保护基金支付举报者分成，在具体案件分成决定过程中，不得考虑基金的收支状况。为了使法案得以有效实行，美国证券交易委员会还专门设立了“揭发者办公室”，自其成立一年的时间内，每天平均能收到8个举报，揭发者办公室的工作人员则会对这些举报的质量进行筛选把关。

从国外的监管经验来看，这种“公私协同，罚没款分成”的违法查处模式，成功地将大量市场参与主体转化为了私人监督者，形成证券监管的巨大合力，并有着政府监管部门难以实现的某些优势，提高监管反应速度，能够大幅增加监管执法有效性。同时，由于奖金支出与办案经费分开列支，并不会影响监管机构利用这一机制的积极性，有效减少利益冲突。但目前我国实施这种“罚没款分成”制度还存在明显的法律障碍，即《证券法》第234条与《行政处罚法》第53条第二款所规定的“行政罚没款必须全部上缴国库”，并且证监会的经费收支纳入国家财政预算管理，这使得举报奖励制度的资金来源受限，若将其作为监管机关的“金融监管支出”子项目单独列支不免会加大监管部门的预算压力，可能影响监管机构对于举报奖励机制实施的积极性，并且奖金发放额度的不确定性也使其难以被列入部门预算。因此，最佳的资金来源途径应是设立专项基金，鉴于目前我国证券市场有包括证券交易所风险基金、证券结算风险基金和证券投资者保护基金在内的三大基金，可是其具体的运作过程以及资金流向并不透明，可以建立专项的证券违法违规行为举报奖励基金，并提高基金运作透明度，以调动知情人的举报积极性，但首先需要通过修改相关法律制度来为举报奖励专项基金提供法律支持。

二、设立专门的举报奖励基金

举报奖励制度这种诱之以利的做法必须具备的基础有两点，第一点是相关法律法规的制度，第二点即奖励制度的资金保障，通过以上分析笔者认为针对内幕交易等违法违规行为的行政罚款和刑事罚金沉淀资金形成专项基金是为奖励制度提供有力资金保障的最佳方式。

1. 基金的资金来源

2013年全年，证监会共作出84项行政处罚决定，同比增加41.1%，其中涉及内幕交易37项，信息披露违法24项，中介机构未勤勉尽职违法13项以及其他类型共10项，所有罚没款共计约7.3亿元，罚没金额同比增长67.4%，创下证监会成立以来的最高罚金数额，可见证监会正逐年加大处罚力度。

以光大证券2013年8月16日的“乌龙指事件”为例，经过调查证实，光大证券异常交易事件是由交易软件产生。在投资者对于异常交易原因并不知情的情况下，光大证券本该停止交易，待内幕信息公开后再卖空合理避险。可是光大证券却在8月16日公开披露错单前，转化卖出ETF、卖空股指期货共获利7414.35万元，披露后，继续卖空避险、获利1307.08万元，获利共计8721.43万元，此举构成了内幕交易行为，并对中国证券市场造成了巨大负面影响。该公司于2013年8月31日收到中国证监会《行政处罚及市场禁入事先告知书》，于2013年11月14日收到中国证监会《行政处罚决定书》。中国证监会决定没收光大证券ETF和股指期货内幕交易违法所得8721.43万元，并处以违法所得5倍的罚款，共计5.23亿元。这可以说是证监会有史以来开出的最大罚单，创行政处罚金额记录。

举报奖励基金可以监管部门的罚没款作为主要资金来源，并指定机构负责基金的日常管理和使用。基金资产以专户的形式全部存入国有商业银行，所获存款利益全部转入基金专户，同时基金可以吸收社会各界的捐助，确保不致出现奖励经费无法落实的情况，从而建立举报奖励的长效机制。

2. 基金的资金运用

其实目前证监会也有相关激励举报的方式，但实际中运用较少，例如2001年颁布的《关于有奖举报证券期货诈骗和非法证券期货交易行为的通告》（以下简称《有奖举报通知》）中就有规定："一次性发放奖金不高于3000元；有较大贡献的，一次性发放奖金不高于20000元；举报重大线索或有特殊贡献的，可给予重奖"。从其中我们可以发现，其关于奖金发放的不足在于：对于奖励条件的规定模糊，关于较大贡献、重大线索和特殊贡献的梯度界定不明晰；奖励金额主要采用限额制，额度较低，且没有配套实际可行的反报复措施，难以有效激发知情人对于举报违法违规案件的积极性，权衡利弊之下可能最终还是选择了沉默。

因此，制度实际运行中对于奖励的适用对象、发放的条件、金额、方式、时间等均应作出详细规定，并与举报人做好沟通，以增加举报奖励制度的实际可行性和规范性。

（1）适用的举报人主体。违法违规案件中不同身份的举报人与案件之间牵涉的利益关系不同，因此，需要厘清举报奖励适用的举报人主体的范围。

①同案违法嫌疑人。此类举报人属于最容易获取违法违规行为信息和重要线索的，可以从内部瓦解违法违规团伙，并且就我国举报奖励相关法律法规来看，没有明确将此类举报者排除在举报奖励之外，但根据我国法律，对此类举报人的举报行为主要适用减轻处罚或不予处罚的规定，而非奖金激励，因此不宜纳入举报奖励机制的适用主体范围。

②监管部门工作人员及其近亲属。举报奖励机制的主要目的是激励广大市场参与者提供有助于监管执法的信息，监管部门工作人员作为负有特定义务的国家公务人员，对其及其近亲属掌握的违法违规行为相关信息和线索的披露具

有不可推卸的法定职责，本就应直接进入执法流程，因此不宜纳入举报奖励制度的适用范围。

③与被举报者具有同业竞争关系的举报人。同行业的从业者往往能够更加准确、全面地掌握行业运作流程和行业内部规则，对于违法违规行为的发现与揭露也具有一定的优势，其举报的线索也往往更有针对性，更有价值。同时，由于与被举报人处于同业竞争的关系地位上，对于其发现的违法违规行为的举报意愿往往更加强烈，其举报目的和动机也更加负责，而不仅仅是经济利益上的刺激，对于此类举报人，我国法律并不否认同行举报的合法性，但对于举报信息的真实性应进行更加严格的核实论证。

（2）奖励发放的条件及发放方式。奖金激励容易造成单纯逐利的举报人群体，在经济利益的驱动下，少数举报人故意提供无用甚至是错误的信息，将违法违规的罪名强加给其他人，损害了他人的名誉甚至可能造成实际经济损失，由于要耗费相应人力、物力、财力对大量举报信息进行核实和筛选，这种虚假、无用的线索同时也扰乱了证监会相关执法部门的工作。而对于奖励发放条件进行规定能有效抑制这一现象，即只有在违法违规案件属实的情况下才能获得举报奖励，并根据提供的线索对于案件侦破的价值大小划分不同罚金分成比例，对于提供虚假信息故意抹黑被举报人的行为还要给予一定程度的行政惩罚，情节严重造成犯罪的应给予刑事处罚。

除了去指定地点领取奖励和银行账号汇款等，奖金支付方式也可以采取与时俱进的方式，如利用网银、支付宝等网络支付方式，甚至可以积极与银行系统进行协商，使用举报密码进行兑奖，这些奖励方式均可以有效减少举报人群体的个人信息外泄。

（3）奖励金额及发放时间。奖励的数额不明确，实践操作中随意性太大，举报人无法对奖励形成稳定的预期，在奖励额度的确定上容易产生纠纷，不利于激励举报行为。举报奖励专项基金除了坚持罚没分成原则外，还应对线索价值梯度、奖金比例等做出具体细致的规定，使其有着实际可行性。可以参考《多德－弗兰克法案》在确定奖金分成比例方面考虑的四个基本因素：①举报信息的重要性，包括可靠性、完整性与关联性等；②举报者对监管行动成功实施的帮助程度，包括这种提供帮助的及时性和有效性等；③罚没款分成对阻止违法带来的制度利益（programmatic interest），包括具体违法行为是否属于监管重点，或该违法行为对投资者利益带来的危害性等；④监管机构制定的附加标准，这一标准属于授权性条款，授权监管机构进一步结合监管能力、市场情况和举报积极性，调节分成比例。

另外还有一些因素会减少举报者的分成比例：①举报者是其举报的违法行为中的一员。这明确了违法者不能因为“自首”而免于处罚，以防止人们从自己的违法行为中获利。若员工依管理层指示而违反法律，那么当他向监管机构举报后仍有资格获得全部奖金。②不合理的拖延。举报者未能在其能力范围内及时提供信息，或者因其行为对监管机构的查处产生了负面影响等。

在实际案件查处的过程中，从举报人对证券监管部门提交举报线索到证券监管部门对此进行立案侦查再到案件查处结束并发出行政处罚决定书最后到收回罚金，为了还原案件的真实性同时保证被处罚对象的合法利益不受侵犯，这一过程中的调查工作非常繁琐且需要经历的程序非常复杂，需要消耗大量时间，一般为 1 ~3 年不等，极个别的复杂大案甚至需要 5 年时间，因此很难等到对违法违规主体做出相应处理并收回罚金后再对举报人进行奖励，时间跨度过大使得奖励的激励作用会受到明显削弱。因此，对于奖励发放时间也需要做出明确规定并与举报人做好商议协调工作。

三、设立举报人保护制度

在提倡举报奖励机制的同时，如果配套保护制度建立工作跟不上，不仅举报人可能因为其举报行为而招致被举报方或相关利益牵涉方的打击报复，而且其他潜在的知情人也可能会因为害怕受到伤害而不敢署名举报，从而影响举报奖励制度实施的效果，因此，设立相应的举报人保护制度，强化举报人保护力度十分重要。

1. 建立保密安全制度

保密性对举报者和监管部门两方来说均极其重要，泄密可能导致举报线索遭到被举报方的销毁，还可能导致举报者身份暴露，甚至遭到报复行为，通常而言，举报人基于对自身安全的考虑，自己不慎泄密的情况较少，保密工作更多的责任在于监管部门，加上我国没有专门的举报人保护机构，因此建立保密安全制度对举报人保护尤为重要。

首先，在倡导实名举报的前提下举报制度还应支持匿名举报，证监会的

《有奖举报通知》中要求举报人应署实名并提供明确的联络方式这一点很容易导致举报人身份信息的泄露，特别在我国目前举报者保护制度并不健全的情况下，匿名举报者应享有和其他举报者同样的权利和义务。此外，在必要时，举报者需要应监管机构的要求签订保密协议，若违反该协议，将致其丧失分成资格，这种保密条款约定了双方各自的责任和义务，有利于保障制度的实施。

目前证监会接受举报线索的途径主要有两个：一是通过信件和举报人当面陈述；二是电话举报；另外举报人也可与证监会各派出机构采用通过电话、电子邮件、传真、信函、当面陈述等方式进行举报。但随着网络技术日益发达，不少举报人开始选择论坛发帖、发微博等网络公开途径进行披露，这种方式虽然表面上属于匿名方式，可很容易被通过技术手段破解身份资料，不仅举报人容易受到打击报复，也增加了案件处理难度，违法违规相关人员容易提前发觉，销毁相关证据、找关系疏通或出逃等。

其次，可以借鉴1976年美国的“Crime Stoppers”计划，这是一种匿名举报的方式，举报人通过电话、网络或信函与举报受理人联络时使用设定的密码来代替其真实姓名和地址，奖金也是通过密码领取，可以有效防止举报人去指定地点领取奖金时泄露身份，因此，这种方式具有极高的保密性，是探寻举报安全机制的一个成功举措，且已经在我国多个执法领域得到运用：早在2002年7月份国家质检总局便开始在打击制假售假违法行为中推行密码举报奖励制度；浙江省检察机关从2011年开始探索“实名举报代号制”，指举报人以真实身份举报时，检察机关举报中心设定秘密代码代替其姓名等信息。

最后，监管部门在开展举报工作的受理、分流、移送、转办、审查、答复、奖励等各个环节均存在信息泄露的可能性，只要一个环节的保密工作没有做到位就可能造成严重后果，特别在有关利益群体从多方面施压或利诱的情况下可能出现部门内部的妥协和交易，所以，对负责举报工作的人员必须要求有极高的职业素养，对于举报材料的传阅范围要进行严格限定，除举报工作的主管领导以及案件主办人外，其他任何人员不得接触、阅读举报材料，同时接触举报信息的工作人员要承担相应的泄密责任。最好安排专人负责，实行一对一单线联系，接受举报人咨询、查询、向其反馈结果等，严格控制知情范围。对于接触和传阅举报材料的人员应进行登记，具体制度还应细化到材料的传递、交接、保管、原件的转办等等。

受理举报的部门除了提高工作人员的职业素质外还需从内部完善举报制度，建立严格的内部责任追究制度，对于故意或工作疏忽泄露举报人信息的要严肃处理，对公民的举报推诿、泄露举报秘密、通风报信、袒护违法犯罪的要坚决追究相关人的责任，构成犯罪的，要追究刑事责任，让有关工作人员明白泄密应当承担的后果。

2. 设立反报复机制

如果说保密安全制度属于对举报人保护的事前预防保障，反报复机制的设立就属于举报人保护的事中和事后应对措施。反报复机制是举报人保护制度的核心，也是举报奖励制度激励的保障。

在美国，分别制定了下述法律：1982 年，制定了《被害人和证人保护法》，规定如果被害人受到威胁或将发生针对他们的报复行为，应对其加以保护，必要时可羁押威胁者。1984 年，制定了《证人安全改革法》，规定检察官执行办公室作为保护证人的官方机构。《被害人和证人保护法》。1988 年，制定了《举报人保护法》，详细规定举报程序、举报受理机关、举报人权利、对举报人的安全保护措施、打击报复陷害举报人及近亲属的法律责任等。

美国的举报人保护也被列入证人保护制度中，由于专门执行举报人或证人保护任务的机构叫做马歇尔办公室，故证人保护计划又被称为“马歇尔项目”。此项目为被保护人提供工作机会、合理住房、平均 6 万美元的经济资助、变更后的证人及其家庭成员身份资料、心理医生和社会服务等，在项目执行中提供特别保护，特别是在预审程序和出庭程序中，必须 24 小时贴身保护。在英国，早在 1892 年就制定了《证人保护法》，1998 年制定了《公益披露法》，而证人保护机构为英国的文官委员办公室。在加拿大，这一机构叫公共服务廉政专员和公务员举报保护特别法庭。

《多德 – 弗兰克法案》中同样对反报复条款和保密条款进行了规定。举报者的任何合法行为都受到法律的保护，“任何有报复意图的敌意，并对任何向执法人员提供违法或可能违反联邦法律的真实信息的人采取加害行为的，包括干涉其合法雇佣或生活的人，都应被处以罚金，并处或单处以十年以下有期徒刑”。这意味着当内幕消息由内部工作人员提供时，雇主不得对举报人解雇、降级、暂停、威胁、骚扰和歧视，遭到雇主报复的举报人可以就获得复职、补发工资和由此产生的其他损失提起诉讼。

相比之下，我国在举报人权益保护方面的立法仍存在较大缺陷，目前，公民举报权的保护在《宪法》《刑法》《刑事诉讼法》都有涉及，但均为原则性规定，并不具有实际操作性，其他有关举报者奖励及保护的制度都是部门规章层次的，不仅分散且效力低，缺乏配套措施来保证实施，专门的《举报人保护法》的缺失导致举报人权益保护从立法上就存在缺陷。总体看来，现在还没有在法律层面明确国家应当向举报人承担何种责任，没有明确举报人和受理举报机关之间的法律关系性质，没有突出以保护举报人权利为原则的系统的制度和程序建设，有关规定或失之于原则和抽象，或失之于分散和凌乱，不利于保护举报人的权利和鼓励人民群众与腐败行为做斗争的积极性。

证券监管部门由于资源、人力和权限的限制显然无法独自对举报人进行保护，因此需要联合公检法各机关进行有效的举报人保护制度设计，我国《刑事诉讼法》第八十五条第三款规定："公安机关、人民检察院或者人民法院应当保障报案人、控告人、举报人及其近亲属的安全"。在举报人保护制度中应对各机关的具体职责分工和保护程序进行进一步的明确和规范，确保举报人的保护请求快速得到响应。反报复机制的设计应从两方面进行考虑。

（1）事前保护。现在许多国家对于举报人的保护都纳入证人保护体系内，偏重事前预防性的保护，使得国外的打击报复举报人的现象很少发生。而我国针对举报人的事前预防性保护这方面的手段基本都没有，加上有限的事后保护始终是滞后的，才导致如今举报人频频受到打击报复。

对于大多数的举报人而言，其相对于被举报者都是处于弱势地位，他们的人身、财产、工作及家庭都可能受制于被举报人，可绝大多数关于举报人保护的法律法规只把对象局限于举报者本人，而举报人的亲属及与之关系密切的其他人在实际发生的案件中受到伤害的不在少数。监管部门与其他各机关部门在制定相关制度时，对于打击报复犯罪的犯罪主体和犯罪对象的限定应考虑实际情况适当扩展，同时完善各种保护措施，例如：专人保护、迁移保护、武力保护、整容保护、庭审保护等。在举报人及其亲属等关系密切的人因举报行为受到威胁或实际伤害，发出需要人身安全保护的求助时，公安机关应立即出警，在紧急情况解除后举报人有权向检察机关提出保护申请。在举报人提出相关救助后因监管部门及其他各机关未及时为其提供有效保护导致其受到人身伤害或财产损失等，应追究相关负责人员的相应责任。

（2）事后保护。反报复机制在加强对举报人安全保障的同时也要严厉制裁打击报复者的行为，就证券监管部门的举报情况来说，内部雇员举报占比最大，也是最容易遭受被举报单位的打击报复的群体，因为这种打击报复行为往往与企业行为相交织，举报人容易被以各种看似合法的理由被解聘下岗或在晋升、工资、岗位安排、劳动条件与保护、社会保险与福利待遇等方面遭到歧视。其他的打击报复方式也很多，有经济打击、身体伤害、人身自由限制、非法关押、还有对家属亲戚进行打击报复。

但我国《刑法》第254条规定的报复陷害罪的主体仅指国家机关工作人员，使现实中很多非国家机关工作人员实施的打击报复行为得不到应有的惩罚；即使是国家机关工作人员，要构成报复陷害罪还必须是利用职权、假公济私对举报人进行打击报复陷害行为。如果所采取的报复陷害行为与行为人的职权没有关系，如直接进行身体伤害等行为则不构成本罪。另外我国《刑法》中也未对恐吓行为进行法律界定，而这一行为在很多国家都是严重的刑事犯罪，实际发生的案例中也有很多举报人受到恐吓甚至迫于压力自杀的。因此应尽快完善举报人保护制度，对恐吓、威胁举报人的非暴力行为也应纳入打击范围，应根据其情节轻重，对打击报复行为的实施者进行严惩。

而对于举报人已经受到打击报复的，要实行救济和补偿，对于举报人因遭打击报复期间遭受的直接经济损失和病弱伤害医疗抚恤金等应在举报受理单位进行申请补偿。

第三节　证券执法和解制度的构建

证券执法和解制度是指在证券执法过程中，证券监管机构采用与被监管者协商的方式，就特定的被调查行为达成和解，以被监管者自愿作为或不作为的方式代替形式上的行政处罚从而终结案件的一种执法机制①。证券执法和解本质上是行政和解制度在证券监管领域的具体应用。证券执法相较其他行政领域的执法行为，有其特殊之处。行政相对人的高智商、证据的易逝性、取证难、证明难等特点使得证券行政执法比起其他领域的行政执法更加困难。而随着证

① 叶林等："证券执法和解制度的比较研究"，载于《西部法学评论》2009年第4期。

券市场的不断发展，证券纠纷的形式越来越复杂，专业化程度越来越高，监管机关与被监管人之间的冲突越来越难以有效处理。在这一形势下，传统的行政手段已显出力不从心之态，监管机构不得不寻求更加快捷、高效的执法方式。而证券执法和解制度，即是这一探索的主要成果。

一、证券执法和解制度的功能与必要性

目前我国学者间还有着“公权力不可处分”“行政公开与秘密和解的矛盾”等学术上的争议，但是大多数学者对于行政和解在证券监管领域运用的合法性已基本持肯定态度，本书在此不再赘述。当然，行政和解能够植根于证券监管领域，其原因并不在于学术上对其合理性的认定，而在与该制度在实践中的功能。因此，结合我国证券执法的现状，我们认为在我国推行证券执法和解制度具有以下功能和必要性。

1. 降低证券市场监管成本

证券执法和解机制可以有效地节减证券市场监管成本。证券市场治理成本主要由监管部门支付的行政成本、监管对象支付的私人成本和投资者支付的私人成本三部分构成，三者之间存在密切的相关性：证券监管行政投入不足会造成监管不力，这有可能诱发监管对象的违法，从而导致投资者支付高额的交易费用；如果证券监管主体要将所有的涉嫌行政违法行为一网打尽、绳之以法，这虽然更有利于保护投资者权益，降低其交易费用，但监管主体要为此支付巨额的行政调查成本、强制执行成本和应诉成本，监管对象也要为此支付应对调查、规避处罚、提起复议与诉讼等权利救济的成本，以及为维护或者恢复受损企业形象和声誉而支付的成本①。因此，监管机构在选择执法手段时，应该结合社会各种成本，避免造成社会资源的浪费。若处理每一件证券违法案件都要按部就班地进行调查、处罚、执行等一系列程序，监管机构囿于监管资源的掣肘难免力不从心。因此，对于某些需要耗费大量行政资源或者违法性难以判断的案件，监管机构应该采取和解的方式结案，以便将节约的行政资源用于更加恶劣、社会影响更大的案件中去。与此同时，和解可以有效减少行政复议和行政诉讼的发生，降低了监管机关陷入行政纠纷的可能性。

---

① 宋功德：“证券执法和解机制”，载于《甘肃行政学院学报》2010 年第 3 期。

2. 提高证券市场监管实效

对于监管而言，一方面需要努力提高监管的效率，即减少执法的环节、降低执法时限要求、提高执法的反应速度等；另一方面需要提升执法的效果，即处罚是否与违法行为相当、处罚是否有效执行、能否震慑潜在的违法行为等。我国证监会曾对监管工作提出“及时发现、及时制止、及时查处”三大原则，然而现状却与要求有一定差距。在2013年证监会发布《关于进一步加强稽查执法工作的意见》规定调查审理期限原则上不得超过一年以前，国内证券违法案件从立案调查到结案处罚平均耗时在一年以上。据统计，从2009～2012年的4年多时间内，有超过60家公司发布了被监管部门立案调查公告或者进展公告。其中，相当数量的案件立案至今尚未发布进一步的进展信息；部分公司从最初被立案调查，到最终收到调查终结公告时隔久远①。虽然在证监会大力推进之下，现在证券监管效率大为提高，但瞬息万变的证券市场期待着更加高效率的证券执法。另外，如果在监管过程中坚持机械执法，追求行政行为的形式合法性，那反而会严重制约证券监管目标的实现和监管绩效的提高。而监管机构按照不同证券监管目标之间的公共性差异相应选择强弱不等、与之匹配的法规和监管方式，这更有助于提高证券监管效果。因此，采取行政和解手段对行政机关的行政认可度、被监管者的声誉、投资者权益保护都带来有利影响，从而提升行政行为的效果。

3. 避免被监管者更大的损失

证券执法和解在英美等国能广泛适用的前提是其包含有对被监管者的激励机制。虽然存在证据不足逃过处罚的可能，但与查实后巨额罚款相比，大多数违法上市公司仍然会倾向于规避风险选择更加温和的和解方式。其原因是多方面的。首先，和解有利于被监管者的声誉。上市公司若被监管机构立案调查，会迅速被市场和广大投资者所知晓，将会给被监管者带来大量负面影响。而如果采取和解方式，则其至少在形式上不会被监管机构背负行政处罚之名，更不会在征信记录系统留下“浓墨重彩”的违法犯罪记录②。其次，能减少被限制经营带来的影响。在监管机构调查过程中，一般伴随着接受质询、审计会计账簿、停止交易等等限制措施，这些措施会给违法者正常经营活动带来不利影响。

① http：//www. cnstock. com/v_ news/sns_ yw/201308/2707543. htm。

② 高娟：《我国证券监管和解制度之构建》，湖南大学硕士学位论文，2011。

而和解，则能尽快摆脱案件调查的束缚，让公司的经营走上正轨。最后，可避免被监管者陷入诉讼的漩涡。行政出发之后，违法者必然会面临投资者的民事赔偿诉讼。而如果能在与行政机关和解过程中就达成对投资者的赔偿协议，则不仅会有利于投资者尽快得到赔偿，也能使违法者免于诉讼至累。

4. 维护社会公众利益

证券执法和解制度同时具有行政主导性和双方协商性的特征，其与私人和解的目标是有着显著区别的。与一般和解只考虑当事人自身利益最大化不同，监管机构在和解中不能只考虑监管行为的效率问题，它还肩负着维护利害关系人的利益以及社会公共利益任务。另外，正如有学者所言："现代证券监管正在经历一场范式转换，亦即从传统的国家管理转向现代的公共治理，羁束行政趋少而裁量行政趋多，由消极行政拓展至积极行政，从对抗行政转向合作行政，证券执法方式的单一性、单方性、强制性、消极性、对抗性和封闭性等特征正在弱化，而其多样化、互动性、协商性、能动性、开放性等特征相应强化。证券执法和解机制的确立顺应了这种范式转换，符合通过抑谦的证券执法方式建构和谐有序的证券市场的发展趋势，与日渐兴起的 ADR 机制等形成呼应。"①因此，证券执法和解制度必须维护社会公众利益，很多国家的制度设计也体现了这一点。如美国基于公共利益的考虑，可能不允许适用和解制度，涉及公共利益的时候，和解需要公开，同时也有关于利害关系人的保护。又如我国台湾地区规定，监管方可以要求被监管方与利害相关人之间达成和解，并可以予以建议和指导②。

二、我国证券执法和解制度的设计

尽管美国、英国、德国、新加坡以及我国台湾和香港地区都在立法上确立了证券执法和解制度，也在执法实践中不同程度地使用。据统计，SEC 调查的案件中，最终走完民事诉讼或行政审裁的只有大约 10%，其余都以和解方式结案。然而这一制度对我国民众来说还是一项较为陌生的法律制度，因此，我国在探索设立该制度时必须秉持谨慎原则，不宜过于激进。具体制度的设计也应

① 宋功德："证券执法和解机制"，载于《甘肃行政学院学报》2010 年第 3 期。

② 周华群：《证券监管和解制度研究》，郑州大学硕士学位论文，2011。

该建立在证券市场运行现状的基础之上，不能脱离实际。再加之制度设计不严密的和解有可能沦为权钱交易的工具，我们更加有必要利用好这把双刃剑，用严密的制度设计来克服和解的弊端。

1. 和解适用的案件范围

和解制度是常规行政执法手段之外的衍生执法形式，其不能够适用于所有的证券行政执法案件。首先，对于证据很容易获得、违法事实很容易查明的案件，其适用行政和解难免有画蛇添足之感。其次，具有较大社会影响的大案、要案也不适宜采取和解结案。由于证监会作出的行政处罚决定必须公开，而如果公开出来的文书没有对大要案的明确的违法认定，不利于执法部门公信力的建立。最后，和解制度也难以适用于证据上存在重大瑕疵的案件。如果证明基础违法事实的证据存在瑕疵，这绝非一般的证据缺憾。如果此时就以和解结案，容易损害被监管者的权益，也容易让公众对执法机关的公信力产生怀疑。

除去上述几种不应适用的情况外，下列案件在一般情况下都可以适用行政和解方式。第一，违法事实清楚、证据确凿充分，但违法情节较轻的。此时采取和解方式结案，有利于被监管者改过自新、尽快整顿自己的投资行为，也有利于监管机关节约司法资源。第二，具体违法行为难以调查清楚或者调查成本巨大的。此时使用和解程序可以达到行政处罚之目的，同时更有效的维护投资者利益。第三，涉嫌违法行为的法律依据尚不明确的。由于法律法规制订的滞后性，很多新类型的违法形式还未纳入法制框架，此时采取和解方式能有效弥补立法的不足。

2. 和解的适用前提

世界各国的立法对于采取和解方式解决证券案件的前提不尽相同，大致而言有两种模式。第一种模式将和解前提限定为经合理调查无法确定法律与事实关系，如德国和我国台湾地区。这一模式的出发点在于证券执法资源有限性和执法效率的考虑。其中存在一个问题，即在事实与法律调查不清的情形下进行和解，容易对证券监管机构的执法权威产生消极影响，使公众对其执法权丧失信任，而证券监管机构本身也不愿意承认对证券违法行为束手无策。因此，这种和解前提的设定可能是证券执法机关以及社会公众都无法接受的，我国台湾地区和德国证券执法中鲜有成功和解的案例，恐怕与此有关[①]。另一种模式以

① 叶林等："证券执法和解制度的比较研究"，载于《西部法学评论》2009 年第 4 期。

美国为代表，其以相对人既不承认也不否认违法作为适用证券监管和解制度的前提，同时赋予监管机关适用和解制度的自由裁量权。这种模式既考虑了监管机关的权威性，也照顾了被监管者被调查中的心态，使得监管机关和民众都乐于接受证券行政和解的形式。因此，我国的证券行政和解的前提也可以借鉴美国的经验，采用更加能为双方所接收的模式。

除了上述前提之外，学者认为证券行政和解仍需具备以下条件："第一，行政相对人必须保证已向证监会提交了所有的涉案文件和记录；第二，证监会了解掌握了一定的事实和证据；第三，行政相对人向证监会提交和解建议，承诺接受处罚并不就此提起诉讼；第四，行政相对人必须同意达成和解过程中不接受任何途径的补偿，包括保险赔付，同时不得申请税负减免；第五，接受和解的个人或组织必须将承诺的罚款金额存入第三方账户，第三方一般由金融机构担任；第六，如果和解协议中涉及市场禁入，接受和解的相对人必须同时接受，在禁入期限过后，若其向自律组织申请重新执业，由证监会复核，并不能保证其一定获得批准。"①

3. 和解的启动

（1）和解的启动者。行政和解本质上是一种契约，但又并非单纯的民商事契约，虽其宣称平等协商，但行政权力的影响必然渗透于谈判的全过程，监管机关也在谈判的过程中处于主导地位。有鉴于此，不同国家对和解启动者的规定不尽相同，目前世界各国主要有两种模式。

一种模式明确授予证券监管机构和被调查者和解的启动权，如我国台湾地区，但对监管机构启动和解规定了更严格的内部审核程序，即应经金管会委员会议决议通过后，授权由委员或各承办单位提出②。

另一种模式规定只有行政相对人才有启动和解程序的权利。如我国香港地区，其规定除非情况特殊，否则商议和解的建议应由受拟议处分的当事人提出。由监管机构主动寻求和解并不恰当，因为这会令人对监管机构的公信力及其索取款项的理由提出质疑。但从实际情况来看，即使证券监管机构没有被赋予和解谈判的启动权，但和解的授权性规定以及其关于鼓励和解的态度、与相关通

① 梅君等：《海外证券市场》，中国人民大学出版社 2002 年版。

② 李雪：《证券执法和解制度研究》，中国政法大学硕士学位论文，2008。

知书一同送达的可申请和解的暗示等，实际上仍然使监管者掌握着和解程序启动的一定程度的主动权。因此，即使监管机构未获得明确授权，其都可以通过各种形式引导被调查方提出和解，这与明确授权的区别只在于直接或间接、明示或默示上了。

在我国，为防止公权力的过度扩张，或可考虑采取第二种模式，即只有行政相对人才有提起和解程序的权利。这样，在既不损失行政机关机动性的前提下，能打消公众对监管机构权利扩张的疑虑。

（2）和解的启动阶段。证券执法和解制度研究和解是为了解决证券监管机构正在调查的证券违法案件，监管者和相对人都需要在考察是否符合和解前提的基础上决定是否开始和解。因此，和解的启动至少要在启动调查程序之后。但是，关于和解前提的不同设计以及和解中相应的惩罚性机制的程度，使得和解的启动阶段有着不同的规定。

美国证券执法和解的起点一般为 SEC 掌握了一定的证据及线索并开始调查程序，但是在调查阶段以及诉讼或行政审裁阶段，都可以进行和解。即任何被通知可能或将要对其启动行政审裁（调查）程序的人，或者已经处于审裁（调查）程序的一方，在任何时候都可以提出书面的和解申请。而像德国和我国台湾地区都以事实与法律调查不清为前提，因此其和解程序的启动阶段一般在证券违法行为的处罚阶段或可处罚阶段。英国 FSA 则针对和解程序启动的不同阶段设定了不同的罚款折扣率，经过改革后，目前适用的折扣为 30%、15%、5%和 0①。

在我国，证券违法案件经过立案方才意味着行政程序的正式开始，其要求监管机关填写立案审批表，并报领导审批，案件审批表包括各种与案件相关的材料和证据等内容。最重要的是，案件审批表上载明了立案的时间，而且它标志着案件正式进入调查程序，监管机关开始依职权展开调查。因此，在我国以立案作为和解程序可以启动的起点较为科学，符合我国国情。至于启动的时间终点，一般则取监管机关作出行政处罚之前。

（3）和解的谈判与决策。和解的谈判由双方在自愿的基础上协商进行，很多国家有时会加入听证程序，其听证程序的主要目的在于确定和解是否合理以

① 叶林等："证券执法和解制度的比较研究"，载于《西部法学评论》2009 年第 4 期。

及商定和解内容。而世界上有将和解谈判与决策分离或者合一这两种模式。美国法采取二者分离的做法，和解申请由 SEC 委任的利害关系部门予以考虑，该部门将附带其意见的和解申请呈递给委员会，如果其提出的是反对和解的建议，那么，除非提出和解者要求呈递，否则，该和解申请将不会呈递给 SEC①。

证券执法和解不仅要实现执法效率，也要兼顾和解的公平性。如果谈判破裂，监管机关必须作出行政处罚。但其以在和解谈判中，行政相对人作出的某些自认、承诺等作为处罚的根据，则显然对于被监管者是不公的。与民事诉讼中调解程序类似，这些谈判过程中的自认、承诺等理应排除于定案的根据之外。然而，如果和解的决策者和行政处罚的作出者是统一的，那在作出处罚时很难会不受到这些自认、承诺的影响，最终还是可能导致被监管者的处罚加重。因此，为了被监管者的合法权益，维持其和解的积极性，和解的决策者与行政处罚的决策者应当是分离的，即分别由证券监管机构内部的不同部门来执行。另外，决策者获得的以和解为目的的自认、承诺等信息不能传递给行政处罚的决策者，以避免其受到影响作出不利于行政相对人的处罚。

4. 和解的内容

和解的内容是经由证券监管机构与被监管者协商确定的，通常表现为后者承诺为或不为一定行为。其可以是一般法律所规定的行政处罚事项，如罚款、禁止或限制从业资格等，或者是法律规定之外的事项，如积极补偿投资者、改进风险监控机制、保险补偿或者税收扣减等等。总之，只要是能够达到与行政处罚同样之目的的措施，而证券监管机构又同意的、具有实施可能性和现实性的，都可以作为和解的内容。

行政相对人是否承认违法，是和解协议的内容之一。对于行政处罚而言，相对人违法自然是其应有之义，但证券执法和解制度关于违法或责任的承认上却有不同规定。如在美国，几乎所有公开的和解决定中都使用“既不承认也不否认违法行为之指控”的措辞，因此美国的证券执法和解不具有违法行为之推定功能。台湾地区的规定有着与“既不承认亦不否认”类似的规定，但以经相对人之请求为前提。而英国 FSA 的相关执行规则规定，任何和解都必须包括相对方所承认的关于事实和任何违法行为的陈述，所以承认违法或责任是和解的

① 叶林等：“证券执法和解制度的比较研究”，载于《西部法学评论》2009 年第 4 期。

必备内容。而香港地区证监会和新加坡金融监管局的执法和解既可以在承认过错的基础上作出，也可以在不承认过错的基础上作出。如前所述，从我国的现实出发，我们至少采取“既不承认亦不否认”这一标准，并将相对人的态度记录于和解协议的内容中。

罚款是和解中最主要和最常见的内容，其在和解中主要涉及罚款的数额及其确定依据、罚款的支付时间、方式以及不支付的法律后果等。尽管上述事项在各国立法上都存在一定的差异，但支付时间和方式仅是立法技术问题，不必赘述。而关于罚款数额的确定，一种立法例为明确规定罚款的数额，如新加坡《证券及期货法》规定，因违法行为所获得的利润或者所避免的损失的3倍，或者50000元（非公司）或100000元（公司）中的较高者。另一种立法模式则未明确罚款数额，授权监管机构自由裁量，如英国《金融服务及市场法》授权FSA施加其认为适当数额的罚款。但授权立法同时提供了确定和解数额的参考因素，以使和解实现行政处罚同样的功能。为了鼓励和解，英国针对和解的四个不同阶段设定了不同的罚款折扣率，2005年执行文件降低第二和第三阶段折扣率的修改更突显其鼓励早期和解的态度。其他国家或地区虽未像英国将折扣如此明确化，但和解相对方对调查以及和解的合作程度也是衡量罚款数额的重要参考依据，而和解申请提出时间的早晚即为其一，因为这将影响证券执法成本的高低。总之，我国应当在吸取各国经验的基础上，结合我国国情制订合理的罚款标准。一般而言，立法上根据情节划分不同的罚款档次和比例，并授权监管机构在合法区间内自由裁量这一方式比较简单可行。

5. 和解的效力

（1）代替做出行政处罚而结案的效力。不管和解是否以承认或推定违法行为或责任为前提，和解中相对方做出的承诺都包含了行政处罚的主要内容，有时甚至超出了相同情形下行政处罚的处罚类型和程度。因此，和解具有实质上代替行政处罚的效力，能够实现行政处罚被赋予的功能。

（2）推定过错或承认行为违法的效力。和解是否具有过错推定或违法行为承认的效力取决于和解前提或内容的立法规定或实践，前文已有相关叙述。在将过错或违法之承认作为和解前提的情况下，即使和解内容中不包含此项，其也具有该推定或承认的效力。反之，如果过错或违法之承认并非和解的必要条件，则要看具体个案中的和解是否包含承认的措辞或表示。

然而，如果证券监管机关之行政处罚被赋予了超越行政处罚本身的意义，那么，是否承认违法就具有重要意义了。在我国，根据2002年《最高人民法院关于审理证券市场因虚假陈述引发的民事赔偿案件的若干规定》第6条的规定，投资人提起虚假陈述证券民事赔偿诉讼，应提交行政处罚决定或者公告。据此，证监会的行政处罚会成为民事赔偿诉讼的前置程序。以和解代替行政处罚，如果不同时附加违法行为的明确承认，现行法下可能导致受害投资者无法提起民事赔偿诉讼。因此，在目前我国的司法环境下，有必要将和解协议视为行政处罚的一种，同时关注被监管者在和解协议中作出自认、承诺等的效力问题。本书认为，和解协议在一定程度上是有证据效力的，但是这一效力仅限于行政相对方已经明确的违法行为，对于其既未承认亦未否认的事实或者在调查中所做的自认或承诺，都不得针对其在其他诉讼中的不利证据而使用。

（3）对刑事追诉的影响。世界大部分国家并没有明确规定已经受到刑事处罚的案件不能和解。但从实践中看，这些国家对于监管机构经调查而确认的刑事案件是不能和解的。因此，能够和解的案件其严重程度是不涉及刑事领域的。但美国的规定有所不同，其将和解与刑事指控视为可以并存的两种措施。其和解是与监管机构进行，且这一情况下，和解涉及的民事罚款不具有惩罚性，而仅以救济为目的。而与此同时，违法者还能与检察机关进行“和解”，即变速交易的程序。就我国而言，对于违法主体进入刑事程序的案件，当然不应适用和解程序。但若一个案件中，自然人主体被检察机关追诉，而单位未进入刑事追诉程序，此时与违法单位进行和解是可以实现的选择。

（4）对民事救济的影响。和解是代替行政处罚的措施，一般情况下与民事赔偿救济无关，因而不排除该事项之受害投资者在和解之后寻求民事赔偿救济。在证券执法和解的效果完全归属于行政机构，尤其是和解中承诺的罚款上缴国库的情况下，具有行政行为属性的和解行为与民事诉讼是完全独立的。受害者无法通过和解获取任何赔偿，其当然得以通过民事赔偿诉讼程序来寻求救济。当然，美国在这一方面有创造性的举措，其和解的赔偿金将上缴到为因证券违法行为而受到损害的投资者设立的公平基金内。当然，在美国投资者利益的损害并非只依靠公平基金来解决，除此之外，投资者还可以通过一般诉讼或者集团诉讼向法院提起赔偿请求，从而获得公平基金之外的补偿。在我国，由于不具备美国式的制度土壤，因此目前还是应该将和解程序与民事诉讼相隔离。行政上和解的案件，受害投资者仍可以自行向法院提出赔偿诉讼。

6. 和解的公开

行政处罚的公开是行政法上的通行原则，所谓“公开原则是保证处罚结果公正合理的必备条件”①。因此，作为代替的监管和解的公开也得到了普遍的认可。当然，证券执法和解也有其特殊之处。在和解的过程当中，当和解影响到相关人利益的时候，这些利益相关人与普通公众对于信息的需求程度自然不一样，我们必须充分保障其知情权。我国台湾地区规定，在和解协商的过程中，监管机关可以对相对人与利害关系人之间的关系处理进行合理的建议或者指导，并可以要求相对人在一定期间内与经利害关系人授权且设立目的为保护证券投资人的法人或者团体达成民事和解。如此一来，和解的过程对利益相关者而言将变得更加透明，有利于保护其权利。当然，对于一般的公众，仍遵循一般的行政公开程序和时间点即可。

由于和解程序越到后期，和解达成一致的内容将变得更加丰富。因此一般情况下，和解公开的时间越早，则和解公开的程度就越低。和解公开时间的本身构成了影响和解公开程度的因素之一，法律有必要对此作出相应规定。更重要的是，和解协议的公开事项也是很重要的指标。有的国家和地区规定得比较简单，只公开简单的和解事实和和解结果，对和解的依据以及调查行为等不做详细说明。有的国家和地区规定的比较详尽，包括是否同意所述事实、处罚事项、是否放弃提交审判的权利、监管机关处罚措施的依据、罚款的支付时间与方式以及未支付的后果等内容。在我国目前的社会环境之下，对于和解这一很容易滋生腐败的制度，更应该尽可能做到公开透明，从而打消民众对监管机构的疑虑。因此，我国公布事项应该规定的更加广泛、更加详细，从而推动该制度的健康发展。

---

① 袁曙宏:《行政处罚的创设、实施和救济》，中国法制出版社 1997 年版。

第十三章

上市公司影子银行业务监管

第一节 影子银行主要属性、涉及业务及国际监管

一、影子银行的主要属性

影子银行体系（shadow banking system）的概念最早由太平洋投资管理公司执行董事麦卡雷提出，意指游离于监管体系之外的，吸纳未经保险的短期资金进行经营运作，广泛采用创造性融资手段，通常是由杠杆度较高的非银行机构所组成的金融系统。

随后，各方学者和业界人士对影子银行体系有了更多的补充。美国前财长，现任联邦储备银行的盖特纳（Timothy Geithner）将那些通过非商业银行的融资安排，利用短期市场融资购买大量高风险、低流动性的长期资产的机构称为“平行银行系统”（Parallel Banking System），其指向与麦卡雷基本一致。前美联储主席伯南克（Ben Bernanke）在论述影子银行相关功能时，将影子银行定义为游离于正式金融监管之外，充当储蓄转换为投资的中介金融机构。而英格兰银行金融稳定部副总裁保罗·塔克（Paul Tucker）则对这个概念进行了扩展，将影子银行概括为向企业、居民和其他金融机构提供流动性、期限配合和提高杠杆率等服务，从而在不同程度上替代商业银行核心功能的那些工具、结构、企业或市场。纽约联储的高级研究员鲍兹（Zoltan Pozsar）、艾德里安（Tohias Adrian）、艾什克拉夫特（Adam Ashcraft）、博伊斯基（Hayley Boesky）在其专题研究报告中，将影子银行定义为不用从中央银行或者公共部门获取流动性的

信用中介（credit intermediaries）[1]，他们认为官方隐含提升的信用中介、官方间接提升的信用中介以及非官方提升的信用中介都属于影子信用中介，而专门从事影子信用中介活动的实体即为影子银行。根据该定义，政府支持的企业、投资银行、对冲基金、货币市场共同基金以及各种管道业务等均归属于影子银行体系。存款类机构、保险公司，信托以及期货公司等金融实体从事的一部分业务也归属于影子银行。

从国内研究看，巴曙松（2009）认为影子银行虽然是非银行机构，但是又确实在发挥着事实上的银行功能[2]，它们为次级贷款者和富余的市场资金搭桥，成为次级贷款者融资的主要信用中介。易宪容（2009）认为影子银行是一种行使传统银行功能，但运作模式、交易方式、监管制度等都与传统银行完全不同的金融运作模式[3]。以上种种定义的背后都隐藏着影子银行的三个本质特征，分别为功能属性，监管属性与系统重要性。

1. 影子银行的功能属性

影子银行的存在与发展是对传统融资渠道的补充，是越来越多资金需求者和资金富余者共同推动的成果。类似传统银行，影子银行将自己定位为资金供给者和需求者间的信用中介。资金需求者，包括个人，企业和金融机构在内，在金融市场上寻找信贷资金。但由于国家政策与银行内部信贷管理条例的限制使得很多非标准化或者现期资格不足的需求者无法从有限的传统银行贷款池内获取资金，也使得个人和机构投资者受限于死板的传统投资渠道。此时，影子银行主导的资产证券化与一系列金融创新为市场释放出丰富的流动性，满足机构企业以及个体消费者的个性化资金需求，为他们提供了丰富的投资渠道。在影子银行体系行使信用中介这一角色功能时，其功能更像是传统银行信贷能力的放大器。比如，在银信合作中，信托公司可以通过受让银行的信贷资产盘活银行信贷存量。或者，信托公司可以通过信托贷款直接将信贷外投，以此压缩银行资产负债表贷款规模，扩大银行信贷能力。

2. 影子银行的监管属性

影子银行存在的意义就是打破传统银行监管约束。因此，无论在何种定义

---

① Tobias Adrian, Hyun Song Shin. The Shadow Banking System: Implications for Financial Regulation. Federal Reserve Bank of New York Staff Reports, 2009。

② 巴曙松："金融危机下的全球金融监管走向及展望"，载于《西南金融》2009 年第 10 期。

③ 易宪容："'影子银行体系'信贷危机的金融分析"，载于《江海学刊》2009 年第 3 期。

中，影子银行体系“较少受到监管或不受监管”总是核心内容之一。该属性主要表现在三个方面：其一，影子银行不受或很少受审慎监管标准的约束，没有资本充足率、杠杆率、流动性与严苛的信息披露要求；其二，该体系不受或很少受审慎监管过程的约束，即监管部门不会要求影子银行机构定期披露信息，也不会定期获取影子银行的财务信息等审慎监管所需的数据支持其日常风险监测和评估；其三，影子银行在正常情况下无法直接获得中央银行的流动性支持或者政府担保，既不在中央银行最后贷款人支持范围之内，同时也未被纳入存款保险的范围①。

因此，现阶段影子银行体系一般由市场纪律来约束与监管。市场纪律也就是市场约束，指金融机构的债权人或所有者借助于金融机构的信息披露和有关社会中介机构（如律师事务所、会计师事务所、审计师事务所和信用评估机构等）的帮助，通过自觉提供监督、实施对金融机构活动的约束、把管理落后或不稳健的金融机构逐出市场等手段来迫使金融机构安全稳健经营的过程②。从监管操作角度看，市场约束的具体表现形式之一就是强化信息的披露。在市场化的环境下，市场约束的运作机制主要是依靠利益相关者的利益驱动，包括存款人、债权人、银行股东等在内的银行利益相关者，出于对自身利益的关注，会在不同程度上关注其利益所在银行的经营情况，并根据自身掌握的信息和对于这些信息的判断，在必要的时候采取举措，对银行在金融市场上的运作产生多方面的影响。例如，如果市场的利益相关者判断一家银行的经营风险相对较高，存款人和债券持有人就相应地要求更高的利息，风险较高银行的交易对手也会要求较高的风险价差、额外的抵押物等，这必然会影响到银行的经营成本和市场竞争能力。

3. 影子银行的系统重要性

影子银行体系作为金融市场上的新贵，具有极强的系统重要性，可以从三个方面来衡量。

（1）影子银行系统内部，与传统银行，与市场投资者联系均十分密切，具有高度关联性。影子银行体系内部相互关联性从美国五大投行的命运中便可看

---

① 来自中国人民银行。

② 来自 MBA 智库。

出。以贝尔斯登为例，在最终导致其被摩根大通收购的旗下两只对冲基金倒闭之前，最大的债权人分别是美林、摩根大通、花旗、德意志银行、雷曼兄弟等大型投资银行，也正是为了避免这些债权人为实现债权而抛售抵押品，贝尔斯登未能挽救这两只对冲基金。影子银行与银行系统的关联性从 SIVs 可以得到很好的说明。银行正是通过自己设立的 SIVs 出售和转移贷款风险，同时银行为 SIVs 提供信用增级和担保。而根据 2003 年修订的会计准则，SIVs 发生损失时，对其拥有控制权并须承担最终损失的金融机构应将此并入资产负债表中。另外，次贷危机虽然使美国大型独立投行消失，但众多大型银行控股公司或金融集团下设的投资银行业务并未因此消失，这些都使得传统银行系统与影子银行体系密不可分。影子银行体系与私人投资者之间的直接联系包括其与对冲基金投资人或投资银行私人客户之间的关联；间接联系方面则是私人投资者通过投资于公共基金而与影子银行体系发生关联。这种广泛的关联性是金融市场高度发展的必然结果，机构之间的关联也能够产生规模经济效应，但同时，与其他市场参与者的关联性也给金融体系带来了系统性隐患。

（2）影子银行规模扩张迅速。考虑到该体系仅受到零星而分散的监管，同时其交易方式、交易产品具有高度的复杂性和隐蔽性，又由于体系与其他金融机构相互持有资产的高度关联性，对于它的具体资产规模，无论是官方监管机构还是民间研究机构都难以提供一个可靠的、全面的数据。IMF 认为，在次贷危机爆发时，影子银行系统的绝对规模已经和正式的银行系统一样庞大了。还有学者估算，影子银行系统机构的金融资产比全球 GDP 的 4 倍还要多。有的学者对影子银行系统中的主要成员即投资银行和对冲基金作了研究，发现它们在 1990 年时资产规模就已经超过银行，到 2007 年时已经比银行的 2 倍还要多。诺勒曾尝试以影子银行系统向资本市场提供的信贷份额为基础对其进行估量。他将金融部门信贷提供者大概分为三个群体：一是存款类公司，包括商业银行、银行控股公司、储蓄银行和信用合作社；二是经由结构性金融（即 MBS 和 ABS）提供信贷的非存款类公司；三是所有的其他非银行信贷提供者。他根据美联储的资金流量表（Flow of Funds）研究了从 1970 ~ 2008 年近 40 年来上述三类信贷提供者持有的未偿付债务余额或者说提供信贷额的趋势。研究发现：第一，此期间银行提供的信贷额下降了一半，从 1970 年超过 60% 下降到 2008 年的大约 30%；第二，对非银行信贷提供者而言，结构性金融的相对重要性大大增加了，从1970年授信的4%增加到2008年末超过30%。而事实上，结构性金融相对重要性的增加是以银行部门资产负债表上授信份额的减少为代价的。到2008年，危机依然严重期间，上述三类信贷提供者群体对于整个经济的相对重要性是差不多的。虽然这种衡量结果并不能说明“影子银行系统”的规模，但信贷提供功能的不断提高却是系统不断增长的必然结果。

（3）影子银行体系给金融市场带来资金配置效率，为市场注入流动性的同时，也不可避免的附带了其致命缺点——易引发系统性风险。一方面，影子银行系统创造了大量的金融衍生工具，提高了金融市场的资金运转和配置效率。在2007年左右，影子银行系统迸发出无与伦比的创新能力，如寒武纪大爆发般创造出大量衍生金融工具，诸如业界人士耳熟能详的CDO（Collateral Debt Obligation）、CDS（Credit Default Swap）、CDO2、CDO3等。这些创新产品旨在不转移基础金融工具所有权的情况下尽可能地转移和分散风险，扩展信用条件的限制范围。这些金融创新为市场上的投融资活动注入了无法想象的活力。另一方面，影子银行系统利用资产证券化提高了金融市场的流动性。流动性是所有金融活动的重要指标，影子银行系统不仅利用金融工具为需要资金的一方和需要获得资金回报的一方提供交易条件，并且能够将流动性较差的资产转变为流动性很强的资产，从而总体上提高了金融市场的流动性。影子银行在匹配交易对手的过程中需要做大量的信息收集和分析工作，降低了市场参与者的信息搜索成本。但是影子银行信息披露程度远不如传统中介机构，不受审慎监管条例约束，其提供的短期“类存款”资金一旦形成较大规模，容易产生“挤兑效应”。例如，短期资产支持商业票据、短期回购协议、结构投资工具等“类存款”工具一旦被挤兑，它的崩塌会透过与传统金融体系间的联系造成难以估量的损失。同时，影子银行由于其业务特性，会逐渐积累“亲周期效应”，一旦经济陷入低迷，没有实体经济和信用的支持，便会陷入泥潭。

影子银行系统关联性强而广、规模大、增速快、高杠杆、高风险等属性都决定了它在金融市场上不断增长的系统重要性。

二、影子银行主要涉及业务

Pozsar等学者（2010）认为，西方国家的影子银行有三种类型：政府支持型、内部型和外部型。第一，政府支持型影子银行。影子银行的发展早期很大程度依靠政府发起和担保，例如，美国政府通过设立联邦住宅贷款银行、房地美和房利美等机构，为房贷市场打通了批发融资渠道，促进了房贷资产“发起——分销”模式的推广。政府的隐形担保为影子银行带来更高的信用评级，减少了这些机构发行证券的难度。第二，内部型影子银行。内部型影子银行一般处在大型银行集团的框架之下，与商业银行平行发展。随着金融机构混业经营的趋势，银行集团通过设立自己的影子银行子公司，跨越监管转移一些投融资业务进入这些子公司，来扩大自身业务规模和运行效率。第三，外部型影子银行。外部型影子银行是指完全独立于商业银行的、专业化的非银行金融机构。外部型影子银行机构大多为市场型金融机构，它们利用资源整合优势、经营自由优势和专业技术优势，开展各种类银行业务。对冲基金、货币市场基金、金融公司、信托公司、结构性投资实体、信用担保融资公司、证券经纪公司等都属于外部型影子银行机构。

如果以影子银行体系所发挥的功能及业务为标准，可以将影子银行分为四类：①资产证券化机构。主要包括资产证券化的发起机构和资产证券化过程中设立的特殊目的机构（SPV）。资产证券化主要推行者为贷款机构和投资银行，而资产证券化过程中设立的 SPV 有信托公司、有限责任或合伙制机构等。②市场型金融公司。这类机构为市场提供直接或间接的信贷和流动性，但不吸收存款。主要有货币市场基金、对冲基金、私募股权基金、养老基金、信用贷款机构和金融公司等。③结构化投资实体。这类机构是资产支持商业票据和资产支持证券的发行主体，另外还有从事结构化投资的金融实体以及管道等。它们有一部分是独立机构，另外一部分则是商业银行或金融控股公司的下属机构，履行结构化投资职能，如房地产投资信托、ABCP 管道、结构化理财机构等。④证券经纪与交易公司。是为了赚取投融资收益而设立的从事证券经纪业务、融资融券业务、做市业务、承销业务的证券公司或做市商，其业务活动主要集中在各类有价证券的一级市场和二级市场。

三、国际上对影子银行的监管

金融危机后，国际上对影子银行监管问题的关注从未减弱。早在 2009 年 2 月 6 日，国际货币基金组织（IMF）已经发现了影子银行监管的两个主要问题：

国际监管“割裂”与风险预警不力[①]。

IMF 在其报告《危机的初步教训》中总结出，影子银行一直以来都处于多部门轻度监管状态，并且通常不受审慎性监管，从而实现了监管套利。因此，影子银行可以通过金融创新突破种种约束实现其繁荣发展。但是市场监管的缺失，使得银行可以将其风险转移至影子银行体系，从而规避资本金管制，从事高风险业务。影子银行的规模在监管套利下迅速膨胀，以美国为例，其规模一度超越传统银行体系。为此，IMF 报告进一步提出了影子银行监管方案。方案包括：扩展当前机构监管范围，识别影子银行并将其纳入监管范围；令影子银行承担信息披露义务，受到审慎性规则约束；根据业务活动风险确定不同监管标准，设立弹性监管范围，强化监管标准和力度，减少监管套利等。

其他国际型组织如巴塞尔委员会（BCBS）、国际证监会（IOSCO）、国际保险监督官协会（IAIS）在 2010 年 1 月联合发布了一份报告《回顾差异化金融监管的范围和性质》。该报告主要分析了银行、证券与保险业的监管差异，金融集团的监管，对冲基金的监管，信贷风险转移产品监管，与抵押品承销标准的监管。报告主要强调分业监管带来的监管制度差异，对我国影子银行监管条例的设定具有指导性意义。

G20 国集团在 2009 年伦敦峰会上更是具有开创性地在金融稳定论坛的基础上设立了金融稳定委员会（FSB）。FSB 在成立以来先后发布了四篇极具指导意义的影子银行报告，并建立起了一套具有前瞻性的监管体系，分为一项总原则、七项小原则以及三个步骤。

监管总原则：从严监管（High-Level principles）：FSB 提出了新颖的监管思路，也即“在对影子银行的监管中，没有一套固定的方法，监管当局应针对监管区域的不同而改变相应的监管条例，应随时间而改进监管方式。”

为了建立一套行之有效的监管框架，监管方应紧遵七项小原则。

范围原则：监管当局应当建立起一套能够应用到全系统的监管框架。在此框架下，监管当局应当能够全面地审视影子银行系统，并据此全面衡量其对整个金融系统的风险。

过程原则：成熟的影子银行监管体系应当能够有一套识别和衡量风险的监

① http：//news. xinhuanet. com/world/2009 -03/08/content_ 10966138. htm.

管方案。

数据信息控制原则：在建立影子银行监管体系过程中，监管当局应该有权搜集所有必要的数据和信息，并且需要有能力对监管范围进行干预。不同来源的市场信息和数据是互相补充的，监管当局应当结合这些信息进行有效使用。同时，当局也应将宏观（系统性）信息与微观（实体/活动）信息有效合并，应时刻收集足够的信息与数据来支持其风险导向的监管。

创新原则：影子银行的监管方式不应墨守成规，而是应该灵活多变，能够适应金融产品创新，从而及时做出相应调整，防范由于金融创新带来的新兴市场风险。

监管套利：在影子银行监管中，监管当局应当注意监管变化对影子银行通过监管套利进行扩张的激励。

司法试用原则：在建立监管框架中，当局不仅要考虑其辖区内的金融市场结构与监管框架，还应考虑两者在国际关系网络中的结构。

信息交换原则：监管当局应在其司法权辖区内外进行适当的信息交换，从而使其能够更精确地估计影子银行体系带来的风险。评估跨境溢出风险和蔓延风险，获得全球层面关联视图对于跨境信息交换来说尤为重要。

为了加强对影子银行体系的监管，FSB 提出了一些程式化的监管步骤。这些步骤利用到了宏观微观层面上不同类型的信息和分析工具。监管当局应利用这些步骤有序落实监管进程，完善数据报告与信息披露要求，进行有效监管。

首先，从宏观上勾勒出影子银行体系概况。监管当局应基于资金流量数据在大体上掌握非银行信用中介的规模和关键趋势（key trends）。当局可以从相关信息中补充缺失的资金流量数据，这些信息的来源很多。例如，监管当局可以从银行业监管监督报告中获得货币统计数据，这些统计数据可以提供大量有用的影子银行活动的信息。有价值的信息同样可以从为银行集团准备的内部监管数据中得到（banking group），这些数据包括了银行与非银行子公司数据以及两者之间的内部联系，极具参考价值。

其次，监管当局需要掌握影子银行体系造成系统性风险与监管套利问题的活动。在勾勒完影子银行体系的总体面貌后（broad mapping），监管当局接下来应深度探讨几项非银行信用中介带来的主要风险，主要包括期限转换、流动性转换、信用风险转移和杠杆化，这四项主要风险的提出基于宏观层面的资金流量数据与微观层面的重要参考信息，诸如定期监察信息/报告、市场情报与信息披露。在关注这些主要风险项目时，当局必须正确找出信用中介产业链，专注于特定实体信息会误导监管方做出错误的风险评估。该产业链也有助于检测重要机构和监管范围外的新兴市场，因此监管当局不仅需要识别新型业务活动，也需要找出潜在的监管套利机会。

最后，监管当局需要详细评估影子银行体系带来的系统性风险与监管套利问题。当局在总体上把握系统风险与监管套利机会的来源后，应着手细化那些引起社会关注的特定个体、金融市场和工具中存在的风险。这些细化风险可以衡量影子银行体系给整个金融系统带来的潜在影响。在个体分析中，合法合规分析方法是至关重要的，它对于评估跨境金融网络风险具有重要意义。

国际上通用的程式化步骤对于我国影子银行业务监管具有重要参考意义。

第二节　国内影子银行业务解读

不同于欧美发达国家，我国的影子银行还处于较为初级的阶段。中国人民银行行长周小川曾经提出过对中国影子银行体系的定义：影子银行是指行使商业银行功能但却基本不受监管或仅受较少监管的非银行金融机构，比如对冲基金、私募股权基金、特殊目的实体公司（SPV）等。周小川同时指出："在我国，影子银行的构成与发达市场国家存在较大区别，对冲基金和SPV尚未发展，主要是近几年发展起来的私募股权基金、私募投资基金，以及开展银信理财合作的投资公司、民间借贷机构等，规模较小，产品结构也相对简单，风险尚没有凸显。但应吸取危机教训，及时采取措施，加强对影子银行风险的监测、评估，逐步将其纳入监管框架。"充足的监管是判断影子银行最根本的标准，即使没有牌照，只要监管充分，符合监管政策，就不算影子银行。这一界定比较符合当前中国经济发展的阶段性特征。监管是否充分决定于多种因素，主要包括：社会发展的阶段，国家发展的状况，经济、金融、产品的总量，金融秩序，系统性风险，监管制度安排等多种因素。

一、国内影子银行分类

目前，国内公认的影子银行机构主要分为三类：第一类，不持有金融牌照、完全无监管的信用中介机构，包括民间金融、新型网络金融公司、第三方理财机构等。第二类，不持有金融牌照，存在监管不足的信用中介机构。该类影子银行主要包括一些非银行金融机构和新型融资机构所从事的严控杠杆、充分计提了资本的表内业务。如信托公司、财务公司的表内业务，以及担保公司和小额贷款公司所从事的满足拨备和资本要求的融资和信用转换业务。第三类，机构持有金融牌照，但存在监管不足或规避监管的业务，该类影子银行主要包括接受严格机构监管的商业银行的一些表外业务或资本计提不足的表内业务，如表外的理财产品、同业业务、票据融资业务、委托贷款、货币市场基金、资产证券化等。在这种分类条件下，中国影子银行体系大致呈金字塔形①。

关于我国影子银行的具体组成部分，不同的研究机构、学者有着自己的划分依据和标准，对我国影子银行的规模测算也得出不同的结果（大约在 17 万亿元至 30 万亿元人民币之间）。在充分了解金融市场相关业务的基础上，本书参照 UBS 分析报告，从资金面归集、渠道转移、基础资产投资三个层次对我国的资金流向进行划分，归纳出我国影子银行的范围（见图 13. 1）。

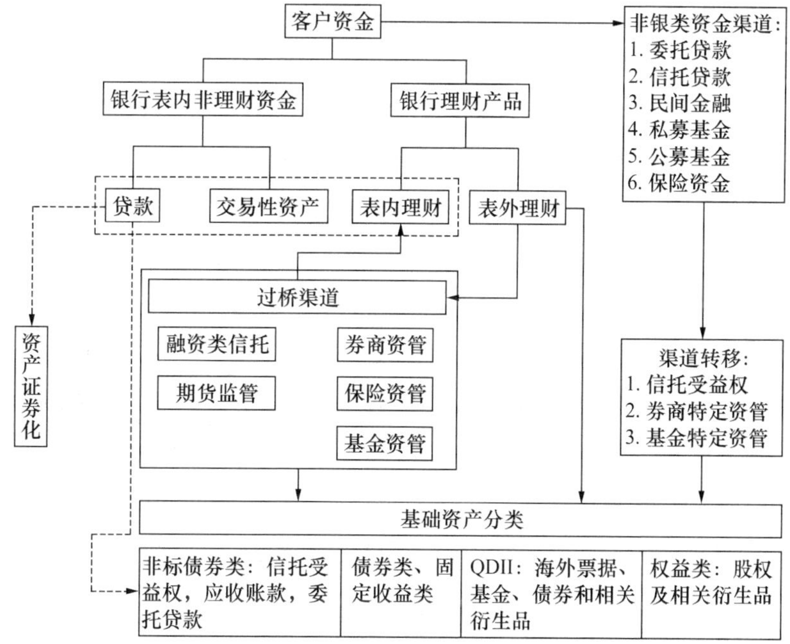

图 13. 1　我国影子银行范围

① http://bank. hexun. com/2014 - 01 - 18/161542935. html2014 年 1 月 18 日访问

二、国内上市公司涉及的影子银行业务及风险

相比西方发达国家的影子银行，目前中国的影子银行体系规模尚小，形式也比较简单。近几年来，在中国逐渐显示其影响力的影子银行体系中，出现了一个值得高度关注的重量级主角——上市公司。近年来，上市公司所参与的影子银行业务规模越来越大，参与方式也逐渐增多。目前，国内控股股东实力雄厚的上市公司一般竞争获取财务公司执照，降低自身融资成本；控股股东实力一般的上市公司则以申请小额贷款公司执照为主；暂时没有获取非银行金融机构营业执照的上市公司则以发放委托贷款与购买理财产品来分享金融业的高收益率盛宴。

1. 上市公司影子银行业务资金来源

影子银行业务对于上市公司的诱惑无疑是巨大的，那么，上市公司究竟是从哪里取得参与到金融饕餮盛宴中的资金的呢？上市公司在斥巨资从事相关影子银行业务时，往往有过此前因资金不足而融资的经历。从其来源上看，主要有两种途径：货币市场融资与资本市场融资。

相对非上市公司而言，上市公司融资具有明显的品牌优势，尤其是通过股权质押、短期融资券等方式可以获得相对较低利率的资金。从货币市场获取资金主要有两类方式：其一是通过股权质押方式融资。如卧龙电气 2011 年 05 月 19 日与杭州银行签订股权质押合同获得杭州银行的授信。随后，于 2011 年 06 月 29 日委托农业银行上虞市支行向上虞天道公司贷款 2.2 亿元，委托贷款期限三个月，年利率 15.60%。其二是通过短期融资券方式融资。友阿股份于 2011 年 6 月 23 日发行短期融资券，获得 6 亿元人民币资金，期限为 366 天，发行利率为 5.75%。然后，该公司于 2011 年 9 月 13 日和 2011 年 9 月 19 日，分别投资 1 亿元购买浦发银行和交通银行信托理财产品，前者理财期限为 9 个月，后者期限为 1 年，二者年化收益率均为 7.50%。

上市公司另一个显著的融资优势就是充分利用直接融资方式进行融资，这部分资金主要来自三个方面：一是 IPO 超募资金无法使用后的挪用；二是增发资金的挪用；三是债券融资后的挪用。

2. 上市公司影子银行业务分类

上市公司从事影子银行业务的方式五花八门，但是，总体上可以归结为两

大类：机构式和产品式。

（1）机构式。所谓机构式，就是指上市公司作为发起人、注册成立非银行金融机构，并通过控股该机构来直接参与放贷业务，这又分为两类情况。

第一，资本实力雄厚的上市公司更多选择建立财务公司。这种方式自 1987 年第一家企业集团财务公司—东风汽车工业财务公司成立之日起，就开始存在了。但是，2009 年 6 月以来，这种投资取向开始在资本实力雄厚的、尤其是具有央企背景的上市公司中盛行。其中，一些上市公司出资额巨大，达到了对财务公司控股的地位（见表 13.1）。

表 13.1　　部分上市公司对其名下财务公司的控股情况

上市公司	财务公司	注册资本（亿元）	控股（%）
中兴通讯	中兴通讯集团财务有限公司	10	100
上海汽车	上海汽车集团财务有限责任公司	35.84	98.59
紫金矿业	紫金矿业集团财务有限公司	5	95
宝钢股份	宝钢集团财务有限责任公司	5	62.1
中石油	中油财务有限责任公司	20	49
美的电器	美的集团财务有限公司	5	40

这些财务公司往往具有央企背景，几乎具有了商业银行的所有功能以及在企业集团内部完整的融资体系。

第二，资本实力较弱，无法获得财务公司经营牌照的上市公司则选择作为发起人投资成立小额贷款公司或担保公司。这种金融现象起源于 2008 年 5 月银监会与央行联合发布的《关于小额贷款公司试点的指导意见》。其中，从介入时间看，第一个投资设立小额贷款公司的是新湖中宝。其公司董事会会议通过了入股瑞安新湖小额贷款股份有限公司的决议，并作为主要发起人。新湖小贷注册资本 2 亿元，新湖中宝投资 4000 万元，占总股本的 20%。据相关统计，目前沪深两市已有接近 40 家公司宣布参股小额贷款公司，持股大多在 20% ~50% 之间，部分实现了控股（见表 13.2）。

一般而论，上市公司设立小贷公司具有三类模式：其一是凭借零售行业庞大的经销商体系和上下游关联企业客户资源发起设立小贷公司，如友阿股份 2010 年 8 月 17 日发起设立长沙市芙蓉区友谊阿波罗小额贷款公司和老窖集团 2010 年 3 月 16 日联合和其他经销商企业、关联协作企业、地方品牌酒类企业及

表 13.2　部分上市公司对其名下小贷公司与担保公司控股情况

上市公司	小额贷款或担保公司	注册资本（亿元）	控股（%）
怡亚通	深圳宇商小额贷款公司	1	100
友阿股份	长沙友阿小额贷款公司	2	90
南京高科	南京科技小额贷款公司	2	70
香溢融通	浙江香溢担保公司	2	90
	浙江香溢租赁公司	2	90
	浙江元泰典当	1	82

部分社会投资人发起，设立资本金 8 亿元的龙马兴达小额贷款股份有限公司。这类小贷公司股东多有当地国资背景，经济实力比较雄厚，设立小贷公司有成为政府融资平台重要补充的意味。其二是凭借在产业链中的核心地位设立小贷公司，如怡亚通 2009 年 10 月 25 日发起成立并全资持股的深圳市宇商小额贷款有限公司。供应链型小贷公司的发起人股东，多处行业核心地位，熟悉并能对上下游中小企业起到关键影响。其三是全身蜕变为类金融型企业，如香溢融通几乎就是一个类金融企业。

（2）产品式。产品式，也称为隐性财务投资方式，是指上市公司与往来银行合作，并通过银行表外业务方式来间接参与影子银行业务。这又分两类情况：一是委托银行发放贷款，二是购买金融机构的理财产品。

与机构式不同，产品式没有经营牌照的限制，所以，通过这类方式参与影子银行业务的上市公司更普遍。自 2007 年来，通过委托贷款和购买理财产品的上市公司呈逐年增多之势，涉及的金额规模越来越大。在 2007 年，只有 11 家上市公司参与委托贷款，委托贷款规模为 17 亿元；2008 年，上市公司放贷和垫资的金额则增至 44.52 亿元，购买理财产品的上市公司只有 4 家；2009 年有 16 家发放委托贷款，发放委托贷款达到 81.69 亿元，购买理财产品的上市公司为 5 家；2010 年，上市公司放贷和垫资的规模为 108.36 亿元，购买理财产品的上市公司增加到 18 家。截至 2011 年 11 月份，有近 150 家上市公司先后发布了 217 份委托贷款公告，累计放贷金额 300 多亿元（见图 13.2）。

3. 影子银行业务分类及其风险

（1）委托贷款及其风险分析。委托贷款是指由委托人提供合法来源的资金，委托业务承接行根据委托人确定的贷款对象、用途、金额、期限、利率等

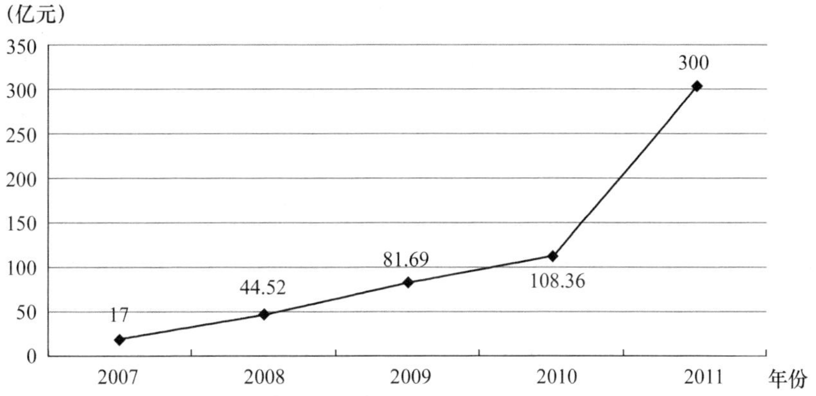

图 13.2　上市公司委托贷款业务规模

代为发放、监督使用并协助收回的贷款业务。在实际运作中，委托贷款基本上等同于商业银行贷款，唯一的区别在于委托贷款的利率一般为市场利率。2011年以来，由于宏观调控趋紧以及上市公司拥有超募资金存量较大，越来越多的上市公司将闲置资金投入到委托贷款业务中。截至 2011 年 11 月份，有近 150 家上市公司先后发布了 217 份委托贷款公告，累计放贷金额 300 多亿元，较 2010 年同期增 40% 以上。而在 2007 年，仅有 11 家公司参与委托贷款，涉及金额仅 17 亿元。从央行公布的社会融资规模来看，2011 年上半年，人民币贷款增加 4.17 万亿元，同比少增加 4497 亿元，但同期委托贷款增加 7028 亿元，同比增加了 3829 亿元，较同期增长近 120%。委托贷款的巨幅增长不仅对人民银行的货币政策产生不利影响，而且使得实业企业出现产业空心化，营业收入大量来自不可持续的营业外收入，主营业务收入却没有太大起色。

从各公司公告中可以看到，上市公司在对外提供委托贷款时，贷款利率都普遍高于同期银行贷款利率，有多笔委托贷款的利率甚至超过了 20%，存在较大的利率风险和贷款逾期风险。其中，比较典型的是香溢融通案例，其委托贷款给杭州地产公司东方巨龙的 5000 万元和贷给南通麦之香的 5500 万元，年利率高达 21.6%，为银行贷款利率 6.31% 的 3.42 倍。同时，部分上市公司委托贷款业务带来的利润甚至超出了主业的利润增长幅度，成为公司整体利润的重要构成部分，导致部分企业热衷于委托贷款而主业衰落，不但存在较大的经营风险和财务风险，而且不利于构建有竞争力的产业结构。

（2）理财产品及其风险分析。近几年，随着居民保值增值的投资意愿增强，购买理财产品已经成为重要的投资渠道，快速发展的理财业务也成为商业银行调整收入结构与开展业务创新的着力点，部分商业银行还以此规避金融监管部门的监管要求。从规模看，商业银行理财业务的快速发展对人民银行宏观调控产生了较大的影响，对货币政策执行力度有一定的对冲效应。

随着理财产品市场的竞争日趋激烈，各商业银行理财产品趋于雷同，收益率呈现出下滑的趋势，截至2014年4月，已经鲜有理财产品收益率超过7%。但是商业银行普遍存在宣传理财产品高收益、低风险性质，对投资人产生了一定的误导，不利于维护投资人的利益。部分理财产品已经异化，期限趋短，出现募集新理财产品归还清算产品的现象，在功能上也涉嫌变相以高收益违规揽存。同时，一些商业银行或其他金融机构以理财资金作为资金来源，向企业发放委托贷款，甚至投资于资金池组合不确定的项目，部分机构以受让信托受益权之名行贷款之实，满足表外融资需求，完全符合影子银行的概念，并以此规避监管部门的资本要求，对宏观调控产生了一定对冲效应，也不利于维护金融稳定。

2009年仅有2家上市公司购买理财产品，而截至2011年底，已经有超过67家上市公司发布理财产品公告，涉及金额超过290亿元，同比增长10倍。理财产品进入门槛低，收益率尚可，不少上市公司通过利差进行监管套利。比如，友阿股份于2011年6月23日发行短期融资债券，获得6亿元人民币资金，期限为366天、发行利率为5.75%。然后，该公司于2011年9月13日和2011年9月19日，分别投资1亿元购买浦发银行和交通银行信托理财产品，前者理财期限为9个月，后者期限为1年，二者年化收益率均为7.50%。上市公司参与银行理财产品的热情背后隐藏着巨大的风险，为银行间风险与企业打开溢出渠道的同时，也危及企业自身资金运营效率和产业运营效率。

（3）担保公司及其风险分析。最近，随着媒体报道温州、鄂尔多斯等地方的高利贷问题，担保公司扮演的影子银行角色逐渐凸显。截至2010年末，我国共有融资性担保公司6030家，其中国有控股1427家，民营及外资控股4603家。

而2013年担保公司的雪崩，使得市场开始担心涉及担保业务经营的上市公司可能由于担保业务本身缺乏完善监管而存在隐患。但是，很多上市公司设立或参股担保企业未达到临时披露要求，因而无法对进入担保行业的上市公司数进行统计，使得监管机构无法及时有效监控市场风险。与此同时，从一些公告中可以看出，上市公司对于担保行业的热情没有显著减退，仍有不小的增幅。经整理发现，上市公司参与担保业务领域，既有在金融领域布局的打算，也有借此解决上游配套企业和供应商融资困难的布局。当然，亦不乏利用市场信贷紧缩的机会，进行投机性套利。

上市公司进军担保行业，首先在于担保公司能够带来可观的利润贡献。友阿股份公布的2011年年报显示，公司出资9300万元占93%的湖南友阿投资担保有限公司，已在当年1月5日挂牌成立进入营业阶段。此前，友阿股份在投资成立担保公司的公告中表示，一年后若担保公司运作良好，可由公司董事会决定再追加1亿元注册资金。友阿股份董事长胡子敬宣称，按国家给担保公司3%的担保费计算，1亿元注册资本，最多可以担保10亿元贷款，这样一年最多可以为公司赚3000万元。厦门国贸2011年半年报也表明，其全资子公司金海峡融资担保和金宝闰担保，去年上半年的损益分别达到454万元与185万元。

担保行业成为上市公司“新宠”，2011年达到了一个高峰。根据公告，先后有浙江富润、菲达环保、正邦科技、唐人神、雏鹰农牧等公司，设立了全资或参股担保公司。此外，收购股权和增资也是上市公司进入担保行业的一个捷径。2011年4月21日，北大荒公告称，公司出资收购阳光农业保险公司所持有的北大荒担保公司注册资本7150万元中的27.97%，即2000万元的股权，同时向北大荒担保公司增加注入资本4000万元，使其注册资本达到1.115亿元，实现控股53.81%。福田汽车更是在担保领域重拳出击，其在2011年5月17日发布公告称，拟出资10亿元设立全资子公司北京银达信担保有限责任公司。其实，进入21世纪以来，A股上市公司掘金担保业的热情就有增无减，宇通客车、燕京啤酒、思达高科、神火股份、哈药股份、哈空调、中国重汽、中国纺机、双鹤药业、同方股份、中山公用、利欧股份等前赴后继。涉足担保业的上市公司，同样苦乐不均，不少公司被担保业务拖累易主，如华晨集团变身申华控股；青鸟天桥、黑龙股份成为信达地产、国中水务；北亚集团已沦为＊ST北亚，有待重组；＊ST龙涤自2005年6月29日起被终止上市。

上市公司进军担保行业，均一致表示看好担保市场前景、政策意义与其战略意义。颇具代表性的说法来自友阿股份：缓解中小企业融资和银行贷款难的矛盾、获得国家提供的财政补贴和税收优惠政策支持、投入较少和运营成本较低。而上市公司纷纷进入担保行业，着眼于从产业链上提高抗风险能力的理由看起来更为充分。北大荒称，通过担保贷款，可为下属单位提供筹资渠道，解决少量资金问题。正邦科技、雏鹰农牧均表示，随着公司养殖规模的不断扩张和合作农户数量的迅速扩大，公司的合作农户、客户对资金的直接需求遇到了困难，因此，决定设立担保公司专为与公司进行合作业务的农户、客户提供担保贷款。而福田汽车主要为汽车融资担保客户提供担保服务，唐人神则除了服务规模养殖户、专业养殖户，也为经销唐人神饲料的经销商提供担保等业务。上市公司争先恐后进入担保领域，还在于担保业将迎来上市融资的新突破。2010 年 5 月，银监会融资性担保业务工作部主任牛成立透露，对符合条件的担保公司，监管部门支持其上市。事实上，恒星科技、通达股份参股的河南鑫融基投资担保有限公司，已宣称力争在 2015 年以前成为上市公司。同时，担保业务经营牌照亦为上市公司再融资开启了方便之门。2010 年 7 月，国投中鲁公告，其拟发行不超过 2 亿元一年期短期融资券的发行业务，由关联方中国投资担保有限公司提供担保。

但也有上市公司从参股的担保公司急流勇退。2010 年 7 月 19 日，凯迪电力公告称，拟向控股股东凯迪控股投资转让中盈长江国际投资担保有限公司 25% 的股权。截至 2010 年 6 月 30 日，公司持有中盈长江 25% 股权的账面净值为 3. 39 亿元，评估价值为 3. 66 亿元，股权转让价格为 4 亿元，本次股权转让将为公司带来投资收益 6090. 13 万元。而 2008 年、2009 年和 2010 年上半年，注册资本 10 亿元的中盈长江，净利润分别为 734. 86 万元、5111. 39 万元与 14358. 15 万元，但 2010 年上半年收益中有 16181. 96 万元的非经常损益，主要来自圣农发展 4. 5% 股权的公允价值变动损益。甚至有人认为，上市公司设立担保公司与时下风起云涌的股权激励和管理层收购急需解决资金来源有关，由于上市公司设立或参股的担保机构缺乏相应的信息披露机制和监管机制，利益驱动下的“损公肥私”，容易把风险转嫁到公众股东身上，而担保业务经营往往因未达上市公司信息披露要求，投资者始终无法知悉这个深水炸弹引爆的前兆。

上市公司进入担保领域的风险不容忽视。担保公司扮演影子银行有两种渠道，第一种渠道是担保公司的正常担保业务。近几年，随着有关部门加强了对信贷资金的风险控制，各家商业银行几乎都引入了担保机制，这也促使担保公司融资性担保业务迅猛增长。然而，融资性担保业务的急剧增长也隐藏着风险。一些融资性担保公司资本实力较弱，风险抵御能力有限，法人治理、内控机制等也有待健全完善。有的银行未严格审核担保公司资质，在信息不对称的情况下，难以有效监测和判断担保公司的保证能力。部分资本金不实、结构不合理或将资本金违规投入资本市场等的担保公司可能会对银行信贷资金造成风险。而且，有的担保公司没有设定合理的担保放大倍数，面临着杠杆率过大的风险。第二种渠道是担保公司违规吸存等问题。随着宏观经济形势趋紧，有的担保公司大肆开展违规吸存并放贷，其中比较典型的问题是担保公司将高息揽储而来的资金，放贷给一些面临流动性困境的房地产公司。更有甚者，一部分担保公司没有自己的实业，完全是个空壳，资金吸储回来之后投给其他公司，隐含着巨大的区域金融风险。

（4）典当行及其风险分析。近年来，我国典当行呈现出快速发展态势，典当行放贷不以信用为条件，不审核当户的信用程度，只注重当户所持典当标的资产的合法性及价值如何，相对于商业银行以信用为条件，审核客户的信用程度，包括资产信用和道德信用，如规定资质条件、以存定贷等而言，典当行的贷款条件较为宽松，为中小企业及社会群众提供快捷、便利的融资手段，促进了中小企业快速的发展，同时还在促进消费等方面发挥了重要的作用。以较为典型的上海市为例，2011 年上半年，上海市典当规模达到214. 09 亿元，同比增长 30%，与 2010 年下半年环比增长 21%，呈现出快速发展的态势。作为非常典型的影子银行，典当行的快速发展也酝酿着较大的风险。一是部分典当行卷入高利贷以及违规吸存放贷。根据媒体报道，典当行等非银行金融机构的融资成本月息 4%，其利率水平基本上属于高利贷范畴。笔者的调查发现，部分典当行由于自有资金不足，便通过违规吸收存款、高息揽储、非法集资等手段筹集资金，严重扰乱正常的经济秩序和金融秩序。我国《典当管理办法》中规定，典当行不得从商业银行以外的单位和个人借款，不得与其他典当行拆借或者变相拆借资金。虽然允许典当业从商业银行获取贷款，但对其从商业银行贷款的额度进行了限制，从实际情况看，商业银行出于风险规避的需要，普遍将典当业作为高风险行业，提高授信门槛，使大多数典当行无法获得贷款，而部分典当行由于自有资金不足，便通过违规吸收存款、高息揽储、非法集资等手段筹集资金，严重扰乱正常的经济秩序和金融秩序。二是典当行业的不正当竞争加剧，恶化了行业发展前景。部分典当行不顾自身实力，为了追逐利润，有些典当行在费率的收取上只执行一个费率，没有按规定将人民银行规定的利率与典当行的综合服务费分开计算。还有一些规模较小的典当行不执行《典当管理办法》中关于综合费率的规定。三是一些寄卖行等的不法经营行为，影响典当行业的正常经营秩序。由于寄卖行等行业的准入门槛较低，审批的程序比较灵活，相关部门对其监管不到位，使寄卖行、闲置物品收购行能利用虚假广告等不法经营手段也加剧了典当行的无序竞争。

除上述几种典型的影子银行外，部分逐利资本也通过其他方式参与影子银行。比如，一些没有专业技术背景的企业热衷于成立小额贷款公司，虽然促进了小额贷款的发展，但小额贷款公司的迅猛增加也使得小额贷款行业出现了一些急功近利的不良倾向，贷款对象垒大户、贷款额度超过正常水平以及利率越来越高等方面有违于小额贷款的初衷趋势，甚至有小额贷款公司违规吸存现象。其次，作为一种新型的影子银行形式，网络借贷也随着网络技术的发展呈现出井喷增长态势。不完全统计显示，2010 年，网络借贷平台的融资规模达到 130 亿元，部分借贷平台的约融资总量超过 3000 万元。由于网络借贷市场准入、信息披露以及内部风险管控等方面缺乏明确的行业主管部门和规范性文件，网络借贷的经营模式及网络借贷的风险管理成为各方热议的话题。再次，地下钱庄等违规融资模式也是重要的影子银行。由于此种融资方式缺乏有效的公开信息，一般只是在有关司法案件中才浮出水面。

三、对影子银行的监管思路

目前，欧美发达经济体都出台了或者正在拟定影子银行相关监管规定，其中建立宏观审慎监管框架，将更多的影子银行纳入到正规金融监管体系并加强信息披露成为影子银行金融监管改革的主要趋势。借鉴国际经验，结合实际情况，要对我国的影子银行实施有针对性的监管改革，规范金融秩序，维护金融稳定。

1. 理清对影子银行监管的两种误解

目前，社会各界对影子银行给予了较多关注。其中，有两种典型的思路值得警惕。第一，部分学者认为，影子银行扰乱金融秩序，不利于金融稳定，应该严加打击。这些学者没有看到影子银行在我国中小企业发展过程中的重要作用，也没有认识到影子银行在推动利率市场化、调节市场流动性方面的作用。在一定程度上，影子银行补充正规金融机构和金融体系不能满足的金融需求，反映了经济发展对金融服务的多样化需求。第二，部分学者将影子银行的快速发展以及相关风险归因于宏观调控，并主张放松货币紧缩，实施较为宽松的宏观经济政策。从表象看，我国局部地区的微观经济问题和影子银行盛行与宏观调控趋紧密切相关，但核心原因仍然是实体经济自身问题，实体经济部门难以通过产业结构升级提升市场竞争力，导致局部地区企业经营困难。在理清这两种典型的不正确的监管思路基础上，笔者认为加强改善对影子银行的监管，必须结合当前的宏观经济形势、未来国内金融监管改革趋势以及国际金融监管改革动向通盘考虑。

2. 完善影子银行监管的基本思路：完善宏观审慎监管

目前，全球金融监管改革趋向于建立宏观审慎金融监管体系，完善对影子银行的监管首先应结合我国金融分业监管体系的实际情况，逐步将影子银行纳入到宏观审慎金融监管体系中，唯此才有利于金融监管部门掌握整个社会层面的资金动向，将影子银行纳入到宏观审慎金融监管体系中也有利于提升金融监管部门的宏观调控与协调能力，积累影子银行监管经验。其次，人民银行推动实施了社会融资总量统计，在一定程度上是监管部门在宏观层面上掌握影子银行社会融资的有益尝试。但鉴于统计手段和制度的局限，社会融资总量统计没有将所有的影子银行纳入到社会融资总量统计，在积累经验和完善技术的基础上需要将所有的影子银行纳入到社会融资总量统计中。再次，由于金融改革滞后于我国宏观经济发展的需求，在建立宏观审慎金融监管体系过程中，建议加快微观金融改革，逐步放松金融机构的准入门槛，扩大正规金融服务的市场供给。只有通过正规金融改革解决影子银行存在的经济基础，才有可能从源头上打消影子银行对我国现行金融监管体系的套利动机，并防范影子银行风险的传递。其中，允许更多民间资本合规进入金融领域，成立更多中小型金融机构，缓解庞大的中小企业金融服务需求是重点方向。

3. 完善我国影子银行监管的几点政策建议

（1）加快推动银信合作产品表外转表内，完善相关统计制度。针对目前我国银信合作产品主要面向房地产的特点，建议相关监管部门将银信合作理财转表内监管。另外，对于部分银信合作理财产品资金投向中具有融资类特征的投资标的例如信贷资产、信托贷款、票据资产和部分股权等项的资产也需要转入表内。

（2）以加强资金池监管为推手，推动理财产品市场规范化发展。目前，在银行发行的理财产品中，组合类理财产品占据了较大的份额，而且表现出较高的增长速度。组合管理类产品投资于多种资产组成的资产池，包括债券、票据、信贷资产等多种投资品种。完善相关政策，推动理财产品市场规范化发展，重点是要防范理财产品市场风险。一是商业银行应规范理财产品的资产池组合以及资金池模式。同时，鉴于商业银行在售多种理财产品，商业银行应该将每个理财计划对应的资产组合实现单独管理。在每一个理财产品计划终止时，应准确地计算每个理财计划单独兑现的收益。这不仅有利于商业银行加强和完善理财产品的风险管理，而且有利于投资人购买风险适宜的理财产品。二是加快推动银信理财合作从表外转表内，加强对理财产品的监测和调控，以实现更有效的风险管控，维护好理财产品投资人的利益，防范理财产品市场的风险。三是对于理财产品可能涉及的高息揽储和监管套利等问题，应该予以严厉打击，维护金融市场秩序。随着存款市场竞争的日趋激烈，对于部分机构出现了大幅提高理财产品收益、变相提高存款利率等现象，引发存款在银行间频繁、大规模转移，干扰正常的金融秩序，不利于系统性风险的防范，也破坏了公平竞争的市场规则。同时，在负利率及较高的存款准备金率情况下，银行已将发行理财产品作为规避向央行上缴法定存款准备金，及留住客户存款的重要手段，存在严重的监管套利。

（3）以整顿促发展，严密监控担保公司的影子银行功能。当前，担保公司行业乱象已引起相关部门的关注。其中，2010 年 3 月，部委联合发布《融资性担保公司管理暂行办法》，对担保行业进行全面整顿，并重构了担保业的监管体制，明确担保行业由备案制向经营许可制过渡。对担保公司注册资本要求、经营许可证、监管要求、融资性担保限额、自有资金投资限额、业务规范等方面做出了明确规定。下一步的重点是在规范的基础上，推动担保业持续健康发展。在宏观监管层面，在严厉打击担保公司超过法律法规规定的业务外，需要继续完善担保公司相关监管政策规范，比如再担保机制、跨省的担保管理，为担保公司的健康持续发展提供制度基础。在微观层面，担保公司需要在逐步规范的市场中寻求新的商业模式，结合宏观政策趋势，积极推动有增长前景的初创期企业担保业务发展。

（4）委托贷款的监管重点是规范信息披露，加快立法进程。由于我国还没有出台《放贷人条例》，公司间的直接借贷是《贷款通则》所明令禁止的，而委托贷款则明显是规避了此规定，属于较为典型的监管套利行为。考虑到我国越来越多的央企以及上市公司热衷于将闲置资金大量投入委托贷款，而大量存在信息披露不规范、不及时等问题。因此，当前的委托贷款监管重点是规范消息披露，避免目前局部地区出现的小企业倒闭潮、民间借贷资金链断裂等问题向上市公司传递。其次，相关监管部门需要建立健全上市公司的征信档案数据库，完善上市公司委托贷款信息统计基础。再次，需要加快《放贷人条例》立法进程。

（5）完善典当行影子银行的监管规范。一是严厉打击变相典当业务，维护典当业正常的经营秩序。典当行在社会经济融资调剂中发挥重要作用，尤其是其融资功能，对促进融资方式多样化、促进中小企业发展起着不可或缺的作用，但是当前个别寄卖行以寄卖、委托保管等为幌子，变相开展典当业务或者从事其他违法活动，严重扰乱了典当业正常的经营秩序，对此监管机构应当严厉打击。二是进一步明确主管部门与典当行之间的行政监管关系。人民银行、公安机关、工商部门、商务部门等负责对典当机构设立、变更、终止的审批以及对典当机构的监督管理。由于缺乏协调监管机制，导致对典当行实际存在风险难以全覆盖等问题，建议典当行相关主管部门建立完善监管协调关系，在注册资本、流通资金、质押等方面明确监管部门的监管职责和监管实效。三是完善典当行监管的立法，建议提高典当行监管的立法层次，避免部门法之间的冲突与矛盾。调整我国现今典当业的法律、法规主要包括《中华人民共和国担保法》中有关质押的规定，中国人民银行颁布的《典当行管理暂行办法》，公安部颁布的《典当业治安管理办法》以及其他部门颁布的法规中涉及典当业的规定多有冲突和不协调之处，建立由最高立法机关制定颁布的统一调整典当行业的权威性法律，促进行业的健康发展。

（6）加快立法进程，建立完善新型影子银行金融监管。针对新型影子银行的金融监管改革，需要加快立法进程，逐步探索新型影子银行监管体系。对于小额贷款公司，在属地化管理基础上，推动建立全国性的小额贷款行业发展协调机制，要进一步明确行业发展趋势与监管动向，引导小额贷款的行业健康发展，对于小额贷款公司违规经营行为，应予以严厉打击，促进行业规范和健康发展。对于网络信贷等新型影子银行，鉴于其对网络的技术性要求较高等特征，建议金融监管部门实施注册地属地管理，明确网络信贷的信息披露要求。对有资金沉淀的网络信贷模式，明确资金沉淀的风险管控要求以及利息归属。

第十四章

逆周期证券监管

第一节　证券监管的顺周期性

2008 年金融危机后各国又开始关注金融业的顺周期性问题，《巴塞尔协议Ⅲ》的出台是国际社会关于银行业逆周期监管的一次实践，然而证券行业同样存在着自身运行的周期性。金融体系具有其自身的脆弱性，今天的繁荣同时也是将来经济萧条的隐患，归根结底源于风险与收益的矛盾以及人们对于利益最大化的追求，本章论述证券市场的顺周期性、形成机制以及相关的危害性，这将构成证券业逆周期监管的理论基础。

一、证券行业的顺周期性

国际金融稳定理事会认为顺周期性是指一种相互加强的正向反馈机制，而在这种机制作用下，金融系统可以放大经济周期的波动性，同时反过来可能导致或加速金融体系的不稳定状况。

证券行业作为金融系统的一部分，其自身运行存在顺周期性：在经济的复苏和繁荣阶段，实体经济迅速发展并通过证券市场直接融资，正如前文所述证券监管当局目标与原则会偏向于“促进证券市场的发展”，比较鼓励制度及金融产品的创新，市场参与主体预期良好会催生资产泡沫，股市也随之发展繁荣。然而，在经济的衰退与萧条阶段，当一些企业因为无法正常运行而倒闭，由于信息不对称，这些企业的倒闭及退市会使投资者恐慌进而抽离资金，实体经济企业筹资困难，一些正在运行的项目不得不停下来，进而可能会有更多的企业面临破产窘境，整个证券市场及宏观经济又进行新一轮的收缩。

二、证券行业顺周期传导机制

证券行业的顺周期性的产生与传导主要通过自身内生的运行制度缺陷以及外部监管的引导。

1. 内部运行缺陷

（1）证券市场普遍存在的信息不对称问题。这里所说的证券监管信息不对称，是指市场运行的信息披露不充分，如上市公司的公开市场信息的充分性约束不够，投资者作出投资判断的依据不充分，那么这很容易出现逆向选择和道德风险的问题。

经济学中的道德风险是指一种发生在事前的信息不对称行为，表现在证券市场就是指由于市场上的买方和卖方不具有对应的完整充分的信息，买方无法准确判断证券的市场价格，所以在市场上证券的价格只能是相似公司的价格均值，那么一些业绩良好的企业很有可能会由于无利可图退出股票市场，在证券市场上积极筹资的通常是企业管理不好的企业。证券市场运行的逆向选择问题是指当企业在证券市场筹到资以后，由于投资者不知道企业具体的运行情况，企业很有可能会从事更加高风险高收益的项目使自己得到更大收益。当经济处于快速发展的时期，企业披露出来的财务信息多半是积极的，证券市场上的企业整体企业的运行良好，即使企业逆向选择，高风险的项目也容易做成，进一步促进经济的发展；而当经济处于萧条、不景气的时候，信息披露出来多半是消极和不好的，市场上运行良好的企业会退出市场，上市企业逆向选择进行高收益的项目的风险会增大，从而加大证券市场运行的周期性。

（2）证券评级机构引致证券业运行的顺周期性。证券评级机构对证券行业运行的顺周期性产生了非常大的影响，这是因为在证券市场上市的股票的定价，很大程度上是根据证券评级机构给出的评级意见。

在经济的繁荣时期，信用评级机构往往依据最近时期披露的数据对经济和企业运行状况进行预判，但这预判暗含着一个假定就是历史会依照以往的轨迹运行，所以在大的宏观背景表现良好的情况下，信用评级机构也会做乐观预期，忽略了隐藏的风险，最后将会导致证券市场上的证券价格虚高。一方面这种证券价格的不断攀升会让投资者有利可图，激发投资者的投资热情，另一方面，上市公司更容易筹到资金，扩大投资力度，经济的繁荣度进一步提高。

在经济的衰退时期，信用评级会调低证券的信用等级，过度强调市场和企业运行的风险因素，忽视企业的一些经济发展机会，进而加剧经济的恶化。

（3）羊群效应及机构投资者自身缺陷。经济学中的羊群效应是指市场上存在那些没有形成自己的预期或没有获得一手信息的投资者，他们将根据其他投资者的行为来改变自己的行为。本章在进行分析之前都假定投资者是理性行为人并且有能力作出最优决策，而现实生活中通常投资者不具有专业金融知识，通常只是根据证券评级机构的评级、证券公司的建议结合自己的经验，从众心理表现明显。

“羊群效应”会使之前论述的证券评级机构导致的证券运行的顺周期性，在经济的繁荣阶段，整个市场的繁荣会促使投资者追涨，越涨越买，越买越涨，直到到达整个经济扩张的极限或是偶然遇上政策性调整刺穿经济泡沫走向萧条与衰退，而在衰退阶段，又会出现杀跌的情形，加速经济的衰退。

加之机构投资者，作为市场上投资的风向标，在稳定证券市场运行方面没有发挥其应有的作用，在利益最大化目标的驱动下助涨助跌，加大证券市场的周期性运行。

2. 外部监管周期性传导机制

（1）证券监管目标、原则的周期性传导。正如之前第三章证券监管和目标周期性分析的论述，证券监管目标和原则存在顺周期性，进而传导到证券市场的运行，这里就不再赘述。

（2）证券监管指标的顺周期性传导。证券市场运行的顺周期性，除了证券监管当局监管目标和原则具有周期性以外，证券监管指标也具有顺周期性。

①证券监管财务指标的顺周期性。由于我国上市和拟上市的金融企业于2006年开始实施新会计制度，因此现在我国证券业使用公允价值会计准则会对证券业的资产和负债价值产生影响，强化证券业的顺周期性。

从经济发展周期角度来看随行就市的公允价值会计准则增加了证券业资产和负债的波动性，因交易类资产的公允价值变动和可供出售类资产的公允价值变动分别计入损益和所有者权益，使得证券业收益和资本的波动性增加。

公允价值会计准则增加了证券业的顺周期性，在经济周期的特殊阶段或临界拐点阶段，公允价值会计准则具有显著的放大作用，造成公司资产负债表的扩张或收缩速度明显加快，从而使泡沫膨胀或萧条加剧。在宏观经济繁荣时期，按照公允价值计算的证券业资产价格持续上涨，公司资产、收益、利润和资本等均随之增长，证券业持续扩张经营业务；在宏观经济衰退时，按照公允价值计算的证券业资产价格下跌，证券业必须在报表中迅速反映，使得证券业账面遭受巨额损失，直接影响到盈利水平，造成投资预期收益降低，抛售手中证券，使得金融产品价格进一步下跌，短期内引发市场大幅波动，打击市场信心。从2008年可以看出，公允价值会计准则顺周期性对金融危机具有加剧、放大效应。

②证券业薪酬激励机制的顺周期性。薪酬激励是指通过合理的薪酬制度设计和薪酬结构分配，激发组织成员工作积极性、主动性和创造性，为组织创造更多经济效益和社会效益。薪酬不仅对处于低层次需求的员工有激励作用，而且还对于那些高层次需求有不可替代的激励作用，因为高层次需求中归属、地位、认可、关注等因素都需要高水平的薪酬作为支撑。在所有者和经营者相分离的现代公司制度下，股东和管理层之间存在着“委托－代理”问题，其中代理人追求更高的货币收入以及其他隐性收入，而委托人追求的目标是资本收益最大化。

在经济上行时，证券公司在支付高额薪酬时，只关注当期的盈利水平和公司价值，较少甚至不考虑证券公司账面利润的真实可靠性和公司运营的安全稳定性，使得管理层为获得高额的股息和红利，追求个人的货币收入，往往会置股东长期利益于不顾，选择使公司承担更大风险，降低风险管控程度，以获取更高的风险收入。

管理层过度追求短期利润，而忽视长期风险，为实现短期薪酬最大化而采取顺周期的公司经营策略。在经济下行时，由于公司薪酬激励机制的非对称性，公司盈利时，管理层获得高额的薪酬；公司亏损时，管理层却不会因此而受到应有的惩罚，促进了管理层过度追求短期回报，形成证券业激励机制的顺周期性。

（3）动态不一致性。证券市场运行和整个宏观经济息息相关，但在顺周期性这方面的特征表现上，证券市场的运行的周期性波动显得更加显著。这是因为整个宏观经济在过热或是处于萧条状态时，即使政府出台的是一项稳定股市的政策，并事先承诺使股价波动限制在一定幅度内。然而一旦股民相信了这个承诺并据此形成了股价稳定预期，政府就可以使股市加快发展以实现为国有企业更多融资的目标。这是因为，也许在政策制定阶段政府的最佳选择是稳定股市，但在执行阶段由于公众预期的改变，政府的最佳选择就变成促进股市上涨。这样政府就没有积极性真正实行这项稳定政策。这就是所谓的股市政策的“动态不一致性”。而这种动态不一致的股市政策执行的结果只能是股市剧烈波动。

第二节　逆周期证券行业相关者分类分时监管政策

正如第一节论述的，证券市场的运行具有顺周期性，所以若是对证券行业不分行业不分宏观经济运行的阶段而实行统一的证券监管标准则很可能会加大证券运行的周期性波动，不利于证券市场运行乃至整个宏观经济的发展和稳定。这一节将论述如何进行证券业的逆周期监管，如何分时分行业进行证券行业的监管，从学术角度进行一些比较具有操作性的政策建议。

一、分类分时监管依据

之前的一些观点在分析证券行业的分类、分时监管时大多站在成本与收益的角度来证明进行分类、分时监管的必要性，然而本书将会站在逆周期的角度上和维护经济的稳定运行方面来分析对证券行业进行分类监管并且在经济发展的不同时期调整相应的监管指标的必要性，在之后的分析中再将周期性较强的行业分离出来，在监管方面提出新的方式。

分类监管的本质是一种风险管理方式，其目的是为了识别和控制风险。分类监管首先起源于投资者、金融机构和企业对风险的管理，随后才被政府和监管部门所采用。这种风险管理方式对政府或监管当局而言叫分类监管，对投资者和企业而言则是分类管理，但其实质都是对管理对象进行风险评价的基础上，按风险程度的不同分类，并实施差异化管理。因此，风险评价（或评级）是分类监管（或管理）的核心内容。

下面在深入分析证券业分类监管的时候，因为上市企业所在行业发展的阶段的风险不同，以风险分级为主要依据，以行业周期发展不同阶段风险不同来划分，同时引入“分时”的概念，针对不同企业的发展阶段，利用经济指标的松紧给予鼓励或约束。

1. 分类分时监管的经济角度分析

本书简单引用边际效用的概念来分析监管的效用问题，假设在证券市场上只有两家企业分别是企业 A 与企业 B，PA 与 PB 分别是监管者监管两家企业的监管价格，MUA 与 MUB 分别是 A 企业与 B 企业的边际效用函数，那么监管者的均衡状态可以根据艾其沃思方盒得到 MUA/PA = MUB/PB①时即为监管者利益最大化的时候。但是现实生活中，监管者对每个企业的监管成本的平均边际效用往往是不相等的，那么理性的监管者就会调整不同企业对应的监管成本和监管力度，使得等式①成立。企业 A 与企业 B 可以放松至不同的行业，理性监管者会设计不同指标和对应不同指标的要求的监管以提高监管者的效率。

2. 分类分时监管的管理学依据

政府监管就面临一个如何最大限度发挥监管资源配置作用，最大限度提高监管效率的问题。哈维茨（Hurwiez，1973）创立的机制设计理论中的“激励相容”理论是指：在市场经济中，每个理性经济人都会有自利的一面，其个人行为会按自利的规则行动；“激励兼容”就是这样一种制度安排：它使行为人追求个人利益的行为，正好与团队（或集体）实现集体价值最大化的目标相吻合。

激励不相容的监管，会使监管效率降低。激励不相容的监管，由于没有监管引导性的经营目标，很难得到监管对象的配合，监管对象出于追求自身利益的冲动，会通过有意识地寻求绕开监管的方法对监管当局的管制做出抵触和规避，从而使现有的监管政策失效。激励不相容会带来较大的服从成本，分类监管是激励相容理论在规制经济学中的应用，是通过风险矩阵对影响风险的因素进行排序并最终评估出监管对象的风险，再根据监管对象风险的大小来配置监管资源，对不同风险级别的监管对象实施对应监管政策，不搞简单统一，而是实施差异化监管，对高风险公司投入更多监管资源，对低风险公司放松管制。根据行业周期假说本书知道，行业生命周期是行业的发展与成长的动态轨迹，包括萌芽、成长、成熟、衰退几个阶段，在行业的不同发展阶段，行业所面临的风险是不一样的。在行业的初创期，此行业的经营企业面临的破产风险会相对较大，这里本书引入了行业的分类并且建立行业分类分时监管评价指标。

二、不同行业分类监管指标体系及逆周期建议

从理论上来说，行业归属对企业的财务状况应该是有影响的。其原因主要有：①不同行业上市公司的资本结构不同。资本密集型行业要求股东投入更多的初始资本，而劳动密集型行业则相反。当股东的资金有限时，高投入就意味着企业需要更多的通过负债融资。②不同行业的生命周期不同。同一时期不同行业所处生命周期不同阶段，行业内企业所具有的经营杠杆风险因行业周期而异。由于企业总风险的测度等于经营杠杆风险与财务杠杆风险的乘积，因此要保持总风险不变，经营杠杆风险高的企业就必须降低其财务杠杆风险。③不同行业的进入壁垒和行业集中度往往存在差异。行业进入壁垒越高，行业集中度就越高；行业中某企业市场地位越突出，其经营杠杆风险也就越低，这样的企业可以适当扩大其财务杠杆。④不同行业通常面临不同的税率。如，国家通常对高新技术行业实行税收优惠，而对烟酒等奢侈品行业实行高额征税。由于企业负债能够避税。因此，不同的税率对企业的负债意愿影响很大。图 14. 1 是我国上市企业的行业分布情况。

1. 分类监管指标建立的原则

（1）层次性原则。指标的选择应尽可能从不同层次、不同方位涵盖上市公司监管风险的要素，以全面反映公司的财务质量、公司治理和行业环境情况。

（2）集约性原则。所选择指标应有充分的信息综合能力，指标过多会失于繁琐，指标太少又不能全面评价上市公司的风险状况。

（3）可比性原则。监管风险评价指标应具有普遍的统计意义。评价指标设置既要考虑到纵向对比，动态地反映上市公司风险的发展过程和内在变化规律；又要考虑到横向对比，以实现不同行业上市公司的比较。

（4）定性分析与定量分析相结合原则。定量分析主要用于考察上市公司的财务风险，依据公司的财务报表数据进行计算；定性主要用于考察上市公司的治理和所处行业情况。

（5）科学性原则。监管风险评价作为一项系统工程，包括整体目标和分项目标，其中整体目标是评价活动的出发点和归宿，体现评价要达到的目的，分项目标是实现整体目标的保证，体现监管风险评价各个方面的具体要求。各项指标必须有机结合形成，相互之间既不重复又不矛盾，这是监管风险评价指标

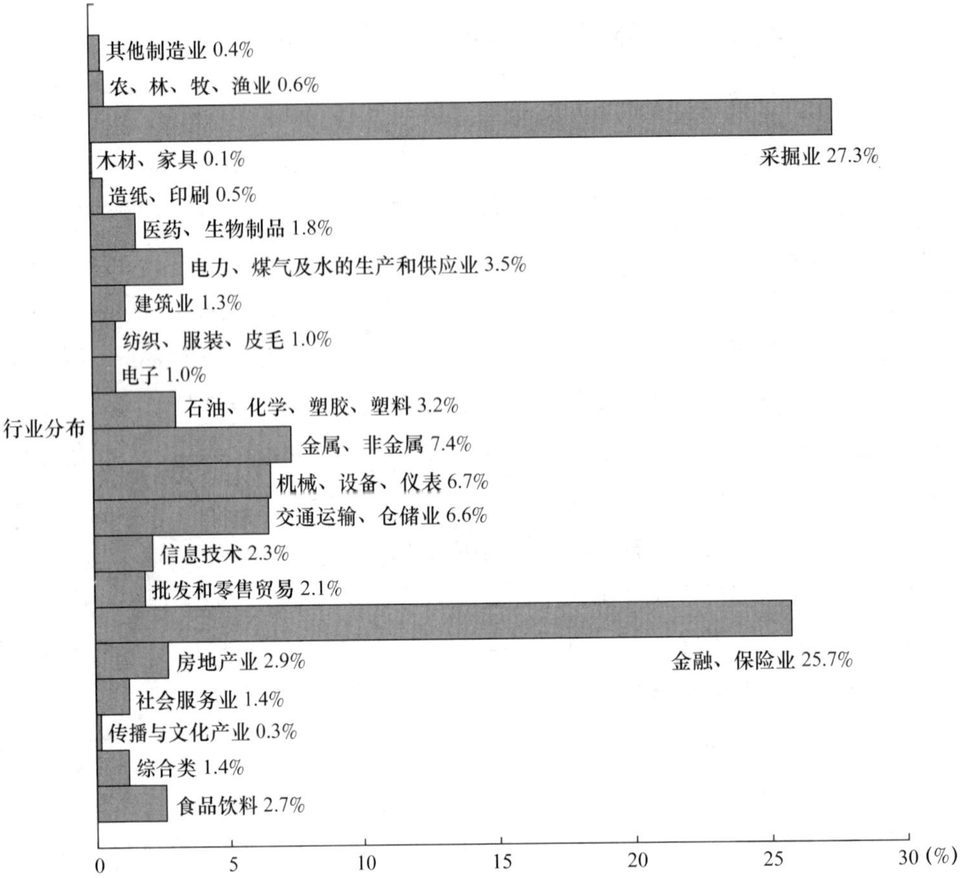

图 14.1　我国上市企业的行业分类

资料来源：《中国资本市场发展报告》。

体系是否科学的关键。

（6）实用性原则。一方面应根植于我国上市公司统计、会计及其业务核算的实际情况设置指标，选取的指标数据要比较容易取得；另一方面，指标还要具有易理解性，使投资者和社会公众均能容易理解。因此，应结合我国不同行业上市公司的共同特点，尽量选取各方认定标准较为一致、不易出现误解的指标。指标选取不能过于复杂，分类项不宜过细，排除指标的交叉重叠，以重点的、有代表性的指标实现全面性原则与实用性原则的统一，减少评级层数。同时，指标的选取既要符合我国国情，又要参照国际惯例，逐步同国际惯例接轨。

2. 分类监管实行的财务指标体系评价标准

财务质量评价实际上主要是通过资产负债表、利润表、现金流量表，分析上市公司财务状况的变化趋势及资产、负债、收益之间的关系，从财务报表的会计信息中挖掘公司内在的财务关系。鉴于规模指标并不能反映企业的风险状况，规模越大的企业有可能蕴藏的风险也越大，此次金融危机美国四大投资银行贝尔斯登、雷曼兄弟、大摩（摩根士丹利）和高盛全军覆没已经证明了这一点。因此，为了便于对大小不同的企业进行客观公正的评价，监管风险评价指标体系去除了传统财务评价方法中较多考虑绝对指标的做法，不选择总资产、总利润等绝对指标，而采用收益率、负债率等相对指标，并运用综合评价法的思路分析公司的财务状况，这种方法认为，企业财务质量评价的内容主要是盈利能力，其次是偿债能力，再次是成长能力等相对性指标。

（1）盈利能力指标。

盈利能力指标主要用于评价上市公司在生产经营中的创利能力，说明上市公司经营过程中获得收益的能力。盈利能力是上市公司赖以生存和发展的基础。上市公司在生产经营中的盈利能力为上市公司股东提供红利，为上市公司扩大再生产提供资本积累，为投资者提供预期的资本回报。充实而稳定的收益往往能够反映企业的良好管理素质和市场开拓能力，同时增强了上市公司在资本市场上再融资的能力，从而使公司资产具有较好的流动性；较高的财务灵活性和资产流动性又反过来强化了公司的竞争优势。反之，公司的融资渠道就会受到限制。本书选择净资产收益率、总资产收益率、销售利润率、成本费用利润率作为评价上市公司盈利能力的指标。

$$净资产收益率=\frac{税后净利润}{净资产}\times100\% \tag{14.1}$$

净资产收益率又称股东权益收益率，净资产收益率是评价上市公司经营业绩的重要指标，该指标用以衡量公司运用自有资本的效率。对投资者而言它反映股票的获利能力，代表了每股净资产所能创造的利润。美国投资大师巴菲特选股时主要就是考虑净资产收益率指标。一般人认为每股收益越高则业绩越好，获利能力越强，但如果不考虑每股净资产，这种比较则意义不大，因为每股1元钱创造0.5元利润与每股10元钱创造1元利润，显然后者获利能力比前者低。而净资产收益率是相对指标，分母每股净资产是投入，分子每股收益是产出；这一指标反映了上市公司的盈利能力。显然净资产收益率越高，获利能力越强。

$$总资产收益率 = \frac{净利润}{平均资产总额} \times 100\% \tag{14.2}$$

其中：$平均资产总额 = \frac{期初资产总额 + 期末资产总额}{2}$

总资产收益率又叫总资产报酬率，也是分析公司盈利能力的非常重要的比率。在考核公司盈利目标的实现情况时，投资者通常关注与投入资产相关的收益实现情况，并经常结合每股收益（EPS）及净资产收益率（ROE）等指标来进行判断。公司经营所投入的资产包括了股东投入和债权人投入，因此，总资产收益率（ROA）是一个更为有效的评价指标。总资产收益率的高低更加综合地反映了公司的竞争实力和发展能力，也是决定公司是否应扩大借贷的重要参考依据。总资产收益率分析的作用主要体现在：一是该指标集中体现了公司资产运用效率和资金利用效果之间的关系；二是在公司资产总额不变的情况下，利用总资产收益率指标可以分析公司盈利的持久性和稳定性，评估判断公司所面临的未来风险；三是该指标还可反映公司综合经营管理水平的高低。

$$销售利润率 = \frac{净利润}{销售净额} \times 100\% \tag{14.3}$$

销售利润率（又称净利率）是衡量公司销售收入的收益水平的指标。属于盈利能力类指标，反映了在不考虑非营业成本的情况下，公司管理者通过经营获取利润的能力。销售利润率越高，说明公司每百元商品销售额提供的净利润越多，公司的盈利能力就越强；反之，该比率越低，说明公司盈利能力越弱。

$$成本费用利润率 = \frac{利润总额}{成本费用} \times 100\% \tag{14.4}$$

成本费用利润率是公司一定期间的利润总额与成本及费用总额的比率。成本费用利润率指标表明每付出一元成本费用可获得多少利润，体现了经营耗费所带来的经营成果。该项指标值越高，表明公司的经济效益越好。公式中的利润总额和成本费用总额来自公司的损益表。成本费用指主营业务成本和三项期间费用之和。

（2）偿债能力指标。

偿债能力主要用于说明上市公司按时足额归还债务的能力或保证程度，用以判断上市公司举债经营的安全程度，有利于判断上市公司负债程度是否适当。本书选择资产负债率、流动比率、速动比率、利息保障倍数、现金流动负债比率五个指标评价上市公司的偿债能力。

$$资产负债率 = \frac{负债总额}{资产总额}100\% \qquad (14.5)$$

资产负债率又称负债比率，指公司负债总额对资产总额的比率。它表明公司资产总额中，债权人和股东提供资金各自所占比重，以及公司资产对债权人权益的保障程度。

$$现金流动负债比率 = \frac{年经营现金净流量}{年末流动负债} \times 100\% \qquad (14.6)$$

现金流动负债比率，是公司一定时期的经营现金净流量同流动负债的比率，它可以从现金流量角度来反映公司当期偿付短期负债的能力。公式中年经营现金净流量是指一定时期内，由公司经营活动所产生的现金及现金等价物的流入量与流出量的差额。该指标是从公司现金流出和流入的动态角度对公司实际偿债能力大小进行考察，反映本期经营活动所产生的现金净流量足以抵付流动负债的倍数。现金流动负债比率越低，表明公司经营活动产生的现金净流量越少，越难以保障公司按期偿还到期债务。由于净利润与经营活动产生的现金净流量有可能产生背离，盈利高的年度不一定拥有足够的现金（含现金等价物）来偿还债务，所以利用以收付实现制为基础计量的现金流动负债比率指标，能充分体现公司经营活动所产生的现金净流量，可以在多大程度上保证当期流动负债的偿还，直观地反映出公司偿还流动负债的实际能力。一般该指标大于1，表示公司对流动负债的偿还能力较好。

$$利息保障倍数 = \frac{利润总额 + 利息费用}{利息费用} \qquad (14.7)$$

利息保障倍数，又叫已获利息倍数，是指公司生产经营所获得的息税前利润与利息费用的比率（或者叫公司息税前利润与利息费用之比）。利息保障倍数是衡量公司支付债务利息能力的指标（重点是衡量公司支付利息的能力）。公司生产经营所产生的息税前利润与债务利息费用相比，倍数越小，说明公司支付债务利息费用的能力越弱。因此，债权人要分析利息保障倍数指标，以此来衡量债权的安全程度。公式中的“利息费用”是指本期发生的全部应付利息，包括财务费用中的利息费用以及计入固定资产成本的资本化利息。资本化利息虽然不在损益表中扣除，但也是需要偿还的。公式中“利润总额 + 利息费用”又叫息税前利润（又称 EBIT），是指利润表中未扣除利息费用和所得税前的利润。利息保障倍数指标反映公司经营收益是所需支付的债务利息的多少倍。只有利息保障倍数越大，公司支付利息的能力就越充足，反之越弱。利息保障倍数不仅反映了公司获利能力的大小，而且反映了获利能力对偿还到期债务利息的保证程度，它既是公司举债经营的前提依据，也是衡量公司长期偿债能力大小的重要标志。一般来说，要维持正常的偿债能力，利息保障倍数至少应大于1，且比值越高，公司长期偿债能力越强。如果利息保障倍数过低，说明公司存在亏损以及偿债的安全性与稳定性下降的风险。

（3）经营与成长能力指标。

经营成长能力是企业未来价值的源泉，它关系到企业持续生存和出资人未来收益、债权人长期债权风险程度等问题。本书选择销售收入增长率、应收账款周转率、营业利润增长率、总资产周转率、总资产增长率、存货周转率6个指标评价上市公司的经营成长能力。

$$\text{销售收入增长率（\%）}=\frac{\text{本期销售收入}-\text{上期销售收入}}{\text{上期销售收入}}\times 100\% \quad (14.8)$$

销售收入增长率可以用来衡量公司产品的生命周期，判断公司发展所处的阶段。一般来说，如果公司产品处于成长期，销售收入增长率一般超过10%，较好的增长势头将会继续得到保持，属于成长型公司，尚未存在产品更新换代的风险。如果公司的产品已进入稳定期，则一般销售收入增长率在5%～10%之间，说明公司不久将步入衰退期，需要考虑尽快开发新产品。如果销售收入增长率低于5%，说明公司产品已经进入了衰退期，难以继续保持市场份额，销售收入会逐渐下降。这时如果新产品的开发跟不上步伐，公司将进入衰落。

$$\text{总资产周转率}=\frac{\text{主营业务收入净额}}{\text{平均资产总额}} \quad (14.9)$$

主营业务收入净额是指公司当期销售产品或提供劳务等主要经营活动取得的收入减去折扣与折让后的数额，数值来源于公司的损益表。平均资产总额是指公司资产总额年初数与年末数的平均值。数值来源于公司的资产负债表。总资产周转率是综合评价公司全部资产经营质量和利用效率的重要指标，体现了公司经营期间全部资产从投入到产出的流转速度。一般情况下，总资产周转率指标值越高，表明公司总资产周转速度越快，销售能力越强，资产利用效率越高。

$$总资产增长率（\%）=\frac{期末总资产-期初总资产}{期初总资产}\times 100\% \quad (14.10)$$

总资产增长率是企业本期总资产增长额同期初总资产的比率，反映企业本期资产规模的增长情况。总资产是负债和所有者权益之和，是公司用于取得收入资源，也是公司偿还债务的保障。资产增长速度是反映公司发展的一个重要方面，成长性高的公司一般能保持资产总额的稳定增长。一般而言，公司总资产增长率越高，表明一定时期内公司资产经营规模扩张的速度越快。

3. 分类监管公司治理评价指标

目前国际上比较普遍使用的公司治理评价体系，较著名的有美国标准普尔（S&P）、欧洲戴米诺（Deminor）等。这些评价体系评价方法基本类似，只是各有侧重。1998 年，标准普尔推出的公司治理评价指标体系，到目前为止在全世界都具有重要影响。该指标体系包含公司内外评价两部分：外部评价主要评估一个公司的外部环境，主要内容包括公司所在国的公司法的要求、监管和信息结构等，重点关注宏观政策环境对公司治理状况的影响。外部评价的结果实行三级评价制，分别是弱支持（weak support）、温和支持（moderate support）和强支持（strong support）。强支持表示国家的法律法规和监管政策对公司治理有非常严格的要求和约束，弱支持表示公司较少受到国家相关法规和监管的约束，温和支持表示这种要求和约束的程度一般。内部评价则主要分析股东、董事会、经理层、公司职员及利益相关者的互动关系，主要内容集中于内部治理结构和运作机制。内部评价结果则采用公司治理分值（Coporate governan cescores，CGS）来体现，0 分为最低，10 分为最高。公司治理总的分值是由如下四个方面的分值综合计算的：①所有权结构与影响；②董事会与经理层的结构和运作；③财务透明性与信息披露；④与金融相关者的关系。这里的金融相关者包括了公司的股东和债权人。

1999 年，戴米诺正式推出公司治理评价体系，并在欧洲的机构投资者中得到了较广泛的认同，拥有众多机构投资者用户。其评价体系含 70 多个指标，并且不断更新。指标主要分为四个方面，分别是：股东的权利和义务（涉及指标包括一股一票、投票程序、投票权限制等）；反收购条款（涉及指标包括董事会是否可以运用金色降落伞、毒丸条款、期权条款等）；公司治理信息（涉及与公司结构有关的非财务信息的数量和质量）；董事会议事规则（涉及董事会选举、独立董事、董事酬金、董事会主席与CEO关系、董事会委员会的运作和权力）等。戴米诺评价体系重点强调了上市公司收购中接管防御措施对公司治理的影响，也十分重视国家法律环境分析的作用。法律环境分析侧重于两方面：一是分析与公司治理有关的法律方面；二是分析各国的公司治理特点，分析各国典型公司的公司治理实践。

进入21世纪以来，国际上的公司治理评价指标体系的建立基本上是依据经济合作与发展组织（Organization for Economic Cooperation & Development，以下简称OECD）的《OECD公司治理原则》（以下简称《原则》）。《原则》正式发布于1999年，重点针对因所有权与经营权分离所产生的公司治理问题，旨在帮助成员国和非成员国政府对各自公司治理结构的法律制度和管理机制进行评估和改进，目前已经成为国际上政府、投资者、企业和其他利益相关者的一个国际性的基准。《原则》对公司治理所处的法律和市场环境要求很高，而中国正处在经济转轨时期，公司治理法律尚不健全，这种情况下直接照抄《原则》的公司治理原则来为我国上市公司进行公司治理评价是不合适的，最终评价结果的可信度值得怀疑。为此，建立起中国本土化的公司治理评价体系是大势所趋。

我国关于上市公司治理评价的研究探讨并不算晚。近些年来，国内学者对我国公司治理评价体系研究做出了一些成绩。裴武威在2001年从所有权结构及影响、股东权利、财务透明性和信息披露、董事会结构和运作等角度入手构建上市公司治理评价体系。2001年开始，深圳证券交易所就酝酿在创业板推出时，同步推出创业板上市公司治理评级。真正重视上市公司治理评级，是在2002年中国证监会开始强化上市公司治理并引进国外上市公司独立董事制度的背景下开始的，这说明监管对上市公司评价本身发挥着积极的作用。在监管部门的推动下，证券公司纷纷推出自己的评级体系，如2003年海通证券设计了自己的评价体系，涉及股权结构，股东权利，信息披露，治理结构，治理与管理的匹配性5个一级指标，并主观赋权18%、17%、25%、25%、15%，并最后加总。

根据上述对上市公司监管范围的分析、中国证监会《上市公司治理准则》的相关规定以及本书的监管实践检验，设计了经营合规、股东行为、高管（含董事、监事）行为和信息披露四大类共计19个指标来考察上市公司治理风险情况。这个评价体系指标是针对中国上市公司合规运行所表现出来的特点而设计的，这些指标同时也正是监管当局和市场投资者最为关心的。

（1）经营合规性指标。①对外担保。公司对外提供担保是否符合《公司法》《证券法》，以及证监会和证券交易所的相关规定。②关联交易。公司近三年是否发生过违反程序及显失公平的关联交易。③产权完整。控股股东或者实际控制人投入上市公司的资产是否完成了相关的产权变更手续。④同业竞争。控股股东（或实际控制人）及其全资或控股企业与公司在主营业务上是否存在同业竞争。⑤诚信记录。公司在监管部门、自律组织的监管记录和诚信记录情况。

（2）股东行为合规性指标。①资金占用。股东无偿占用上市公司资金（资产）情况。股东无偿占用上市公司的资金损害了其他股东的利益。②利润输送。公司和控股股东或者实际控制人之间的利润转移情况。公司和控股股东之间是互相独立的法人，任何形式的利润输送行为均系违规。③反收购条款。公司章程中是否存在歧视性的反收购条款。④累积投票。股东大会是否按章程规定采用累积投票制度。累积投票制有利于保护中小股东的利益。⑤网络投票。公司是否积极使用网络投票方式便利中小股东投票。

（3）高管（含董事、监事）行为合规性。①未选先任。公司高管的选聘过程中是否存在非程序性的推荐或任命。如有高管未选先任的情况，则说明存在董事长超越董事会权限、或董事会超越股东大会权限的行为。②高管记录。最近三年内，公司现有或已离任的董事，监事和高级管理人员在本公司任职期间是否有职务犯罪和违规行为。③独董提名。独立董事是否由控股股东或其他关联股东提名。独立董事不由控股股东提名更有利于保证其独立性。④独董比例。独立董事占董事会成员的比例情况。2002 年 6 月，纽约证交所（NYSE）用白皮书的形式公布了一系列加强美国上市公司治理的建议提案其中要求在董事会中独立董事要占大多数。我国借鉴了美国的经验，要求在 2003 年 6 月 30 日前，董事会成员中应当至少包括 1/3 的独立董事。⑤通讯表决。公司近一年召开的董事会中，采取通讯表决方式的是否超过 1/3。一般而言，通讯表决方式不利于董事之间充分讨论和发表意见。

（4）信息披露合规性。①审计意见。公司近三年财务会计报告被出具非标准审计意见情况。如公司的财务报告被出具非标准审计意见，则说明公司的财务报告不规范。②临时报告。公司是否临时报告定期化情况。临时报告定期化说明公司没有披露应披露的信息。③股价异动。股价异动频率高则说明公司的信息披露不规范。④定期报告补丁。如果定期报告总是要打补丁（修正），说明公司的定期报告质量不高。

4. 分类监管逆周期建议

从横向分类看，根据以上提出指标体系，在行业内进一步细分类别，如在财务指标分类中，净资产、净收益比较大的权重企业，由于对整个市场的影响较大，在经济的上行时期要加强权重企业的监管，对其财务指标和公司治理指标应该从紧规定，而对于权重型企业在经济的下行时期相应放松监管要求，鼓励企业的发展进一步带动整个行业的发展。

三、不同行业分时监管指标体系及逆周期监管

行业经济周期分析是指分析公司所属行业的性质是夕阳产业还是朝阳产业，行业发展所需的技术、设备是否开发成型，所需的物资资源、经济资源是否充足，行业利润水平是持续上升还是呈下降的趋势。行业经济周期一般细分为初创期、成长期、成熟期和衰退期四个阶段。处于初创期的行业，技术上不够成熟，行业利润、创办成本和风险都相对较高；处于成长阶段和成熟阶段的行业，产品和服务都比较标准化，公司经营比较规范，行业的系统性风险相对较小；处于衰退期的行业面临着市场的萎缩滑坡，行业系统性风险较高，银行在对这类公司的信贷把握上，一般是限制新增信贷资金的进入，以避免可能出现的信贷风险。

识别行业所处发展阶段：首先，判断宏观周期所处的阶段。一般应考察GDP增长率、工业产值增长率、固定资产投资增长率、物价指数等主要变量，不仅要对各指标的现状加以分析，还要参照历史数据分析其变化的周期性。第二，判断行业自身的周期性。宏观经济周期与各行业自身周期往往存在差异。要根据各行业变动与宏观经济运行之间的关系判断该行业是否具有周期性。第三，分析宏观周期与行业周期的相关性。周期性行业与宏观经济运行具有较强的相关性。第四，分析市场供求关系。市场供求关系是经济学中决定产品价格的基本变量，也是决定行业发展前景的重要因素。其中，行业需求分析应考虑经济发展速度、居民收入和支出水平等多种因素；供给则应考察行业内部主要

竞争者生产能力、产品质量和产品结构等因素。

虽然每个行业都会经历这四个发展周期，但不同行业的周期性受宏观经济周期的影响是不同的，本书这里定义周期性时采用经济学上的需求弹性来描述，像农副产品等的需求弹性较小，所以不论在经济的上行时期还是经济的下行时期，供应量与宏观经济周期的相关性不大，都会保持在一个稳定的数量上。汽车、钢铁、房地产、有色金属、石油化工等是典型的周期性行业，对于这种行业受宏观经济波动影响较大的监管指标最好是动态的。

下面根据CSMAR金融数据库的统计信息，统计我国上市公司的周期性行业与非周期性行业，并且根据不同分类的行业企业披露的年报，统计其财务数据，并进行计量分析，而财务指标中最具有风向标作用反应行业发展周期的是利润表中的盈利指标。表14.1为统计的我国上市公司盈利变动表。

表14.1　　　　我国上市公司盈利变动表

年　度	营业利润/总资产	利润总额/总资产	净利润/总资产	净资产收益率
2000	0.038	0.046	0.037	0.078
2001	0.029	0.039	0.031	0.062
2002	0.027	0.034	0.025	0.056
2003	0.026	0.033	0.023	0.056
2004	0.026	0.029	0.021	0.053
2005	0.023	0.027	0.018	0.045
2006	0.024	0.033	0.022	0.056
2007	0.029	0.050	0.036	0.077
2008	0.022	0.034	0.024	0.058
2009	0.025	0.042	0.030	0.070
2010	0.035	0.050	0.036	0.084
2011	0.036	0.049	0.037	0.076

2000~2005年间，我国上市公司总体盈利能力出现下降趋势，2006~2007年出现上升趋势，2008年出现明显的下降，此后继续呈上升趋势。如前所述，在本书所研究的期间，2000~2002年、2008~2009年为收缩期，其他年份为扩张期。在部分扩张期（2006~2007年）上市公司盈利能力上升，部分收缩期（2000~2002年，2008年）上市公司盈利能力下降，与宏观经济波动一致；在

部分扩张期（2003～2005 年，2011 年）上市公司总体盈利能力下降，而部分收缩期（2009 年）上市公司盈利能力则出现上升。而周期性企业根据计量结果显示更会利用会计或是政策方面的优势追求自身利益，从而加大经济的周期性变化。

上海证券交易所和中证指数有限公司于 2010 年 1 月 12 日发布了上证周期行业 50 和非周期行业 100 指数，并于 2010 年 5 月 28 日发布了沪深 300 周期行业和非周期行业指数。其做法是，根据证监会行业门类和辅助类划分标准，将金融保险、采掘业、交通运输仓储业、金属非金属、房地产等行业的股票归为周期性行业股票，将其余行业的股票归为非周期性行业股票。得到回归系数后代入如下修正后的琼斯模型，计算正常应计利润、可操控性应计利润。修正后的琼斯模型如下：

$$TA_{it}/A_{it-1} = a(1/A_{it-1}) + b_1(\triangle REV_{it}/A_{it-1} - \triangle REC_{it}/A_{it-1}) + b_2(PPE_{it}/A_{it-1}) + e_{it}$$

其中：TA_{it}代表 i 公司 t 年的应计利润总额。考虑到 2000～2006 年执行旧会计准则，而 2007 年开始执行新会计准则，因此，2007～2011 年的应计利润 = 营业利润 + 财务费用 − 投资收益 − 公允价值变动净损益 − 经营活动现金净流量；2000～2006 年的应计利润 = 营业利润 + 财务费用 − 经营活动现金净流量。A_{it-1}代表 i 公司对照样本组合第 t − 1 年的总资产值；$\triangle REV_{it}$代表 t 年 i 公司对照样本组合的主营业务收入变动值；$\triangle REC_{it}$代表 t 年 i 公司对照样本组合的应收账款变动值；$\triangle PPE_{it}$代表 t 年 i 公司对照样本组合的固定资产原值；e_{it}为回归的残差项。

对模型选取的样本分类，分为周期性行业与非周期性行业，然后对其做 P 检验，得到的结果如表 14.2。

表 14.2　　模型盈利指标的检验

		非周期性		周期性	
		中值	p 值*	中值	p 值*
收缩期	利润总额/总资产	0.038	0.000	0.042	0.000
	经营利润/总资产	0.026	0.000	0.032	0.000
	净资产收益率	0.063	0.000	0.068	0.000
	净利润/总资产	0.028	0.000	0.032	0.000

续表

		非周期性		周期性	
		中值	p 值*	中值	p 值*
扩张期	利润总额/总资产	0.038	0.000	0.046	0.000
	经营利润/总资产	0.027	0.000	0.038	0.000
	净资产收益率	0.063	0.000	0.077	0.000
	净利润/总资产	0.027	0.000	0.034	0.000

不论是经济的收缩期还是扩张期，周期性企业的中值比非周期性企业高，周期性企业有着更高的盈余管理动机，对这类企业应该建立一定的比例指标对其进行监管，使它具有内生调节机制，使得企业运行监管，在行业周期的上升及繁荣期监管指标上浮，监管从严，在行业周期的下降及衰落期则反之。

第十五章

并购基金助力上市公司转型升级的制度设计和引导机制

第一节 经济转型升级中的并购基金

一、中国经济发展与上市公司

中国经济发展的历史，从某种意义上来说就是中国改革开放的历史。改革开放30多年来，中国经济的发展主要经历了三个阶段，实现了三大历史性突破。

第一阶段从1978年中共十一届三中全会到1992年中共十四大，在思想和理念上，将带有教条主义束缚的社会主义传统观念，转变为以社会主义市场经济为基础的中国特色社会主义理论体系，成功实现了从高度集中的计划经济体制到充满活力的社会主义市场经济体制、从封闭半封闭到全方位开放的伟大历史转折。第二阶段中共十四大到中共十七大前夕，中国经济进一步走向全球舞台。通过加入世界贸易组织，引进来，走出去，积极参与和推动经济全球化进程，趋利避害，迅速发展壮大起来。最终取得了可喜的成绩：2007年我国的国内生产总值达到24.66万亿元，比2002年增长65.5%，年均增长10.6%，从世界第六位上升到第四位；进出口总额达到2.17万亿美元，从世界第六位上升到第三位；国家财政收入达到5.13万亿元；外汇储备超过1.52万亿美元，稳居世界首位。第三阶段从中共十七大提出转变发展方式开始，主要是解决“转轨发展”的问题。经过前两个阶段的发展，中国经济增速保持在年均近 10% 的高位，作为新兴发展中国家，中国一跃成为历史上经济发展进程最快的主角，引起了全世界的关注。然而，经济的高速发展却是以高投入为手段、以高污染高能耗为代价的，这种仅着眼于总量发展的传统发展方式没有可持续性，也无法有效提高民众切实的生活水平，中国经济亟须转变到符合科学发展观要求的发展轨道上来，实现国民经济的又好又快发展。为了进一步贯彻落实“转轨发展”的思路，2010 年 10 月 18 日，中共中央在十七届中央委员会第五次全会上颁布了国民经济和社会发展第十二个五年规划纲要，对 2011 ~ 2015 年我国的国民经济和社会发展提出了指导性意见和建议。“十二五”规划以加快转变经济发展方式为主线，重点解决中国经济发展过程中提出了转型升级，提高产业核心竞争力的具体要求，重视对我国的经济发展方式进行结构性调整。

在 1979 ~ 2012 年的 34 年里，中国经济取得了可喜的成绩，年均增长 9.8%，而同期世界经济年均增速为 2.8%。其间，在我国迅速崛起并壮大的上市公司对经济的快速有效发展功不可没。

1984 年 11 月 18 日，中国第一个公开发行的股票——飞乐音响向社会发行 1 万股（每股票面 50 元），成为新中国第一家股份制上市公司。上市公司从公司成长而来，既是生产经营某种产品或提供劳务的经济实体，又是股票交易的对象和证券市场的基石，兼具实体经济与虚拟经济的双重特性，成为产品市场与资本市场的重要桥梁和纽带。上市公司可以在证券市场获取企业发展所需资本，实现资源的有效配置，通过实体经济与虚拟经济两个层面来提高自身和社会发展能力，同时依据自身的自主创造性、内生积累性、市场竞争力和社会影响度，逐步成为带动现代经济发展的最富活力的微观主体。

近 30 年来，我国证券市场上的上市公司数目逐年增多，从图 15.1 看出，从 1990 年的 10 家上升至 2012 年的 2494 家，22 年间上市公司数量平均增速达到 173.66%。从公司角度来说，公司上市后能够获得多元融资渠道、提升公司知名度、提高公司信誉、改善公司治理；从社会角度来说，上市公司作为国民经济各行业的排头兵和现代企业制度的先行者，为改革开放以来中国经济奇迹的实现做出了巨大贡献。根据上市公司协会的统计，截止 2011 年底，2342 家上市公司总市值 21.48 万亿元，其占 GDP 比重也逐年提升，最终占比稳定在约 46%，在 2007 年甚至高达 123%，详细数据走势见图 15.2。

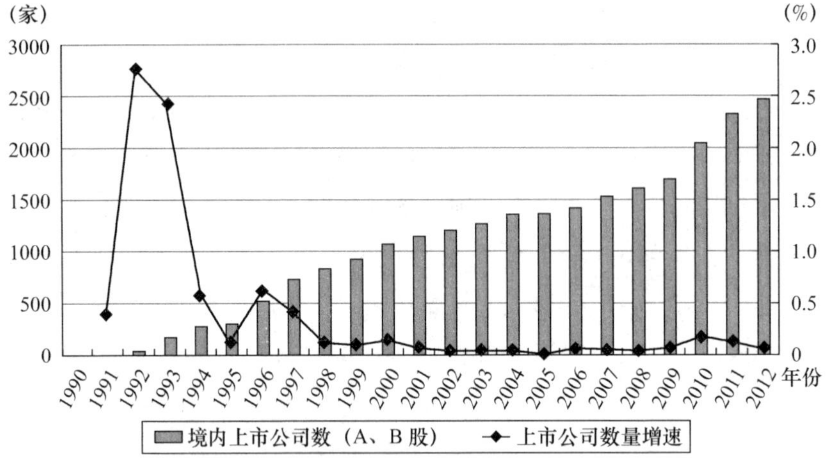

图 15.1　境内上市公司增长情况图

资料来源：国家统计局

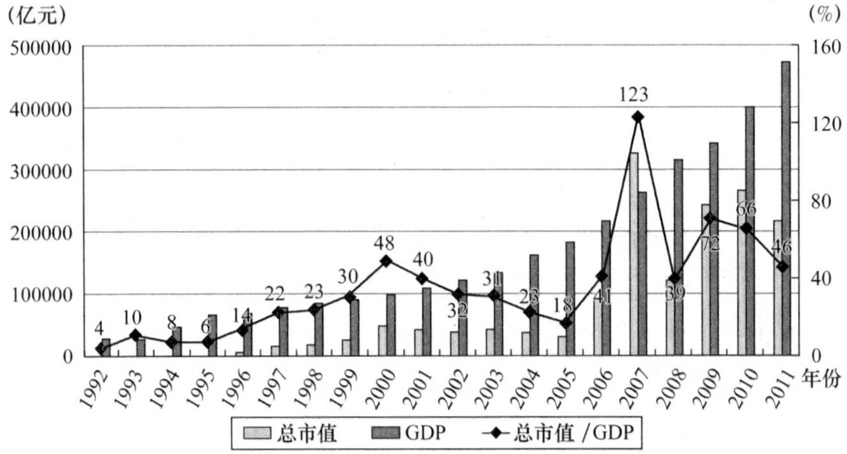

图 15.2　历年上市公司总市值与 GDP 比重图

资料来源：中国上市公司协会。

二、新经济环境促使上市公司转型升级

尽管改革开放以来我国经济实现了全世界瞩目的快速发展，但经济发展过程中呈现出的不平衡、不协调、不可持续的问题也相当突出。具体来说，主要体现为对内出现的经济增长的资源环境约束增强，投资和消费关系失衡，收入分配差距较大，科技创新能力不强，产业结构不合理，农业基础薄弱，城乡区域发展不协调，就业总量压力和结构性矛盾并存，社会矛盾明显增多，加快转

变经济发展方式已经刻不容缓。此外，作为出口导向型的经济体，随着欧债危机和全球通胀压力等世界外部发展环境的严峻化，当今中国经济发展同样面临巨大的发展瓶颈，中国经济过去那种粗放的发展模式，已经跟不上时代发展的需要了。

从经济的微观主体——企业角度来说，我国企业现有的世界工厂的盈利模式需要转型升级，中国不能再仅作为世界工厂的一个贴牌加工车间了，各行各业需要拥有自主品牌和核心竞争力。面对新的经济大环境，上市公司作为中国各行各业经济发展中的优质企业，应当成为中国经济转型升级的先锋，如果中国的经济连上市公司都不能转型升级成功，其他企业的转型升级更难。

从证券市场的制度建设角度来说，在当下的历史任务就是要从制度上逼着上市公司转型升级，加快建立全国统一大市场，打破地方保护带来的市场分割局面；破除行业垄断的利益藩篱，释放市场竞争的活力；以标准升级促进新市场的建立，为产业升级和新兴产业的培育注入市场原动力；通过资本市场资源配置功能让上市公司打造自主品牌和核心竞争力，推动中国经济转型升级成功。在中国经济升级战略的启动和推进过程中，上市公司有责任也有条件在经济转型和产业升级进程中释放新能量、做出新贡献，成为一支实现“中国梦”的生力军，应抓住改革机遇，真正成为国家创新的主体，通过运用资本市场融资工具、加强投资者关系管理、注重职业培训、融入社区发展，适应目前的市场变化，加快企业的转型升级，使中国经济度过发展瓶颈。

我国国民经济的转型升级离不开产业结构的调整，而产业结构的调整过程则离不开并购重组的手段。

并购重组是资本市场的重要功能之一，上市公司并购重组对提高上市公司质量、促进行业整合、推动产业结构调整和升级发挥着日益显著的作用，是增强上市公司竞争力、提升公司价值的有效方式。美国经济学家乔治·施蒂格勒曾说过：“没有一个美国大公司不是通过某种程度、某种方式的并购而成长起来的。”并购重组的日益兴盛也将开创新的市场和机会——给上市公司带来发展的机会，给投资银行带来转型的机会，同时也给中介机构带来利润机会。

根据我国实际发展的需要，我国近年来出台了许多支持并购重组的政策。从证监会角度来说，2008 年是证监会大力支持上市公司并购重组的一年，通过制定《上市公司重大资产重组管理办法》《关于规范上市公司信息披露和相关各方行为的通知》《关于在发行审核委员会中设立上市公司并购重组审核委员会的决定》《上市公司并购重组审核委员会工作规程》《上市公司非公开发行股票实施细则》和《公开发行证券的公司信息披露内容与格式准则第25号——上市公司非公开发行股票预案和发行情况报告书》等法规及规范性意见，以及成立上市公司并购重组审核委员会，对并购进行专门性规范和监管，并购市场发展迅速。2008年到2012年，深圳有81家上市公司实施了236宗并购重组交易，累计交易金额达到1190.52亿元。2012年，中国在全球并购市场中排名第二，增速居世界首位。进一步，在十八届三中全会深化改革的思想指导下，2013年11月30日，证监会重启了IPO，并进行了IPO改革，为注册制的推行奠定基础，这预示着市场正在且将要在资源配置中发挥越来越重要的作用。新规则下的IPO制度降低了公司上市的门槛，这将无形中提升未来上市公司的数量，与此同时上市表现却可能千差万别，依据优胜劣汰的规律，好的上市公司并购差的上市公司是必然结果，未来行业间的并购重组将大幅增加。根据清科研究中心对我国2014年1月的并购市场进行的统计研究，2014年1月中国并购市场共完成109起并购交易，其中披露金额的有97起，交易总金额约为75.64亿美元，平均每起案例资金规模约7798.25万美元。尽管与2013年12月份相比，并购案例数及并购总额均明显回落，但远高于历年同期。

三、并购基金

企业并购的过程实质上是企业权利主体不断变换的过程，某一或某一部分权利主体通过出让所拥有的对企业的控制权而获得相应的收益，另一个部分权利主体则通过付出一定代价而获取这部分控制权。在欧美成熟资本市场上，由于其成熟的资本市场包含了丰富的融资工具，比如银行贷款、大量的融资性债券、投资银行的技术支持以及战略投资者的进入，并购融资几乎没有太大障碍。而在我国，一方面，并购融资工具的运用受到重重限制，比如有关的金融法规禁止利用银行贷款进行权益性投资，使得并购企业很难利用借贷资金直接收购目标企业的股权；由于我们的资本市场对发行债券和股票的管制严格，使得并购企业哪怕是上市公司通过增发或发行债券融资都不容易，且成本较高；又由于分业管理的限制，我国的证券公司和保险公司不能提供并购融资；机构投资者可以进入，但由于资本市场的不完善和相关法律法规支持的缺乏，其对于退出又顾虑多多。另一方面，随着市场竞争的加剧，以及我国企业产权制度变革的进一步深化，我国企业并购的数量和规模还将大幅增加，这势必要求多样化的融资工具为其配合。因而扩充中国企业并购融资工具的问题显得十分迫切，且意义深远。在这样的背景下，我国从政策上开始对并购重组予以支持。随着金融发展和改革深化，并购主体也呈现出日趋多样化、多元化的发展趋势，从最开始的国有企业，扩展到民营企业，并随着我国经济的开放和发展，出现了一种新型的企业并购融资方式——并购基金。

并购基金，是专注于对目标企业进行并购的基金，属于私募股权投资基金（PE）的一个重要分支。其主要通过收购成熟企业的股权，以获得对该企业的控制权，然后在持有期内对其进行一定的整合、重组及运营，之后采取上市、股权转让或管理层回购等方式出售退出，其收益来源为购入和退出时的价格差异。并购基金不仅扮演着获取收益的金融资本的角色，还参与了改善目标企业运营，提升其资产效率的过程，因而并购基金还起到了投资机构的作用。在具体运作上，一般是通过发行投资基金股份或者受益券的方式，募集社会闲散资金，再由专业管理人员进行投资，并按比例享受投资收益，也共同分担风险。李雅君（2012）选取2005～2006年间发生的31家由并购基金并购的上市公司作为研究样本，运用描述性统计分析和因子分析方法对上市公司在并购活动发生前后总共10年的绩效进行了对比分析，研究结论表明并购基金对并购上市公司的长期绩效有提升作用。换言之，并购基金作为一种新型投资方式和结构调整手段，能够对我国上市公司转型升级起到推动作用。

1. 并购基金运作特点

作为私募股权投资基金的一种，并购基金与其他类型投资的不同表现在，风险投资主要投资于创业型企业，而并购基金选择的对象则多为成熟企业，投资时间也较长，意在获得目标企业的控制权，以便参与目标企业的整合、重组和运营，依靠团队的专业知识通过增加目标企业的收益，从而使自身获得收益。并购基金由于其独特优势对产业整合、困境企业脱困、优势企业效率提升等方面发挥了积极作用，故在中国市场发展迅速。

并购基金具有集合资金、专家理财、市场运作的特点，设立并购基金，有利于集中分散的社会资金，交给专家组成的并购基金管理公司，投资于具有获利优势，适合并购投资的企业，也便于通过政策引导使其投向需要重点发展的产业和需要特别扶植的地区，从而促进经济结构调整和区域经济协调发展。研究表明，并购基金在熊市或者市场不明朗的状况下投资收益的表现可能比大盘更有优势，因而从证券市场上的投资者角度来说，并购基金也具有投资价值。

（1）私募形式。在资金募集上，并购基金多以私募形式募集资金，以非公开方式面向少数机构投资者或者个人；投资重点是具有稳定现金流的成熟企业，以控股或参股的方式进入被投资企业，多采取杠杆并购获得股权，绝少涉及公开市场操作，一般无需披露交易细节；赎回也一般通过私下与投资者协商进行，采用股权转让的方式退出被投企业。

（2）风险相对较低。风险投资基金与并购基金同属于私募股权投资基金，但大多数的风险投资基金以失败告终且可能损失掉全部原始投入，相对于风险投资，并购基金的风险较小，极少会损失掉全部投入。当然，并购基金的收益也难以和成功的风险投资相比。

（3）投资期限较长。并购基金的投资期限一般可达3年至5年或更长，依据其投资期限，可将其纳入中长期投资的范畴。

（4）流动性相对较差。目前我国并没有规范的、现成的市场可供非上市公司的股权出让方与购买方直接进行交易。

（5）投资相对稳定。并购基金受经济周期影响较小。由于并购基金的规模较大，因此可以使基金运营成本下降，形成规模经济。从机构投资者特别是养老金的角度来看，投资于规模10亿美元以上的并购基金也可以有效降低其人力成本和监管成本。

2. 并购基金在发达国家的发展经验

并购基金最早出现在20世纪中期的美国，随后发展到欧洲及亚洲市场。20世纪五六十年代，美国《雇员退休收入保障法》（ERISA）放宽了对机构投资者的投资限制，使得大量社会闲置资金开始涌入当时发展迅速的私募股权基金领域。另一方面，美国当时刚刚经历了历史上第三次并购浪潮，许多采取混合式并购扩张的企业开始逐渐暴露出经营管理能力上的问题，开始陷入困境，企业分拆和出售的意愿增强。作为私募股权投资基金的一个分支，私募股权投资基金在这样的背景下开始向并购基金发展，并购基金也由此而生。

1976年，KKR集团（Kohlberg Kravis Roberts & Co.，LP）成立，成为并购基金发展历程中的标志性事件。KKR集团利用杠杆收购模式，为并购基金创造了高额回报，并带动了美国历史上第四次并购浪潮。与前几次并购浪潮相比，第四次并购浪潮的规模远远超出前三次，在交易金额上更是达到了空前程度，为并购基金在80年代的大发展奠定了基础。这一时期在美国，并购基金处于高杠杆扩张时代，杠杆融资比率高达90%。1981～1989年是美国历史上第四次并购浪潮，以KKR为代表的并购基金在这个时期得到了快速的发展。在此期间，由并购基金主导的杠杆收购交易的平均金额从1981年的3942万美元上升至1987年的1.37亿美元。1988年KKR以246亿美元的价格收购RJR Nabisco，成为迄今为止规模最大的杠杆收购案例。

然而，随着20世纪80年代末垃圾债券市场的崩盘，并购基金在失去重要的融资渠道之后也放慢了发展的速度。杠杆收购市场大幅萎缩，收购交易中，杠杆比率降到75%左右，并至少需要保证20%的自有资金。并购基金从使用垃圾债券转向完全使用银行贷款和并购基金的股权资本，并更加注重合法性与声誉，倾向长期投资，专注于为企业的管理团队和股东提供建设性的方案以帮助企业发展。如投资于厂房、设备等资本支出，为管理层设计激励方案等，低买高卖为收益的主要来源。

2003～2007年是并购基金第二次发展高潮，也是美国并购史上的第六次浪潮。在此期间，美国并购市场年交易规模从6055亿美元上升至18290亿美元，期间有55起交易金额超过100亿美元。2006年，美国的私募股权基金共收购公司654家，交易总额达3750亿美元。2007年下半年随着次贷危机的爆发，并购基金的发展受到一定的冲击，但与此同时，国际知名的并购基金开始大规模参与跨国并购，亚太地区成为其投资最活跃的地区，这既推动了产业资源的全球重新整合，又加快了全球产业更新换代的步伐，私募并购基金成为并购市场的主体。

经过了40多年的发展和起伏，并购基金目前已成为私募股权基金中占比最高的基金类型。并购基金虽然在2010年以来比例有所下降，但是金额仍占到全行业的25%以上。目前，全球著名的从事并购基金业务的四大私募股权投资公司有黑石集团、凯雷集团、KKR以及德州太平洋集团。此外，全球各大投资银行和商业银行均开设了直接投资部，从事着并购基金业务。

3. 并购基金在我国的发展

相比美国等发达国家，我国金融市场较为落后，相应的，并购基金也起步较晚。国内出现的第一批并购基金开始于2003年，比欧美等成熟经济体晚了约30年。

由于金融行业的特殊性和重要性，金融行业在我国经常是伴随着政策的逐步放宽而发展的。我国并购基金从2000年至今发展了10多年，其中最大的推动因素便是政策和监管的改革。梳理相关的政策法规，并购基金在我国的发展脉络即清晰可见。2000年之后，随着《外资企业法》等法规放宽了外资在中国的投资限制，外资并购基金开始进入中国。2003年11月，国资委发布《关于规范国有企业改制工作的意见》，拉开了国企改制的大幕。在这一背景下，2003年弘毅投资成立，意味着本土并购基金的逐步崛起。在那个时期成立的投资机构代表着国内最早的一批并购基金，除了弘毅投资（2003年成立），还包括鼎晖投资（2003年成立）、中信资本（2002年成立）和招商局富鑫（2001年在香港成立）。不论是外资并购基金还是本土并购基金，引入和成立的初衷都是为了参与国有企业改革中的一系列并购交易，旨在为企业提供资本运作的资金与经验，积极协助、参与国企改制进程，取得显著的投资收益。

2004年6月，美国TPG旗下的新桥资本（New Bridge Capital）以12.53亿元人民币收购深发展17.89%的股权，成为并购基金在中国市场的第一起典型并购案例，也是外资私募股权投资在中国的第一宗获得实际控制权的交易。2005年9月，凯雷集团对太平洋人寿投资4亿美元，获得24.975%股权，这是迄今为止中国内地发生的最大的私募股权投资交易之一。2007年以来，随着我国对外国投资管制的进一步放松以及并购重组相关法律的完善，我国的并购基金发展开始步入快车道。2008年金融危机爆发以来，国外并购基金的对内并购受到一定限制，给予了国内并购基金以发展契机。2008年3月，8家证券公司获准能够开展直接投资业务，这些证券公司部分已经单独成立了股权投资公司，专门从事股权投资业务或并购投资业务。2008年4月，专业并购基金弘毅与鼎晖分别获得了社保基金20亿元的出资承诺，标志着中国并购基金获得了主流的机构投资者的认可。然而我国并购基金在运用财务杠杆进行投资方面一直没有太大突破，直到2008年以后市场监管才日渐放宽。2008年12月，银监会出台了《商业银行并购贷款风险管理指引》，开放了商业银行并购贷款的发放，带动了以产权交易市场为平台的企业并购交易热潮。

2009年12月初中央经济工作会议将“调结构”作为2010年经济工作的重

要目标，并将兼并重组作为调结构的重要手段，推动了新一轮的兼并重组浪潮。在政策的鼓励和推动下，在市场上收购企业所有权的难度较之以往有所下降，但是实际控制权依然较难获得，广大民营企业的并购融资渠道依然狭窄，诸多因素导致了并购基金在国内的发展模式依然不清晰。2010 年，国务院出台了《国务院关于促进企业兼并重组的意见》，从财政资金投入、金融支持力度和资本市场三个方面对并购重组业务予以支持。此外，自 2010 年以来，我国还出台了一系列政策，为并购基金的设立和交易提供了更多的工具。如 2010 年《国务院关于加快培育和发展战略性新兴产业的决定》出台，提出大力发展债券市场，扩大中小企业集合债券和集合票据发行规模，积极探索开发低信用等级高收益债券和私募可转债等金融产品，拓展企业债务融资渠道；2012 年 4 月，《中小企业私募债试点办法》出台，明确了发行人可为私募债券设置附认股权或可转债股份，这些有利于并购基金的辅助性政策预示着中国并购基金即将进入第三次发展的高潮。

为了继续落实 2010 年《国务院关于促进企业兼并重组的意见》，证监会在 2012 年两会期间表示，将推出并购基金，促进企业开展兼并重组。在这样的背景下，同年 6 月 19 日，中信证券并购基金公司获批，成为国内第一支证监会批准的券商设立的并购基金，其筹集资金对象为机构投资者。证监会鼓励发展券商设立并购基金，券商有直接的资金投入，这就增加了券商的投入回报和主动性。同时因为并购资金可以向社会募资，这也大大提高了券商资本的投资杠杆，使其成为真正意义上的投资银行。同时，2012 年 7 月，中国保监会公布了《关于保险资金投资股权和不动产有关问题的通知》，明确了保险资金投资的股权投资基金包括成长基金、并购基金、新兴战略产业基金和以上股权投资基金为投资标的的母基金，将保险资金也列入了并购基金的资金来源中。

2014 年 2 月 28 日，作为中国对外股权投资的核心试验场——上海自贸区迎来了第一只跨境并购基金渤海华美，成为在自贸区申报的大概 30 多家并购基金中落定的第一只。

从全球并购基金规模来看，截止 2012 年，在全球超过 9000 家私募机构管理的超过 1. 9 万亿美元的资金中，并购基金占比达到 63% 。而中国市场则九成以上都是财务投资者，与并购基金不同，财务投资者都是参股，通常不参与企业的运营。2011 年美国并购基金参与的并购占全国商业并购总规模的 19% 左右，而中国不足1%，可见成长空间显著。

另外，根据清科研究中心的最新调研结果，未来一年内57.1%的机构LP（有限合伙人）表示在VC/PE市场有投资新基金的计划，28.6%的机构LP也表示已有新基金在投资之中，只有14.3%的机构LP持不确定态度，认为要依据经济形势来判断。而在关于投资基金的选择统计中，85.7%的LP表示更倾向于并购基金，仅低于创投基金，位列第二。由此可见，2014年募资市场回暖，并购基金的热度将会攀升。

4. 我国并购基金的发展瓶颈

虽然并购基金在中国发展历史已经超过十年，但是整体的投资水平和规模仍然处于发展的初级阶段。基金种类虽然覆盖面广，但结构很不均衡。目前的结构特点是重公募，轻私募；重证券投资，轻产业投资。企业并购重组不是一时的经济行为，而是经济全球化后的一个永恒的经济活动。并购基金的建立与发展，对解决并购重组过程中资金短缺瓶颈有显著影响，而如果不能有效解决并购基金出现的问题，则无法最大限度的发挥这种金融工具的作用。具体来说，我国并购基金发展存在着以下问题。

（1）难以获取企业的控制权。国外企业的发展时间较长，股权比较分散，企业创始人所持股份比例相对较低，当企业出现经营困难时，股东出售企业的意愿较强。我国企业控制权流动相对有限，比如国有产权的流动需要履行严格审批程序，民营企业大多具有明显的家族企业特色而不愿出让控制权。所以通常来说，除非企业陷入无法挽救的困境或者收购者开出很高的收购价格，否则很难让企业出让控制权。这使得并购基金意在获得企业控制权，并在此基础上参与目标企业内部整合、重组及运营的投资思路受到影响，无法发挥出并购基金作为投资机构在帮助目标企业进行内部整合、重组及运营的专业优势，在一定程度上加大了并购基金的投资风险。

（2）融资渠道较窄。国外并购基金多采用杠杆收购的方式，利用垃圾债券、银行贷款等资金提高交易的杠杆率，从而扩大并购基金的收益率。而在国内市场上，由于资本市场的发展程度有限，并购基金可以选择的融资工具也很有限。尽管在2008年，我国已经从政策上放开了商业银行对并购贷款上的限制，也从2010年以来出台了一系列政策，为并购基金的设立和交易提供了更多的工具。如2010年国务院出台政策，提出大力发展债券市场，拓展企业债务融资渠道；2012 年《中小企业私募债试点办法》出台，明确了发行人可为私募债券设置附认股权或可转债股份。但在实务中，无论是并购贷款还是债券市场都还存在着较多的条件限定。在《商业银行并购贷款风险管理指引》中规定商业银行在发放并购贷款时，并购的资金来源中并购贷款所占比例不应高于 50%，且并购贷款期限一般不超过五年。国内债券市场上，企业发债时，仍存在审批较为严格的现象。较为严格的审批和规定固然有益于风险控制，但却从一定程度上限制了并购基金的融资渠道，使其无法发挥出杠杆化效应。

（3）对企业的整合管理能力不够。并购基金作为投资机构的角色彰显了它在帮助目标企业进行内部整合、重组及运营上的专业优势，在很大程度上，这也是并购基金区别于其他私募股权投资基金的一个重要特点。这要求并购基金管理机构不仅需要具备较强的并购投资能力，还必须具备很强的整合管理能力。因此，海外并购基金的管理团队通常包括资深的职业经理人和管理经验丰富的企业创始人。我国的并购基金起步相对较晚，并购基金团队大都来源于投行或技术人员，很少有来自企业的职业经理人，在这样的人员构成下，并购基金主导企业整合的能力就很有限。从而很大程度上制约了并购基金通过再造企业而获取的收益。

（4）基金退出渠道尚显单一。在国际市场上，并购基金对目标企业完成整合管理之后，通常可以选择并购企业上市或者进行转让股权以实现退出。而中国市场上，由于资本市场层次不够丰富，并购企业上市还存在一定的现实难度，而由于并购基金所收购的企业通常都是具有一定规模的成熟企业，在行业上具有相当的地位，因而在进行股权转让时，面对较大的企业规模和较高的转让价格，往往难以找到有意愿且有能力的买家，从而退出机制也并不顺畅。

（5）并购基金监管体系不完善。由于并购基金出现时间尚短，目前，我国还没有形成系统和完善的规范并购基金的法律法规。关于并购基金的规定，散见于各个部委的有关规定中，学理认知层面的欠缺、市场经验的不足与零散化的法律规制成为了我国并购基金监管的一项特色。

尽管相对于风险投资基金，并购基金风险性较低，但我们仍然不能忽略它本质上是一种具有杠杆性的投资方式，金融杠杆的过度使用，能够使风险无限制的传递下去。2008 年的金融危机已经暴露了美国对于对冲基金和并购基金的监管漏洞，以史为鉴，我国在发展并购基金的过程中不应该只考虑政策支持，一味地进行政策鼓励以增强其获利性，还应加强并购基金在发展过程中的规范和监管，兼顾市场活力与安全性。

第二节 并购基金的制度设计和引导机制

并购重组的交易结构和融资支付手段千变万化，随着产业整合的发展和并购审核、支付工具的逐渐放开，并购基金作为兼并重组的支付工具之一，将进入快速发展轨道，为解决融资缺口发挥重大作用。纵观我国并购基金发展历史，最初引入并购基金，是为了满足国企改制的需要，而近年来陆续出台支持并购基金的政策，则是为了助推经济转型升级。然而我国并购基金发展时间短，市场经验不足，仍存在许多问题，为了更好地促进经济转型升级，亟待从制度设计和引导机制上对其进行规制。

一、拓展并购基金来源

募集一定规模的并购基金是并购投资的第一个环节，结合我国经济的现状，在拓展并购基金来源方面，主要应从两方面同时入手，一个是扩宽融资渠道，另一个是扩大其杠杆化效应。

在并购基金的供求市场上，我国并购基金主要可以从以下几个渠道获取资金来源：保险资金和养老基金、企业资金、政府资金、私人资本、外国资本。

2012年7月，中国保监会公布的《关于保险资金投资股权和不动产有关问题的通知》，已经明确并购基金列入了保险资金投资的股权投资基金中，我国市场上的巨大保费收入意味并购基金的资金来源具有潜在增加的可能性。在国外，养老基金一直是并购基金的一个重要来源。随着我国养老保障制度的改革，养老基金制度逐步完善和发展，养老基金的结余数额将越来越大。养老基金增值保值的本质要求其在运行中寻求多元化投资，并购基金较长的投资期限、较高的投资收益、较稳定的投资回报对养老基金而言是最为合适的。不言而喻，那些经营状况较好、经济效益较高的企业，必然有大量的资金需要作长期投资的打算，因而也可以成为并购基金的资金供应者。在西方发达国家，工商企业是产业投资基金领域特别是创业投资领域非常活跃的参与力量。我国是财政收入大国，近年来，不仅国内生产总值一直处于上升趋势，国家财政收入占比也逐年上升，这意味着除了正常的财政支出外，还是有一部分政府资金可以成为并购基金的来源。考虑到并购基金投资具有一定的风险性，一般来说，在进行风险投资时，大多数投资者具有递减的绝对风险厌恶系数，因而此处考虑的私人资本主要是指居民中的高收入阶层或中产阶层。这一部分人的数量在我国居民中占比越来越大，相应的，拥有的资金总量也十分可观。改革开放之后，中国逐渐放开对外资的限制，近年来成为世界上利用外资最多的发展中国家。我国最初发展并购基金也是靠引入外资，利用外资的方式不会增加外债，不会产生金融风险。

而目前我国的实际情况是并购基金的资金来源相对较少，成熟的机构投资者主要来自社保基金和政府引导基金，另外，大型企业集团也是资金来源的一大渠道，比如弘毅投资的首支基金全部来自于联想控股集团。但总体来说，我国企业在这一领域的贡献不大，有必要从政策上推动大型企业集团，尤其是质地优良、效益好的上市公司参与投资，如与地方产业相关联的并购基金可以由地方政府投股作为母基金，吸引各类社会资金，再由上市公司进行产业跟进。

从获取资金的方式上来说，国外成熟并购基金主要靠三种方式：基金自身、并购贷款和高收益债券，其中贷款和高收益债券是并购资金的重要组成部分。目前尽管已经放开对并购基金贷款发放的绝对限制，但出于防范银行风险，仍然存在较多管制。另外，我国债权融资市场偏好绩优大型企业和政府担保的融资平台，对发债主体的评级要求较高，因而在企业发债时，仍存在审批较为严格的现象，目前债券市场上还没有推出高收益债券这类券种，并购基金也就无法采用发行高收益债券的方式融到资金。国内债券市场上较为严格的审批和规定固然有益于风险控制，但却从一定程度上限制了并购基金的融资渠道，使其无法发挥出杠杆化效应，在时机成熟时，可以考虑谨慎推出高收益债券市场。

二、增强并购基金在目标企业中的参与度

获得企业控制权，并在此基础上参与目标企业内部整合、重组及运营，是并购基金基本的投资思路。增强并购基金在目标企业中的参与度，有利于发挥并购基金管理机构的专业优势，降低并购基金的投资风险。而欲增强并购基金在目标企业中的参与度，其重要前提便是获取目标企业控制权。

针对我国企业控制权难以获得的现象，主要从两方面提出思路进行解决。

第一，并购基金管理机构应当提高自身对于低估企业的甄别能力。依据并购的价值低估理论，一般来说，进行企业并购的主要是因为目标公司的价值被低估，有低估才会发生并购。并购基金管理机构需要敏锐地发现处于低谷的行业或陷入暂时性困境的企业，获取以低价取得控制权的机会。第二，当并购重组涉及地方产业发展时，地方政府部门应当适时对并购基金进行主导，让并购基金管理机构与地方政府部门合作，充分发挥出地方政府的号召力和公信力，解决并购中利益协调、资源协调等各方面的问题。

获得企业控制权后，并购基金管理机构的下一步就是参与目标企业内部的整合、重组及运营。按照并购双方行业的相互关系，可以将并购分为横向并购、纵向并购和混合并购。依据范从来、袁静（2002）的研究，公司所处产业的性质（成长性、成熟性、衰退性）在很大程度上影响着不同类型并购的绩效，处于不同性质产业的公司进行不同类型并购后的绩效不同。他们利用我国上市公司 1995 至 1999 年的 336 次并购事件进行实证分析，发现处于成长性行业的公司进行横向并购绩效相对最好，处于成熟性行业的公司进行纵向并购绩效相对最好，处于衰退性行业的公司进行横向并购的绩效最差。并购基金多投资于成熟企业，所以在获取企业控制权，着手对目标企业进行并购重组时，应该选用纵向并购的方式，选择同一产品在不同生产或经营环节所在的上下游企业进行重组，同时对收购公司进行大规模的整合，将协同效应不强的业务剥离出售，提高主营业务利润率。

三、重视并购基金团队的人才建设

并购基金是一种创新性的投融资工具，离开了创新性人才，难以真正发挥这种工具的优势。并购基金进行投资往往会涉及产业投资和金融两个领域，作为基金的管理人不仅要具备金融知识还应具备一定的产业背景知识。具体地说，要求产业基金管理人不仅具有较强的金融技术基础知识，同时又懂得企业管理和产业发展理论，是具有金融技术投资实践经验和企业管理实际经验的“通才”。

我国的并购基金起步相对较晚，并购基金团队大都来源于投行或技术人员，很少有来自企业的职业经理人。尤其是最近证监会助推的券商系并购基金，由于券商中几乎没有来自企业的职业经理人。在目前的监管框架下，证券公司只能以财务顾问的身份参与并购基金的管理，对并购基金的控制力度、投资决策的参与程度、盈利空间非常有限，从这个角度来说，证监会在对券商系并购基金进行鼓励的同时，也应该考虑并购基金作为投资机构的角色，在相关规定中要求增加并购基金团队中熟识企业运作、行业经验丰富的职业经理人。李曜，曾翔东（2014）对并购基金合伙人的人力资本特质进行了分析，提出了综合型企业家的概念，认为并购基金合伙人应该是兼具金融与产业两种背景的综合型企业家。具体来说，可以考虑采取国外引进与国内培养相结合、学校培养与实践培养相结合的方式，同时从制度上建立并购基金管理人资格考试制度和淘汰机制，健全基金管理人推荐制度，规范基金经理人行为，保证新进入人员的质量，防范基金经营风险。

此外，并购基金的发展还要求金融市场积极配套专业中介机构体系，扩充专业人才。并购重组是一个系统工程，不仅需要并购基金进行专业化运作，投资银行、资产评估公司、会计师事务所等中介机构的专业服务在并购基金的运作中也将发挥越来越重要的作用。这也意味着对专业人才的需求，中介机构不仅可以从国外更专业的机构招聘人才对内部员工进行培训，以进一步提升专业技能，而且可以与国外的专业机构建立合作关系，让国内中介机构的员工参与到国外机构的一些实际案例中，积累实践经验。

仅拥有创新性人才和系统专业的配套中介机构也不足以真正实现对目标企业的最优整合，对目标企业的整合过程中，还应该考虑四大关键性因素：有效沟通、人力资源问题、遗留关系问题和跨区销售最优化。并购基金管理机构作为一个“外来者”，进入目标公司进行整合时，最开始处于信息弱势是难免的，这就是有效的结构化沟通程序的意义所在。在沟通过程中，信息不会总是“好”的，但它在并购后的实体内以一种不疏远支持者的方式传递是关键性的。同样，谨慎处理那些会影响并购后实体员工的心理和财务的政策变化也是非常重要的。诸如薪酬、权利和文化规范等问题必需以及时公正的方式处理。被并购企业的历史遗留关系也必须从一开始就被认识到并加以管理。最后，跨区销售的关键问题必须从一开始就制定计划，并且必须设计补偿和激励计划来增加在这个地区成功销售的可能性。

四、完善并购基金退出渠道

并购基金的退出，是并购基金运行流程的最后一步，也是最终实现获利的环节。保证并购基金的投资者能顺利安全地将其资本从投资目标中退出，就必须建立一套完善的退出机制。具体来说，它应该是一种包括退出场所、退出方式、退出规则以及对投资过程中各行为主体的利益进行综合权衡的制度安排，或者说是一套多层次的退出模式的方案设计。完善的退出机制为投资者提供了契约规则以及法律制度上的保障，投资者通过充分考虑所支持公司的经营状况，产业中所处的地位以及国家的综合经济状况，制定清晰的退出计划，选取适当时机退出，最终达到投资的目的。

退出机制的设计是并购投资增值的关键，其设计和执行关系到整个投资活动的收益实现。常见的三种方式是出售给战略投资者和金融机构、企业回购、IPO。这三种途径在海外并购基金退出渠道中均有应用，海外并购基金在被收购公司的经营状况好转之后，不仅可以通过被收购公司上市的方式退出，还可以通过股权转让、管理层回购等方式退出。

而在我国，由于在主板市场上市的条件较高，尽管今年出台的新股发行审核制度缩短了上市需要的审核时间，但是在满足上市条件的企业很多，且客观上并购基金投资的目标公司很难满足在主板上市的条件下，并购基金通过主板上市退出的周期很长，成本也太高，在我国并不常用。

结合我国具体国情，可以考虑通过让其在中小企业板、创业板上市退出。中小企业板和创业板上，对于企业上市企业的门槛相对较低，为创业型企业、中小型企业及高科技产业企业等的融资和发展需要而设立，也十分适合作为并购基金的退出渠道。

在我国市场上更为直接和便捷的方式是股权转让，出售给战略投资者和金融机构，因而建立完善的产权交易市场无疑是当前的必由之路。然而，我国目前公司股权并购市场和股权转让市场不发达，亟须完善产权交易市场，为其提供良好退出环境。目前，全国各地设有多家产权交易所，如北京产权交易所、上海联合产权交易所、天津产权交易中心等，但各地的产权交易所政策监管并不统一，面对的挂牌企业和投资者呈现明显的地域性，同时产权交易成本过高，在产权交易形式上以非证券化的实物型产权交易为主，产权交易监管滞后，应大力发展地方产权交易市场，在此基础上建立大规模的、面向全国的产权交易所，制定统一的规范机制，以全国投资者为平台，方便并购基金的顺利退出。

五、统一规范监管政策

并购基金作为私募股权投资基金的一种，由于在我国发展时间尚短，监管经验不足，还存在着运营中欠缺足够的风险认知与救济措施，立法监管较为空白的现象，实际运营中难免累积大量市场风险。

目前规范我国私募股权投资基金的主要法律法规及政策有《合同法》《公司法》《合伙企业法》《创业投资企业管理暂行办法》《关于外国投资者并购境内企业的规定》和《产业投资基金管理办法》，具体到企业并购重组活动，涉及资产重组及财务会计处理操作层面的法律法规还包括《上市公司重大资产重组管理办法》《关于规范上市公司和关联人收购商标等无形资产信息披露的通知》等。总的来说，我国目前并没有出台针对并购基金的、体系较为完善的法律法规或管理办法。一旦出现问题，仅依据《委托管理协议》或《合伙协议》很难进行有效的救济，避免连锁效应产生，从而对整个金融市场造成冲击。

2008 年的金融危机暴露了美国对于对冲基金和并购基金的监管漏洞，2009 年 3 月 26 日美国出台了金融体系改革方案，旨在加强对金融市场尤其是私募股权投资基金的监管。这些措施主要表现在以下几个方面：一是要求私募股权投资基金包括对冲基金的管理人在 SEC 进行注册；二是要求私募股权投资基金以保密方式向证交会定期报告管理资产量、贷款额以及其他重要信息；三是加强了对衍生产品的信用风险的控制，从产品开发人到承包商必须在该产品中保留部分经济利益，防止风险的全部转嫁；四是成立专门的系统性风险监管部门，对规模最大的金融机构进行风险监控。美国因金融危机而监管并购基金去杠杆化已经产生了历史教训，而中国在借鉴美国经验的同时，应理性地反向思维，加快金融创新步伐，积极而谨慎地试点并购投资适度杠杆化。

基于我国在并购基金上立法不足的现象，规范和监管并购基金应该从逐步完善并购基金相关法律法规开始。在完善并购基金相关法规、政策时，可借鉴欧美国家杠杆并购基金的经验和教训，加快制定并购投资基金相关法规及实施细则，明确基金募集方式、规模和程序，既推进并购基金的阳光化，也能够加强法制监管，促进并购基金的规范运作，以对其逐利性倾向进行控制。

我们应吸收国外的经验，从保护金融市场安全角度，建立政府适度监管制度，明确监管的重点。具体来说，可以从三个方面入手。

首先，在建立统一规范的监管体系中，应以信息披露的真实、准确、完整作为基础，因为透明度是资本市场赖以生存和发展的基石，没有透明度就没有资本市场。比如，从加强并购基金信息披露的规范性与透明性，增强行业自律的强度与水平，防范风险的角度出发，当基金管理人实际控制的基金资金量达到一定规模后，可以要求其定期向主管部门进行信息披露，以便监管机构对市场中大规模的资金流向进行监控，提前做好应对措施。

其次，应该在证监会现有监管组织结构中增设一个高效统一的并购基金监管部门，可以考虑设于证监会并购重组委员会下，负责建立关于并购基金运行的日常监控系统，确保金融市场安全，同时还重点负责并购基金成立之初的审批问题。比如，对政府管制的行业和企业并购要经过该组织的审批，对外国企业并购国防军工、能源、基础设施等重要战略地位的企业也要进行审批，以保护国家安全。对企业并购还需要实施反垄断审查，确保企业并购活动不妨碍自由、公平的竞争。就我国而言，还可以考虑设立“并购基金协会”，作为行业自律的主导部门，在行业内形成一个自我协调、平衡制约与促进的机制，同时可以作为主管机关的助手。

最后，对我国的金融中介机构进行规范也具有重要意义，力争为并购基金的运作提供一个优质、规范的服务环境。在西方，健全规范的中介服务机构是并购基金成功实施并购的有利条件。只有对中介服务机构进行全方位的监控和规范，才能为并购基金提供一个适宜发展的空间。我国应关注并规范各中介机构的各种行为，包括：是否有超经营范围行为、是否提供虚假信息和资料、出具虚假验资报告和评估报告及其他虚假证明文件，在经营活动中是否用欺诈、胁迫、贿赂、串通等非法手段损害委托人或他人利益，是否曾垄断、强制中介，是否以回扣等不正当手段承揽业务。只有各中介机构严格履行尽职调查、科学评估、严格审计等职责，才能确保并购过程的公平性、透明性，使之顺利运作。

六、推动并购基金全球化进程

目前，我国并购基金不论是融资还是投资，主要都是以国内市场为主，管理团队也以比较单一，以本土人才为主，全球化程度严重不够。以中国本土发展得比较好的并购基金——弘毅投资为例，从 2003 年至今的 10 余年间，其资金来源主要依托于联想控股，管理团队中尽管有海外留学生，但大部分人具有本土化和理解国情的特质，管理团队的主要优势集在于熟悉中国国情。而在并购投资领域历史最为悠久的 KKR，却具有多元化的全球资金来源。KKR 的投资者包括企业及公共养老金、金融机构、保险公司以及大学基金等。在资金筹措上，KKR 通常采取先由公司高层管理人员或并购集团以少量资本组建执行收购的空壳公司（KKR 提供并购总额 10% 的资金作为新公司的权益基础，所需资金的 50% ~60% 通过以目标公司资产为抵押向银行或保险公司和专门从事风投和杠杆并购的合伙企业申请并购贷款），其他资金由各种级别的次等债券补充（一般通过面向养老基金、保险公司、风险投资企业等投资者私募，或公开发行高收益债券，或向投资银行申请过桥贷款，或发行公司的长期债券等方式筹措）。此外，KKR 还具有全球性的网络资源，它与全球 14 个行业的投资公司紧密联系，拥有一个阵容强大的高级顾问团队，该团队中包括了埃克森美孚（Exxon Mobil）、柯达（Eastman Kodak）、摩托罗拉（Motorola）和埃森哲（Accenture），以及世界知名公司的前任董事长和首席执行官，包括汇丰控股前董事长 John Bond 爵士、联想集团前董事长兼总裁柳传志和中国网通现任副董事长、首席执行官田溯宁。

2007 ~2013 年，并购的交易金额和案例数量呈增长的态势，并在 2013 年达到顶峰。在出入境并购统计中，中资出境并购占 28. 98%，外资入境占 2. 13%。由于企业自身国际化的内在动力，以及中国政府在跨境并购的政策支持（例如 2013 年发布的对外投资新规定，10 亿美元以下大的投资不需要审批了，只需要发改委的备案），中国企业出境并购发展态势会非常好。而接下来的跨境并购可能不只是单纯的企业主导，并购基金甚至很可能会作为一个主导的身份，通过联合产业资本，以整合的方式引导跨境并购。

为了配合并购基金的全球化进程，有关政府部门在政策制定时应该适当放宽对外资流入的限制，同时采取一定激励政策，鼓励国内并购基金参与国外并购，扩宽并购基金的资金来源，也给国内并购基金提供一个“走出去”的推力和指导。从并购基金管理机构自身来说，也需要顺应市场竞争的需要，加强全球化理念，无论是在资金还是人才方面，都应将眼光放向全球，力争在更大的舞台上发展。

第三节 并购基金发展新模式

一、金融机构主导型并购基金

1. 券商系并购基金

证券公司介入并购主要有并购财务顾问和券商系并购基金两种。并购财务顾问属于我国券商投行业务的传统业务，在流程上与银行并购财务顾问服务大致相同。而券商系并购基金则是由证券公司成立控股的并购基金管理子公司，券商有直接的资金投入。站在券商角度，并购基金是一个将券商投行和直投两项业务结合起来的好手段，增加了券商的投入回报和主动性，能在其业务链的多个环节带来利润增长点。并购基金业务的创新看点在于，需要券商着力构建各项业务的横向整合机制，提升综合服务能力，加速从通道提供商向资本中介转型，打造与国际成熟券商抗衡的竞争力。

券商系并购基金的设立主要有三种模式：①合资组建并购基金，如光大证券与罗斯柴尔德基金达成战略合作组建并购基金；②参与地方政府主导的并购基金，如海通证券与上海国际集团牵头组建的规模达百亿元的上海国际全球并购基金；③由直投子公司设立并购基金，如中信证券全资直投子公司金石投资有限公司设立的中信并购基金管理有限公司。其中，主流模式为第三种。

随着国务院进一步优化企业兼并重组市场环境的意见的颁布，从政策层面上提出了提高审批效率、改善政策环境、优化产业结构三个目标，这对于并购重组无疑是重大利好，多家券商掘金并购重组市场，成立并购基金，以分享制度红利。自中信证券旗下金石投资在2012年6月获准筹建第一只券商系并购基金后，海通证券、广发证券等纷纷跟进，成立了并购基金，如海通开元人民币并购基金、延安广发产业整合和升级基金、中金佳泰产业整合基金。

券商的直投业务仅仅是自有资金的投资行为，主要投资处于发展初期的项目，着眼点在于IPO方式退出，获取收益。而并购基金则主要投资成熟项目，利用对目标企业的重组改造实现投资升值，增加了非IPO方式退出的途径。以往券商大多立足于作为并购重组的财务顾问，收取财务顾问费，随着并购重组日渐火热，券商也从财务顾问的角色逐渐向投资角色转变。券商丰富的客户资源、专业性较强的投行团队、强大的研究能力，无疑为其在基金募集、项目筛选方面提供了一定的天然优势。一方面可为客户提供过桥资金支持，并且在获得被收购方的股权后，券商和收购方可以利用自己的专业优势整合被收购方，提升其盈利能力，再通过股权转让实现投资的退出。在此过程中，券商的投行、自营、资产管理等业务都有可能受益。但在标的企业整合上，如何选择具有资深经营经验和优秀整合能力的决策管理团队，是其面临的最大挑战。

2. 银行系并购基金

银行介入并购的形式主要有发放并购贷款、提供并购财务顾问服务以及设立银行系并购基金三种。

2008 年底，为规范银行并购贷款行为，提高银行并购贷款风险管理能力，加强银行业对经济结构调整和资源优化配置的支持力度，银行并购贷款的重新开闸，为企业尤其是上市公司并购增加了融资渠道。2009 年底，相关政策继续鼓励各大银行纷纷开展并购贷款业务。一般来讲，并购贷款方式一般是指银行在并购方资金不足的情况下对其提供资金支持。并购市场的火爆催生了巨大的融资需求，由于国内直接融资体系仍未健全，且银行具有最强的资金实力，并购融资在相当程度上还需依赖银行并购贷款负责其中的资金安排。

并购财务顾问是银行在并购过程中，帮助并购方以最优的交易结构和支付方式、以最低的成本并购合适目标企业的服务。近年来，银行利用既有的客户资源、品牌、融资方案优势和强大的资金能力，并购财务顾问服务飞速增长，在银行的财务顾问服务中并购财务顾问服务收入增长最快。但是，大多数银行仅将其作为信贷业务的附属品，从银行整体来看，财务顾问业务仍处边缘地位。

银行系并购基金的产生，是银行在原有并购贷款、并购财务顾问业务基础上进行突破以抢占并购市场的一次重大举措。银行系并购基金多与专业的基金管理机构共同组建，一般采用夹层融资方式安排资金，结合了银行的资金优势和并购基金的专业优势，自成立以来发展迅猛，其中以民生银行最具代表性。2013 年 8 月，民生银行牵头联合 20 多家金融机构、并购服务机构发起设立中国并购合作联盟，拟着眼于机构联合、服务整合和业务创新，围绕中国产业并购趋势及发展机遇，打造信息共享、资源互通、服务共赢的交流和合作平台。民生银行已经在投资银行部专门设立了“并购业务中心”，聚焦“企业资源整合、行业整合、产业整合、区域整合、资本整合、跨境整合和金融资产整合”七大并购整合业务，提出包括并购贷款、并购顾问、并购基金、产业基金、过桥融资、夹层融资、可转债基金、分离交易融资、资产证券化和并购债券发行等一揽子并购金融产品解决方案。并购业务将成为民生银行投行业务未来发展的重点领域，集中力量打造商业银行“并购专家”，做客户的“并购管家”，支持经济结构调整和产业升级。

二、“上市公司＋PE”模式并购基金

上市公司跟PE合作，联手发力并购基金这一领域，始于2011年。2011年9月，大康牧业（0002505）与天堂硅谷全资子公司恒裕创投各自出资3000万元，共同设立天堂大康并购基金，规模为3亿元。如今，这一模式正为市场争相模仿。天堂硅谷自身也不断复制这一模式，相继与京新药业（002020）、升华拜克（600226）成立了并购基金。2013年10月10日，其与京新药业合作的天堂元金以1.2亿元收购药企益和堂100%股权。按照之前的约定，经过一段时间培育管理，在益和堂达到各方约定的并购条件后，由京新药业对益和堂进行收购。据不完全统计，2013年初至2014年初A股市场有近10家上市公司与PE合推并购基金，基金规模从5000万元到30亿元不等（表15.1）。

PE携手上市公司成立并购基金，完成对目标企业的收购，打破了以往上市公司直接向目标公司增发股份完成收购的传统方式，也是其参与私募股权投资的一种新尝试。上市公司参与私募股权投资，一般通过三种方式实现：一是作为LP参股PE基金；二是设立直投部门或通过子公司进行产业投资；三是独立发起并设立产业基金。在第一种模式下，上市公司只能作为财务投资者分享收益，第二、第三种模式则要求其具备足够的资金实力，丰富的并购经验与专业的人才，符合这些条件的上市公司只是少数。

上市公司与PE合力参与并购基金，能够实现双方的优势互补。PE的整合能力和资金的筹措能力，同时跟上市公司的优势相整合，一定程度上锁定了未来的通道，上市公司获得了未来资金的杠杆和对项目的整合时间。在这种模式中，PE更多担当财务顾问的角色。清科研究中心的研究显示，对于上市公司而言，这种模式便于其提前锁定并购标的，并在可预见的时间段内自主选择注入时机，从而进行市值管理；其次，公司在收购中只需部分出资，且根据项目进度逐期支付，不占用营运资金，可以充分利用杠杆；第三，可以提前了解目标

表 15.1　　　　PE 与上市公司合推的并购基金

上市公司	组建时间	合作方	基金规模
金叶珠宝（000587）	2013 年 1 月 23 日	中铁资源集团有限公司	5000 万元
京新药业（002020）	2013 年 1 月 31 日	浙江天堂硅谷股权投资管理集团有限公司、浙江元金投资有限公司	不超过 10 亿元
齐心文具（002301）	2013 年 7 月 25 日	和君集团下属苏州和正股权投资基金管理企业	预期 3 亿 ~5 亿元
升华拜克（600226）	2013 年 8 月 19 日	天堂硅谷资产管理集团有限公司	不超过 3 亿元
湘鄂情（002306）	2013 年 8 月 26 日	北京广能投资基金管理有限公司	3 亿元
益民集团（600824）	2013 年 10 月 29 日	德同资本	7.5 亿元
东方创业（600278）	2013 年 10 月 31 日	海通开元投资有限公司	30 亿元
吉峰农机（300022）	2013 年 12 月 12 日	昆吾九鼎投资管理有限公司	2 亿元
国创能源（600145）子公司重庆四维创业投资有限公司	2014 年 1 月 14 日		20 亿元

资料来源：新财富整理。

企业，减少未来并购信息不对称的风险；第四，有助于上市企业进行产业链整合。

“PE + 上市公司”形式的并购基金依然有发展空间，但是，在未来的发展中，PE 有可能走到更为主导的一个地位中。

第十六章

我国证券交易所公司化及兼并收购的长期战略规划

证券交易所一方面集中了一国最优质的企业资源，是整个国家实体经济的根基所在；另一方面其作为一国最重要的直接融资平台，在整个资本市场中占据着举足轻重的地位。当今国际证券交易所主要的变革趋势之一是证券交易所的治理结构由会员制向股份制转变并不断在世界范围内掀起大规模的兼并收购浪潮，其背后的动因是对全球金融市场主导权及优质金融资源的抢夺。证券交易所公司化就其自身而言有利于整合优质资源，最大化规模效益，提供全方位的金融服务，扩展资金来源，降低运营成本，提高监管效率；对整个国家而言，证券交易所公司化和跨国兼并收购是与国际对接、公平参与国际竞争的重要一步。配合我国逐步放开资本管制、实现人民币国际化的步伐，证券交易所公司化能够进一步推动我国优秀企业走出国门，增强我国的经济和金融实力，扩大国际话语权。

第一节　会员制证券交易所

证券市场在一国的经济金融领域占有极其重要的地位，其核心机构证券交易所更担负着组织和监督证券交易的重任，是整个市场得以建立和发展的基石。早期证券交易所的诞生并非偶然，而是海外贸易兴盛和股份制公司大规模发展的历史背景下市场自发演进的必然结果。

世界范围内有据可查的最古老的证券交易所是荷兰的阿姆斯特丹证券交易所（Amsterdam Stock Exchange，AEX），其由荷兰东印度公司创建。早期交易所建立的主要动因是降低交易成本。对于分散的个体来说，交易的达成必须满足需求的双向吻合（double-coincidence-of-wants）[①]，即交易中买方需要恰好需要卖方所持有的证券并愿意支付卖方所要求的金额。然而市场交易者是分散的，信息的传递也是缓慢和不完全的，在这种情况下，定位合适的交易对手方所需付出的成本将会十分高昂。相比而言，集中的证券交易所通过将交易者聚集在一起，促进信息的充分交换和共享能够在很大程度上降低交易成本，提升交易成功的概率。

证券交易所从诞生至今已有四百多年的历史，其主要的治理结构可以分为会员制证券交易所与公司制证券交易所两大类。然而早期的证券交易所，如英国证券交易所、美国证券交易所等在成立时无一例外的采用了会员制的组织形式，这是当时历史条件制约下的必然选择。

一、会员制证券交易所的特点

所谓会员制证券交易所是指在平等和自愿的条件下，由会员经纪人按照平等原则共同出资组建的、主要不以盈利为目的的、实行会员间互助合作管理的证券交易和服务机构。其主要特点体现为“三权合一”，即所有权、控制权、使用权的统一性以及由此衍生出的自律性与非营利性。

（1）所有权、控制权、使用权的统一性。在所有权方面，会员制证券交易所依据出资前提实行全体会员共同所有，会员主要由媒介证券交易活动的中介机构组成，其对交易所资产享有所有权，对交易所经营期间积累的利润享有索取权。在控制权方面，会员制证券交易所的治理机构分为三个层次：会员大会——理事会——总经理。交易所的最高权力机构是会员大会，主要负责交易所重大事项的决策，如涉及席位费的调整、席位的转让、代理佣金的增减等。会员大会采取不论出资额度大小“一人一票”的全体会员平等表决原则和最终结果一致通过的集体决策机制，这主要是由交易所的互助性质决定的，强调会员之间的互助互济、集体行动，因而不论规模实力、席位数量上存在何种差异，在决策上都是平等的主体。其次，理事会是交易所的决策执行机关，有权制定

① 需求的双相吻合最早被 Jevons（1893）使用，用来描述易物贸易中交易成本高昂的原因，这里将其概念进行了推广。

交易所规则和管理措施。理事会由会员大会选举产生，受会员大会监督并对会员大会负责。理事都是来自交易所的会员，代表着不同地区、不同种类、不同规模等各层次会员的利益。再次，总经理及其管理团队是证券交易所的日常管理和运作机关。总经理由理事会选任，对理事会负责。总经理室下辖数个日常运作部门，每个部门承担一定的市场运转职能或交易所本身的管理职能。[①] 在使用权方面，交易所只为会员提供交易设施和相关服务，并对会员间的证券买卖实行优惠的交易费率，非会员的个人或机构只能向会员委托才能实现间接的进场交易。在交易所市场发展的后期，通常会采取严格限制会员人数和交易席位数的措施，在这种制度安排下，会员之间逐步形成一个相对封闭的群体，对外垄断了证券市场的交易。

（2）自律性。证券商自发签订契约组建交易所，实施自律管理的行为背后的逻辑是共同利益的驱动。经济学家奥尔森认为，所有侧重于经济的组织其最终目的都是增强其成员的利益，然而即便某一组织的成员具有共同的利益或目标也并不能合乎逻辑地推断出其都会理性地、自觉地采取行动实现该目标。这是由于人的有限理性会导致“集体行动困境”，即通常所说的“搭便车”行为，要想实现共同目标，除非存在强制或者其他特殊手段以使个人按照集体的共同利益行事。

奥尔森的逻辑合理地解释了早期证券交易所自律性质产生和发展的轨迹。为了营造一个有序、稳定的市场，保证会员利益的长久实现，会员之间逐渐形成了一些制度安排来规范自身的行为，例如纽约证券交易所规定：第一，禁止其会员在场外市场交易上市股票，以此保证自身对于上市股票交易的独占性；第二，交易所规定最低佣金标准，会员在接受外部交易委托时收取的佣金不能低于这一最低限额；第三，规定以 100 股整数交易的价格作为佣金的计价基础，禁止会员向大宗交易提供佣金折扣。在交易所的后续发展中，各类自律规章逐步完善，形成了一个完整有效的自律管理机制。

（3）非营利性。在财务上，会员制证券交易所主要根据交易设施的开发和维护、相关的人工服务费等支出额度来确定会员席位费和证券交易费率，其利润或盈余都不会被分配给成员，而只会作为交易所的法人财产或会员的共同财

---

① 吴卓：《我国证券交易所法律形态和治理结构问题研究》，中国政法大学博士学位论文，2004。

产积累起来，用于改善和发展交易条件及交易设施，即“非分配约束规则”，在此种意义上，会员制交易所体现出典型的非营利性特征。其背后的原因主要在于，早期交易所由证券商自发组建而成，其目的在于提供一个相对固定的交易场所。会员并不关心交易所是否盈利，因为交易所主要利润来源于会员缴纳的会费，如果交易所追求盈利，对会员而言，则如同钱从左口袋到了右口袋，因而非营利性本质而言是“三权合一”的衍生特征。

二、早期证券交易所采取会员制的历史背景

早期的证券交易所普遍采用了会员制的组织模式，主要原因在于会员制的特性恰好契合了当时社会、经济的发展状况。

（1）经济因素。首先，会员制解决了交易空间有限的问题。证券交易所发展初期，受制于当时的交通、通讯条件和信息处理能力，证券交易在交易大厅内进行，交易大厅空间的有限性无法容纳所有的投资者，客观上决定了只有少数人能够取得进场资格。从某种程度上讲，早期的会员制证券交易所类似于“精英俱乐部”，只有行业中的佼佼者才有资格进入，他们通过创造合理的交易价格和提供充足的流动性，吸引外围的交易向本市场集中，进而有能力提供更加公允的价格和更广泛的流动性，形成一个正反馈回路，促进市场的发展壮大。其次，会员制适应了人工交易的需要。早期的证券交易是非自动化的，报价、撮合和清算交割等一系列过程都由人工进行，需要参与者具备较高的专业度与熟练度。常规会员拥有场内席位，会员之间可以进行充分的信息交流和面对面的谈判以促进交易的达成，非会员则只能通过向会员支付佣金间接地享受交易服务。

（2）社会因素。早期的证券交易所采取会员制的组织形式除了客观经济因素的制约，还有历史传统、社会形态等方面的因素。

欧洲中世纪，由于商业与手工业的发展，在古代村落公社衰落的同时，从公元 9 世纪起，在自由城市与海滨等地，逐渐产生了一种新的联合组织—行会。它在 11 世纪后发达起来，12 世纪波及整个欧洲大陆，席卷了城市与乡镇。16 世纪中叶，因商品经济进一步发展，手工工场出现，行会逐渐瓦解，但其对整个社会观念的影响却是十分深远的。证券交易所组建初期，很可能由于“路径依赖”而采用会员制的形式。

此外，更重要的一点在于，金融市场上，信用和交易安全是市场得以存在

的前提。然而证券交易所发展初期，证券交易并没有正式的合同或协议以及规范的流程，更缺乏有力的监管，交易双方的信任建立在彼此熟悉的基础上，而会员制恰好满足了这一需求，并且可以通过会员之间的约定对整个交易行为施加一种“软约束”，也正是这种约束凝聚了人们的信心，从而支撑着证券市场在起起伏伏中不断发展。

会员制证券交易所适应了当时的历史背景，从而得到了迅速地普及和发展，但其绝非是交易所发展历程的终点，随着技术进步和时代变迁，交易所的组织形式也在不断演进。

第二节 证券交易所的公司化及兼并收购浪潮

20 世纪末 21 世纪初，一种新型的交易所治理模式——公司制证券交易所开始走入人们的视野，在不到 20 年的时间内迅速占领全球主要证券交易所，并掀起了一轮交易所兼并收购的浪潮。

一、公司制证券交易所

公司制证券交易所是指归全体股东所有、以营利为目的的证券交易与服务机构。与会员制证券交易所相比，其特征主要体现在以下三个方面。

1. 多元开放的所有者结构

会员制证券交易所中，会员是交易所唯一的所有者，其对交易设施的独占性为其带来了丰厚的垄断“租金”。作为既得利益者，其总是采取各种方式限制新的市场参与者进入，这就导致了会员制单一封闭的所有者结构。而公司制证券交易所，特别是公开上市的交易所，其股份可以自由转让，并且股东也不仅仅局限于证券商，还包括政府、其他机构和公众投资者。

开放的所有权结构还导致所有权与使用权相分离，任何符合基本条件的机构和个人投资者在支付一定费用的条件下都可以注册成为“会员”（不同于会员制交易所的会员，这里的会员仅仅是代称），享有交易设施和服务的使用权。

2. “一股一票”的资本多数表决机制与“委托—代理”的经营管理模式

公司制证券交易所延续了传统公司制企业“一股一票”的资本多数表决机制。股东持股比例的多少决定了其表决权的大小、参与经营管理的程度以及利润分配的份额。

交易所的最高权力机构是股东大会，日常经营则由董事会聘任专业的经理层执行，这其中不仅有长期从事证券工作的人士，也有专家、企业家等，其往往具有会计、法律、金融、管理、营销等多元化的知识层次，能够为公司的决策提供更加全面和专业的指导。

3. 营利性

公司制证券交易所所有权和使用权的分离决定了股东投资的目的不是借助交易所的设备进行证券交易，而是从交易所的经营活动中获取收益，包括交易所给股东的分红以及其自身价值增长所带来的资本利得。在公司制的基础上，证券交易所可以选择上市。上市后证券交易所的股份可以在更大范围内自由流通，其经营管理水平和盈利能力也会与股价的变动挂钩，这更加强化了其营利性属性。

二、交易所公司化及兼并收购历程

进入20世纪90年代以来，以1993年斯德哥尔摩证券交易所公司化改制为标志，世界范围内掀起了证券交易所公司化的浪潮。主要证券交易所公司化改制的时间集中于21世纪初期（见表16.1），截至2013年底，根据世界交易所联合会网站（WFE）的资料（见图16.1），其全部58个会员中，公司化的交易所共有31个，其中已经上市的交易所达到21个。

表16.1　　　　主要证券交易所公司化改造与上市时间表

序号	证券交易所	公司制改造时间	上市时间
1	斯德哥尔摩证交所（OMX集团子公司）*	1993	合并
2	赫尔辛基证券交易所	1995	合并
3	哥本哈根证券交易所	1996	合并
4	阿姆斯特丹证券交易所	1997	合并
5	意大利证券交易所	1997	合并
6	维也纳证券交易所	1998	
7	澳大利亚证券交易所（ASX）	1998	1998.10
8	冰岛证券交易所	1999	合并
9	爱尔兰交易所	1999	合并
10	雅典证券交易所	1999	2000.8

续表

序号	证券交易所	公司制改造时间	上市时间
11	新加坡交易所	1999	2000.11
12	香港交易所（HKEx）	2000	2000.7
13	巴黎交易所	2000	合并
14	国际原油交易所	2000	合并
15	纽约商业交易所	2000	合并
16	芝加哥商业交易所	2000	合并
17	蒙特利尔交易所	2000	
18	德国交易所集团	2000	2001.2
19	泛欧交易所有限公司（Euronext NX）	2000	2001.7
20	伦敦证券交易所（LSE）	2000	2001.7
21	悉尼期货交易所（SFE）	2000	2002.4
22	多伦多交易所集团	2000	2002.11
23	加拿大风险交易所	2001	合并
24	奥斯陆证券交易所	2001	2001.5
25	东京证券交易所	2001	2006
26	温尼伯商品交易所	2001	合并
27	芝加哥商品交易所控股公司	2001	2002.12
28	菲律宾证券交易所	2001	2003
29	大阪证券交易所	2001	2004.4
30	纳斯达克股票市场有限公司	2000	2005.2
31	瑞士交易所	2002	
32	国际证券交易所（ISE）	2002	2005.3
33	西班牙证券交易所集团	2002	2006.7
34	新西兰证交所	2003	2003.6
35	马来西亚交易所	2004	2005.3
36	芝加哥期货交易所控股公司	2005.4	2005.10，合并
37	洲际交易所（ICE）		2005.11
38	美国证券交易所	2006	2007，合并
39	纽约证券交易所集团	2006	2007.4

注：OM于1998年收购了斯德哥尔摩证券交易所，2003年与赫尔辛基证券交易所合并，2005年收购了哥本哈根证券交易所，2006年收购了冰岛证券交易所。

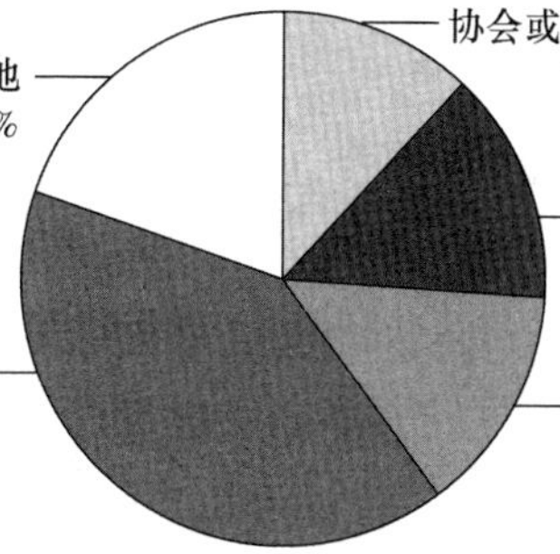

图 16.1 WFE 会员的法律性质

伴随着交易所公司化改制而来的还有交易所之间大规模的兼并收购浪潮。通过兼并收购，交易所突破了原有地域的限制，在全球范围内展开竞争。为了从全局把握世界主要交易所的利益分布格局，本书就几个典型案例进行介绍。

1. 纳斯达克集团（NASDAQ OMX）

纳斯达克集团主要由 NASDAQ 与 OM 集团合并而成，其中 NASDAQ（The National Association of Securities Dealers Automated Quotations）是世界上第一个电子交易市场，创立于 1971 年；OM 则是世界上第一个公开上市的交易所，上市时间为 1987 年。OM 在自身发展过程中先后合并或收购了斯德哥尔摩证券交易所、HEX 集团、维尔纽斯证券交易所、哥本哈根证券交易所、爱尔兰证券交易所、美国证券交易所；2006 年 NASDAQ 收购 OMX，实现强强联合，随后又收购了波士顿证券交易所、费城证券交易所、费城期货证券交易所（即今日的 NASDAQ OMX Futures Exchange）、塔林证券交易所（the Tallinn Exchange）以及世界最大的能源衍生品交易所和碳交易所 Nord Pool ASA。

纳斯达克集团通过一连串的兼并收购实现了规模和实力的迅速扩张，现在纳斯达克集团的业务包括提供交易平台、交易技术、信息和上市公司服务，其经营领域横跨六大洲，旗下拥有并管理着 24 个交易市场，其中 18 个主要交易权益证券，另外 6 个主要交易期权、衍生品、固定收益产品以及商品期货；此外还拥有 3 个清算中心以及 5 个中央证券托管处。

2. 纽约泛欧证券交易所（NYSE Euronext）

2007 年 4 月，纽约证券交易所（New York Stock Exchange，NYSE）与泛欧证券交易所（Euronext N. V.）合并交易完成，一个横跨大西洋的世界第一大证券交易所——纽约泛欧证券交易所正式成立。

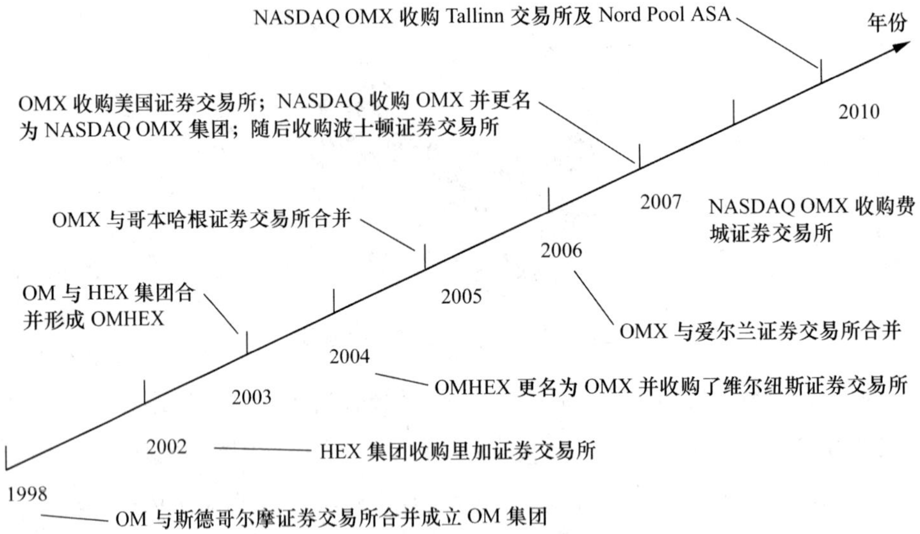

图 16.2　纳斯达克集团兼并收购进程表

资料来源：NASDAQ OMX 网站：http：//www. nasdaqomx. com/。

其中，纽约证券交易所的成立是以 1817 年 3 月 8 日《梧桐树协定》的签订为标志的，其在成立之初采取的是会员制的组织形式，会员席位被限定为 1366 个。2005 年 4 月 20 日，纽约证券交易所宣布与已经公开上市的群岛证券交易所（美国证券行业第一个无做市商的依托互联网的全自动化电子证券交易所）联合，成立了纽约证券交易所集团 NYSE Group，并于 2006 年进行了公司化改制并公开上市。

泛欧交易所是全球第一家完全整合的跨国交易所，成立于 2000 年 9 月，由阿姆斯特丹交易所、布鲁塞尔交易所、巴黎交易所合并而成。2002 年，泛欧交易所进一步兼并了伦敦国际金融期货交易所（The London International Financial Futures and Options Exchange，LIFFE）和葡萄牙里斯本证券交易所（BVLP），成为欧洲领先的证券与期货产品兼备的及交易与清算于一身的跨国证券交易机构。

纽约证券交易所与泛欧证券交易所的强强联合，创造了第一家真正的全球化交易所集团。2013 年，美国洲际交易所（ICE）收购了纽约泛欧交易所，成立了一个涵盖“农业和能源大宗商品、信贷衍生品、证券和证券衍生品以及外汇和利率市场”在内的庞大集团。

第三节　证券交易所制度变迁的动因

证券交易所公司化及兼并收购浪潮风起云涌，其中技术进步及金融自由化是重要的原因。与会员制证券交易所相比，公司制证券交易在扩展交易所的融资能力、减弱会员与交易所利益冲突以及提升决策效率方面都有独特的优势。

一、证券交易所公司制改革的背景

1. 技术进步动摇了会员制证券交易所存在的根基

计算机网络技术与自动化交易系统的应用为证券交易行业带来的根本性变革主要体现在以下几个方面。

首先，交易突破了地域和时间的限制，从有形向无形转变。计算机网络技术和自动化交易系统的应用突破了交易大厅物理空间的限制，技术上可以提供无限制的直接进入端口，几乎可以满足所有潜在会员的交易需求。同时，新技术的应用呈现明显的规模效益特征，运营成本主要为期初购买交易设施时一次性投入的固定成本，边际使用成本接近于零，这就大大降低了会员席位存在的必要性及其经济价值。

其次，自动化交易系统具有强大的信息处理能力，能够根据交易各方的报价自动撮合成交，成交速度快、准确性高，这就大大降低了交易过程中对会员人力资本的依赖程度。目前世界上最先进的交易系统——全球交易平台（UIP），每秒能够处理20000份订单，而且延迟时间被缩减到微妙的级别，这是人工交易方式下所无法想象的。

再次，新技术的应用使得交易成本大大降低。在原有会员制的制度安排下，会员为了维持垄断利润，往往会规定最低的佣金标准。新型交易系统的引进，使得交易成本大幅度降低，会员高利润的来源不复存在。

2. 市场一体化与金融自由化带来的激烈竞争

技术的发展大幅度降低了证券市场的进入壁垒，同时，大多数国家也逐步放松了证券市场的准入条件。技术进步催生的营利性另类交易系统（ATS）与传统交易所展开市场竞争，其凭借低成本、高效率和交易的匿名性质，满足了投资者对高流动性与低交易价差的需求，因此吸引越来越多的投资者而不断扩张，使传统经纪商、做市商以及交易所在交易过程中的地位和作用下降，某种程度上加快了证券交易行业的“脱媒”过程，对传统交易所构成巨大威胁。

此外，在经济自由主义思潮的影响下，各国纷纷放松了金融监管。美国在20世纪70年代放弃了Q条例，允许商业银行对活期存款支付利息并自行定价，开启了金融自由化的大幕。1973年率先取消资本流入的限制，1983年实现利率市场化，1999年，废除《格拉斯——斯蒂格尔法》并通过《金融服务现代化法案》，标志着混业经营已成为国际金融发展的潮流。英国1986年的“金融大爆炸”、1993年欧盟《投资服务指令》（ISD）发布、1996年日本“金融大爆炸”引起各个国家和地区经济普遍的对外开放，从而引发资本市场的区域一体化乃至于全球化，本地交易所面临新的、来自外部交易所的激烈竞争，具体表现为传统交易所与网上交易所之间、成熟市场与新兴市场之间、主板市场与二板市场之间的多个方面和层次上展开的竞争，竞争的核心是争夺市场资源。

二、会员制与公司制两种组织形式的比较

1. 会员制封闭的所有权结构限制了交易所的融资能力

证券交易所作为证券交易的主要媒介，随着证券交易规模的扩大、交易种类的扩展、交易手段的丰富，对证券交易所交易系统的信息处理能力、稳定性、及时性、安全性的要求也越来越高。为了维持竞争优势，各证券交易所需要足够的资金来更新技术设备。在会员制的治理结构下，交易所发展到一定规模，往往会限制会员人数的增加，同时交易所的收入主要来源于会员所缴纳的会费，其融资渠道十分狭窄。

公司制证券交易所开放式的股权结构不仅可以吸纳新的外部资金，还可以实现股份的转让，融资手段更加灵活。证券交易所公开上市后，一方面可以通过直接融资获得充足的资金，另一方面所有权的自由转让为交易所之间的兼并重组创造了便利条件。交易所本身具有的规模效益特征使得其膨胀和扩张成为一种趋势。另外，体量越大的交易所越有能力提供充分的流动性和全方位的服务，从而更有可能在竞争中获得优胜地位。因而在全球化的竞争背景下，所有权的自由转让就显得尤为重要。

在实证研究方面，德姆塞茨（Demstez）早在1968年就发现：交易所的平均运作成本和买卖价差及交易量成反比关系。美国学者Doede的研究也得

出“证券交易所的平均运行成本是交易量的减函数”的结论。而马尔卡马克（M. Malkamaki）对国际证券交易所联合会所属成员交易所的分析结果亦表明，运作成本对交易额的规模弹性系数为0.40，而运作成本对上市公司数的弹性系数为0.81，也就是说，当交易额增加一倍时，运作成本只增加40%；而当上市公司数目增加一倍时，运作成本将增加81%。显然，交易处理的规模经济性要远远高于上市公司事务处理。此外，马尔卡马克的研究还发现，交易处理的规模经济性是一个递增函数，即证券交易所的规模越大，规模经济程度就越高①。

2. 会员与交易所间潜在的利益冲突阻碍了交易所战略目标的实现

在传统的会员制证券交易所的模式下，会员的利益与交易所的利益并非是完全重合的。会员的利润主要来源于代理证券交易所获得的佣金收入，限制性的、非直接的证券交易是保证收入的前提；而证券交易所在面临外部激烈竞争的条件下，提升交易效率和降低交易成本成为生存的关键。新的技术或权利方式的创新如果有利于交易所目标的实现但是会降低对会员中介服务的需求就会招致会员的抵制。

在公司制证券交易所的模式下，股东与会员的身份不一定重合，股东追求利益最大化的目标使得交易所采取更加积极主动的发展模式，大力进行技术升级和业务创新，更加切合交易所的长远战略规划。

3. 会员利益的多元化降低了交易所的决策效率

随着证券市场的发展，会员之间的差异或明显增强，有的会员只提供经纪服务，有的会员开展自营业务，有的会员提供咨询业务，有的会员则提供全方位的服务，其获取利润的来源不同，相应的利益诉求也不尽相同。同时，经过多年的发展，会员之间的实力水平也出现了显著的差别，“一人一票”的决策体系下，会员的贡献程度与控制权不再匹配，其对交易所的依附度和忠诚度逐渐降低。

公司化的治理结构和“一股一票”的决策机制克服了会员实力与控制权不匹配的问题，同时，公司化的证券交易所由专业化的经理层管理日常经营决策，有助于摆脱会员利益的牵绊提高运行效率。

---

① 施东辉：《证券交易所竞争论》，上海远东出版社2001年版。

根据哈特和穆尔的研究（Hart and Moore，1996），当会员之间的变差变得更加偏斜时，外部所有制就变得比会员合作社相对地更有效率；当交易所面临更激烈的竞争时，外部所有制就变得比会员合作社相对地更有效率。

三、公司化交易所绩效改善的实证依据

根据国际证券交易所联合会（WFE）的研究，公司化且上市的证券交易所的净利润要显著高于其他类型的证券交易所的净利润，且经营业绩更加稳健。

从图16.5可以看出，上市证券交易所净利润总和接近80亿美元，占WFE所有成员总利润的66%，是会员制证券交易所的三倍之多。此外，从图16.3可以看出2012年交易所收入首次出现下降，其中上市证券交易所的收入下降了6%，公司化但未上市证券交易所收入下降了4%，会员制证券交易所的收入则大幅下降了34%（见图16.4）。原因可能在于公司化证券交易所倾向于采取更加多元化的经营模式，其收入来源更加广泛，在面临某一类型收入减少时，可以依靠扩大其他类型收入进行弥补，因而总体经营更加稳健，这一点可以从图16.5中得到验证。

Islam Azzam（2010）就证券交易所公司化对其业绩表现的影响进行了实证分析。文章采用了11个公司化证券交易所1996~2008年的数据，构建了三个模型，分别就公司化对证券交易所盈利能力、负债比例及影响证券交易所公司化决策的因素进行了分析。

模型具体构建如下（各变量的含义及特征见表16.2）。

$$profitability_{it} = \beta_0 + {}_1Dcrisis_{it} + \beta_2 Dmutualixation_{it} + \beta_3 Debt_{it} + \beta_4 Size_{it} + \beta_5 PER_{it} + \beta_6 Inflation_{it} + \beta_7 NbrCompanies_{it} + \beta_8 TradeValue_{it} + \beta_9 MarketReturn_{it} + \beta_{10} GDPG_{it} \quad (1)$$

模型（1）主要考察证券交易所公司化对其盈利能力的影响，其中被解释变量盈利能力Profitability分别用总资产收益率（ROA）和净资产回报率（ROE）代理；解释变量公司化Demutualization取1代表公司制，0代表会员制，此外还控制了其他可能影响公司盈利能力的指标。

$$Debt_{it} = \beta_0 + \beta_1 Dmutualization_{it} + \beta_2 Size_{it} + \beta_3 GDY_{it} + \beta_4 MarketCap_{it} + \beta_5 NbrCompanies_{it} + \beta_6 TradeValue_{it} + \beta_7 GDPG_{it} + \beta_8 GovYTM_{it} + \beta_9 ProfitMargin_{it} + \beta_{10} AssetTurnover_{it} \quad (2)$$

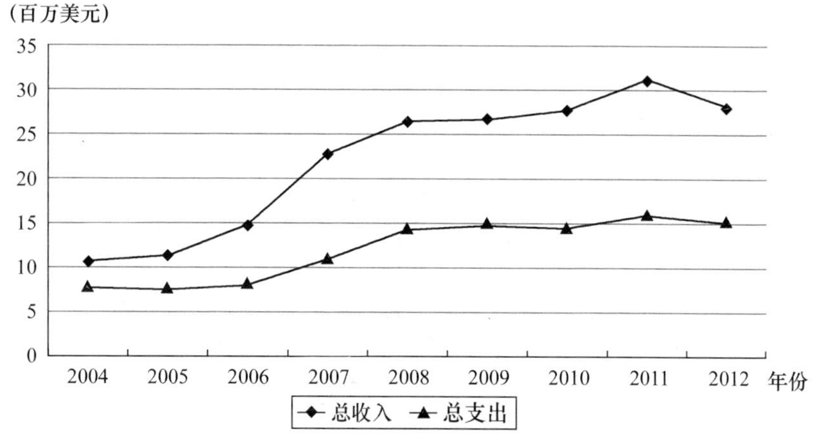

图 16.3　2001～2012 交易所总收入与总支出（USD billion）

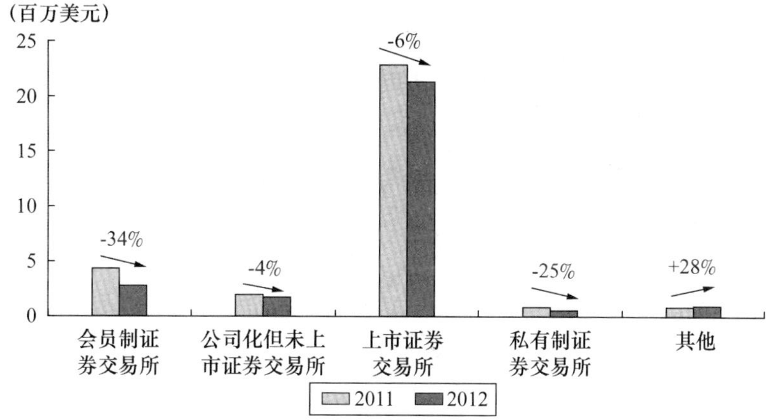

（a）收入状况

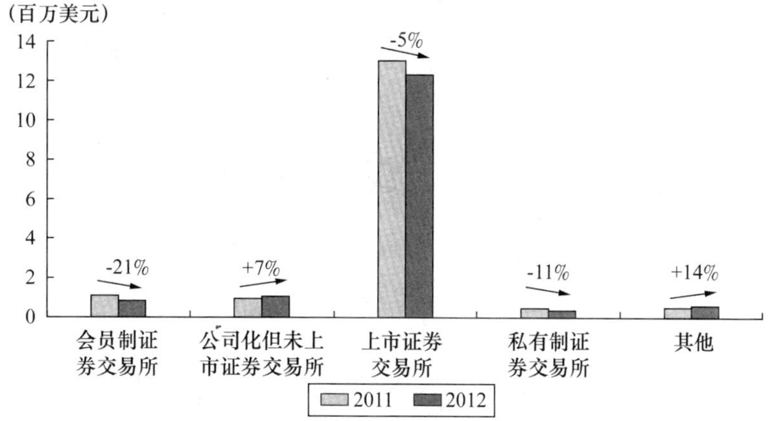

（b）支出状况

图 16.4　按法律地位划分的各类交易所收入与成本对比图

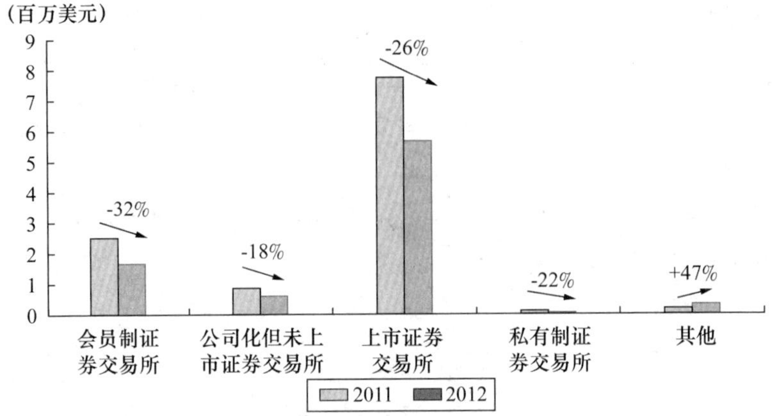

(a) Net income by legal status

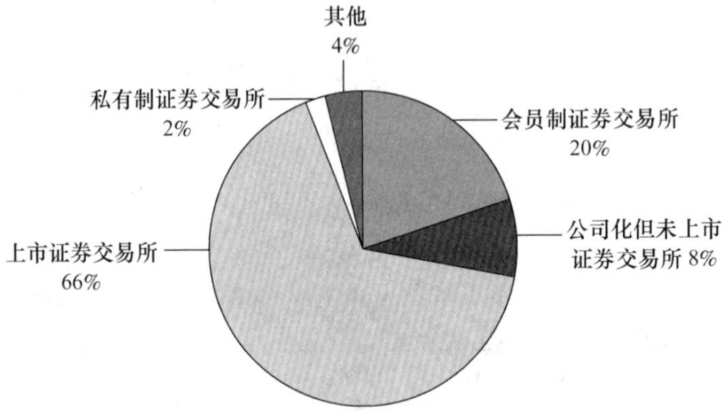

(b)

图 16.5　按法律地位划分的各类交易所净利润对比图

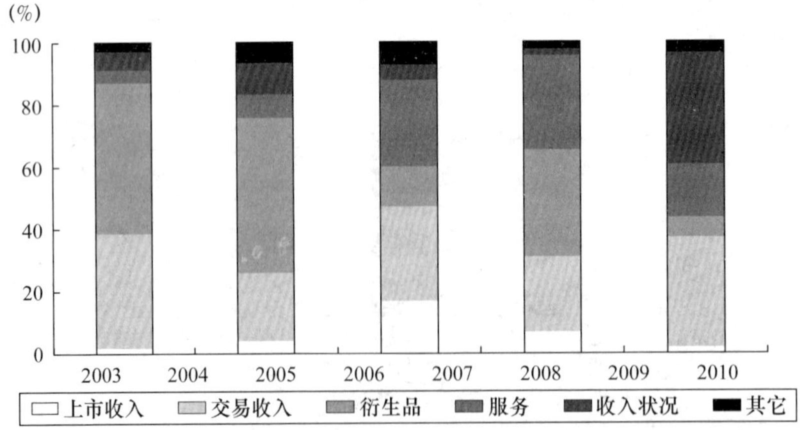

图 16.6　2012 Revenues by status

模型（2）主要考察证券交易所公司化对其负债水平的影响，除公司化变量外，模型控制了其他可能影响公司负债水平的指标。

$$
\begin{aligned}
Dmutualization_{it} = {} & \beta_0 + \beta_1 GDPG_{it} + \beta_2 Dasia_{it} + \beta_{3D} europe\ it + \beta_4 Dcrisis_{it} + \\
& \beta_5 Size_{it} + \beta_6 Profitability_{it} + \beta 7 Debt_{it} + \beta_8 MarketCap_{it} + \\
& \beta_9 NbrCompanies_{it} + \beta_{10} TradeValue_{it} + \beta_{11} GDY_{it} + \\
& \beta_{12} GovYTM_{it} + \beta_{13} PER_{it} \qquad (3)
\end{aligned}
$$

模型（3）主要考察影响证券交易所公司化决策的因素，模型中纳入了交易所业绩以及特征的变量，特别是纳入了交易所所在地区的虚拟变量：Dasia 取值为 1 时表明交易所位于亚洲，反之为 0；Deurope 取值为 1 时表明交易所位于欧洲，反之为 0。

表 16.2　　模型各变量含义及简要描述

变量名	指标	描述
AssetTurnover	总资产周转率	销售量/总资产
Dasia	地区虚拟变量	取 1 表示位于亚洲；反之取 0
Deurope	地区虚拟变量	取 1 表示位于欧洲；反之取 0
Dcrisis	金融危机虚拟变量	取 1 表示发生金融危机；反之取 0
Debt	负债水平	总负债/总资产
Dmutual	公司化虚拟变量	取 1 表示公司制；反之取 0
GDPG	经济增长	GDP 增长率（Growth rate of gross domestic product）
GDY	股息率	总股利/构成市场主要指数的公司的股票总市值
GovYTM	长期利率水平	期限最长的政府债券的到期收益率
Index	股指水平	证券交易所主要股票指数
Inflation	通胀率	通货膨胀率
MarketCap	总市值	上市公司股票总市值的自然对数
MarketReturn	股票回报率	股票市场年回报率
NbrCompanies	上市公司数量	证券交易所上市公司总数
PER	市盈率	总市值/总收益
ProfitMargin	净利率	净收益/销售收入
ROA	总资产回报率	净收益/总资产
ROE	净资产回报率	净收益/净资产
Size	规模	总资产的自然对数
TradeValue	交易量	股票交易量的自然对数

由于盈利能力、负债水平、公司化变量间可能存在内生性问题，进行内生性检验模型(1)拒绝了原假设，模型(2)、(3)接受原假设，即模型(1)存在内生性问题。作者将模型(2)去除了 demutualization，size，number of listed companies and value of trade 等可能会对同时影响盈利能力和负债水平的变量后，以模型(2)的拟合值作为模型(1)中负债水平的工具变量。同时，作者进行格兰杰因果检验，结果表明 ROA 是导致公司化的格兰杰原因而公司化并非导致 ROA 和 ROE 的格兰杰原因，且债务水平与盈利能力、债务水平与公司化之间并不存在格兰杰因果关系，进一步排除了互为因果的问题。

模型(1)、模型(2)的实证结果如表 16.3，结果表明证券交易所公司化对其盈利能力（ROA 和 ROE）都具有显著的正向影响，而对其负债水平具有显著的负向影响，从而证实了前述分析。

表 16.3　　模型（1）、模型（2）实证结果

Equation	(1)		(2)
	ROA	ROE	Debt
Dcrisis	0.032 (1.37)	0.061 (1.50)	
Dmutualizacion	0.065 (2.64)***	0.091 (2.81)**	-0.170 (-2.30)**
Debt	-0.357 (-2.90)***	-0.421 (-2.27)**	
Size	-0.053 (-3.39)***	-0.0038 (-0.13)	0.190 (3.22)***
PER	-0.00033 (-2.50)**	-0.00032 (-1.11)	
GDY			-0.008 (-0.33)
Inflation	-1.961 (-1.55)	-3.594 (-1.92)*	
MarketCap			-0.136 (-1.34)
NbrCompanies	0.000011 (0.84)	0.000014 (0.60)	0.0001 (2.54)**

续表

Equation	(1)		(2)
	ROA	ROE	Debt
TradeValue	0.0018 (0.10)	0.0166 (0.43)	0.141 (1.99)**
MarketReturn	0.077 (2.53)**	0.142 (2.55)**	
GDPG	-0.478 (-0.89)	0.213 (0.19)	-0.567 (-0.36)
GovYTM			-9.20 (-3.56)***
ProfitMargin			0.047 (0.29)
AssetTurnover			0.093 (0.77)
Hausman test for random effects (Chi^2)	5.25	14.13	3.56
ρ-value for Hausman test	0.81	0.11	0.98
Pesaran's test of cross-sectional independence	0.23	0.19	-0.15
Pesaran's average absolute value of the off-diagonal elements	0.36	0.36	0.41
R^2 within	0.20	0.15	0.09
R^2 between	0.80	0.40	0.88
R^2 over all	0.42	0.22	0.42
Wald Chi^2	90.62	30.94	73.16
No. of observations	108	108	108
No. of groups	11	11	11

模型（3）实证结果如表 16.4。结果表明规模（Size）较大、负债水平（Debt）较低、交易量（Trade Value）较高以及股息率较高的交易所更容易采取公司化的组织形式。此外，实证结果表明盈利水平对证券交易所公司化决策不具有显著影响。

表 16.4　　　　模型（3）实证结果

Equation	(3)	
	Demutualization	Demutualzation
GDPG	56. 80 (1. 86) *	54. 29 (1. 89) *
Dasia	-14. 02 (-3. 27) **	-13. 70 (-2. 96) ***
Deurope	-6. 71 (-2. 50) **	-6. 56 (-2. 21) **
Dcrisis	44. 15 (0. 00)	43. 57 (0. 00)
Size	5. 88 (3. 28) ***	5. 82 (3. 26) ***
ROA z	2. 33 (0. 45)	
ROE		1. 40 (0. 38)
Debt	-8. 48 (-2. 14) **	-8. 79 (-2. 24) **
MarketCap	-5. 64 (-2. 62) ***	-5. 65 (-2. 59) ***
NbrCompanies	0. 0015 (1. 39)	0. 0015 (1. 33)
TradeValue	4. 20 (2. 36) **	4. 28 (2. 39) **
GDY	2. 28 (3. 33) ***	2. 26 (3. 34) ***
GovYTM	-420. 71 (-3. 44) ***	-412. 32 (-3. 41) ***
PER	-0. 0028 (-0. 31)	-0. 0019 (-0. 18)
Hausman test for random effects（Chi^2）	3. 31	3. 36
ρ-value for Hausman test	0. 97	0. 97
Wald Chi^2	16. 13	16. 28
No. of observations	108	108
No. of groups11	11	

第四节　公司化引发的角色冲突与监管困境

从 1993 年斯德哥尔摩证券交易所公司化改制以来，关于证券交易所公司化可能引发的角色冲突和监管困境的担忧从未停止，要正视并解决这一问题，首先必须要认清证券交易所的本质。

一、证券交易所的本质

证券交易所诞生后的400 年间，对其本质的认识经历了由“市场观点”到“企业观点”的巨大转变。

长期以来，市场观点被人们广泛接受。例如 D. R. Fisher（1987）认为“交易所和购物中心或者跳蚤市场的经济职能没有什么实质差别，它们都是将买卖双方聚集在一起而减少彼此发现对方的搜寻成本”。

企业观点的代表者 Padoa（1999）则将证券交易所定义为生产金融复合产品的企业，生产过程可细化为上市、交易和结算共三个阶段，各阶段提供的相应服务分别为与市场信息关联的挂牌上市、配对和交易、结算过户。

虽然证券交易所成立之初在会员制的架构下被定义为非营利性机构，但这并不能掩盖证券交易所获取盈利的可能性及必要性。总体来看，证券交易所的收入可以被划分为两大来源，其中最重要也是最根本的来源是通过提供交易媒介获得的中介收入，如上市费、交易收入、清算收入等，通过证券交易所进行集中交易的成本与分散交易的成本之间的差额就是证券交易所中介收入可能的最大获益区间。分散交易高昂的成本意味着交易所存在巨大的获利空间，发现并利用这部分获利机会只是时间早晚的问题。其次，证券交易所的媒介特征使其成为资金流和信息流的聚集地，从而衍生出第二大收入来源，即市场服务，主要包括市场数据、IT 销售与服务等。与此同时，为了维持收入来源于竞争优势，交易所本身具有强烈的融资需求，仅仅依靠收取会费显然无法满足，因而交易所采取盈利模式也具有必要性。

从上述分析中可以看出，企业观点更加接近交易所的本质，但是这仅仅揭示出了交易所与一般企业的相似之处，却忽视了交易所本身的特殊性。

作为资本市场的枢纽，证券交易所一方面集中了一国或一区域内最优质的企业资源，另一方面又连通着众多的中介机构和无数的投资者，是实体经济与虚拟经济相互联通的重要桥梁。其在一国经济社会中的重要地位决定了其无法摆脱的公共职责和时刻面临的严格监管。其商业属性与公共属性之间的矛盾是引发利益冲突的根本原因，这种冲突并不因治理结构的改变而改变，只是表现的形式有所不同。

二、公司化形式下角色冲突的表现

作为市场组织者与一线监管者，证券交易所一方面要向市场提供服务，获取收益，另一方面又要对市场行为进行监管，这其中的矛盾是不可避免的，具体表现在以下各个方面。

1. 监管资源可能投入不足

证券市场的复杂性决定了其有效监管需要大量人力、物力资源的投入，根据 WFE 的统计，2012 年所有会员交易所的监管成本总计为 15.07 亿美元，占交易所总成本的 10%。然而如此高昂的投入并不能为交易所带来直接的现金流，即便严格的监管可能带来声誉的增加从而吸引客户资源，但是这类隐性收益是建立在监管效果可辨识的基础上的，而类似的收益却是滞后的和难以测度的。如果较高投入相对一般投入产生的效果无法被公众感知到，则以利润最大化为导向的非互助化交易所显然会选择较低的投入。此外，从被监管者的角度来说，上市公司、中介机构或大型机构投资者可能因为过于严格的监管所带来的高昂的应对成本而选择其他交易所，由此可能带来客户资源的流失。

2. 监管不严与监管过度

当交易所和监管对象产生业务往来，潜在的合作或竞争可能诱使交易所偏离其公平公正的监管定位。例如，当某公司的上市能为交易所带来巨额的上市费或某些异常活跃的交易会为交易所带来不菲的交易收入时，交易所很可能会选择放松标准或姑息纵容。相反，当某一上市公司或中介机构的业务与交易所构成竞争时，例如运行另类交易系统，交易所可能会出于维护自身商业利益而采取不当的限制手段。

3. 自我上市的特殊利益冲突

交易所公司化后如果选择挂牌交易，出于对自身市场信心的维护、对异地上市可能面临的监管歧视的担心，通常会选择自我上市（self-listing），这样就会造成“被监管者监管自身”的矛盾，国际证监会委员会（IOSCO，2001）曾尖锐地指出“这是一个比自律组织内在冲突更加根本的利益冲突”。在这种情况下，其自我上市的标准、上市后持续信息披露的义务、调查和处理自身交易公平性的矛盾等问题引发了人们的担忧。

4. 急速扩张与过度分散化经营威胁财务安全

交易所的业务具有规模经济性和网络外部性，通过兼并收购扩展经营领域，丰富产品类别有助于降低成本、增加收入来源。但是过分连续、密集的收购可能会危及交易所的财务安全。一方面，为了保证收购的成功，收购方一般都会支付较高的溢价，如洲际交易所（ICE）宣布收购纽约泛欧交易所集团（NYSE Euronext）时整个交易以75%的换股交易与25%的现金交易完成，总估值达到82亿美元，较当日纽约泛欧交易所集团的收盘价存在高达37.7%的溢价。类似的大规模收购在交易所并购历史上并不罕见，如此巨额的支出很可能会影响到其财务的稳健性。因此，世界货币基金组织（IMF）专家Jennifer Elliott（2007）的研究报告曾强调政府关注和控制交易所财务稳健的必要性。

5. 实行垄断经营，反对市场竞争

通过市场自发或政府主导的兼并收购，出现了纽约泛欧交易所集团（NYSE Euronext）、纳斯达克集团（NASDAQ OMX）等交易所领域的“Superpower”全球1/3的股票交易发生在纽约泛欧交易所，每十笔证券交易中就有一笔发生在纳斯达克集团。这些居于垄断地位的交易所凭借其巨型的体量和雄厚的实力很容易将实力较弱的交易所划归旗下或挤出市场。长远来看，这将会削弱市场竞争，不利于市场的持续发展。

三、公司制交易所的监管模式

关于公司化对交易所利益冲突问题的影响，目前存在两类不同的观点。一种观点认为公司化强化了交易所的商业属性，加剧了原有的利益冲突，为交易所的有效自律监管设置了障碍，其代表人物有于绪刚（2001）、Laura S. Unger（1999）、Thomas J. Erickson（2000）等；Benn Stile（2002）、Natalie A. Markman（2002）则认为处于竞争性的市场环境中，出于对长期市场声誉的维护，交易所会积极履行监管职责，营造公平透明的市场环境，避免短期的机会主义逐利行为对长期利益的侵蚀。

在市场实践中，各国和地区在交易所公司化进程中构建了包括交易所内部治理结构的完善、外部监督和政府监管在内的多元监督管理体系，以寻求和建立交易所的市场运转效率和社会公众利益之间的最佳平衡。参考谢增毅（2007），施东辉（2010）和朱相诚的研究成果，公司制交易所的监管结构可以分为以下三种。

1. 原有的自律职能保留模式

澳大利亚证券交易所（ASX）和日本的东京证券交易所（TSE）在公司化改造以后基本保持原有的自律监督管理框架，身兼营利性交易所和完全的自律机构。在完成公司化转制以后，TSE 的自律职责范围几乎没变，交易所在提供证券买卖服务的同时，还肩负公司上市、证券交易过程和交易参与人的监督管理职责。转制并率先自我上市后的 ASX 也基本没有改变其自律职能，仍然负责原先的市场监管活动，所变之处仅限于两个方面：一是 ASX 自身的上市资格和上市后持续性条件的满足转而归于澳大利亚证券和投资委员会负责监管；二是 ASX 在内部独资设立了监督审查有限公司 ASX-SR，作为其解决利益冲突的内部审计人。

2. 统一的独立监管模式

美国的公司化证券交易所实行全国统一的独立机构监管。NASD 在 2000 年 4 月进行了公司化改制，变成一家母公司控股两家业务子公司的全新结构，两家业务子公司分别为纳斯达克股票市场（NASDAQ）和 NASD 监管公司（NASDR）。在新的组织结构中，NASD 制定整个协会的政策、授权并协调子公司的行动，NASDR 负责 NASD 会员的资质和交易活动监管，NASDAQ 则负责信息提供和市场经营，并制定上市和交易规则，NASD 试图通过子公司的业务分离和财务分离来实现商业活动和监管活动的兼顾。纽约证券交易所在 2006 年 3 月改制并上市以后采用了相同的结构和运转模式。进而，NASD 和 NYSE 的会员监管部门实现了合并，组成了金融产业监督局（FINRA），负责全国券商和签约交易所的统一监管。美国监管模式在确保目标单一、杜绝利益冲突和促进交易所公平竞争的同时，也存在与政府部门职责重复的不足。

3. 部分剥离或独立的第三方监管模式

公司化后的伦敦证券交易所（LSE）和多伦多证券交易所（TMX）是这种模式的代表。上市后的伦敦证券交易所仅保留会员监管、制定证券交易规则的权力，核心的上市审核权转移至金融服务局（FSA），对证券商的监管权转移至证券和期货业协会，证券清算交收业务的控制权转移至英格兰银行。多伦多证券交易所则在公司化改造两年后的2002年和加拿大投资交易者协会各自出资50%组建了独立的自律组织“市场监管服务机构”（RS），由其RS负责监管加拿大所有的证券交易，证券交易所和其他交易系统制定上市规则并经营自己的市场，投资交易者协会和其他自律监管者监管投资者的资质和经营活动，各省的证券委和相关行政部门则负责参与者合规行为的法规制定。

第五节　中国证券交易所公司化的必要性

中国两家全国性的证券交易所上海证券交易所和深圳证券交易所分别成立于1990年和1991年。不同于西方传统的证券交易所，中国的证券交易所并非在市场的作用下自发演进形成，而是在政府的主导下成立的。沪深交易所成立20年来，国内及国际经济政治环境都发生了巨大的变化，如何融入国际主流并逐步发展壮大，是关系到我国证券交易所长期发展的重要问题。

一、我国证券交易所现阶段存在的问题

顶层设计的方式一方面使得中国的证券交易所成立之初就采用了较为先进的交易平台，发展速度迅猛，但另一方面也掩盖了很多重要的问题。

1. 我国证券交易所的法律身份模糊

根据2005年修订的《证券法》[①] 第五章第102条的规定“证券交易所是为证券集中交易提供场所和设施，组织和监督证券交易，实行自律管理的法人”，可以得出我国证券交易所的法律性质为法人的结论。但根据我国传统的民法理论，法人在法律性质上可分为企业法人和非企业法人，非企业法人又可分为机关法人、事业单位法人和社会团体法人。而依据现有的法律并不能确定我国的证券交易所究竟属于何种法人，无论是《证券法》还是《证券交易所管理办法》都没有涉及，这就导致我国证券交易所的法律身份模糊[②]。

① 本书所提的《证券法》除特别指出均为2005年修订的《证券法》。

② 张鑫：《中国证券交易所公司化改革及竞争法律研究》，华东政法大学硕士学位论文，2012。

2. 我国证券交易所的治理结构不清晰

《上海证券交易所章程》第一章第3条明确规定："本所是为证券的集中竞价交易提供场所、设施，履行国家有关法律、法规、规章和政策规定的职责，不以营利为目的，实行自律性管理的会员制法人。"深圳证券交易所虽无明确规定，但从其组织架构可以看出其同样属于会员制法人。但我国的会员制与国外证券交易所的会员制本质上还是有很大区别的。

首先，交易所的所有权与剩余索取权不统一。我国《证券法》规定，"证券交易所的积累归会员所有"，同时又规定"交易所存续期间不得将积累分配给会员"。从法理上讲，证券交易所是独立法人，对其财产享有单一的法人所有权。因此，说到交易所的财产，其所有权的主体只能是交易所，会员作为成员，享有的是会员权（社员权）[①]。法律规定之所以出现这种模糊不清的表述，主要原因在于我国证券交易所的实际设立者和管理者是政府，要保证政府对交易所的控制权就不能将其所有权完全交付给会员；但是政府也不能否定会员期初投入的资金与交易所创造的积累之间的联系，因而就出现这种混乱的表述。

其次，交易所的所有权与控制权不统一。根据《证券交易所管理办法》的规定，证券交易所上市新的证券交易品种、制定和修改业务规则、制定和修改章程都需要报证监会批准。此外，会员理事由会员大会选举产生，非会员理事由证监会委派；理事长、副理事长由证监会提名，理事会选举产生；总经理、副总经理由证监会任免；财务、人事部门的任免报证监会批准。由此可见，证券交易所重要的规则制定权和人事任免权均被划归到证监会名下，会员制证券交易所的最高权力机构理事会并未发挥其应有的功能。

证券交易所模糊的治理结构使得证券交易所整体的管理效率受到了极大的影响。一是重要的人事任免权归证监会掌握，在行政体制下经营管理人员的考核标准更多地强调的是短期的市场稳定，而非长期的价值增长，因而相关管理者更倾向于采取传统保守的策略而非积极改革创新；二是行政体制下复杂的决策程序使得证券交易所的决策机制迟缓、决策成本高，从而无法及时、灵活的应对市场发生的变化。

---

① 吴卓：《我国证券交易所法律形态和治理结构问题研究》，中国政法大学博士学位论文，2004。

3. 我国证券交易所的主要功能不明确

虽然《证券法》中明确规定，“证券交易所是为证券集中交易提供场所和设施，组织和监督证券交易，实行自律管理的法人”，但是在日常管理过程中，证券交易所却被迫负担了过于沉重的社会包袱。在中国，政府目标强烈地倾向于通过发展证券市场来为国有企业开辟低成本的资本形成渠道，并促进国有经济的战略性改组和产业结构调整。这样，作为国家金融控制下的补充性融资渠道，我国证券市场的功能一开始就发生了体制性的变异，即证券市场在初始阶段主要是发挥了把家庭储蓄这笔规模日益庞大的资金吸纳过来、转而分配给国有企业的功能。证券交易所是为了促使这一功能的实现而建立的机构，并非为了降低交易成本。因而在发展过程中其公共属性被过度强化而商业属性被长期压抑，这导致其发展动力不足，竞争意识不强。

二、我国证券交易所公司化的必要性

20 世纪 90 年代以来，全球证券交易所公司化以及兼并重组的浪潮风起云涌。面对外部如此激烈的竞争，我国证券交易所已不能视而不见，幻想在政府的庇佑下安享太平，只有韬光养晦、未雨绸缪，方能立于不败之地。

1. 公司化及兼并收购对证券交易所的影响

（1）明确权责划分，增强自主性、提高管理效率。如前文所述，我国证券交易所治理结构不清晰。我国证券交易所基本为证监会的下属行政机关，其与证监会的关系实质上可以表述为行政隶属关系①，证券交易所重大事项均须获得证监会批准。然而在资本市场的运作体系中，交易所是最贴近市场的机构，能够最及时最全面的把握市场的动态，其监管的成本最低、效率最高，对市场层面所需的改革的方向和重点把握的最准。但是证券交易所的管理层并不掌握实质性的权力，一方面，导致其缺乏足够的实力去推行有益的改革措施，另一方面，即使改革措施得以实施，管理层也不一定能够享受到其功劳和成果，反而要承担具体推行过程中的各种风险。在这种制度安排下，管理层缺乏主动性，导致交易所难以根据市场的变化及时地作出调整。

证券交易所公司化将能在极大程度上改变现状。首先，公司化的前提是证

---

① 李红艳：《证券交易所公司制改革研究》，内蒙古大学硕士学位论文，2012。

券交易所必须是一个独立的实体，自主经营、自主决策，这就要求证券交易所与证监会明确权责划分，使其能够独立地行使职权。其次，公司化的证券交易所股东构成更加多样，包括上市公司、中介机构、国内外投资者等，利益相关方互相牵制、互为补充，其充分博弈的结果将能够最大限度的协调各方的利益。再次，公司化的证券交易所以股东利益最大化为目标，在盈利性的驱使下，将会更加关注客户需求，以市场为导向、打造自身核心竞争力，着力于交易所的实力的增强和价值的累积，另外明确的目标也有利于管理层在制定决策时保持方向统一、前后一致。

（2）鼓励竞争、推动业务创新。在我国，沪深交易所占据垄断地位。根据《证券法》第102条的规定“证券交易所的设立和解散，由国务院决定”，这就通过立法形式确认和巩固了交易所的垄断地位，消灭了竞争。其次，我国内地虽然有沪深两家证券交易所，但是两家交易所之间并未形成实质上的竞争关系。在上市公司资源的划分上，上交所以主板为主，深交所以中小板和创业板为主，并且规定在上交所上市的股票只能在上交所交易，不能同时进入深交所，反之亦然。上交所与深交所是各自细分市场上的垄断者，两者间业务虽有部分重叠但是竞争并不激烈。

证券交易所公司化且上市交易后，投资者能够得到两家证券交易所更加详细的运营信息，其业绩将反映在各自的股价上。投资者用脚投票的结果将激发两家证券交易所的竞争，从而促使其不断改善服务，积极推出新的业务以吸引投资者。

（3）扩展资金来源，整合优质资源，最大化规模效益。证券交易所的规模经济属性决定了规模越大的证券交易所其运作成本越低；其网络外部性又决定了上市企业资源越丰富、交易品种越多样、投资者越集中的交易所流动性越强，越有能力吸引潜在的投资者。交易所业务强者越强、弱者越弱的“马太效应”使得其自身具备内在的扩张趋势。交易所的扩张一方面需要庞大的资金支持，另一方面需要便于所有权转让的制度安排。

现阶段我国证券交易所融资约束尚不明显，但从长远来看仅仅依靠内部融资的单一渠道将难以跟上交易所技术更新与规模扩张的步伐。公司化，特别是公开上市以后，交易所可以通过发行新股、公司债等手段筹集资金，通过兼并收购实现迅速的联合与扩张。破除了筹资渠道的限制，交易所可以更加灵活地利用市场机遇，迅速地壮大自己的实力。

2. 国家层面金融发展战略的客观需要

（1）公司化是与国际接轨，公平参与国际竞争的重要渠道。公司化将使我国证券交易所与国际主流证券交易所的治理结构保持一致，从而有利于获得国际认可，从而降低我国参与全球资本市场竞争的门槛；其次，公司化证券交易所灵活便捷的所有权转让方式、规范的治理结构可以为我国与海外市场的合作提供便利条件，有利于我国借鉴国外的经验，提高自身的管理水平与创新能力；更进一步，公司化后可能的参股经营以及兼并收购，能够使我国证券交易所以相对较低的成本全面吸收其他国家技术优势、管理理念以及市场资源，能够迅速提高我国证券交易所的竞争力。

（2）配合我国放开资本管制、实现人民币国际化的步伐。人民币国际化的含义包括三个方面：第一，是人民币现金在贸易结算方面达到一定的比重，并被逐渐广泛应用；第二，以人民币计价的金融产品成为国际各主要金融机构包括中央银行的投资交易的工具，从而使以人民币计价的金融市场规模不断扩大；第三，在以上两者的基础上，世界各国认同了人民币的国际地位，逐渐将其作为主要的储备货币①。证券交易所的公司化改革一方面能够增强自身实力，改变我国企业纷纷赴海外上市的局面，并且利用国际合作或兼并重组为我国优秀企业走出国门搭建全球化投融资平台，促进我国国际贸易活动的开展和整体经济实力的提升；另一方面证券交易所的公司化改革是激发金融市场活力，推动金融市场国际化的重要举措，对于加深我国对外开放程度，塑造我国金融大国的地位具有举足轻重的作用。以上两点均有利于促进人民币国际化，而反过来人民币国际化也将推动我国证券市场的繁荣和发展，形成良性循环。

第六节　中国证券交易所公司化的路径选择

证券交易所的公司化是一个庞杂的过程，且与国外相比，中国的证券监管体系长期以来都处于“政府过于强势而自律和市场过于弱势”的局面，因此公

---

① 杨成长、单豪杰：“证券市场国际化、人民币国际化与国际金融中心建设的影响机制研究”，载于《上海经济研究》2011 年第 9 期。

司化需要事先进行周密的规划，并逐步贯彻落实。

一、交易所公司化的主要步骤

证券交易所公司化改革涉及会员利益的划分与新的权力体系的架构，以求在固有利益团体与新的利益团体间达到妥协，在商业利益与公共利益间求得平衡。

根据施东辉、朱相诚等人的研究，证券交易所公司化可具体分为以下几个步骤①。

1. 分散所有权

分散所有权就是将会员拥有的互助组织转变为由股东拥有的股份制公司。公司化后，交易所的股东除原有会员股东外还包括非会员股东，如上市公司、金融机构、机构投资者、个人投资者等。分散所有权的方式可以概括为以下四个主要类别：一是会员无偿获得股份。这种转化方式对原有会员的利益触动最小，因而改革阻力最小，交易所的管理易于稳定；二是会员出资购买股份。采取这种方式，交易所可以筹集部分资金，会员也可以根据自身的实力决定购买股份的数量。显然，这样的安排对实力强大的会员更加有利，从而也更容易得到他们的支持；三是会员与利益相关者无偿取得股份。利益相关者包括政府控制的投资公司、上市企业、登记结算机构等，他们的参与有利于完善交易所的治理结构、便利交易所的业务开展，但是其涉及原始会员间的利益分割问题，其妥善处理需要长时间的谈判和协商以及各方的妥协和让步，很有可能会使公司化进程遭遇强大的阻力；四是会员和利益相关者出资购买。这种转化方式相对于向利益相关者无偿分配股份可能带来的阻力较小，并且交易所同样可以借此筹集资金。

通过分散所有权的操作，交易所的股份从会员持有的封闭环境转向由投资者持有的更加开放的环境，为后续的发展奠定了基础。

2. 分离所有权与交易权

股份化改革之后，新投资者的加入打破了所有权与交易权统一的传统，进一步，任何符合资金和能力标准要求的国内外机构均能直接进入交易系统，从而使交易所的所有权与使用权彻底分离，从一个“会员俱乐部”变为真正的交

---

① 参见施东辉《交易所竞争力分析》与朱相诚《证券交易所公司化－海外趋势与中国选择》。

易服务机构。

3. 改革董事会结构

所有权的改变必将带来决策权的变革，各种类型的投资者都需要表达各自利益诉求的渠道。为了避免交易所的商业利益完全凌驾于公共利益之上，一般要求从社会聘任的独立董事在董事会中占据较大比重，并且将交易所的经营性业务与监管性业务分割开来，设立专门的监管部门，人员与经费独立。

4. 挂牌上市

完成了前三个阶段的改革，相当于完成了广义上公司化改革，第四步公开上市是最彻底的公司化改革。所有权在原有基础上进一步分散化，交易所的运作更加透明化，经营业绩通过股价得以量化，有利于促进交易所的进一步改善经营管理，增强市场竞争力。在具体操作上，交易所的上市过程分为两种模式：一种是公开发行模式，德国交易所、新加坡交易所、Euronext 等采用了此模式；另一种是介绍上市模式，采用此模式一般要求公司股票已有相当数量并被公众持有，因而上市时不必再发行股票，香港证券交易所、澳大利亚证券交易所和伦敦证券交易所采用了此种模式。

二、证券交易所公司化典型案例研究

证券交易所公司化可以分为两种模式，一种是由市场自发演进而推动的公司化进程，其主要发生在市场机制比较完善的发达国家，随着交易技术的更新换代与市场竞争的日益激烈，其证券交易所在外在压力和自身发展动力的相互作用下采取主动的变革措施；另一种是由政府主导的公司化进程，主要发生在市场机制不够完善，证券市场发育不够成熟的发展中国家，其特点是政府从国家战略的角度出发，将证券交易所公司化作为金融体系改革的重要一环，推动国家证券市场的发展，增强国际竞争力。

从我国证券市场的发展情况来看，政府主导的公司化进程是必然选择，为了为我国的证券交易所公司化进程提供有益的参照，下文主要介绍同为政府主导型的新加坡证券交易所（Singapore Exchange，SGX）的公司化历程。

新加坡交易所是由新加坡证券交易所和新加坡国际金融期货交易所于 1999 年底合并而成。在改制合并前，两个交易所实际上都是会员制交易所。为了实现完美的改制与合并，新加坡政府于 1999 年通过了《交易所（改制和合并）

法》。根据该法规定，两交易所改制与合并不需要经过会员的同意，同时成立了两交易所的控股公司新加坡交易所。在 1999 年 12 月 1 日，两交易所股份注销，并转为新加坡交易所的全资子公司。两交易所的改制与合并完成后，新加坡交易所紧接着在 2000 年 11 月 16 日公布售股计划，以每股 1.10 元的价格，发售多达 42800 万股股票。在发行过程中，7500 万股通过公开发售方式主要售予散户投资者，1300 万股向雇员认购，19000 万股向机构投资者配售，4170 万股用于行使超额配售选择权，另有 15000 万股定向配售给对新加坡交易所未来发展具有重要影响的战略投资者。剩余 25000 万股继续由新加坡交易所控股公司持有，但并不行使投票权，这部分股票收益仍用于新加坡金融业发展基金。所有股份在完成发行后，即在新加坡证券交易所上市交易。

三、我国证券交易所公司化改革步骤

我国证券交易所的公司化改革是助推我国资本市场发展的重大举措，但我国市场经济尚不发达，竞争尚未威胁到市场各方的生死存亡，因而改革的意愿不够强烈，与此同时市场主体的力量相对薄弱，而改革过程需要触及多方利益，单凭市场力量显然难以完成，这就决定了我国证券交易所公司化的改革势必采取“顶层设计”的方式。

所谓“顶层”就是最高层，是党和国家这一层，也是改革的主要规划者与推动者。“顶层设计”就是强调全面设计、统筹规划。任何一项改革都必须与国家的长远发展战略相统一，与其他各项改革措施相协调，只有这样才能防止改革进程的反复甚至倒退。现阶段只有政府具备如此长远的眼光和全局的视野以及协调各方的利益的威信和手段，政府的介入是必然与必须的选择。

改革并非一蹴而就，需要遵循由易到难、循序渐进的原则。根据笔者的设想，我国证券交易所公司化的改革需要遵循以下几个步骤。

1. 公司化前的准备工作

（1）改变监管方式，增强证券交易所独立性。增强交易所的独立性，必须依托于证券市场整体性的变革，其主要问题是理清政府与市场的关系，就这方面现有监管层已经做出了许多有益的尝试。现任证监会主席肖钢曾于 2013 年 8 月在《求是》杂志上发表的署名文章《监管执法：资本市场健康发展的基石》中明确指出：“资本市场监管需要以此为契机，更加尊重市场客观规律，扭转

'重审批、轻监管'倾向。将'主营业务'从审核审批向监管执法转型，将'运营重心'从事前把关向事中、事后监管转移。对不该管的事情，要坚决地放，对需要管好的事情，坚决地管住管好。对违法违规行为，毫不手软地追究到底、处罚到位。"在 2014 年全国证券期货监管工作会议上，肖钢发表讲话《大力推进监管转型》，再次强调"转变政府职能，就是要处理好政府与市场、政府与社会的关系，通过简政放权，发挥市场在资源配置中的决定性作用和更好发挥政府作用，激发市场主体活力，增强经济社会发展内生动力，创造良好发展环境，提供优质公共服务，维护社会公平正义。"证券市场的活跃是证券交易所发展的动力。市场主体需求各异，在市场需求的推动下交易所必须不断创新，优化自身的管理。

另外，政府监管重心的转移，需要交易所自律监管职能的到位，在政府将工作重心从事前把关向事中、事后监管转移的情况下，保证证券市场的有效运转需要作为市场一线监管者的证券交易所充分发挥自身的作用，紧密贴合市场需求、严格执行各项规章、密切跟踪市场动态、及时报告异常状况、灵活处理突发事件。这些都是以证券交易所的独立性为前提的，只有权责对等、激励适当才能充分调动交易所自律监管的主动性。

具体来说，证监会对交易所应当由"主管"转变为"监管"。证监会应当放宽交易所的人事任命规则，允许理事长副理事长由会员大会提名并选举，总经理、副总经理由理事会聘任，报证监会审查和备案。在交易所业务创新方面，试行负面清单管理和分级管理相结合的方式，例如新的衍生交易产品大类的推出，需要报证监会批准，而对某一产品类别内部具体交易对象、交易额度、交易方式的调整等可由交易所自行决定，报证监会备案。建立交易所绩效考评制度，由监管机构定期评估，核查交易所利益冲突控制的有效性，提出自律管理建议和要求并向市场公布。

（2）合并上交所、深交所主板市场，打造全方位、多层次、无缝对接的资本市场。截至 2014 年 1 月 30 日，上海证券交易所 A 股市场（主板）共有 948 只股票，流通市值 130982. 1 亿元；深圳证券交易所主板共 480 只股票，流通市值 28157. 7 亿元。两交易所的主板市场如实现合并，则合并后市值总规模将达到约 16 万亿的规模，此举一方面将改变两交易所重复建设的问题，发挥规模效益降低运营成本，方便投资者进行交易；另一方面能够改善两交易所产品和服务同质化的问题，使得两交易所分工明确，有利于在各自的细分市场上建立比较优势。类似纽交所与纳斯达克的明确分工，上交所可主要经营以大中型企业为主的主板市场，并开发与之相配套的股指期权、个股期权等；深交所则将重心放在中小板和创业板，发展中小企业私募债等。

主板市场的整合只是一个方面，除此之外仍需加快其他层次资本市场的建设。以美国资本市场为例，美国纽交所有 2300 家挂牌公司，纳斯达克有 2500 个，OTCBB 和粉单市场大致将近 1 万家挂牌公司，再往下是一个灰色市场有上万个挂牌公司，主要服务于低层次企业，与其他高层次的市场实现了很好的分化，形成一个金字塔形的市场结构。与此形成鲜明对比的是我国的资本市场结构。截至 2013 年末，我国主板有 1425 家挂牌公司，中小板 701 家，创业板 355 家，全国中小企业股份转让系统（NEEQ）621 家，此外还有很多区域性产权交易所，但发展不规范，良莠不齐，形成了一个“倒金字塔”式的格局①。数量最多，融资需求最大的小微企业融资渠道却最狭窄，长远来看，这将严重制约我国经济的发展。2013 年 12 月 13 日，国务院发布《关于全国中小企业股份转让系统有关问题的决定》（下文简称《决定》），标志着多层次资本市场建设取得了实质性进展。但当前我国新三板的建设还处于起步阶段，法律层面的规定缺失，相关的业务规则、工作流程、监管手段、投资者保护措施仍需进一步完善。此外，区域性股权交易市场（四板）的建设也应当引起足够的重视。当下，四板的功能定位尚不明确，缺乏明确的发展规划，使得四板市场处于一种无序生长的状态。

参照《决定》对新三板的定位“全国股份转让系统是经国务院批准，依据证券法设立的全国性证券交易场所，主要为创新型、创业型、成长型中小微企业发展服务。境内符合条件的股份公司均可通过主办券商申请在全国股份转让系统挂牌，公开转让股份，进行股权融资、债权融资、资产重组等”，“四板”应当进一步为区域内的小微企业提供融资服务，其中不仅包括股份公司还可以包括有限责任公司甚至合伙企业。企业通过“四板”介绍和宣传自己，投资者则从中发掘投资机会。如此一来，四板更加贴合小微企业的需求，其覆盖面也更加广泛。对于四板的发展方向，参考中国证监会研究中心主任、北京证券期

① 祁斌《我们需要一个什么样的资本市场——经济转型下的资本市场使命》，百度文库。

货研究院执行院长祁斌的设想[①]，可以定位在以下两个方面：一是依托企业资源优势而成立的四板市场。像浙江、江苏、广东、山东、北京等经济发达地区，企业数量众多，未达到三板要求或三板承接不了的企业还可以在当地的四板挂牌。另一方面，是依托区位优势而设立的四板市场，主要指边境城市，其不仅可以为国内企业服务还可以吸引周边国家的企业来挂牌融资，不仅促进了我国与周边经济体的融合，对增强我国的国际影响力，推动人民币国际化都大有裨益。例如乌鲁木齐、南宁、海西经济区，分别可以辐射哈萨克斯坦和吉尔吉斯斯坦、东盟经济体以及中国台湾等地。

资本市场各个层次和各个板块的建设并非是独立和割裂的，应当打通不同层次间的壁垒，建立方便快捷的升降板和转板机制，让不同市场的企业和资金实现流动。同时大力发展金融服务业，建立天使投资、风险投资、私募股权投资、并购基金、券商等完整的市场体系，为企业初创、成长、成熟、并购转型的完整生命周期提供接力棒似的多层次服务和支持。

一个全方位、多层次、无缝对接的资本市场可以保证为沪深交易所源源不断的输送优质的企业资源，同时各市场层次间的竞争又可以刺激交易所锐意进取、改善服务，这有利于交易所的快速发展和壮大，为进一步的改革创造空间。

2. 证券交易所公司化并在国内上市

证券交易所公司化前的一系列准备旨在充分发挥顶层设计的优势，为市场的进一步发展搭建完整的框架，之后便是利用市场的力量，促进资源的优化配置。

（1）分散所有权与国内上市。在所有权的分配上，可以将股份划分为国有股、原会员公司持股、战略性机构持股和社会公众股。其中，国有股因其代表的社会公众利益和肩负的监管职责而无偿取得，并需保证国有股的主体地位；原证券公司会员可将缴纳的会费无偿折算成股份，并且对剩余的股份在一定数额内享有优先认购权，这样可以实现实力不同的证券公司间持股比例的差异化；战略性机构持股是指将股份配售给海外有合作关系的其他交易所、投资银行以及国内的养老基金、社保基金等；社会公众股主要是证券交易所上市时供社会其他机构投资者（包括上市公司）和个人投资者认购的股份。其中应对单个证

① 祁斌《我们需要一个什么样的资本市场——经济转型下的资本市场使命》，百度文库。

券机构会员以及其他机构投资者和个人投资者设立持股比例上限，防止交易所被不当控制，同时避免交易所被恶意收购的风险。

上述涉及的所有权分散过程可以和上市过程同步完成，也可以先完成前三类股权的分散化，最后一步上市则依具体的市场环境而定。依据国际上的通行做法，为了维护本交易所的市场信心和防止区别对待，上市应采取本地上市的做法。

（2）改善治理结构。证券交易所的治理结构应符合公司法的规定，其治理结构的核心是董事会，董事会向股东负责，同时接受证监会的监管。为了保障社会公众的利益，董事会中应当有一定比例的独立董事，其由并不直接从属于特定利益团体的具有经济金融背景或相关工作经验的人员组成。产生方式可由证监会提名，股东大会投票通过。董事会选举产生董事长和副董事长，报证监会审查通过。吸取纽约泛欧证券交易所董事长格拉索因薪酬丑闻而被迫辞职的教训，总经理由董事会聘任，且董事长和证交所总经理不能由一人兼任。总经理下设各部门，除财务、法务、人力、风险监控、技术等部门外，其余部门可以根据证交所开展的业务种类进行设立。

治理结构的另一个关键方面，是交易所监管职能的履行方式，其主要包括内部治理结构的安排和外部监督约束机制的设立。首先，应设立独立的监察部门，保证人员、经费和评价指标的独立。该部门主要负责对上市、交易等活动中证券交易所商业利益与公共利益可能产生矛盾的方面进行监督、检查和评价，其监察结果直接上报董事会并抄送证监会，特殊情况下证监会可直接指挥监察部门或亲自介入调查。此举主要有三个方面的考虑，其一是为了保障监察部门的权威性以及处理重大问题时必要的权利与手段；其二是将监察部门的工作置于证监会的监督之下，从而保障其工作的尽职尽责；其三是由董事会出面协调监察部门与业务部门的关系，防止业务部门对检查活动的不合作或阻挠情况的出现。其次，强化外部监督，主要包括以下两个方面：一是市场参与者或知情人士的举报，监察部应设立信息征集渠道，保证该渠道的时时畅通和举报者身份的绝对保密，对上报信息的真伪进行调查并及时处理，若涉及重大违规违法事项应及时向证监会报告；二是专家学者以及社会媒体的监督，证券交易所应保障其自身以及市场参与者信息的及时披露，由于专家学者以及媒体利益上的独立性，其在揭示违法违规行为时往往具有更高的敏锐性，是内部监管的有力补充。

以上两个部分，证券交易所的公司化和改善治理结构间并无先后之分，两个部分是同时进行、相辅相成的。证券交易所的公司化要求其建立现代企业的治理结构，而建立现代企业的治理结构是实现公司化进而促进我国证券市场长期健康发展的必要途径，因此两者应当有机地结合起来并依情况一步步推进。

3. 整合亚洲、拉丁美洲证券市场，最终形成美、欧、亚三大时区主要交易所并立的局面

当前，全球主要交易所中实力最强的纽约泛欧交易所集团和纳斯达克集团主要占据着美国和欧洲的市场，并已经进行了系统性的整合，但亚洲市场目前的格局还比较分散。从表 16.5 可以看出，亚洲主要的交易所东京交易所集团（Tokyo Stock Exchange Group）、上海证券交易所、香港证券交易所规模比较接近，并且上海证券交易所只是中国的交易所之一，深圳证券交易所尚未被纳入表内；此外，巴西圣保罗股票商品期货交易所（BM&FBOVESPA）与澳大利亚证券交易所（Australian Securities Exchange）规模相对较小，但增长性良好，其以美元衡量的股票市场资本总额的增长率分别达到了 25.5% 和 15.7%。

表 16.5　　全球股票市场资本总额排名前十位　　单位：十亿美元

交易所	2012 年度	2011 年度	以美元衡量的变化率	以当地货币衡量的变化率
1. NYSE Euronext（US）	14 086	11 796	19.4%	19.4%
2. NASDAQ OMX（US）	4 582	3 845	19.2%	19.2%
3. Tokyo Stock Exchange Group	3 479	3 325	4.6%	17.6%
4. London Stock Exchange Group	3 397	3 266	4.0%	2.4%
5. NYSE Euronext（Europe）	2 832	2 447	15.8%	14.0%
6. Shanghai Stock Exchange	2 832	2 258	25.4%	25.2%
7. Hong Kong Exchanges	2 547	2 357	8.1%	7.0%
8. TMX Group	2 059	1 912	7.7%	5.3%
9. BM&FBOVESPA	1 486	1 185	25.5%	23.6%
10. Australian Securities Exchange	1 387	1 198	15.7%	14.3%

资料来源：国际证券交易所联合会（WFE）研究报告。

当前，纽约泛欧交易所集团和纳斯达克集团在欧美市场的主导地位已然难以撼动，中国应当避其锋芒，另辟蹊径。

在完成国内市场整合的基础上，应首先考虑合并香港证券交易所。根据港交所的 2013 年的统计资料，主板市场 H 股和红筹股分别占到了股份总市值的 20.52%和 20.14%，创业板中两者也分别占到 4.44%和 9.76%，相关中国股份合计占到了股份总市值的 54.87%；成交量方面，相关中国股份在主板和创业板合计更是占到了 67.54%。从这个角度来说，港交所与中国企业关系密切，甚至很多企业是在香港和内地两地上市。香港本土上市资源有限，港交所与内地交易所的合并可以实现优势互补，内地丰富的上市资源和巨大的市场潜力将会成为港交所进一步发展的有力支撑；而港交所国际化的交易平台、多样的产品结构、活跃的市场交易、先进的经营管理理念都将为内地交易所经营管理提供有益的借鉴，为进一步的国际化发展搭建更加开放的平台。此外，内地与香港的合并不涉及外资持股威胁我国金融安全的问题，在监管和具体操作层面临的阻力相对较小。

完成对港交所的并购后，下一步的战略就是完成对新加坡证券交易所（Singapore Exchange，SGX）的并购。截至 2013 年底，新加坡证券交易所上市公司数量超过 770 家，总市值超过 1 万亿新元（约为 8000 亿美元），其中 40%是国外上市公司。新交所总资产为 17.94 亿新元（约为 14.352 亿美元），市值为 75 亿新元（约为 60 亿美元），2013 年净利润为 3.36 亿新元（约为 2.688 亿美元）。相比而言，仅上交所上市公司总市值就达 2.8 万亿美元，是新加坡证券交易所的 3 倍之多，因而对新交所的收购具备财务上的可行性。同时，亚洲各国在文化、发展历程方面具有一定的相似性，对新交所的收购可以在更大范围内整合市场优势资源，建立适应亚洲各国企业发展模式的投融资渠道，削弱纽约泛欧交易所集团和纳斯达克集团在亚洲市场的影响力。

长期来看，仅仅固守亚洲市场还不够，还需要主动出击，寻找新的成长机会，其中巴西圣保罗股票商品期货交易所（BM&FBOVESPA）与澳大利亚证券交易所（Australian Securities Exchange）可以作为考虑的对象。其中，巴西圣保罗股票商品期货交易所是由原巴西期货交易所（BM&F）和巴西圣保罗证券交易所（Bovespa）于 2009 年合并而成。合并之后，截至 2010 年 1 月，巴西交易所成为世界排名第六位的 IPO 市场，世界排名第三位的期权市场，美洲第二大交易所，拉丁美洲第一大交易所，其股票交易量占拉丁美洲市场总量的 81%，衍生品市场的交易量占拉丁美洲市场总量的 89%。此外，作为金砖四国之一的巴西，其丰富的自然资源和充足的劳动力为其经济增长提供了强有力的支撑，与巴西证券交易所的合作是促进新兴经济体合作与共赢的重要手段，也是着眼于未来、布局全球的重要战略。

当然，亚洲市场统一格局的建立离不开老牌证券交易所——澳大利亚证券交易所（ASX）的加盟。澳大利亚证券交易所的历史最早可以追溯至 1861 年，距今已有 150 多年的历史。2006 年，澳大利亚股票交易所（Australian Stock Exchange）与悉尼期货交易所（Sydney Futures Exchange）合并成立澳大利亚证券交易所集团（ASX Group）。澳大利亚证券交易所约有 2200 家上市公司，总市值约为 1.5 万亿美元，其利率衍生品市场规模更是达到了 47 万亿美元，位居亚洲首位。我国在证券衍生产品的交易上处于劣势，通过与港交所、新交所、巴西交易所以及澳大利亚交易所的合并可以极大地促进我国衍生品市场的发展。同时，澳大利亚证券交易所作为亚洲时区举足轻重的证券交易所，将其纳入合作范围对于实现交易时间的完整衔接、交易产品的多元化以及交易实力的大幅提升都具有至关重要的作用。

至此，亚太时区市场的整合初步完成，美、欧、亚三大时区主要交易所并立的格局形成。

当然，伴随着我国经济、政治、军事实力的增强，配合人民币国际化战略的实施，金融市场的全球化是必然的趋势，但也注定是段漫长的过程。前文所述只是对未来的构想展望，仅代表笔者个人观点，实际中是否采取这样的战略以及具体的操作手段和步骤需要结合具体情况审慎决定。

参考文献

英文文献

[1] Smith, D. B. , Stettler, H. and Beedles, W. , 1984, "An Investigation of the Information Content of Foreign Sensitive Payment Disclosures", Journal of Accounting & Economics 6: pp. 153 ~ 162.

[2] Feroz, E. H. , Park, K. and Pastena, V. S. , 1991, "The Financial and Market Effects of the SEC's Accounting and Auditing Enforcement Releases", Journal of Accounting Research 29 (Supplement): pp. 107 ~ 142.

[3] Nourayi, M. N. , 1994, "Stock Price Responses to the SEC's Enforcement Actions, Journal of Accounting and Public Policy 13: pp. 333 ~ 347.

[4] Howe, J. S. and Schlarbaum G. , 1986, SEC Trading Suspension: Empirical Evidence", Journal of Financial and Quantitative Analysis 21, pp. 323 ~ 333.

[5] Kryzanowski, L. , 1978, "Misinformation and Regulatory Actions in the Canadian Capital Market: Some Empirical Evidence", Bell Journal of Economics 9: pp. 35 ~ 368.

[6] Laporta, R. , Lopez-de-Silanes, F. , Shleifer, A. and Vishny, R, 2000, "Investor Protection and Corporate Governance", Journal of Financial Economics 58: pp. 3 ~ 28.

[7] LaPorta. R. , Lopez-de—Silanes, E, Shleifer, 八, Vishny, R. W: 2002, "Investorprotection and corporate valuation. ", Journal of Finance57, pp. 1147 ~ 1170.

[8] FAMA E. The Behavior of Stock Market Prices. Journal of Business, 1965, 38: 34 ~ 105

[9] Blume, L. , Easley, D. Evolution and market behavior. Journal of Economic Theory, 1992, 58: 9 ~ 40

[10] Blake, L. Experiment in Evolutionary finance. Working paper August1995 revised: 1995

[11] Ferron, EiliS. Examining the UK'S Experience in Adopting the Single Financial Regulator Mode. Brooklyn Joual of International Law. 2003

[12] Bryan A. Garner. Black's Law Dictionary (Second Pocket Edition) . West Group. 2001.

[13] I. M. Pandey. Corporation Operate Dividend Policy and Behavior : The Malaysian experience. Working Pa-

per，2001

［14］George M. Frankfurtera，1，Bob G. Wood Jr. b . Dividend Policy Theories and Their Empirical tests. International Review of Financial Analysis，2002，111（1）.

［15］Exchange（ISE）Corporations：Evidence from An E merging Market. Emerging Markets Review，2003，1（3）

［16］Jake Keaveny. “In Defense of Market Self-Regulation：an Analysis of the History of Futures Regulation and the Trend Toward Demutualization，” . Brooklyn L. Rev . 2005

［17］Gongmeng Chen，Michael Firth，Daniel N Gao，Oliver M Rui. “In China's Securities Regulatory Agency a Toothless Tiger? Evidence from Enforcement Actions，” . Journal of Accountancy . 2005

［18］Berkman，H，R. A Cole，L. J. Fu. “Political Connections and Minority-Shareholder Protection：Evidence from securities-Market Reg-ulation in China” . The Journal of Finance . 2010

［19］A Green Span，2002，Cleverality and banking regulation. Proceeding

［20］IslamAzzam. “Stock exchange demutualization and performance” . Global Finance Journal. 2010

［21］IMF. Global Financial Stability Report：Financial Stress and Deleveraging，Macro——Financial Implications and Policy（October 2008），p. 19

中文文献

［1］卢现祥．新制度经济学．武汉：武汉大学出版社，2011

［2］［美］约翰·康芒斯．制度经济学（上、下）．北京：华夏出版社，2009

［3］［美］弗鲁博顿，［德］芮切特．新制度经济学．北京：格致出版社，2012

［4］徐晓慧．规制经济学．北京：知识产权出版社，2009

［5］王雅莉，毕乐强．公共规制经济学．北京：清华大学出版社，2011

［6］贝克，莱文．法律制度与金融发展．《比较》第22辑．北京：中信出版社，2006

［7］皮天雷．金融生态的法律制度研究：基于新制度经济学的分析．金融理论与实践，2006（2）

［8］陈冬华，章铁生，李翔，姚励建．法律环境、政府管制与隐性契约——来自我国上市公司丑闻的经验证据．中国经济学年会征文，2007

［9］威尔金森．行为经济学．北京：清华大学出版社，2012

［10］蒙代尔．行为经济学及其应用．北京：人民大学出版社，2011

［11］李曜，曾翔东．并购基金合伙人的综合型企业家精神．证券市场导报，2014（2）

［12］陈国进，赵向琴，林辉．上市公司违法违规处罚和投资者利益保护效果．财经研究，2005（8）

［13］陈工孟，高宁．我国证券监管有效性的实证研究．管理世界，2005（7）

［14］张育军．中国证券市场监管能力和监管效率分析．证券市场导报，2003（7）

［15］沈艺峰，许年行，杨熠．我国中小投资者法律保护历史实践的实证检验．经济研究，2004（9）

［16］计小青．中国证券市场三级监管体制的效率：理论模型及经验证据．审计与经济研究，2005（2）

[17] 郭升选．我国证券监管的效率改进研究．西北大学博士学位论文，2010

[18] 辛清泉，黄曼丽，易浩然．上市公司虚假陈述与独立董事监管处罚——基于独立董事个体视角的分析．管理世界，2013（5）

[19] 张宗新，朱伟骅．证券监管、执法效率与投资者保护——基于国际经验的一种实证分析．财贸经济，2007（11）

[20] 章铁生．证券监管、地方政府与投资者保护．财政研究，2008（11）

[21] 郝旭光．中国证券市场监管有效性研究．中国工业经济，2011（6）

[22] 曾昭灶，邓可斌．构建我国投资者保护评价指数研究．财会月刊，2011（30）

[23] 孙莉．我国证券市场投资者保护水平与证券市场效率的实证研究．山东财政学院学报，2009（4）

[24] 王月萍，沈乐平．中小股东权益保护评价综述．华南理工大学学报（社会科学版），2010（3）

[25] 林伟光．基于公司治理视角的中小投资者保护研究综述．经济研究参考，2010（48）

[26] 杨磊．我国证券市场中小投资者权益保护研究．西北大学硕士学位论文，2008

[27] 陶虎．证券监管的有效性研究．武汉金融，2002（1）

[28] 符启林．试论我国证券监管的模式．政法论坛，2000（2）

[29] 曾斌．我国证券市场监管有效性的法经济学分析．中国政法大学硕士学位论文，2009

[30] 郭升选．证券监管理论变迁、评价及启示．长安大学学报，2009（3）

[31] 尚福林．证券市场监管体制比较研究．北京：中国金融出版社，2006

[32] 吴晓求．建立公正的市场秩序与投资者利益保护．北京：中国人民大学出版社，1999

[33] 余希．我国证券市场监管问题与对策分析．特区经济，2007（4）

[34] 米文通．国内证券市场自律监管问题分析．经济与管理，2009（6）

[35] 陈家琰．论我国上市公司监管架构的形成与完善．经济社会体制比较（双月刊），2008（3）

[36] 王开国．政策诱因与中国证券市场的内在不稳定性——转轨过程中新兴市场的特征．经济研究，2002（12）

[37] 陈莉．证券监管者激励机制与信息披露监管效率．财会通讯，2009（30）

[38] 缪因知．中国证券监管中的不足、成因与改进．安徽大学法律评论，2011（2）

[39] 姚学义．完善上市公司分红制度 提高投资者保护水平．经济师，2009（2）

[40] 薛媛．创建我国创业板市场的思考．合作经济与科技，2009（13）

[41] 王菁，杜湘红．我国上市公司违法违规行为及其监管问题研究．价值工程，2009（6）

[42] 李文慧．浅析中国股票市场系统性风险及其规避．现代商业，2009（18）

[43] 长江．试析我国股东网络投票制度的完善．淮北职业技术学院学报，2009（4）

[44] 张思婕，侯艳婷．多层次资本市场的功能．商业文化（学术版），2009（11）

[45] 惠守海．多层次资本市场建设布局路线图．中国商界（下半月），2009（2）

[46] 郭威．股东大会网络投票制度探析．煤炭经济研究，2010（2）

[47] 毛欢喜．融资融券开启中国股市做空时代．投资北京，2010（3）

[48] 周一飞．中小企业融资难问题研究．黑龙江对外经贸，2010（4）
[49] 李常青，魏志华，吴世农．半强制分红政策的市场反应研究．经济研究，2010（3）
[50] 崔媛媛，王建琼，卢涛，汤弦．融资融券运行现状分析及问题剖析．证券市场导报，2010（10）
[51] 党海娟．论公司法上累积投票制在我国的适用．陕西教育（高教版），2012（10）
[52] 冯菀蕙．试析新股发行制度的缺陷及其完善．科技创新与应用，2013（3）
[53] 李慧．半强制分红政策对上市公司现金分红策略的影响研究．上海经济研究，2013（1）
[54] 王鹏．我国上市公司分红现状与强制分红政策研究．经营管理者，2013（16）
[55] 唐国正．股权二元结构下的股利政策——一种新的代理成本理论．数量经济技术经济研究，2006（5）
[56] 王雅玲．对我国股指期货风险管理的思考．特区经济，2007（5）
[57] 姚颐，刘志远，王健．股权分置改革、机构投资者与投资者保护．金融研究，2007（11）
[58] 陈贵宝．当前我国金融证券市场存在的主要问题及对策．现代商业，2008（18）
[59] 刘涛，冯张伟．我国股指期货和融资融券做空机制的比较．科技创业月刊，2008（9）
[60] 张梅，蔡雪雄．证券做空机制与风险监管．南京社会科学，2011（1）
[61] 何力．我国三类金融工具的做空功能和避险作用比较．经济导刊，2011（1）
[62] 张孝梅，王勇．我国上市公司股利分配现状分析及政策建议．会计之友，2011（4）
[63] 白一欣，金美延．新股上市制度改革与“三高”问题研究．时代金融，2011（6）
[64] 刘纪鹏，周乾，陈楠．实现合理分红的现实思考．资本市场，2011（5）
[65] 尹惠斌．对我国证券市场设立国际板的思考．特区经济，2011（5）
[66] 张玉梅，王子柱．新股发行“三高”现象成因及破解对策．新金融，2011（6）
[67] 张鹜宇，苗琦，马明哲，马瑞，陈久盈．浅析强制分红政策对中国股票市场的影响．中国证券期货，2012（2）
[68] 钟林．投资者保护局任重道远．股市动态分析，2012（2）
[69] 尹中立．我国上市公司的半强制分红制度．中国金融，2012（6）
[70] 李群燕．我国经济增长过程中证券市场的作用评价．经营管理者，2012（7）
[71] 团诗豪．我国 IPO 发行的困境及改革．商业经济，2012（11）
[72] 刘永．小议强制上市公司分红政策．现代经济信息，2012（12）
[73] 赵金龙，武戎．股东网络投票制度的重构．科技与法律，2012（4）
[74] 唐国正．股权二元结构对公司分配方式的影响．金融研究，2005（5）
[75] 宋清华．股权分置：中国资本市场的制度缺陷．中国农业银行武汉培训学院学报，2005（5）
[76] 杨书郎．关于证券投资中系统性风险的某些问题．数量经济技术经济研究，2005（8）
[77] 唐国正，熊德华，巫和懋．股权分置改革中的投资者保护与投资者理性．金融研究，2005（9）
[78] 唐秀琴，李友华．我国证券市场存在的主要问题及对策选择．商业研究，2004（11）
[79] 何怡萍．中小企业板启动的意义分析．经济问题探索，2005（2）

［80］王迪明．中国证券市场存在的主要问题及其矫正．中央财经大学学报，2005（4）
［81］戴铭，陆火亮．信息不对称和股票市场存在的问题分析．嘉兴学院学报，2002（6）
［82］范亚苇，张孝锋．俘虏理论及其对证券监管的启示．江西社会科学，2002（3）
［83］胡宏海．股票市场与经济增长．湘潭大学硕士学位论文，2005
［84］王德强．我国上市公司证券违法违规行为实证研究．山东大学硕士学位论文，2005
［85］赵丹丹．股指期货与股票现货市场关系研究．对外经济贸易大学硕士学位论文，2006
［86］黄梁波．信息不对称条件下的投资者利益保护．对外经济贸易大学硕士学位论文，2006
［87］梁伟．论我国中小企业融资的困境和对策．对外经济贸易大学硕士学位论文，2006
［88］周合生．我国证券市场的风险研究．山东大学硕士学位论文，2006
［89］常虹．多层次资本市场体系的生成与演进研究．郑州大学硕士学位论文，2007
［90］刘艳琴．我国上市公司退市制度研究．上海交通大学硕士学位论文，2008
［91］王慧霞．我国股票市场与经济增长关系的实证研究．西北大学硕士学位论文，2008
［92］沈蔚．完善证券公司代办股份转让系统的分析．上海交通大学硕士学位论文，2007
［93］陈锐．对外开放进程中我国证券市场的风险管理研究．广西大学硕士学位论文，2008
［94］谢静．完善我国上市公司退市制度的若干思考．华东政法大学硕士学位论文，2008
［95］李敏．股票市场投机性泡沫测度研究．大连理工大学硕士学位论文，2009
［96］刘佳．我国股票市场对经济增长影响的实证研究．中南大学硕士学位论文，2008
［97］姜登坤．新股发行制度改革研究．首都经济贸易大学硕士学位论文，2009
［98］陈峥嵘．我国证券创业板市场退市制度的完善．华东政法大学硕士学位论文，2010
［99］洪瑞春．多层次资本市场体系建构研究．北京交通大学硕士学位论文，2011
［100］严凌．融资融券对我国证券市场股票交易影响研究．昆明理工大学硕士学位论文，2011
［101］李想．我国上市公司退市制度研究．四川师范大学硕士学位论文，2012
［102］徐杰．我国股指期货市场风险管理研究．上海外国语大学硕士学位论文，2013
［103］卢文静．我国新股发行制度改革的深层次思考．复旦大学硕士学位论文，2012
［104］董伟伟．股票市场对我国经济增长作用的实证研究．西南财经大学硕士学位论文，2012
［105］蒲茂强．当前我国中小企业融资难问题研究．西南财经大学硕士学位论文，2012
［106］励少丹．我国证券市场信息披露制度的演进及其对市场效率的影响．浙江大学硕士学位论文，2013
［107］张庭宾．中国 A 股的做空机制趋于完整．第一财经日报，2013（1）
［108］匡志勇，刘宝强．创业板股票入围融资融券标的小盘股或开启“做空时代”．第一财经日报，2013（1）
［109］秦晓钰，曲越．浅析中国推出股指期货的战略意图．中国外资，2014（4）
［110］顾京．中国股指期货市场功能实证研究与优化对策．华东师范大学博士学位论文，2013
［111］陈晓．中日证券信息披露制度比较研究．华东政法大学硕士学位论文，2013

[112] 刘桓怡．我国创业板 IPO 溢价实证研究．中国海洋大学硕士学位论文，2013
[113] 詹青．我国新股发行制度研究．江西财经大学硕士学位论文，2010
[114] 曾琳．中国创业板新股发行超募现象研究．江西财经大学硕士学位论文，2012
[115] 舒健．股指期货套期保值绩效评价研究．江西财经大学硕士学位论文，2012
[116] 阙伟成．中国股票市场发展问题研究．武汉大学博士学位论文，2004
[117] 尹杞月．中小企业融资难研究．西南财经大学硕士学位论文，2012
[118] 宋运肇．从上海证券交易所的成立看我国证券市场的发展．经济评论，1992（1）
[119] 郭锋．大金融视野下的证券监管理念和证券法修改路径．中国证券报，2012（6）
[120] 唐国正．股权二元结构下配股对股权价值的影响．经济学（季刊），2006（1）
[121] 黄蓓，胡然．股权分置改革的进程及展望．公司法律评论，2006（0）
[122] 皮海洲．正视现金分红的三大问题．经济参考报，2011（3）
[123] 李曙光．转型法律学．市场经济的法律解释．北京：中国政法大学出版社，2004
[124] 廖凡．证券客户资产风险法律问题研究．北京：北京大学出版社，2005
[125] 杨宏芹．证券公司退出机制的法律研究．华东政法大学博士学位论文，2007
[126] 钱晓晨．论我国证券公司破产的法律规制．对外经济贸易大学博士学位论文，2006
[127] LLSV. 投资者保护与公司治理．经济社会体制比较，2001（6）
[128] 杨宏芹，胡茂刚，桑志刚．中美证券公司破产法律制度比较研究．国际商务研究，2007（5）
[129] 邓基联．证券公司破产清算案件审理实务．北京：人民法院出版社，2008
[130] 许灵等．化解金融风险：证券公司破产程序的规范．中国律师，2007（7）
[131] 李明良．证券市场热点法律问题研究．北京：商务印书馆，2004
[132] 朱伟一．美国证券法判例解析．北京：中国法制出版社，2002
[133] 许海峰．企业破产清算．北京：人民法院出版社，2005
[134] 符启林．中国证券交易法律制度研究．北京：法律出版社，2000
[135] 廖凡．论证券公司的破产清算特别程序——以中美比较为视角．比较法研究，2006（7）
[136] 计小青，曹啸．标准的投资者保护制度和替代性投资者保护制度：一个概念性分析框架．金融研究，2008（3）
[137] 黎四奇．对我国证券投资者保护基金制度之检讨与反思．现代法学，2008（1）
[138] 曲一帆．金融消费者保护法律制度比较研究．中国政法大学博士学位论文，2011
[139] 杨佳佳．论我国证券投资者保护基金及其制度完善．中国政法大学硕士学位论文，2009
[140] 陈莉．论我国证券投资者保护制度的完善．华东政法大学硕士学位论文，2012
[141] 巴曙松．如何保护中小投资者．南风窗，2013（24）
[142] 陈红．设立我国证券投资者保护基金法律制度的思考．法学，2005（7）
[143] 李文娟．试论我国证券投资者保护基金法律制度的完善．中央民族大学硕士学位论文，2012
[144] 盛学军、刘如翔．诉讼代表与纠纷调解：我国证券投资者保护基金公司职能的拓展与制度创新．

云南师范大学学报，2010（11）

[145] 王华庆．完善金融消费权益保护机制．中国金融，2012（22）

[146] 陈向聪．我国证券投资者保护基金制度面临的挑战及应对．商业研究，2006（24）

[147] 朱宝琛．证监会投资者保护局成立，身兼八大职责．证券日报，2012，A01 版

[148] 洪艳蓉．证券投资者保护基金的功能与运作机制．河北法学，2007（3）

[149] 周德才．证券投资者保护基金若干国际问题比较与借鉴．厦门大学硕士学位论文，2006

[150] 邹爱华．证券投资者保护基金运作模式研究．民商经济法学，2006（2）

[151] 蒋国洲．中国上市公司中小投资者保护研究．四川大学博士学位论文，2005

[152] 何悦、任婧．中国证券投资者保护基金制度之完善——以美国 SIPC 为例．中国发展，2011（8）

[153] 张婷，于瑾，吕东锴．强化现金分红政策的合理性之实证研究——基于投资者回报视角．证券市场导报，2013（4）

[154] 詹细明．上市公司分红问题研究．开发研究，2012（6）

[155] 陈华．现金分红未必能最大化流通股股东财富．南京财经大学学报，2006（2）

[156] 陈信元，陈冬华，时旭．公司治理与现金股利．管理世界，2003（8）

[157] 任有泉．中国上市公司股利政策稳定性的实证研究．清华大学学报（哲学社会科学版），2006（1）

[158] 黄永兴，张丹．上市公司股利政策的实证研究．经济研究参考，2001（93）

[159] 李常青，沈艺峰．沪深上市公司股利政策信息内涵的实证研究．中国经济问题，2001（5）

[160] 马洪雨，康耀坤．证券市场不同发展模式的政府证券监管．中南大学学报（社会科学版），2011（1）

[161] 司茹．政治关联与证券监管的执法效率．中央财经大学学报，2013（6）

[162] Michael Taylor，张文．IOSCO《证券监管目标和原则》述评．证券市场导报，2004（8）

[163] 程世寿．公共舆论学．北京：中国社会科学出版社，2003

[164] 斋藤优．技术开发论．上海：科学技术文献出版社，1995

[165] 杨承训．善于将“倒逼”机制转化为“主动”机制——运用经济规律的辩证法．海派经济学，2012（3）

[166] 刘全刚．试析“倒逼机制”的三大效应．现代经济（现代物业下半月刊），2007（5）

[167] 张炜．倒逼机制：作为实践逻辑的似真推理．中南大学学报（社会科学版），2012（3）

[168] 杨雪冬．社会倒逼与制度性逃避．决策，2013（7）

[169] 周菲．X 效率理论与政府行为．辽宁大学学报（哲学社会科学版），1996（4）

[170] 陶虎．证券监管者寻租行为的博弈分析．山东经济，2006（1）

[171] 杨柏，岳中志．非对称信息条件下证券监管者激励机制研究．全国商情（经济理论研究），2006（4）

[172] 高建宁．对证券监管者的监管依据及约束机制．江苏社会科学，2006（6）

[173] 陈桂桂. 完善我国证券监管权合理行使的思考. 消费导刊，2006（11）
[174] 王雅楠. 激励理论综述及启示. 科技情报开发与经济，2007（3）
[175] 高建宁，周安宁. 监管证券监管者的经济学依据及约束机制的完善. 江苏经贸职业技术学院学报，2007（4）
[176] 王遥，高宇. 证券监管者与中介机构博弈下的腐败行为分析. 中央财经大学学报，2008（4）
[177] 罗正英，陈莉. 证券监管者双引擎激励与监管效率. 财贸经济，2008（2）
[178] 田涛. 基于监管者声誉视角的证券监管研究. 上海师范大学硕士学位论文，2009
[179] 尹晨，凌峰. 谁来监管监管者？——以证券市场监管为例. 河南金融管理干部学院学报，2003（5）
[180] 张忠. 以科学发展观重新审视经济人假设理论. 理论学刊，2004（11）
[181] 张卫星. 证券监管者也需自我批评. 中国经济周刊，2005（13）
[182] 郭升选. 我国证券监管的效率改进研究. 西北大学博士学位论文，2010
[183] 陈莉. 证券监管者激励机制的研究. 苏州大学硕士学位论文，2007
[184] 陈莉. 证券监管者激励机制与信息披露监管效率. 财会通讯，2009（30）
[185] 杨萍. 知识员工成就激励型全面薪酬制度设计研究. 安徽工业大学学报（社会科学版），2010（5）
[186] 郝旭光，于海娇，张士玉. 中国证券监管者非理性行为关联性研究. 北京工商大学学报（社会科学版），2012（3）
[187] 范愉. 集团诉讼问题研究. 北京：北京大学出版社，2005
[188] 罗斌. 证券集团诉讼研究. 北京：法律出版社，2011
[189] 任自力. 证券集团诉讼：国际经验 & 中国道路. 北京：法律出版社，2008
[190] 邵明. 民事诉讼法理研究. 北京：中国人民大学出版社，2004
[191] 江伟，邵明，陈刚. 民事诉权研究. 北京：法律出版社，2002
[192] 曹伟. 论我国代表人诉讼制度正当性基础的应然选择——美国集团诉讼的历史考察与现代启示. 法学杂志，2012（1）
[193] 陈亮. 环境侵害下的我国的代表人诉讼制度：功能局限与制度创新. 河北法学，2008（1）
[194] 罗斌. 程序法视野下的“欺诈市场理论”研究——以证券集团诉讼的确认为中心. 政法论坛，2009（4）
[195] [日] 中村英郎. 陈刚等译. 新民事诉讼法讲义. 北京：法律出版社，2001
[196] 鲍炜炜. 论我国的证券集团诉讼制度. 内蒙古大学硕士学位论文，2008
[197] 阳珊. 集团诉讼引入我国证券群体诉讼可能性研究. 江西财经大学硕士学位论文，2011
[198] 戴费洋. 论我国证券集团诉讼制度的构建. 南京师范大学硕士学位论文，2013
[199] 证券民事赔偿第一大案：东方电子案. http：//finance. sina. com. cn/stock/t/20110309/19399500903. shtml
[200] 共同诉讼第一案大庆联谊案. http：//finance. sina. com. cn/stock/t/20110309/19309500873. shtml

[201] 杭萧钢构案：催动内幕交易民事赔偿脚步 . http：//news. cnfol. com/101209/101，1591，8942659，00. shtml

[202] 起诉光大，将参照虚假陈述赔偿案审理 . http：//news. xinhuanet. com/fortune/2013 – 10/12/c _ 125519479. htm

[203] 胡晓涛 . 替代性纠纷解决机制在我国的适用 . 南京审计学院学报，2011（3）

[204] 辜恩臻 . 澳大利亚 ADR 的发展与启示（上）. 仲裁研究，2007（12）

[205] 范愉 . 非诉讼纠纷解决机制研究 . 北京：中国人民大学出版社，2000

[206] 葛玲 . 从法院面临的困境看纠纷解决机制的完善 . 法律适用，2006（6）

[207] 毕鹏飞 . 论我国证券仲裁制度之完善 . 对外经济贸易大学硕士学位论文，2011

[208] 肖钢 . 积极探索监管执法的行政和解新模式 . 行政管理改革，2014（1）

[209] 陆宗亮 . 证券虚假陈述与中小股东的法律保护研究——以大庆联谊虚假陈述案为例 . 企业家天地，2009（4）

[210] 李雪 . 证券执法和解制度研究 . 中国政法大学硕士学位论文，2008

[211] [日] 谷口安平 . 程序的正义与诉讼 . 北京：中国政法大学出版社，1996

[212] 叶林等 . 证券执法和解制度的比较研究 . 西部法学评论，2009（4）

[213] 宋功德 . 证券执法和解机制 . 甘肃行政学院学报，2010（3）

[214] 高娟 . 我国证券监管和解制度之构建 . 湖南大学硕士学位论文，2011

[215] 周华群 . 证券监管和解制度研究 . 郑州大学硕士学位论文，2011

[216] 梅君等 . 海外证券市场 . 北京：中国人民大学出版社，2002

[217] 袁曙宏 . 行政处罚的创设、实施和救济 . 北京：中国法制出版社，1997

[218] 李文泓 . 关于宏观审慎监管框架下逆周期政策的探讨 . 金融研究，2009（7）

[219] 周小川 . 关于改变宏观和微观顺周期性的进一步探讨 . 中国金融，2009（8）

[220] 孙天琦，张观华 . 银行资本、经济周期和货币政策文献综述 . 金融研究，2008（1）

[221] 洪伟力 . 证券监管：理论与实践 . 上海：上海财经大学出版社，2000

[222] 陈璐 . 银行信息的顺周期性与逆周期政策选择 . 新金融，2010

[223] 刘百花 . 亲周期性与国际政策协调的可行性研究一兼论我国实施 Basel Ⅱ 的相关问题 . 财经研究，2003（9）

[224] 鹿波 . 中国上市公司违约率的顺周期效应实证分析 . 金融论坛，2009（3）

[225] 吴正光 . 金融风险顺周期效应的实证研究 . 金融理论与实践，2009（9）

[226] 中国人民银行杭州中心支行课题组，郑南源，盛文军，尤瑞章 . 商业银行顺周期性与金融宏观调控研究 . 浙江金融，2009（7）

[227] 李雅君 . 并购基金并购上市公司的绩效研究 . 首都经济贸易大学硕士学位论文，2012

[228] 罗添添 . 中国并购基金发展模式选择研究 . 天津财经大学硕士学位论文，2012

[229] 伍康鸿 . 关于发展我国企业并购基金的探析 . 学理论，2012（25）

[230] 樊融杰．并购基金规模冲动．英才，2012（12）

[231] 陈忠勇．利用产业并购基金推进上市公司并购重组的研究．财会学习，2013（8）

[232] 刘益涛．并购基金在中国并购交易中的作用．上海交通大学硕士学位论文，2013

[233] 冯根福，吴林江．我国上市公司并购绩效的实证研究．经济研究，2001（1）

[234] 范从来，袁静．成长性、成熟性和衰退性产业上市公司并购绩效的实证分析．中国工业经济，2002（8）

[235] 杨金梅，中国人民银行金融研究所．关注我国并购基金发展中存在的问题．中国社会科学报，2010（12）

[236] 清科．中国并购基金风头正劲．资本市场，2010（4）

[237] 裴力．私募股权并购基金的后期运作．金融博览，2011（6）

[238] 李曜，曾翔东．并购基金合伙人的综合型企业家精神．证券市场导报，2014（2）

[239] 皮六一．中国证券交易制度的设计及变革研究．华东师范大学博士学位论文，2013

[240] 张鑫．中国证券交易所公司化改革及竞争法律研究．华东政法大学专业学位硕士学位论文，2012

[241] 王亚梅．中国期货交易所公司化改制研究．中国人民大学博士学位论文，2008

[242] 王晟．中国金融对外开放战略的转变与中国金融业国际化．上海社会科学院博士学位论文，2010

[243] 杨成长．人民币国际化与国际金融中心建设的影响机制研究．上海经济研究，2011（9）

[244] 卢文道．证券交易所自律管理论．华东政法大学博士学位论文，2007

[245] 李红艳．证券交易所公司制改革研究．内蒙古大学硕士学位论文，2012

[246] 金强．证券交易所公司化改制过程中治理边界的变迁．现代管理科学，2013（6）

[247] 朱相诚．证券交易所公司化：海外趋势与中国选择．华东师范大学博士学位论文，2012

[248] 吴卓．我国证券交易所法律形态和治理结构研究．中国政法大学博士学位论文，2004

[249] 巴曙松、刘润佐、赵晶．全球证券交易所的并购趋势：从公司化角度的考察．财政金融，2007（7）

[250] 刘纪鹏、曾斌．全球证券交易所并购浪潮对我国的启示．经济，2011（4）

[251] 阳帆．全球交易所并购潮下的中国思索．中国金融家，2011（6）

[252] 吴宏．论证券交易所股票上市决定权．湘潭大学硕士学位论文，2009

[253] 李响玲．论新趋势下的证券交易所自律监管．华东政法大学博士学位论文，2012

[254] 杨大楷、刘伟．论我国证券交易所的公司化战略．财经研究，2003（11）

[255] 张群群．交易所的治理结构理论评述．经济学动态，2005（3）

[256] 陈风．坚持、放弃抑或改良？——对我国证券交易所组织形式改革的深思．江西社会科学，2012（11）

[257] 叶朱演．沪、深证券交易所制度变迁问题研究．复旦大学博士学位论文，2010

[258] 刘昕昕．海外证券交易所的公司制改革及其对中国的启示．华东师范大学硕士学位论文，2007

[259] 吴晓灵．发展多层次资本市场服务经济结构调整．资本市场，2010（2）

[260] 黄少安，张岗．中国上市公司股权融资偏好分析．经济研究，2001（11）
[261] 陆正飞，高强．中国上市公司融资行为研究——基于问卷调查的分析．会计研究，2003（10）
[262] 张祥建，徐晋．股权再融资与大股东控制的“隧道效应”——对上市公司股权再融资偏好的再解释．管理世界，2005（11）
[263] 赵冬青，宋逢明．中国上市公司 IPO 后的融资行为．经济管理，2005（12）
[264] 巴曙松．巴塞尔资本协议中资产证券化监管框架的演变．证券市场导报，2004（9）
[265] 袁达松．对影子银行加强监管的国际金融法制改革．法学研究，2012（2）
[266] 保罗·克鲁格曼．萧条经济学的回归和 zoos 午经济危机．北京：中信出版社，2000
[267] 杜亚斌，顾海宁．影子银行体系与金融危机．审计与经济研究，2010（1）
[268] 王晓雅．次贷危机背景下影子银行体系特征及发展研究．生产力研究，2010（11）
[269] 周莉萍．影子银行体系的机制及其脆弱性．金融市场，2010（10）
[270] 周莉萍．论影子银行体系国际监管的进展、不足、出路．国际金融研究，2012（1）
[271] 中国人民银行海口中心支行课题组，覃道爱．我国的影子银行及其监管对策．海南金融，2012（3）
[272] 何德旭，郑联盛．影子银行体系与金融体系稳定性．经济管理，2009（11）
[273] 李成，马文涛，王彬．我国金融市场间溢出效应研究——基于四元 VAR－GARCH（1，1）－BEKK 模型的分析．数量经济技术经济研究，2010（6）
[274] 康耀坤．证监会与证券业协会监管权配置研究．甘肃社会科学，2010（6）
[275] 徐军辉．中国式影子银行的发展及其对中小企业融资的影响．财经科学，2013（2）
[276] 裴欣．影子银行：发展现状与监管对策．生产力研究，2013（2）
[277] 隋平，陈平凡．论影子银行的风险与监管制度构建．亚太经济，2013（4）
[278] 丁宏术．演化视角下的中国证券市场制度缺失研究．企业经济，2013（7）
[279] 贺建清．影子银行的风险与监管改革研究．金融论坛，2013（3）
[280] 王正刚，李仁兵．金融审计视角下中国影子银行的风险与监管．国际金融，2013（9）
[281] 龚明华，张晓朴，文竹．影子银行的风险与监管．中国金融，2011（3）
[282] 李建军，田光宁．影子银行体系监管改革的顶层设计问题探析．宏观经济研究，2011（8）
[283] 芦峰．浅议中国证券监管理念的变革——基于中、美证券监管理念比较的视角．信阳师范学院学报（哲学社会科学版），2011（6）
[284] 谢平，陆磊．利益共同体的胁迫与共谋行为：论金融监管腐败的一般特征与部门特征．金融研究，2003（7）
[285] 杜洪涛，肇越．中国资产证券化的风险与监管．金融管理与研究（杭州金融研修学院学报），2005（5）
[286] 巴曙松，刘清涛．资产证券化的风险监管．西部论丛，2005（6）
[287] 高伟．证券监管模式的国际比较与启示．国家行政学院学报，2003（2）

[288] 黄毅. 资产证券化：银行监管者的视角. 中国金融，2006（2）

[289] 邱永红. WTO 框架下国际证券监管的合作与协调. 湖北经济学院学报，2006（4）

[290] 刘西，李健斌. 基于巴塞尔新资本协议的资产证券化风险计量. 国际金融研究，2008（5）

[291] 杨蓉，宋永新. 证券市场监管的经济分析. 中南财经政法大学学报，2002（4）

[292] 李宁，孟繁荣，何孝星. 关于完善我国证券监管的若干构想. 金融研究，2000（11）

[293] 马洪雨. 论政府证券监管权. 西南政法大学博士学位论文，2008

[294] 郭升选. 我国证券监管的效率改进研究. 西北大学博士学位论文，2010

[295] 邹鹏. 中国证监会与证券交易所关系完善之研究. 华东政法大学硕士学位论文，2011

[296] 龙超. 证券监管的原因与结构分析. 复旦大学博士学位论文，2003

[297] 王哲. 证券监管的法律制度分析. 吉林大学博士学位论文，2006

[298] 赵洪军. 转轨时期中国证券市场监管理念演变研究. 复旦大学博士学位论文，2007

[299] 曾斌，吴锦宇. 市场和政府监管权的比较实证分析——以中国证券市场为例. 2011 年（第九届）"中国法经济学论坛"论文集，2011（23）

[300] 邱隆敏. 我国金融危机的预警研究——基于人工神经网络模型的分析. 暨南大学硕士学位论文，2004.